정조평전
-성군의 길-

上

정조평전 -성군의 길- 上

초판 1쇄 발행   2017. 9. 20.
초판 2쇄 발행   2017. 11. 10.

지은이 한 영 우
펴낸이 김 경 희
펴낸곳 (주)지식산업사
　　　　본사 10881, 경기도 파주시 광인사길 55(문발동)
　　　　　　　전화 (031) 955-4226~7　　팩스 (031) 955-4228
　　　　서울사무소 03044, 서울시 종로구 자하문로6길 18-7(통의동)
　　　　　　　전화 (02)734-1978, 1958　　팩스 (02)720-7900
한글문패 지식산업사
영문문패 www.jisik.co.kr
전자우편 jsp@jisik.co.kr
등록번호 1-363
등록날짜 1969. 5. 8.

책값은 뒤표지에 있습니다.

이 책을 읽고 저자에게 문의하고자 하는 이는
지식산업사 전자우편으로 연락 바랍니다.

정조평전
-성군의 길-

上

한 영 우

지식산업사

차 례

들어가면서 ··· 13

제1장
사도세자의
마지막 1년

1. 사도세자 최후의 날 ·········36
　─영조 38년(1762) 윤5월 13일~21일

2. 세자의 모역사건 ·········43
　─영조 38년(1762) 윤5월 11일~12일

3. 세자의 모역과 나경언 고변사건 ·········49
　─영조 38년(1762) 5월 22일

제2장
세자의 출생과
굴절된 유소년기

1. 세자의 유년기 ·········60
　─소론의 인맥과 궁녀들 속에서 자라다

2. 10세에서 14세까지 ·········69
　─혜경궁과 혼인, 놀이를 즐기고 학문에 소홀하다

제3장
세자의 대리청정

1. 세자 15세 ·········84
　─임금의 선위파동과 대리청정

2. 세자에게 탕평과 애민을 당부하다 ·········89

3. 세자의 16~18세 시절 ·········95
　─장남 의소가 죽고, 차남 정조가 출생하다

4. 18세 시절의 세자 ·········97
　─《옥추경》 탐독, 영조의 선위 파동

5. 19세 시절의 세자 ·········102
　─학문과 정사에 소홀

6. 20세 시절의 세자 ·········108
　─아들 이인 출생, 대리청정을 사양

7. 21세 시절의 세자 ·········119
　─소론 역모사건, 노론 억제, 《천의소감》 편찬

제4장
후계자 구도가
세자에서
세손으로 옮겨가다

1. 세자 22세, 원손 5세 시절 ·········132
　—낙선당 화재사건, 자살 시도, 과오 반성

2. 세자 23세, 원손 6세 시절 ·········141
　—정성왕후 사망, 임금의 전위파동,
　　세자가 살인을 시작하고 우물에 투신하다

3. 세자 24세, 원손 7세 시절 ·········150
　—의대병 발생, 사람을 무수히 죽이다

4. 세자 25세, 원손 8세 시절 ·········161
　—세손 책봉, 계비 정순왕후 입궐,
　　세자에 대한 무관심

5. 세자 26세, 세손 9세 시절 ······167
　—세손이 《존현각일기》 작성,
　　세자가 혜경궁을 폭행, 옹주를 시켜
　　영조를 경희궁으로 이어하게 하고
　　온천 여행을 다녀오다

6. 세자 27세, 세손 10세 시절 ·········178
　—세손의 입학, 관례, 가례, 후계자 선언,
　　세자 평안도 잠행

제5장
임오화변,
세자의 죽음

1. 영조 38년(1762) 2~4월 ·········196
　—세손의 가례와 회강

2. 영조 38년(1762) 5월 22일 ·········204
　—나경언 고변 사건

3. 영조 38년(1762) 윤5월 13일~21일 ·········208
　—세자의 궁궐 침범과 죽음

4. 세자는 왜 죽었는가? ·········212

제6장
험난한 세손의 시대

1. 세자를 사도세자로,
   세손을 효장세자의 아들로 입적 ·········222

2. 영조, '금등'을 말하다 ·········226

3. 세손 학문의 성숙, 영빈 이씨 타계,
   왕비와 고모의 권력 확대 ·········229

4. 18세 세손의 사춘기 외도 ·········236

5. 정후겸과 왕비족의 흥봉한 공격 ·········239

6. 세손 22~24세 ·········245
   ―임금의 건강 악화와 《유곤록》 편찬

7. 세손 24세 11월 ·········251
   ―홍인한, 정후겸 등이 대리청정을 반대하다,
   자객을 보내다

8. 세손 24세 12월 7일 ·········259
   ―서명선의 도움으로 대리청정 결정

9. 영조 리더십의 특징 ·········265

제7장
정조대왕 이야기 1
―끝없이 백성을
사랑한 성군의 길

1. 즉위년(1776) ·········272
   ―사도세자 격상, 정후겸·홍인한 등 역적 처벌,
   궁방전 개혁, 준론탕평, 규장각 설치

2. 정조 원년(1777) ·········286
   ―서얼허통, 자객 궁궐침입, 《명의록》 편찬,
   홍국영 권력 강화, 교서관을 규장각에 통합

3. 정조 2년(1778) ·········300
   ―《속명의록》 편찬, 노비추쇄 혁파, 《흠휼전칙》
   편찬, 홍국영 여동생을 후궁으로 맞이

4. 정조 3년(1779) ·········308
   ―홍국영의 반역과 몰락, 서명선을 영의정으로

5. 정조 4년(1780) ·········320
   ―홍국영 잔당과 노론의 서명응·서명선 형제 공격,
   화빈 윤씨를 후궁으로

6. 정조 5년(1781) ·········328
— 규장각제도 정비, 제1차 초계문신,
《규장총목》, 《내각일력》, 《어정팔자백선》,
《일성록》 편찬, 어진 제작, 역대 시조능 수리

7. 정조 6년(1782) ·········351
—이택징의 규장각 비판, 노론이 채제공 비판,
문효세자 출생, 《국조보감》 완성,
윤증·윤선거 부자의 관작 회복

8. 정조 7년 (1783) ·········360
—아버지 존호 가상, 제2차 초계문신,
언행록 《일득록》 편찬, 《자휼전칙》 반포

9. 정조 8년(1784) ·········372
—진휼 사업, 제3차 초계문신, 《규장각지》 완성,
어염선세를 지방에 이관, 문효세자 책봉,
김상철과 서명선의 갈등, 칙사가 오다

10. 정조 9년(1785) ·········388
—사신 파견. 김하재 일당의 역모사건,
장용위 설치, 《궁원의》, 《송자대전》,
《대전통편》, 《병학통》, 《갱장록속편》 간행,
화폐 주조

11. 정조 10년(1786) ·········407
—관왕묘 악장 창작, 문효세자 죽음,
조문칙사가 오다, 단군릉 보호,
제4차 초계문신, 구선복 일당 반역,
이복동생 이인을 강화도로 보내다

12. 정조 11년(1787) ·········422
—수빈 박씨 가례, 제5차 초계문신,
《문원보불》, 《어제춘저록》 등 간행

13. 정조 12년(1788) ·········428
—채제공을 정승으로 기용, 여성 체발금지령

찾아보기 ··· 438

下권 차례

제8장
정조대왕 이야기 2
—통한이 맺힌
효도정치의 길

1. 정조 13년(1789) ·········14
　—영우원을 수원으로 이장하고
　　임금이 지문을 쓰다, 수원 읍치 이전,
　　직각 회권, 삼성사 제사 복원,
　　《해동여지통재》 편찬, 제6차 초계문신

2. 정조 14년(1790) ·········35
　—2월 현륭원 행차, 수원관사 준공,
　　《무예도보통지》 편찬, 원자[순조] 탄생,
　　《어제주교지남》 편찬, 제7차 초계문신,
　　건륭제 팔순 진하정사 파견,
　　은언군 이인을 만나다, 노량에 배다리 건설

3. 정조 15년(1791) ·········51
　—채제공 독상체제, 현륭원 행차,
　　시전 금난전권과 공무 폐지,
　　문체반정, 장릉배식단 설치,
　　성균관 유생 재교육, 《무원록언해》,
　　《강목강의》, 《태학강의》, 《경림문희록》,
　　《임경업실기》, 《김덕령유사》, 《눌재집》,
　　《삼봉집》, 《송사전》 편찬, 서명선이 죽다,
　　두 번째 어진 제작, 윤지충 등 천주교도 처형

4. 정조 16년(1792) ·········84
　—현륭원 행차, 현륭원에 정조 어진 봉안,
　　제8차 초계문신, 규장각에 대제학 설치,
　　장헌세자 신원운동, 남단제사 승격,
　　《영남빈흥록》, 《증수무원록언해》, 《오산집》,
　　《영남빈흥록》, 《충무공전서》 편찬,
　　문체반정 지속

5. 정조 17년(1793) ·········116
　—《주교절목》 수정, 수원을 화성으로 바꾸고
　　유수부로 승격, 《관동빈흥록》 편찬,
　　채제공을 영의정으로, 광산개발 허용,
　　《금등》 공개, 장용영 외영 절목, 수원성 설계,
　　《성제도설》, 《육영성휘》 편찬

6. 정조 18년(1794) ········142
　—현륭원 행차, 화성건설 시작,
　　수원행 신작로 건설,
　　제9차 초계문신과 〈강제절목〉 수정,
　　이인을 또 만나다, 정리소 설치, 《규화명선》,
　　《사서삼경》, 《탐라빈흥록》, 《인서록》,
　　《주서백선》 편찬

7. 정조 19년(1795) ········159
　—부모 회갑기념 화성행차,
　　혜경궁 《한중록》 집필 시작, 수어청 혁파,
　　《성도전편》, 《원행을묘정리의궤》,
　　《충무공이순신전서》, 《풍패빈흥록》,
　　《협길통의》, 《증정읍취헌집》, 《눌재집》 편찬,
　　이인을 만나다

제9장
정조대왕 이야기 3
　—성군의 마지막 길
　: 만천명월주인옹이 되다

1. 정조의 새로운 정국운영 구상 ········198

2. 정조 20년(1796) ········202
　—화성 준공, 근신에 대한 실망과 재야인사 발탁,
　　정리자 주조, 《자초신방》, 《규장전운》,
　　《화성성역의궤》, 《어정사기영선》 편찬,
　　김인후 문묘 배향, 군비 축소,
　　정권을 벽파에게 맡기고 《소학》에 심취하다

3. 정조 21년(1797) ········228
　—건강 악화, 《소학》 교정, 《오륜행실도》,
　　《향례합편》, 《육주약선》, 《성단향의》 편찬,
　　정약용의 자백상소

4. 정조 22년(1798) ········251
　—4도 체제 완성, 정리곡 폐지, 만년제 완성,
　　《오경백편》, 《두륙분운》, 《사부수권》,
　　《심리록》 편찬, 금광개발 허용,
　　수원부 5위체제 완성,
　　호를 '만천명월주인옹'으로 삼다

5. 정조 23년(1799) ·········283
—김종수와 채제공이 죽다,
화완옹주의 죄를 씻어주다,
《은배시집》, 《아송》, 《군서표기》, 《제중신편》,
《두륙천선》, 《묘모휘편》 편찬

6. 정조 24년(1800) ·········310
—세자 책봉과 세자빈 간택,
제10차 초계문신, 정민시 죽음,
경과와 인일제 시험에 25만 명이 모이다,
《관서빈흥록》, 《관북빈흥록》 편찬, 정조 훙서

7. 정조의 마지막 순간 ·········324
—정조는 독살당했는가?

8. 정조의 체질과 성군의 길 ·········345
—소통과 설득을 통한 민국과 탕평의 정치

제10장
정조 이후의 규장각

1. 순조-철종 대 규장각과
《홍재전서》, 《동성교여집》 간행 ·········381

2. 고종 대 규장각의 부활과
대한제국 건설 ·········384

3. 통감부 시절 규장각의 추락 ·········387

나가면서 ··· 391
찾아보기 ··· 398
부록 ··· 416
저자 약력 ··· 421

들어가면서

우리 속담에 "구슬이 서 말이라도 꿰어야 보배"라는 말이 있다. 크기도 다르고 색깔도 다른 진귀한 구슬이 아무리 많아도 이를 엮어서 가공하지 않으면 아름다운 장신구가 되지 않는다는 뜻이다. 역사학도 마찬가지다. 학자들은 마치 광부처럼 광산에서 원석原石을 캐내어 주제에 따라 일차 가공을 한다. 그것이 학술논문과 학술서적이다. 하지만 학술연구는 주제별로 접근하는 까닭에 형형색색의 구슬을 만들어 내는 데 그친다. 그림퍼즐에 비유하면 수많은 조각난 그림을 만들어 낼 뿐 퍼즐을 완성하지는 못한다.

일반 대중들이 논문이나 전문적인 학술서적을 통해 역사에 접근하기는 어렵다. 스스로 구슬을 가공하여 장식품을 만들거나, 흩어진 조각 그림들을 맞추어 퍼즐을 완성하는 일은 쉽지 않다. 학자들의 주옥같은 업적이 많아도 대중들에게 전달되지 못하는 이유가 여기에 있다. 그래서 구슬을 꿰어 주고 조각 그림들을 맞춰 퍼즐을 완성시켜 주는 또 다른 전문가를 기다리고 있다. 하지만 강단에 있는 학자들은 이 일을 하기가 어렵다. 이런 일에는 연구비가 나오지 않고 업적으로 평가되지도 않기 때문이다. 그래서 강단을 벗어난 학자들의 참여가 필요하다. 외국에는 이런 일을 전담하는 전기작가傳記作家들이 많다. 예를 들면 《로마인 이야기》를 쓴 시오노 나나미鹽野七生 같은 이가 그런 부류다. 그런데 우리나라에는 그런 전문가들이 그다지 없어서 학계와 대중 사이에 상당한 거리감이 있다.

역사학자들이 가장 많은 연구 업적을 낸 시대 가운데 하나가 조선 왕조 중흥기인 영조와 정조 시대일 것이다. 성군聖君으로 불린 영조 英祖와 정조正祖 사이에 징검다리처럼 걸쳐 있는 인물이 있다. 사도세 자(思悼世子; 뒤의 莊獻世子)다. 세자는 성군의 자질을 인정받지 못하 여 임금이 되지 못하고 불행한 생애를 마감했다. 하지만 사도세자를 제외해 버리면 영조와 정조의 모습을 제대로 이해하기 어렵다. 세자 를 어떻게 보느냐에 따라 영조와 정조의 모습도 달라질 수 있다. 그 래서 세 사람을 함께 엮어서 이 시대를 이해하는 일이 필요하다. 세 사람은 핏줄만이 아니라 운명공동체처럼 서로 인과관계 속에 밀접하 게 얽혀 있기 때문이다. 다시 말해 영조를 모르면 세자를 이해할 수 없고, 세자를 모르면 정조를 알기 어렵다.

그동안 세 사람을 따로따로 떼어서 연구한 논문이나 학술서는 헤 아릴 수 없이 많다. 그러나 이들을 함께 묶어서 알기 쉽게 전달한 전 기傳記는 없다. 나 자신도 정조의 화성건설과 화성행차에 관한 책과 규장각奎章閣 역사를 정리한 책을 낸 바 있지만, 역시 단편적인 구슬 이나 조각 그림에 지나지 않는다. 그래서 이번에 정조의 뿌리인 할아 버지(영조)와 아버지(사도세자)를 함께 묶어 긴 이야기인 전기를 쓰 기로 했다.

나는 전기를 쓰면서 연대기 서술방법을 따라 사도세자의 출생에서 죽음에 이르는 28년의 생애를 《영조실록》과 혜경궁의 《한중록》 등을 중심으로 정리했다. 《한중록》은 혜경궁 홍씨가 아버지 홍봉한을 비 롯한 친정 집안사람들의 정치행적을 변호하고자 쓴 책이므로 이 점 을 반드시 감안하고 읽어야 하지만, 정사正史에 보이지 않는 많은 사 건이 기록되어 있어서 사료적 가치가 높다. 그 다음에는 정조의 출생에서 죽음에 이르는 49년의 역사를 연대기 형식으로 정리했다. 하지만 단순한 사건 나열이 아니라, '왜?'라는 의문부호를 앞세워 사건의 인과관계를 추적했다. 이를테면 사도세자는 왜 죽었는가? 정조는 왜 그토록 치열한 효도사업을 벌였는가? 정조의 생애는 왜 그토록 짧았는가? 정조는 그 짧은 세월에 어떻게 그토록 엄청난 문화적 업적을 쌓았는가? 노론, 소론, 남인이 추구한 가치체계는 무엇이며, 임금은 이들을 어떻게 조율調律했는가? 정조는 독살당했는가? 정조 이후의 역사는 어떻게 전개되었는가? 그밖에 이 시대에 얽혀 있는 수많은 사건과 물음들이 담겨 있다.

성군聖君, 탕평蕩平, 민국民國, 정학正學은 이 시대를 상징하는 가장 중요한 열쇠말[키워드]이다. 이 네 가지 단어는 서로 독립되어 있는 것이 아니다. 최고의 목표는 민국 건설이고, 이를 실천하는 방법이 탕평, 정학, 그리고 성군이다. 민국은 '백성과 나라'를 뜻하기도 하고, '백성의 나라'를 뜻하기도 했다. 양반문벌兩班門閥이 지배하는 나라를 중하층 백성들, 이른바 소민층小民層의 정치, 경제, 사회, 복지, 인권 차원에서 향상시킨다는 지향성을 가진 말이다. 오늘날의 주권재민에 바탕을 둔 민주공화국의 민국과는 다르지만, 거기에 바짝 다가간 모습이 바로 민국이다. 그 말이 이 시대부터 유행하여 1897년에 건설된 대한제국大韓帝國은 대한민국大韓民國으로도 불렸다. 1919년 일제강점기에 수립된 대한민국 임시정부도 대한제국의 국호를 계승했다. 1948년에 탄생한 대한민국의 국호도 마찬가지다. 오늘날 우리나라의 민주화도 이런 2백여 년에 걸친 민국운동의 전사前史를 바탕으로 전개되고 있다는 점을 주목할 필요가 있다.

민국을 건설하려면 불평등을 완화하는 개혁이 필요한 것이 당연하다. 불평등이 완화되지 않으면 사회통합은 불가능하다. 민국의 최종 목표가 바로 사회통합이기 때문이다. 어느 시대나 마찬가지이지만 정치의 최종목표는 사회통합이고, 사회통합의 전제는 불평등의 완화이다.

사회통합에는 정치통합과 사회계층 통합이 포함되어 있다. 그런데 영조~정조 때 정치통합과 사회통합을 가로막는 가장 큰 요인이 당론黨論이었다. 16세기 후반 선조 대부터 당론이 일어나기 시작하여, 17세기 말~18세기 초 숙종 대에 극성기를 이루어 수많은 선비들이 정치적 변동[換局]이 일어날 때마다 떼죽음을 당하면서 서로 원수처럼 되어 버렸다.

당론에는 좋은 점도 있었다. 정치를 활성화하였고, 상대방의 비방을 피하고자 부정과 부패를 완화하는 효과도 있었다. 가장 오랫동안 정권을 장악하고 있던 노론이 당색의 배타성이 강했음에도 당론이 치열하던 시대에는 크게 부패하지 않았던 이유가 여기에 있다. 당론은 정책의 다양한 선택을 가능하게 했다. 당론의 가장 나쁜 점은 당동벌이黨同伐異였다. 당론을 세습하면서 자기 당은 옳고 반대당은 나쁘다는 독선獨善이 대를 이어 깊이 뿌리를 내렸고 반대당을 마치 원수처럼 바라보았다. 당색과 정책의 차이를 선善과 악惡으로 바라본 것이다. 이것이 당론의 최대 약점인 동시에 정치통합과 사회통합을 어렵게 만든 요인이었다.

드디어 지나친 당론을 막지 않으면 정치통합과 사회통합이 어려울 수밖에 없는 극한상황에 이르렀다. 당론을 극복하기 위한 탕평蕩平은 그래서 대두한 것이다. 탕평이 실현되지 않으면 선비들의 씨가 마르고, 보복에 이은 또다른 보복이 끊임없이 악순환되었기 때문이다. 영조가 바로 그러한 역사적 과제를 제대로 보고 탕평의 총대를 메고 나선 첫 번째 임금이다. 하지만 탕평은 아무 임금이나 할 수 있는 일이 아니었다. 성군聖君의 리더십 없이는 할 수 없는 노릇이었다. 성군이란 소민층처럼 초라할 정도로 검소한 생활을 솔선수범하는 모습을 고관대작들에게 보여 주는 임금이다. 임금이 사익私益을 챙기고 왕실생활이 사치와 향락에 빠지면 어떻게 백성을 사랑할 수 있는가? 성군은 백성을 말로만 사랑하는 것이 아니라 실제로 경제를 안정시키고, 벼슬길을 터 주고, 인권을 개선하고, 복지를 증진시키는 일에 혼신의 노력을 쏟아야 한다. 성군은 또 당색을 초월하여 인물 위주로 인재를 등용해야 하며, 나아가 당론이 왜 나쁜지를 학술적으로, 이론적으로, 역사적으로 증명해 주면서 신하들을 설득해야 한다. 신하들을 설득하는 학문과 이론이 바로 정학正學이다. 여기에 임금 자신이 신하들을 압도할 만한 정학의 지식을 지녀야 한다. 이런 능력을 가진 임금이 바로 성군聖君이다. 그러니까 성군은 무섭게 공부하는 학자의 모습을 동시에 갖추어야 한다. 그래서 성군을 '임금인 동시에 스승'이라는 뜻을 지닌 군사君師로 부르는 것이다.

정조에 앞서 이미 영조가 성군의 모습을 보여 주고 실천하여 탕평의 실효를 상당 부분 거두었다. 왕실생활을 검소하게 바꾸고, 진귀한 물건의 진상進上을 없애거나 줄였으며, 균역법均役法으로 군역軍役 부담을 완화하고, 서울 방민坊民들을 수시로 궁으로 불러들여 여론을 듣고, 신문고申聞鼓를 부활하는 등 백성들과 소통을 강화했으며, 청계천 준설공사도 서울 방민의 자발적 협조를 얻어 이루었다. 소외된 평안도 지역 선비들과 무인들도 적극적으로 포섭했으며, 서얼에 대한 벼슬길도 크게 확대했다.

비록 영조 4년(1728)의 이인좌난(李麟佐亂; 戊申亂)과 영조 31년(1755)의 을해옥사乙亥獄事가 일어나 소론과 남인이 큰 피해를 입었지만 숙종이나 경종 때와 같은 대규모 살육은 일어나지 않았다. 영조는 임금이자 스승[君師] 곧 거룩한 군주[聖君]의 모습을 보이기 위해 83세로 세상을 떠날 때까지 경연經筵을 소홀히 하지 않았으며, 자신이 직접 지은 저술을 경연교재로 사용하기도 했다.

이런 군사의 모습에 손자 정조가 감동하여 영조보다 더 내실 있는 성군으로 성장했던 것이다. 손자가 태어나기 전에 영조는 아들 사도思悼를 성군으로 만들어야 한다는 강박관념으로 매우 엄격한 교육을 실시했다. 세자는 15세부터 대리청정하면서 적어도 탕평정책만은 아버지의 기대에 크게 어긋나지 않는 길을 걸어갔다. 하지만 성군이 갖춰야 할 학문이 부족하고, 체질적으로 문文보다는 무武를 숭상했으며, 어려서부터 궁녀들 손에 양육되면서 게으름과 놀이가 몸에 배어 버렸다. 여기에 아들 정조가 태어나 그의 영특함이 드러나면서 아버지 영조의 기대는 급작스럽게 손자에게 쏠렸다. 게다가 좋아하는 것과 싫어하는 것을 극단적으로 표현하는 영조의 성격이 세자를 반항아와 피해망상증 환자로 만들고, 영조가 세손을 후계자로 지명하자 세자는 마침내 광포한 행동으로 저항하다가 목숨을 잃고 말았다. 만약 영조가 아들에 대한 성군의 기대를 그토록 크게 갖지 않았고, 또 영특한 세손이 태어나지 않았다면 세자가 그토록 비참하게 세상을 떠나지는 않았을지도 모른다.

세자의 죽음을 둘러싸고 학계에서는 다양한 해석들이 제기되었다. 세자는 큰 잘못이 없었으나 노론 벽파가 소론 및 남인과 가까운 세자를 음해하여 죽게 했다는 당쟁설, 세자가 영조를 해치려 했다는 반역설, 세자가 유년기에 궁녀들로부터 잘못된 교육을 받았고 낫기 어려운 질병 때문에 비행을 수없이 저지르다가 죽었다는 [혜경궁惠慶宮 홍씨의] 질병설 등이 대표적이다. 혜경궁의 주장 가운데에는 영조의 지나친 엄격함에 대한 서운함도 나타난다. 이런 해석들이 모두 일리는 있지만 근본 원인으로 보기는 어렵다. 자신의 후계자가 성군이 되어야 한다는 영조의 절박한 기대감이 근본 원인이 되어 여기서 세자의 질병이 생기고, 그것이 비행으로 진전되었으며, 비행이 저항으로 발전한 가운데 노론 벽파의 고발사건이 불을 지르고, 막다른 골목에 빠진 세자가 마침내 반역을 도모하다가 죽음에 이르게 되었다고 볼 수 있다.

그러면 성군의 기대 속에서 후계자로 선택된 정조의 행보는 어떠했는가? 정조는 효치孝治, 성군聖君, 탕평蕩平, 민국民國, 정학正學이라는 5대 정치 목표를 달성한 위대한 임금이지만, 이런 일을 하기에 앞서 반드시 풀어야 할 세 가지 크나큰 멍에를 안고 출발했다. 그 멍에는 참으로 풀기 어려운 과제였다. 하나는 자신 때문에 아버지 사도세자가 죽었다는 자책감이었다. 불효자의 원죄原罪를 씻지 않고서는 저세상에 가서도 아버지를 만날 수 없다는 강박관념에 평생 짓눌려 살았다. 그래서 아버지 사당인 경모궁景慕宮과 능침인 현륭원顯隆園을 참배할 때마다 피눈물을 흘리고, 그것도 부족하여 살아 있을 때 왕위를 세자에게 넘기고 현륭원을 지키면서 살다가 죽기로 결심하고 수원에 화성華城이라는 새로운 왕도王都를 건설했던 것이다. 혜경궁의 회상기《한중록》을 보면 정조는 임금 노릇을 하기가 싫다고 어머니에게 자주 말했다고 한다. 그래서 살아 있을 때 화성부로 은퇴하려 한 것이다. 정조의 효도사업은 해도 해도 풀리지 않는 한恨을 품고 진행되었다.

두 번째 멍에는 영조에 대한 심리적 갈등이었다. 자신을 후계자로 만들어 주고 성군聖君으로 키워 준 할아버지 영조의 은혜와 기대를 저버려서는 안 되고, 민국民國과 탕평蕩平을 두 축으로 하는 영조정책의 큰 틀을 그대로 계승하면서 세부적인 부분을 수정할 필요가 있다는 신념이 확고했다. 그것을 '계지술사繼志述事'라고 불렀다. 예컨대 영조의 완론탕평緩論蕩平을 준론탕평峻論蕩平으로 바꾼 것이 그것이다. 완론탕평이 당파 사이의 숫자 안배에 치중한 탕평이라면, 준론탕평은 여러 당파들을 하나의 탕평이념으로 통합시켜 이른바 시파時派를 만든다는 것을 의미한다. 그러니까 안배형 탕평에서 융합형 탕평으로 진일보한 것이다.

한편, 아버지에 대한 할아버지 영조의 처분도 정조는 '계지술사'로 받아들일 수밖에 없었지만, 속내는 매우 착잡했다. 자식 된 도리로 아버지의 죽음을 정당한 것으로 받아들일 수도 없고, 그렇다고 할아버지의 처분이 부당하다고 비난할 수도 없는 딜레마에 빠진 것이다. 그래서 정조는 아버지와 할아버지를 동시에 명예롭게 살려 내는 묘수를 찾을 수밖에 없었다. 그것이 아버지는 아무 죄도 없었으나 노론 벽파의 모함에 영조가 속아서 자식을 죽인 뒤에 자신의 잘못을 후회하는 글을 남겼다는 것을 밝혀내는 것이었다.

아버지의 죄를 씻어 주기 위해 정조는 두 가지 글을 만들었다. 하나는 아버지 묘소를 수원으로 이전하면서 손수 지은 〈천원묘지遷園墓誌〉로, 노론 벽파가 고발한 세자의 가장 큰 두 가지 비행非行이 사실은 비행이 아니라는 내용을 담았다. 예컨대 사도세자가 20일 동안 몰래 평안도에 다녀온 것은 그 지역의 변란을 진압하기 위한 행차였다는 것, 또 군사들을 훈련시키면서 모역을 꾀했다는 것은 세자가 효종의 북벌운동을 숭모하여 이를 계승하고자 한 군사훈련에 지나지 않았다고 썼다. 하지만, 정조의 이런 해석은 사실과는 다르다. 그래서 이 지문誌文을 진실로 받아들여 사도세자가 아무런 죄도 없었는데 반대세력의 모함으로 죽었다고 해석하는 것은 피해야 한다.

다음에 할아버지를 명예롭게 만들기 위해, 정조는 영조가 자신의 처분을 후회하는 글을 지어 도승지 채제공蔡濟恭을 시켜 정성왕후貞聖王后 서씨 사당인 창경궁 휘령전徽寧殿의 요 밑에 넣어 두었던 것을 임금이 된 뒤에 발견했다고 하면서 신하들에게 그 글의 일부를 복사하여 나누어 주었다. 이 글을 중국 고사故事를 따서 《금등金縢》이라고 불렀다. 금등이란 귀중한 비밀문서를 궤짝에 넣어 쇠사슬로 묶어 깊이 간직한 데서 붙여진 이름이다. 당시 대신들은 《금등》이 실제 없는 것을 정조가 만들었다고 의심했지만 정조의 효심을 생각하여 크게 문제 삼지 않았다.

다음에 정조가 풀어야 할 세 번째 명에는 아버지를 죽음으로 몰고 간 당파세력과 외척세력들이 정조의 왕위계승까지 방해하고 나선 데 대한 대응이었다. 이것은 엄연한 반역사건이었으므로 피할 수 없는 일이었다. 그런데 이 일에는 노론 벽파나 일부 과격한 소론뿐 아니라 네 부류의 혈족이 관여되어 있었다. 하나는 아버지 혈족인 고모 화완옹주和緩翁主와 그 아들 정후겸鄭厚謙 일파이고, 둘은 할머니 정순왕후의 오라버니인 김귀주金龜柱가 관련되어 있고, 셋은 어머니의 혈족인 외할아버지 홍봉한洪鳳漢과 작은외할아버지 홍인한洪麟漢 등 풍산홍씨豊山洪氏 일족이 관여되어 있고, 넷은 정조의 여러 이복동생과 그 아들들이 모역의 추대대상으로 관여되어 있었다. 이렇게 친가와 외가가 모두 거미줄처럼 얽혀 있는 외척세력을 응징하는 일은 개인적으로 보면 혈족에 대한 불효와 몰인정을 감수하는 일이 아닐 수 없었으니 정조로서는 얼마나 괴로움이 컸겠는가?

그러나 정조는 참으로 지혜로운 임금이었다. 결과를 놓고 보면, 위에 열거한 어려운 문제를 푸는 과정에서 반역에 관련된 극소수의 핵심 인물만 처단하고, 나머지는 죄를 용서하거나 귀양을 보냈다가 풀어주거나 하여 죽이지는 않았다. 신하들은 반역자에 대한 임금의 너그러운 처분이 명분을 어기는 처사라고 맹렬히 비판했지만, 정조는 그들에게 죄가 없다고 변명하기도 하고, 일단 벌을 내렸으므로 명분을 어긴 것이 아니라고 주장하면서 개인적인 정리情理도 중요하다는 이유를 들어 신하들을 설득했다. 바로 그런 정리는 옛날 성인도 권도權道라는 이름으로 실행했다고 말했다. 그러면서 정조는 이러한 처분에서 차라리 인仁을 찾아보라고 신하들에게 하소연을 하기도 했다.

정조는 위에 말한 여러 가지 난관을 극복하면서 자신의 정치 5대 목표인 효치孝治의 길, 성군聖君의 길, 탕평蕩平의 길, 민국民國을 위한 개혁의 길, 그리고 정학正學을 세우는 길을 성공적으로 걸어갔다. 보통 임금으로서는 해내기 어려운 일을 성취했다는 점에서 정조의 위대함이 증명된다. 하지만, 그 과정이 너무나 힘들고 험난하여 일생 동안 지나치게 과로하고, 때로는 권도를 활용하여 선의의 거짓말도 하고, 지나친 스트레스를 받아 49세로 생애를 마감했다. 어찌 보면 정조같이 자신을 불나비처럼 불사르다가 죽은 임금도 없을 듯하다. 정조의 죽음을 둘러싸고 당시 심환지沈煥之나 정순왕후貞純王后 김씨의 독살설이 떠돌았지만, 45세를 전후하여 정조의 건강이 크게 악화된 것만은 사실이다. 정조는 생에 대한 애착이 거의 없어 몸을 돌보지 않다가 짧고 굵은 삶을 살다가 갔다.

그러면 정조의 다섯 가지 정치목표 가운데 첫째인 효치孝治는 어떻게 했는가? 아버지를 죽게 만들었다는 자책감 때문에 효치를 시작했고, 그 첫 번째 사업이 아버지의 죄를 씻어주는 신원伸寃으로 나타났음을 앞에서 이미 설명했다. 효치의 두 번째 사업은 아버지에 대한 추숭사업이었다. 그래서 즉위한 직후 경모궁景慕宮이라는 사당을 새로 짓고, 이어 정조 13년에 아버지 무덤인 영우원永祐園을 지금의 동대문구 휘경동 배봉산拜峰山 자락에서 명당지인 수원으로 옮기는 일을 수행했으며, 수원의 읍치를 팔달산八達山 아래로 옮기고 이곳에 화성부華城府를 건설하여 장차 자신이 은퇴할 공간인 왕도王都로 삼았다. 정조 19년(1795)에는 아버지와 어머니의 회갑을 기념하고자 화성으로 거창하게 행차하여 잔치를 베풀기도 했다.

또 왕자가 태어날 때마다 아버지의 존호尊號를 올렸는데, 왕으로 추존하지는 않았다. 왜냐하면 이미 영조가 정조를 정빈 이씨靖嬪李氏 소생인 효장세자孝章世子의 아들로 입적시켜 놓았기 때문이다. 정조는 임금이 된 직후에 양부養父인 그를 진종眞宗으로 추존했으므로 생부는 왕으로 추존할 수가 없었다.

정조의 효도사업은 막대한 비용이 필요했다. 특히 화성부 건설에 들어간 비용은 약 80만 냥에 이르렀다. 신하들은 임금의 효심을 이해하면서도 그 비용이 너무 커서 사업이 지나치다고 느꼈다. 그래서 정조는 그 비용을 국고國庫에서 쓰지 않으려고 즉위 직후부터 왕실재산인 내수사內需司의 수입을 극도로 절약하여 저축했다가 효도사업에 쏟아부었다. 정조는 오직 효도사업을 위해서만이 아니라, 성군聖君은 생활이 검소해야 한다는 영조의 가르침을 이어받아 의식주생활이 놀랄 정도로 소탈하여 신하들의 놀라움을 자아냈다. 하루에 대략 두 끼만 먹고, 반찬은 두서너 가지만 올리게 하며, 옷은 거친 면포를 수없이 빨아 입고, 편전便殿은 비가 샐 정도로 낡은 데다가 지방에서 바치는 진귀한 진상품進上品은 모두 거절하여 마치 그 생활이 시골의 가난한 선비의 삶과 비슷했다.

화성부 건설에 들어간 80만 냥은 대부분 수천 명에 달하는 전국 각지에서 몰려온 공장(工匠; 노동자)들의 품값으로 나갔고, 또 화성의 백성들이 자급자족할 수 있는 농업 및 상업 인프라 구축에 투자되었

23

기 때문에 결과적으로는 대부분 백성을 구휼하는 데 지출된 셈이다. 또 화성건설과 화성행차에서 쓰고 남은 돈은 빈민을 구제하는 기금으로 돌려놓았는데, 뒤에 폐단이 생겨 호조에 귀속시켰다. 그래서 일부 신하들이 효도사업에 곱지 않은 시선을 보내기도 했지만, 결과로 보면 오늘날 수원시가 모범적인 농업도시이자 상공업 중심지가 되고, 화성이 유네스코 문화유산으로 등록되어 많은 관광객을 모으게 된 단초가 여기서 열린 것이다

정조의 학문은 당대 어느 학자도 그와 맞설 만한 권위를 지닌 인물이 없을 정도로 최고의 수준에 이르렀다. 그래서 신하들과 학문을 논하고 배우는 경연經筵을 매우 소홀하게 했다. 간혹 경연을 열었지만 그것은 배우는 기회가 아니라 신하들을 가르치는 자리였다. 신하들은 경연을 소홀히 하는 임금을 가끔 비판하기도 했으나, 정조는 세손 때 영조가 경연 석상에서 세자를 지나치게 꾸중한 결과 아버지가 죽음을 맞이한 경험이 있어 경연이라는 말만 들어도 공포심을 가지고 있다고 말한 적이 있다.

임금의 학문이 높다는 것은 바로 임금이 단순한 통치자가 아니라 정신적으로도 만백성을 지도하고 가르치는 스승의 위치에 있다는 것을 의미한다. 이런 임금을 유교에서는 군사君師라고 불렀다. 역사적으로 보면 중국 고대의 우禹, 탕湯, 요堯, 순舜이나 주나라 문왕文王과 무왕武王과 같은 성인聖人이 이런 부류라고 믿었다. 정조는 스스로 군사임을 자처했을 뿐 아니라 신하들도 이를 인정하여 군사의 권위를 가지고 끊임없이 신하들을 가르치고 설득하고 소통하는 정치를 폈다.

정조는 세손 시절에 공부를 넓고 굳건하게 하겠다는 마음으로 자호自號를 '홍의弘毅'라고 했다가 임금이 된 뒤에 군사君師로 자처하고,

만년에는 자신을 온 세상의 개울을 골고루 비춰주는 밝은 달[明月]에 비유하여 '만천명월주인옹萬川明月主人翁'이라는 호를 스스로 만들었다. 또 자신을 뭇별의 표준인 북극성北極星에 비유하면서, 누구도 명월이나 북극성에 도전할 수 없다고 못 박았다. 세종이 부처님의 공덕을 즈믄강[千江]을 비추는 달에 비유하여 《월인천강지곡月印千江之曲》을 편찬한 바 있었는데, 정조는 부처의 위치에 자신을 올려놓았다고도 볼 수 있다.

그러나 정조가 말한 밝은 달[명월]은 부처와는 달랐다. 명월이 만천을 비춰 주더라도 개울의 모습은 맑은 물, 탁한 물, 급한 물, 느린 물 등 천태만상의 차이를 보이고, 각기 장단점이 있다. 마찬가지로 사람도 각기 장단점이 있는데, 전적으로 옳거나 전적으로 나쁜 사람은 없다. 그래서 그 가운데 장점만 이용하여 등용하고 단점을 보완해야 한다. 부처는 종교적으로 세상을 다스렸지만 정조는 제왕의 위치에서 세상을 다스렸기에 부처와 같을 수는 없었다. 정조의 탕평인사는 이런 기준으로 인재를 썼기 때문에 어느 누구도 전적으로 신임하지는 않았고, 필요한 만큼 장점을 살려 쓰다가 단점이 드러나면 버렸다.

정조 원년에 설치한 규장각奎章閣은 바로 정조가 군사君師의 위치에서 탕평통치를 펼치는 중심 기구였다. 여기서 40세 이하의 젊은 벼슬아치들을 뽑아 초계문신抄啓文臣이라 부르고, 이들을 직접 재교육해 임금의 탕평노선을 따르는 시파時派 정치세력을 키웠다. 그 밖에 일반 문신 가운데 경학經學을 배우고자 하는 벼슬아치들을 가르쳐 전경문신專經文臣이라 불렀다. 무신들도 비슷하게 병서兵書를 가르쳐 정예화했다. 그 뒤로 성균관 유생들에게도 여러 과제를 주어 재교육하고, 과거 응시생들도 《소학小學》을 먼저 배워 시험에 통과한 다음에 응시가 가능하도록 '조흘강照訖講' 제도를 강화했다. 마지막으로 일반 백성들의 윤리도덕을 높이기 위해 향약鄕約, 향사례鄕射禮, 향음주례鄕飮酒禮 등의 시행을 장려하고, 수신교과서인 《소학》을 널리 보급했다. 이런 교육정책은 모두가 장점을 강화하고 단점을 보완하려는 목적을 지닌 것이다.

규장각은 신하들을 재교육시키는 교육기구였을 뿐 아니라 한국과 중국을 포함하는 동아시아 전통문화의 정수精髓를 재정리하여 군사君師와 탕평의 통치이념을 재정립하는 학술기능도 수행했다. 이런 목적으로 왕명을 받아 규장각 각신閣臣들이 편찬한 책은 수백 종에 이르렀다. 여기에는 정치, 경제, 경서, 역사, 지리, 시문학, 의학, 형법, 음악, 의례, 무예와 병서 등 망라되지 않은 분야가 거의 없었으며, 그 모든 책들의 편찬 지침을 임금이 손수 내렸다.

경학에서는 주자학朱子學을 정학正學의 중심에 두었지만, 주자학 하나만으로 통치할 수는 없다고 믿었다. 일반 학자의 학문과 나라를 다스리는 제왕帝王의 학문은 다르다는 것이 정조의 생각이었다. 그래서 주자학 이외에 나라를 다스리는 데 필요한 학문과 사상은 넓게 받아들였다. 우리나라의 역대 경세가나 문인학자들의 문집도 포함되었다. 조선 전기 인물로는 정도전鄭道傳, 양성지梁誠之 등 경세가와 박은朴誾, 박상朴祥, 차천로車天輅 등 문인들의 문집을 간행했다. 율곡 이이李珥의 《성학집요聖學輯要》는 경연에서도 읽을 정도로 큰 영향을 미쳤고, 조선 중기 학자 가운데에서는 《반계수록磻溪隨錄》을 쓴 남인 유형원柳馨遠의 실학을 높이 평가하여 그의 주장을 따라 화성을 건설했다. 또 인종~명종 때 학자인 하서 김인후金麟厚의 학문을 존경하여 성균관 문묘에 배향하기도 했다. 영남 유생의 종주인 퇴계 이황李滉과 북인의 종주였던 조식曺植, 그리고 소론의 영수였던 윤증尹拯 등에 대한 존경도 적지 않았다. 조선 후기 학자 가운데는 노론의 정신적 지주인 송시열宋時烈을 존경하여 《송자대전宋子大全》이라는 이름으로 문집을 간행하여 주자와 동격으로 올려 놓았다. 이순신에 대한 존경심이 비상하여 《충무공이순신전서忠武公李舜臣全書》를 간행했다. 소론 학자로서 정치, 경제, 사회 전반에 걸쳐 개혁안을 제시한 《우서迂書》를 써서 명성을 떨쳤던 유수원柳壽垣의 책에도 영향을 받은 것으로 보이나 그가 영조 때 을해옥사에서 역적으로 죽었기 때문에 드러내놓고 거론하지는 않았다.

임금이 직접 거느리고 있던 신하 가운데에서는 서얼 출신 검서관으로서 북학파에 속하는 박제가朴齊家, 유득공柳得恭, 서이수徐理修, 이덕무李德懋, 성해응成海應 등과 남인에 속하는 채제공蔡濟恭, 이가환李家煥, 정약용丁若鏞을 매우 사랑했다. 실제로 화성 건설의 주역은 남인들이 담당했다. 이렇게 보면 정조는 당파와 신분을 초월하여 좋은 학자들은 모두 포용했으며, 노론의 주자학, 기호남인의 실학, 그리고 북학 등을 모두 수용하여 사상탕평을 이루었다.

정조 자신이 세손 때부터 저술한 책과 글도 따로 간행하고, 어릴 때부터 쓰기 시작한 일기日記도 《일성록日省錄》으로 간행하기 시작했으며, 각신들이 정조의 언행을 체계적으로 정리하여 《일득록日得錄》으로 간행했다. 이런 정조 시대의 편찬물들이 총집성되어 정조가 죽은 뒤에 184권 100책의 《홍재전서弘齋全書》라는 이름으로 간행되었다. 세계 역사에서 이렇게 학식이 높은 임금은 유례를 찾기 어렵다.

정조는 자신이 지도하여 정리한 학문을 정학正學으로 부르고, 이와 배치되는 학문을 이단異端으로 억제했다. 그 이단에는 중국에서 들어오는 패관소품稗官小品, 남인들이 빠져 있는 천주학天主學 등이 포함되어 있었다. 정학은 정치통합과 사회통합에 이로운 학문을 말하고,

이단은 정치통합과 사회통합을 방해하고 사치와 향락과 부패를 가져오는 학문이기 때문에 억제대상이 된다고 보았다. 그래서 이단을 버리고 정학으로 돌아오게 하는 정책이 문체반정文體反正이었다.

정조는 문체반정을 하면서 형벌을 사용하는 것은 극도로 삼가고 어디까지나 정학을 강화하여, 마치 해가 뜨면 어둠이 사라지듯이 이단을 교육으로 다스려야 한다고 믿었다. 그래서 대부분 반성문을 쓰게 하여 다시 포용하고, 형벌은 윤지충尹持忠, 권상연權尙然 등 극소수의 천주학인에게만 적용했다.

민국民國을 위한 개혁은 정조정치의 최종 목표였다. 백성에 대한 임금의 사랑은 "백성 보기를 상처를 보살피듯 해야 한다視民如傷"는 것, "백성을 위해서라면 살갗을 베어주어도 아깝지 않다"는 것, "한 지아비라도 굶어 죽는 사람이 있다면 음식을 먹지 않겠다"는 등 여러 좌우명에서도 드러난다. 실제로 정조는 국가에 세금을 내지 않던 수만 결의 왕실토지인 궁방전宮房田을 호조에 귀속시켜 세금을 내도록 혁파했으며, 자유상업을 허용하여 소상인들을 보호하고, 흉년이 들면 빈민 구휼사업에 총력을 기울였다. 특히 길거리에 버려진 고아나 어린이들을 국가에서 직접 돌보고, 관노비의 생활을 안정시켰으며, 일반 서민과 서얼층의 출세의 길을 넓혀 주고, 죄수의 형구刑具를 통일하고 감옥 시설을 개선하였으며, 재판을 공정히 하고, 날씨가 너무 덥거나 추울 때는 죄수들을 석방하고 옷을 따뜻하게 입히는 등 인권을 적극 보호했다. 격쟁擊錚과 상언上言의 문을 넓게 열어 백성들과 소통하는 데도 정성을 기울였다. 또 정치적으로 차별을 받고 있던 평안도, 함경도, 강원도, 경상도, 제주도 지역의 선비들과 백성들을 포섭하고자 벼슬길을 크게 열어 주어 정조 시대에는 지역에서 반란이 거의 일어나지 않았다.

정치통합과 사회통합을 위해서 반드시 실행해야 할 일이 탕평이었다. 앞에서 정조의 탕평책은 영조의 완론탕평과 다른 준론탕평이라고 말했다. 완론탕평이 당파 사이의 힘의 균형을 유지하는 정책이라면, 준론탕평은 당인黨人들의 이념을 통일하여 당파 사이의 정신적인 갈등을 없애는 데 초점을 두었다. 그래서 이념통합 세력을 키우고자 규장각을 설치하고, 정학을 확립했다. 하지만 현실적으로 인사정책에서 당색을 안배하는 것도 무시할 수 없는 일이었다. 그래서 의정부 삼정승을 뽑을 때나 규장각의 각신閣臣을 임명할 때, 그리고 인사권을 가진 이조판서나 참판을 임명할 때에는 당색을 안배했다.

탕평을 따르지 않으려는 세력은 일부 강경한 노론이었다. 특히 청류淸流를 자처하는 노론 벽파들의 당색이 가장 강하여 소론이나 남인들과 어울리기를 꺼려했다. 김종수金鍾秀, 심환지沈煥之, 유언호兪彦鎬 등 극소수였지만, 이들이 언관言官을 장악하여 여론 형성에 영향을 크게 미쳐 정조와 갈등을 빚었다. 정조는 당론을 일삼는 신하들을 길들이고자 관직에서 내쫓았다가 다시 등용하기도 하고, 편지를 보내 달래기도 하고, 칭찬도 하고, 때로는 욕설도 하고, 태아검太阿劍을 빼들겠다고 협박도 하는 등 강온 양면 전술을 구사했다. 또 좋은 일을 위해서는 때때로 권도權道를 써서 신하들을 설득하는 일도 마다하지 않았다. 이런 다양한 모습은 다혈질의 성격 탓도 있지만, 의도된 연출이기도 했다. 정치적 목적을 달성하기 위해서는 사자처럼 용맹한 힘을 보이기도 하고, 여우처럼 간사한 책략을 써도 좋다고 갈파한 마키아벨리의 그림자가 얼핏 엿보이기도 한다.

하지만 정조는 사람을 죽이는 일은 극도로 경계했다. 어디까지나 정치의 정도正道는 생명을 사랑하는 인정仁政이기 때문이었다. 또 당색이 강한 사람이라도 몸가짐이 청렴한 사람은 버리지 않았다. 정조

말년에 자신이 직접 키운 시파時派들이 오히려 특권세력으로 변질되는 것을 보고 실망하여 청렴한 심환지에게 정승자리를 맡기고 다양한 방법으로 길들인 데서도 그런 모습이 보인다.

영조에서 사도세자를 거쳐 정조에 이르는 시기의 탕평정책을 보면, 배타성이 강하고 임금을 얕잡아보는 노론 벽파를 억제하면서 충성심이 강하고 개혁성향을 지닌 소론과 남인을 등용하는 정책이 일관되고 있다. 그래서 탕평정책은 겉으로는 사색四色을 고루 사랑하는 듯 보이지만, 내면적으로는 노론을 억제하고 길들여가는 과정이라고 말해도 좋을 것이다. 노론의 정치이념은 명분을 존중하여 처신이 비교적 깨끗하지만 임금과 신하가 동등한 위치에서 정치를 운영하는 군신공치君臣共治를 선호했다. 남인과 소론은 명분보다는 실리를 추구하는 실학實學을 하면서 왕권을 존중하는 태도를 지니고 있기 때문에 탕평군주의 처지에서는 남인과 소론을 다루기가 편한 것이 당연했다.

하지만 실리를 존중하는 남인과 소론은 개인적인 실리를 추구하는 경향도 있기 때문에 처신의 청렴도에서 반드시 노론보다 앞섰다고 보기는 어렵다. 그래서 각 당파가 모두 장점과 단점을 공유하고 있으면서 상호 견제도 하고 보완도 하는 가운데 나라가 발전했다고 볼 수 있다. 정조의 통치술이 바로 그런 것이었다. 이 시대를 이해하면서 어느 당파가 전적으로 옳다거나, 어느 당파가 전적으로 나쁘다는 시각으로 접근하는 것은 사실에도 맞지 않을 뿐 아니라, 또 다시 현대판 당론을 만드는 결과를 가져올 가능성도 있다.

그러면 정조가 세상을 떠난 뒤의 역사는 어떻게 전개되었는가? 불행하게도 정조와 같은 뛰어난 리더십을 가진 임금이 나오지 못하고, 순조純祖와 헌종憲宗 등 어린 임금이 잇따라 나오다가 강화도로 유배 갔던 정조의 맏이복동생인 은언군 이인李䄄의 손자가 철종哲宗으로 등장했으며, 그 다음에는 정조의 두 번째 이복동생인 은신군 이진李禛의 증손자가 임금이 되었으니 이가 고종高宗이다. 그러니 철종과 고종은 모두 역적으로 몰렸던 정조의 이복동생들의 후손이다. 사도세자가 그토록 영조의 미움을 사면서 궁녀 숙빈 임씨와 만나 낳은 두 아들의 얼손孽孫들은 정조의 즉위와 더불어 역적으로 몰려 죽거나 귀양 가는 시련을 겪었지만 그래도 그 후손들이 살아남아 조선왕조의 마지막 왕위를 이어 간 것이다.

세계사로 보면 정조가 죽으면서 19세기가 열렸는데, 이 시기는 서양 여러 나라가 산업혁명을 달성하고 넘쳐나는 경제력과 군사력을 앞세워 동아시아로 침투해 오던, 세계 역사에서 가장 큰 격변기였다. 이 소용돌이에 세계 최강국이던 중국(청)이 무릎을 꿇고, 일본도 한때 무릎을 꿇었으나 재빨리 산업화를 이루어 서양의 아류국가로 등장했다. 조선은 일본처럼 빠르게 산업화하는 데 실패하여 결국 일본에 패망했다. 일본은 16세기 중엽부터 유럽이 일본을 찾아가 교류한 결과 서양화가 우리보다 빨랐던 것이고, 우리는 서양을 배척한 것이 아니라 서양이 조선을 외면하여 산업화가 늦어진 것이다. 그래서 19세기의 한국사는 '잃어버린 100년'의 역사로 기록해도 좋을 것이다.

19세기 한국사의 비극은 정조와 같은 뛰어난 리더십을 가진 임금이 이어 나오지 못하고 탐욕스런 노론 독재정권이 외척세력으로 정치를 주도하면서 빚어졌다. 탕평정책이 배격되면서 정치통합과 사회통합이 급속도로 무너졌다. 그래도 순조에서 헌종에 이르는 19세기 전반기는 정조의 여맥餘脈이 남아 있어서 사회분열이 심각하지 않았다. 순조 중엽에 효명세자(孝明世子; 1809~1830)가 등장하여 정조 정치를 중흥하려던 모습도 인상적이다. 그러나 철종을 왕으로 만들면서 외척세력의 횡포가 절정기에 이르고, 이른바 민란民亂의 시대가 열렸다.

그래도 1863년에 대원군과 고종이 등장한 것은 역사의 새 장을 여는 계기가 되었다. 먼저 대원군은 10년 동안 집권하면서 세도정치勢道政治의 구폐를 청산하는 일을 수행하여 노론 세도가의 일당독재를 막고 새로운 탕평의 길을 열었으며, 서얼차별제도를 혁파하는 조치를 내렸다. 이런 조치가 국방력을 강화하는 데에도 도움을 주었다. 고종은 왕비 민씨 세력의 도움을 받으면서 규장각 제도를 부활하여 이를 중심으로 동도서기東道西器, 구본신참舊本新參의 자주적 근대화를 추진했다. 1886년에는 노비세습제를 철폐하는 조치도 내려 신분제도 전체가 완전히 무너졌다. 1897년 성립한 대한제국大韓帝國은 주권主權, 국민國民, 영토領土를 가진 근대국가로 출범했으며, 이런 대한제국을 대한민국大韓民國으로도 불렀다. 고종은 황제의 권위를 빌려 강력한 리더십을 구사했다. 고종의 황제권은 정조가 내건 '만천명월주인옹'을 실제 권력으로 자리매김한 셈이다.

대한제국이 14년 만에 문을 닫은 것은 근대화 정책이 너무 늦은 데서 근본 원인을 찾아야 한다. 고종이 정치를 잘못한 것이 아니라, 세도정치기에 산업화를 외면하여 일본과의 격차를 줄이지 못한 것이 결정적 원인이다.

1905년에 통감부시대가 도래하면서, 일제는 당쟁에서 밀려나 이미 죽은 소론, 남인, 북인, 그리고 노론 가운데서도 권력투쟁에서 밀려난 사람들까지 무더기로 각신閣臣으로 임명하여 명예직으로 줌으로써 규장각 제도를 친일세력을 포섭하는 도구로 악용했다. 일제강점기에는 규장각 도서만 남겨 식민통치에 필요한 정보를 취득하는 데 이용했는데, 그 도서를 둘로 갈라 일반도서들은 경성제국대학 도서관에서 보관하게 하고, 왕실관련 도서들은 창경궁에 장서각藏書閣을 지어 이왕실李王室에서 관혼상제冠婚喪祭 등을 치르거나 하는 데 참고자료로 이용하도록 했다.

8.15 광복과 더불어 규장각 도서는 서울대학교로 이관되고, 장서각 도서는 지금 한국학중앙연구원으로 이관하여 한국학 연구의 보고寶庫로 활용되고 있다. 오늘날 정조는 15세기 세종世宗과 더불어 소선왕조를 중흥시킨 18세기의 영주英主로 높은 추앙을 받으면서 21세기 한국을 다시 중흥시킬 수 있는 정신적 자산으로 주목받고 있다. 정조가 세종을 모범으로 왕조 중흥을 이룩했듯이, 우리는 지금 정조를 모범 삼아 21세기의 문화중흥시대를 열어야 할 책임을 지고 있다. 250년 전 정조가 꿈꾸고 펼친 군사君師, 탕평蕩平, 민국民國, 정학正學의 정치가 오늘날에 걸맞은 새로운 21세기 지도층의 리더십을 재건하는 데 큰 자산이 되기를 기대하면서 붓을 놓는다.

2017년 8월
팔순을 맞이하면서
낙성대 호산재에서 한 영 우 쓰다

여러 신하들은 신령의 말을 들었는가?
정성왕후께서 나에게 말하기를
변란이 호흡 사이에 달려 있다고 했다.

아버님, 아버님, 잘못했습니다.
이제는 아버님께서 하라시는 대로 다 하겠습니다.
글도 읽고 말씀도 다 들을 것이니 이리 마소서.

제1장

사도세자의
마지막 1년

1. 사도세자 최후의 날
—영조 38년(1762) 윤5월 13일 ~ 21일

영조 38년(1762) 윤5월 13일 오후에 경희궁에 있던 임금은 갑자기 창덕궁과 창경궁으로 거둥하겠노라고 분부했다. 창경궁에 거처하고 있던 세자世子에게 죽은 왕비 정성왕후貞聖王后 서씨徐氏의 위패가 모셔져 있는 창경궁 휘령전徽寧殿으로 오라고 명했다. 휘령전은 문정전文政殿에다 왕비의 위패를 모시면서 붙인 이름이다. 임금은 먼저 창덕궁에 이르러 선왕들의 어진御眞과 왕실 족보가 모셔져 있는 선원전璿源殿에 가서 참배하면서 중대한 결심을 조상께 고했다. 참배를 마친 임금은 휘령전으로 갔다. 임금이 이곳을 선택한 이유가 있었다. 세자의 생모는 아니지만 법적인 어머니였던 모후의 동의를 얻어 세자에게 큰 처분을 내리기 위함이었다.

임금의 명을 받은 세자가 휘령전 앞마당으로 달려와 네 번 절하고 땅에 엎드리자, 임금은 갑자기 손뼉을 치면서 세자에게 칼을 내주고, 이렇게 하교下敎했다.

여러 신하들은 신령神靈의 말을 들었는가? 정성왕후께서 나에게 말하기를, "변란이 호흡 사이에 달려 있다"고 했다.

'변란變亂이 호흡 사이에 달려 있다'는 말은 세자가 바야흐로 변란을 일으키고 있다는 뜻이다. 지금 휘령전에 모셔져 있는 정성왕후의 혼령魂靈이 임금에게 세자의 변란을 계시啓示해 주었다는 것이다. 세자의 생모는 후궁 영빈 이씨暎嬪李氏로서 아직도 살아 있었지만, 정성왕후는 후사가 없었으므로 세자를 법적인 아들로 키웠다. 그래서 임금은 왕후 혼령의 계시를 얻었다는 것을 명분으로 삼아 세자에게 죽음을 명한 것이다.

변란이란 곧 임금을 죽이려는 모역謀逆이므로 당연히 세자는 죽어야 한다. 임금은 이 말을 마치자마자 어가를 메고 온 군사들에게 휘령전의 모든 문을 네 겹, 다섯 겹으로 막으라고 명하고, 왕궁 호위를 맡은 도총부 총관摠管에게 명하여 군사들이 칼을 빼들고 담장을 향하여 늘어서라고 호령했다. 또 궁성문을 막아 누구도 궁 안으로 들어오지 못하게 했다. 이런 조치는 혹시 세자를 따르는 반역자들의 저항을 막기 위함이었다. 다만, 영의정 신만申晩만이 들어왔다.

임금이 세자에게 명하여 관冠을 벗고 맨발로 머리를 땅에 조아리게 하고, 빨리 자결하라고 재촉했다. 세자의 이마에서 피가 흘렀다. 승정원 가주서假注書 이광현(李光鉉; 1732~?)은 뛰쳐나가 의관醫官을 데리고 들어왔다. 그는 세자가 뒤주에 갇혀 있는 동안 몰래 세손을 데리고 와서 아버지를 만나게 주선하기도 했으며, 뒤에 임오화변 7일 동안의 전말을 쓰기도 했다.[01]

갑작스런 소문을 들은 관원들이 잇따라 들어왔다. 세자의 장인인 좌의정 홍봉한洪鳳漢이 들어왔다. 홍봉한은 영의정을 지내다가 세자의 죄를 용서해 달라고 임금에게 말해 미움을 받아 며칠 전에 좌의정으로 좌천되었던 처지였다. 판부사 정휘량鄭翬良, 도승지 이이장李彝章, 승지 한광조韓光肇 등도 들어왔다. 그러나 아무 말도 하지 않았다. 임금은 신만 이하 대신들을 모두 파직시켜 물러가게 했다.

자결하라는 임금의 엄명을 받은 세자는 임금에게 살려 달라고 애

---

01 이광현은 광주이씨廣州李氏로서 뒤에 《임오일기壬午日記》를 써서 세자가 뒤주에
    갇힌 7일 동안의 일기를 기록했다. 이 책은 지금 한국학중앙연구원에 소장되
    어 있다.

원했다. "아버님, 아버님, 잘못했습니다. 이제는 아버님께서 하라시는 대로 다 하겠습니다. 글도 읽고 말씀도 다 들을 것이니 이리 마소서." 하고 용서를 빌었다. 그러나 소용이 없었다. 이때 이 소식을 들은 11세 세손이 황급히 달려와서 관과 도포를 벗고 아버지 뒤에 엎드려 아버지를 살려 달라고 임금에게 울부짖으며 애원했다. 이 세손이 바로 뒷날의 정조 임금이다. 그러나 임금은 강서원講書院 관원을 시켜 세손을 안아다가 강서원으로 보내고 다시는 들어오지 못하게 하라고 명했다.

임금이 세자에게 자결을 거듭 재촉하여 세자가 자결하려고 하니, 세자의 교육기관인 시강원侍講院 관원이 달려들어 만류했다. 임금이 이어서 세자를 폐하여 서인庶人을 삼는다는 명을 내렸다. 이제 세자는 더 이상 세자가 아닌 평민이 된 것이다. 이때 신만, 홍봉한, 정휘량이 나갔다가 다시 들어왔으나 아무 말도 하지 않았다. 임금은 군사들을 시켜 시강원 관원을 내쫓았는데, 유독 사관史官을 맡은 예문관 한림 임덕제林德躋가 굳게 엎드려 떠나지 않았다. 임금이 "세자를 폐했는데, 어찌 사관이 있겠는가?" 하면서 사람을 시켜 내보냈다. 세자가 임덕제의 옷자락을 붙잡고 울면서 따라 나오며 외쳤다. "너마저 나가 버리면 나는 장차 누구에게 의지하란 말이냐?"고 하소연하고 나서 문을 나와 시강원의 여러 관원들에게 어찌하면 좋으냐고 물었다. 시강원 사서司書 임성任晟은 "다시 전정殿庭으로 들어가서 처분을 기다릴 수밖에 없습니다." 하니 세자가 울면서 다시 들어가 땅에 엎드려 애걸하면서 개과천선改過遷善할 것을 거듭 약속했다.

임금은 더욱 엄한 전교를 내리면서 세자의 생모 영빈 이씨가 아침에 찾아와서 "세자에게 큰 처분을 내려 달라."고 읍소泣訴했다는 말을 전했다. 그러니까 세자의 생모도 세자를 죽이라고 애원했다는 것이다. 이렇게 되면 세자의 죽은 어미와 살아 있는 어미가 모두 아들의 반역을 인정하고 죽음을 허락한 것이다.

임금이 영빈 이씨의 말을 세자에게 전하자, 도승지 이이장이 "전하께서 깊은 궁궐에 있는 한 여자의 말로 말미암아 국본(國本; 세자)을 흔들려 하십니까?"라고 항의했으나 듣지 않았다. 임금은 여러 신하들의 만류에 자결하라는 명을 거두고, 그 대신 뒤주를 가져다가 가두라고 명했다. 이때 세손이 또 황급히 들어와 "마마, 아비를 살려주소서." 하고 간청하니 임금이 "나가라"고 명했다. 세손은 하는 수 없이 밖으로 나와 왕자 재실齋室로 들어가 앉아 있었다. 세자빈 혜경궁과 왕손들도 문밖에 와서 읍소했다. 임금은 세손과 혜경궁, 왕손들을 모두 홍봉한의 집으로 보내라고 명했다. 이때 이미 밤은 자정이 지났다.

그러면 뒤주는 어디에서 가져왔는가? 처음에는 가까운 곳에 있는 소주방(燒廚房; 부엌)의 뒤주를 가져왔으나 덩치가 큰 세자가 들어가기에는 너무 작았다. 그래서 궁밖의 어영청御營廳에 있는 큰 뒤주를 가져와 세자를 가두었다. 세자는 처음에는 뒤주에서 뛰어 나오려고 하다가 이기지 못하고 말았다. 뒤주는 창경궁 정문인 홍화문弘化門 남쪽에 있는 작은 샛문인 선인문宣仁門 부근으로 옮겨지고, 세자는 8일 동안 굶다가 윤5월 21일에 숨을 거두었다. 향년 28세였다. 이해가 임오년이므로 이 사건을 '임오화변壬午禍變'이라고 부른다.

임금이 세자를 뒤주에 가둔 것은 일단 세자를 격리시키려는 뜻이 있었다. 그동안 세자가 비정상적인 행동을 보이고 모역을 했다는 여론이 있었으므로 자결하지 않을 경우에는 격리라도 하지 않으면 안 될 상황이었다. 일반 신하들의 모역사건이라면 재판을 진행하여 신문을 거친 뒤에 자백을 받고 처벌하는 것이 순서이지만, 세자를 어떻게 형사사건으로 처리하여 죽일 수가 있겠는가? 그래서 생각해 낸 것이 자결이 아니면 격리였다. 문제는 세자가 뒤주에 갇혀 있는 8일 동안 구명운동이 없었다는 것이다. 이는 그만큼 세자의 죄가 클 뿐 아니라, 그를 구해 내고자 하는 정치세력이 약했다는 것을 말한다. 어미까지 죽여 달라고 호소했으니, 어찌 신하들이 개입할 수 있겠는가?

그러면, 이날 어미 다음으로 세자와 가까운 세자빈 혜경궁 홍씨는 무엇을 하고 있었는가? 혜경궁의 회고록인 《한중록閑中錄》에는 《영조실록》에 없는 숨은 이야기가 보인다. 윤5월 13일 밤 새벽 4시 무렵, 그러니까 14일 새벽 4시 무렵에 내관[내시]이 혜경궁에게 와서 전하기를, "전하께서 바깥 소주방의 쌀 담는 궤(櫃; 뒤주)를 내오라 하십니다." 하면서 어쩔 줄을 몰라 했다. 세손은 휘령전에 가서 세자 뒤에 엎드려 있다가 쫓겨 나와 혜경궁과 함께 있었는데, 뒤주 이야기가 나오자 일이 심상치 않음을 깨닫고 다시 휘령전으로 달려가서 엎드려 임금에게 하소했다.

혜경궁이 소지한 장도粧刀를 꺼내 스스로 목숨을 끊으려 하자 옆에 있던 사람이 칼을 빼앗아 뜻을 이루지 못했다. 혜경궁은 휘령전으로 들어가려 했으나 군사들이 막아 들어가지 못하고 문밖에서 임금과 세자가 나누는 소리를 들었다. 임금이 칼을 두드리는 소리와 세자가 용서를 비는 소리가 들렸다. 혜경궁은 문앞에 앉아 임금께 아뢰었다. "마마, 처분이 이러하시니, 죄인의 처자인 제가 편안히 대궐에 있기에 황송합니다. 또 세손을 저리 오래 밖에 두면 죄가 더 무거워질까 두렵습니다. 이제 본집으로 나가겠습니다. 천은天恩으로 세손을 보존해 주소서."라고 하소연했다. 혜경궁은 세자를 살려 달라고 말하지 않고, 세자가 폐위되었으니 자신이 궁궐을 떠나 사가私家로 떠날 것이며, 세손을 살려 달라고 애원하고 거처로 돌아왔다.

조금 뒤에 혜경궁의 오라비 홍낙인洪樂仁이 들어와서 말했다. 동궁을 폐하여 서인이 되었으므로 대궐에 살 수 없고, 또 임금이 본집으로 나가라고 하여 가마를 들여왔으니 나가자고 했다. 그리하여 혜경궁은 상궁과 함께 가마를 타고 나오다가 졸도했는데 상궁이 몸을 주물러 겨우 깨어났다. 홍봉한의 아우 홍인한洪麟漢과 혜경궁의 오라비 홍낙신洪樂信, 동생 홍낙임洪樂任은 세손을 남여藍輿에 태워 집으로 데려갔다. 그 뒤 8~9일을 집에서 보냈다. 아버지 홍봉한은 "혜경궁이 목숨을 보전하여 세손을 보존하라."는 임금의 명을 혜경궁에게 전했다. 혜경궁은 세손에게 이렇게 당부했다.

> 우리 모자가 지금 목숨을 보전하는 것도 성은聖恩이다. 내가 너에게 바라는 것은 임금님의 뜻을 이어받아 힘쓰고 가다듬어 착한 사람이 되는 것이다. 이는 곧 성은을 갚는 길이고, 또 네 아버님께도 효도가 되는 것이다.

남편을 죽인 임금을 한없이 원망할 듯도 하지만, 혜경궁은 오히려 자신의 모자가 살아 있는 것이 임금의 성은聖恩이라고 하면서 세손을 위로하고 있다. 세손이 살기 위해서는 세자가 죽을 수밖에 없다는 것을 혜경궁은 이미 예견하고 이를 현실로 받아들이면서 남편을 버리고 아들을 택했다. 모성母性이 부성婦性을 앞선 것이다. 세손은 뒷날 임금이 되자 어머니의 당부를 그대로 따라 영조의 뜻을 충실히 계승하면서 성군聖君이 되었고, 그러면서 아버지에 대한 효성을 극진히 하여 할아버지의 명분도 살리고, 아버지의 원한도 씻어주는 지혜로운 길을 걸어갔다.

그런데 이날의 사건에서 세자가 유폐된 뒤주를 누가 제공했는지를 놓고 여러 사람들의 의견이 엇갈렸다. 세자의 죽음을 동정하는 소론이나 남인 측에서는 바깥 소주방의 뒤주가 먼저 들어오고, 뒤이어 홍봉한이 어영청의 뒤주를 알려 주어 들여왔다고 주장했다. 그러니까 홍봉한이 세자의 죽음을 방조했다는 것이다. 그러나 혜경궁은 《한중록》에서 이를 극구 부인했다. 정조도 뒷날 홍봉한과 뒤주는 관계가 없다고 인정하여 이렇게 말했다고 기록했다.

외조부께서 일물(一物; 뒤주)을 들이지 않은 것은 제가 보았지요. 그놈들이 끝내 우겨서 죄라고 하니 우스울 뿐입니다. 어영청의 일물도 외조부께서 대궐에 들어오기 전에 들어왔습니다. 바깥 소주방의 일물은 쓰지도 못했지요. 문정전(文政殿; 휘령전)이 선인문宣仁門 안에 있고, 선인문 밖이 어영청의 동영東營입니다. 거리가 가깝기에 어영청의 일물을 들여온 것입니다. 망극한 일은 신시申時 초[오후 3시 무렵]에 일어났고, 아주 망극한 일은 유시(酉時; 오후 5~6시) 초 즈음입니다. 봉조하[홍봉한]는 인정(人定; 밤 10시 통행금지)이 친 뒤에 비로소 대궐에 들어오시는 것을 제가 보았습니다. 제가 그 일을 자세히 아는데, 일물이 두 번 들어온 것이 봉조하와 무슨 관계가 있답니까?

정조가 당시 뒤주가 두 번 들어오는 것을 직접 보았는데, 뒤주가 들어온 시간은 오후 5시 무렵이고, 홍봉한이 대궐에 들어온 것은 인정이 지난 밤 10시 이후라는 것이다. 그런데 실제로 정조는 당시 휘령전에서 일어난 일을 자세히 알지 못하고 있었다. 홍봉한이 밤 10시 이후에 들어왔다는 것도 《영조실록》과는 다르다. 《영조실록》에는 이보다 훨씬 앞서 홍봉한이 대궐로 들어왔고, 나갔다가 또다시 들어온 것으로 기록되어 있다. 그러니 《한중록》의 기록이 과연 사실인지도 의문이다. 아마도 아버지 홍봉한의 죄를 부정하기 위해 정조가 하지도 않은 말을 만들어냈는지도 모른다.

혜경궁의 해명에도 불구하고 홍봉한이 세자의 죽음을 방조하고,

나아가 정조의 즉위도 방해하려고 했다는 것은 두고두고 문젯거리로 회자되어 그를 처벌해야 한다는 논의가 끊이지 않고 이어졌다.

2. 세자의 모역사건
　—영조 38년(1762) 윤5월 11일 ~ 12일

　그러면 역사에서 유례가 없는 이런 참극이 왜 궁궐에서 일어났는가? 앞뒤를 잘라 놓고 생각하면 아들을 죽인 영조는 매정하기 짝이 없고, 처참한 최후를 맞이한 세자가 불쌍하기 그지없다. 그러나 이 사건이 일어난 배경을 거슬러 올라가 보면 영조가 그런 무자비한 처분을 내린 것은 상당한 이유가 있었다. 이제 이날 이전의 가까운 시일부터 거슬러 올라가면서 세자의 죽음이 무엇 때문에 일어났는지를 살펴보기로 한다.

　앞에서 임오화변이 일어난 날 아침에 생모 영빈 이씨가 임금을 찾아와 세자에게 큰 처분을 내려 달라고 읍소했다고 했는데, 그럴 만한 이유가 있었다. 세자가 반역을 의심할 만한 행동을 했기 때문이다. 바로 이틀 전인 윤5월 11일 한밤에 세자가 칼을 들고 창경궁 수구水口를 탈출하여 경희궁으로 올라가다가 실패한 사건을 말한다. 《영조실록》에는 세자가 자신을 헐뜯는 영의정 신만申晚을 죽이려 갔다고 기록했지만, 영의정이 밤중에 궁궐에 남아 있을 까닭이 없다. 그러니 그 기록은 거짓이다. 차마 세자가 임금을 해치러 갔다고 쓸 수 없어 짐짓 거짓말을 둘러댄 것으로 보인다.

　한편, 혜경궁의 《한중록》에는 이날 밤의 일을 이렇게 기록했다.

소조(小朝; 세자)는 "수구水口를 통하여 윗 대궐로 가겠다"고 하면서 영성위(靈城尉; 영의정 신만의 아들이자 화협옹주의 남편인 申光綬)를 갈수록 별렀다. 소조는 윗 대궐로 간다며 가시다가 못 가고 돌아왔다. 이때가 윤5월 11일과 12일 사이다. 그럴 즈음 황당한 소문이 보태어 안 나가겠는가? 소문이 수두룩한데 소조께서 하신 일이 본심에서 하신 일이 아니건만 …… 사람의 정신이 혼미할 때에는 화가 들떠서 하시는 말씀이 병증病症으로 생긴 화증火症으로, "내 무엇을 하려 하노라" 하시고, 칼을 들고서 "내 무엇을 하고 오고 싶구나"라고 하셨다. 그러나 조금이라도 인지상정人之常情이 계시면 어찌 이리 했겠는가? 선희궁(宣禧宮; 영빈 이씨)께서는 "차라리 세자의 몸이 없는 것이 옳다. 삼종혈맥三宗血脈이 세손에 있으니, 천만 번 [아들을] 사랑해도 나라를 보전하는 길은 이 수밖에 없다."고 하셨다.

　　혜경궁은 세자가 본심이 아니라 화증火症으로 영의정 신만申晚의 아들 신광수申光綬를 해치기 위해 칼을 들고 수구를 통해 궁궐을 나갔다가 돌아왔는데, 그때 황당한 소문이 보태져서 퍼졌다고 변명했다. 또 생모 영빈 이씨가 나라를 위하고 세손을 보전하려면 세자의 몸이 없는 것이 낫다고 말했다고 전했다. 그러니까 세자가 임금을 해치려고 나간 것이 아닌데 역모를 일으켰다는 소문이 났다고 본 것이다. 또 이 사건이 일어난 시간이 윤5월 11일 밤에서 그 다음날까지 이어졌다고 했다. 그러니까 세자가 창경궁을 나갔다가 되돌아오기까지 시간이 꽤 길었다는 말이다.

　　《한중록》에는 또 윤5월 13일에 세자가 소문이 퍼진 것을 두려워하여 혜경궁에게 보낸 편지를 소개했다. 그 편지의 내용은 이렇다.

　　어젯밤의 소문이 더욱 무서우니 큰일일세. 일이 이렇게 된 뒤이니 내가 죽어서 모르거나, 살면 종사宗社를 붙들어야 옳고, 또 세손을 구하는 것이 옳으니, 내가 살아서 빈궁嬪宮을 보게 될지 모르겠소.

세자는 어제 일로 자신이 죽게 될 것을 알고 아내에게 작별 편지를 보낸 것이다. 그런데 이 편지에서 "세손을 구하는 것이 옳다."고 말한 것은 과연 세자가 진실로 그렇게 말한 것인지, 아니면 혜경궁이 집어넣은 말인지 알 수 없다. 여하튼 이 편지를 읽어 보면 세자는 결코 이성을 잃은 사람 같지 않다. 편지를 읽은 혜경궁은 한없이 서럽게 울었다.

세자는 또 이날 아침에 휘령전으로 나오라는 임금의 명을 듣고 옷을 차려입기 위해 낮 12시 무렵에 교자를 타고 창경궁 경춘전景春殿 뒤로 가면서 혜경궁에게 덕성합德成閣으로 오라는 전갈을 보냈다. 그때 세손은 창경궁 환경전歡慶殿에 있었다. 환경전은 바로 경춘전 동쪽에 있다. 혜경궁은 세자가 자기를 죽일지도 모른다고 지레 짐작하고 급히 환경전에 가서 세손을 보고, "밖에서 어떤 일이 있더라도 놀라지 말고 마음을 단단히 먹으라."고 당부했다. 세자가 그동안 수많은 사람을 죽였고 병증이 심해서 이성을 잃으면 아내를 죽일지도 모른다고 혜경궁은 늘 불안하게 느끼고 있었다. 실제로 세자는 혜경궁의 얼굴에 바둑판을 던져 눈에 큰 상처를 낸 일도 있었다. 그 이유는 혜경궁이 남편보다는 아들[세손] 편을 들고 있는 것에 대한 불만 때문이었다.

그런데 혜경궁을 만난 세자는 뜻밖의 조용한 음성으로, "아무래도 괴이하지만, 자네는 잘 살게 하겠네."라고 하면서 용포龍袍를 달라 하여 입었다. 그러니까 세자가 입는 정장正裝을 한 것이다. 그러고 나서 "내가 학질을 앓는다고 말씀드리려 하니 세손이 머리에 쓰는 휘항(揮項; 방한구)을 가져오라."고 명했다. 그러나 혜경궁은 세손의 모자가 너무 작으니 세자가 쓰는 휘항을 가져오라고 나인에게 말했다. 그러자 세자는, "자네는 무섭고 흉한 사람이로세. 자네는 세손을 데리고 오래 살려 하는구려. 오늘 내가 나가 죽을 터이니, 그것을 꺼리어 세손의 휘항을 쓰지 못하게 하려는 마음씨를 알겠네."라고 원망 섞인 말을 했다. 혜경궁이 하는 수 없이 세손의 휘항을 가져다가 세자에게 주자, 세자는 "싫다. 꺼려하는 것을 써서 무엇할꼬." 하면서 휘항을 쓰지 않고 나갔다.

죽음을 예견하고 있던 세자가 굳이 아들의 휘항을 쓰고 임금을 만나려는 의도가 무엇인지 알 수 없다. 그것도 겨울에 추위를 막는 휘항을 한여름에 쓴다는 것이 괴이하다. 학질을 가장하려면 자신의 모자도 있는데 하필 어린 아들의 모자를 쓸 필요가 무엇인가? 세손 때문에 내가 죽는다는 것을 항의하려는 뜻인가? 아니면 세손의 휘항을 쓰고 있는 나를 임금이 차마 죽이지 못할 것이라는 겁박인가? 그 속내를 아무도 알 수 없지만, 세손에 대한 원망이 담긴 것만은 틀림없다고 하겠다.

세자는 또 자신을 구해줄 사람을 찾았다. 그 사람이 바로 춘천春川에 살고 있는 원임대신 조재호(趙載浩; 본관 풍양; 1702~1762)였다. 세자는 사람을 급히 보내 그를 불러들였다. 조재호는 소론少論 탕평파로서 영조의 즉위를 도왔던 조문명(趙文命; 1680~1732)의 아들이다. 조재호는 2년 전 영조가 정순왕후를 계비로 맞이하는 것을 반대하다가 귀양 가서 춘천에 살고 있었는데, 세자의 부름을 받고 급히 서울로 올라왔다. 그의 누이는 세자의 이복형인 효장세자(孝章世子; 정빈 이씨 소생)의 부인인 효순왕후孝純王后였으므로, 조재호는 영조의 큰며느리의 오라비다. 그러니 조재호가 임금을 설득시킨다면 자신이 혹시 살아날 수도 있다고 기대했던 것 같다. 그러나 그는 오히려 역모로 몰려 다시 귀양 갔다가 바로 사약을 받고 죽었다.

혜경궁은 《한중록》에서 윤5월 13일 아침에 생모 영빈 이씨가 임금을 찾아가 세자에게 큰 처분을 내려 달라고 부탁한 말을 이렇게 소개했다.

세자의 병이 점점 깊어 바라는 것이 없습니다. 마마, 소인이 이 말씀은 차마 어미 된 정리情理로 못할 일이지만, 성궁(聖躬; 임금)을 보호하고 세손을 건져 종사를 평안히 하는 일이 옳으니, 큰 처분을 하옵소서. 하오나 부자 사이 정으로 차마 이리 하시지만, 다 세자의 병입니다. 병을 어찌 책망하겠습니까? 처분은 하시나, 은혜를 끼치시어 세손 모자를 평안케 하여 주소서.

영빈 이씨는 임금을 보호하고, 세손을 건지려면 세자를 죽일 수밖에 없다고 읍소했다. 다만 세손 모자는 살려 달라고 애원했다. 이씨도 혜경궁과 마찬가지로 세자의 행동이 본심이 아닌 병증이라고 주장하고 있지만, 그렇게 말해야 임금의 체면도 서고, 세자의 처지도 살리는 길임을 잘 알고 있었을 것이다. 아들이 본심을 가지고 임금을 죽이려 했다고 한다면 나라 꼴이 뭐가 되겠는가? 그러니 생모와 아내가 입을 모아 세자의 비행을 병증病症과 화병火病으로 몰고 가는 것은 어미와 아내의 도리로서는 현명한 처신임에 틀림없다. 하지만 사건의 진실과는 다르다고 보는 것이 옳을 것이다.

혜경궁은 이씨의 말을 듣고, 차마 아내 된 도리로서 "마마, 옳게 하셨습니다."라고 하지는 못했다고 술회했다. 이씨는 임금을 만나고 나서 가슴을 치면서 죽는 듯이 괴로워했으며, 자신의 처소인 경희궁 양덕당養德堂으로 돌아와서 음식을 먹지 않고 누워만 있었는데, 아들을 잃은 지 2년 뒤인 영조 40년(1764)에 향년 69세로 세상을 떠났다. 그의 위패를 모신 사당이 선희궁宣禧宮으로 지금 종로구 궁정동에 있었는데, 지금은 그 터만 남아 있다. 그의 무덤이 수경원綏慶園으로 지금 연세대학교 경내에 있었으나, 뒤에 지금의 고양시 덕양구 용두동에 있는 서오릉西五陵 구역으로 옮겼다.

여기서 한 가지 궁금한 일이 있다. 세자가 임금을 해하려고 야밤에 칼을 들고 경희궁으로 달려가다가 실패한 것은 사실인데, 이것이 혼자서 한 일인지, 아니면 훈련된 부하들을 데리고 계획적으로 도모했는지의 여부이다. 기록상으로는 집단적으로 모역했다는 말은 없다. 하지만, 이보다 앞선 5월 22일에 나경언羅景彦이 세자의 역모를 투서하면서 세자가 내시內侍들과 더불어 역모를 꾀하고 있다고 한 것을 보든가, 거사 전에 맹인(盲人; 점쟁이), 의관醫官, 역관譯官, 액속掖屬들을 불러 모아 잔치를 벌이고, 무기들을 감춰 놓고 있었던 것은 사실이므로 이들과 함께 거사하려다가 실패했을 가능성도 없지 않다. 혜경궁은 세자가 실패하고 돌아왔을 때 몸에 상처가 나 있었다고 했는데, 이는 궁궐 수비군과 다툼을 벌이다가 부상을 입은 것이 아닌가 짐작된다.

본래 무장의 기질을 지녀 성격이 과격하여 그동안 무수히 사람을 죽였던 세자였던 만큼, 자신의 처지가 막다른 골목에 이르자 이리 죽으나 저리 죽으나 마찬가지라는 자포자기 심정에서 수하들을 데리고 모역을 시도했을 가능성도 전혀 배제할 수 없다. 아무리 미친 사람이라도 어찌 혼자서 임금을 해칠 수 있다고 거사를 했겠는가? 하지만 이미 죽음을 예견하고 스스로 죽기 위해 이런 방법을 택했을 가능성이 크다. 말하자면 저항성을 내포한 자살행위로 볼 수도 있다는 것이다. 그런데 막상 죽음에 임해서는 임금에게 살려 달라고 애원한 것을 보면 생명에 대한 애착도 결코 없지 않았던 것으로 보인다.

3. 세자의 모역과 나경언 고변사건
— 영조 38년(1762) 5월 22일

임오화변이 윤5월 13일에 일어났지만, 이해에는 봄부터 세자의 행동이 죽음을 준비하는 사람처럼 돌변했다. 《영조실록》에는 그런 기록이 전혀 보이지 않으나, 《한중록》을 보면 세자가 거처하던 창경궁은 마치 죽은 사람의 빈소殯所처럼 변했다고 한다. 명정銘旌처럼 보이는 붉은 깃대를 세우고, 시신을 모신 영침靈寢처럼 생긴 방에서 세자는 잠을 잤다. 매일 여러 사람들과 어울려 큰 잔치를 벌이면서 진창 먹고 마시고 하여 밤이 되면 남은 음식들과 술에 취한 사람들이 질펀하게 널려 있었다. 맹인을 불러 점을 치게 했는데, 맹인이 말을 잘못하면 그 자리에서 죽였다. 의관醫官, 역관譯官, 환관들도 불러들였는데, 말을 듣지 않으면 그 자리에서 죽여 하루에도 여러 명의 사람이 죽어 나갔다고 한다.

맹인에게 점을 쳐서 무엇을 알려고 했는지, 의관, 역관, 내시들과 무엇을 의논하다가 말을 듣지 않으면 죽였는지 알 수 없지만, 그저 아무런 목적이 없는 광태만은 아닌 듯하다. 무엇인가를 의논하다가 의견이 엇갈리는 일이 많았음을 암시한다. 의견이 맞지 않는 사람을 죽인 것은 비밀이 새어나갈 것을 우려한 처사로 보인다.

그런데 세자가 모역을 도모하면서 맹인, 의관, 역관, 내시 등을 주변에 불러모은 것은 평시 이들과 관계가 깊었다는 것을 암시한다. 《한중록》이나 세자의 문집인 《능허관만고凌虛觀漫稿》를 보면 세자가 지은 글 가운데 삼대三代의 성인聖人을 추모하는 글도 많지만, 이것은 시강원에서 공식적으로 교육을 받을 때 쓴 글들이고, 내면적으로는 역대 무장武將이나 무예武藝, 상수역학象數易學, 점복占卜, 의학醫學, 무당이 굿할 때 읽는 경문經文인 《옥추경玉樞經》, 패관소사稗官小史, 그림 등에 관한 글이 많다. 이런 것들은 이른바 잡서雜書나 잡학雜學으로 알려진 것으로 주자학자들에게는 금서禁書처럼 되어 있는 것들이다. 더욱이 임금의 제왕학帝王學에는 맞지 않는 학문이다. 대체로 기술직 중인中人들이나 재야의 실학자實學者들이 관심을 갖는 분야이다. 당색으로 보면 남인이나 소론계열 학자들에게 이런 경향이 있고, 노론은 대부분 매우 경계하고 있는 대상이다. 그런데 세자가 궁 안에서 이런 부류와 친교를 맺으면서 잔치를 벌이고 일을 도모했다는 것은 비록 모역을 하지 않았다 치더라도 용서받기 어려운 것이다.

이해 5월에는 후원에다 땅을 파고 세 칸짜리 땅집을 지었는데 그 모습이 무덤과 같았다. 문을 위로 내어 널판으로 뚜껑을 덮고, 그 위에 띠를 덮어 집이 보이지 않게 했다. 그 속에 병기兵器를 숨겨 두었다. 요즘 말로 비밀 아지트를 구축한 것이다. 세자는 그 땅집에 옥등玉燈을 켜고 앉아 있었다. 세자는 평소에 수시로 창덕궁 후원에서 병기兵器를 들고 말을 달리면서 군사연습을 했다. 혜경궁은 이런 행동이 긴장을 풀기 위한 놀이라고 《한중록》에서 밝히고 있고, 뒷날 정조는 북벌北伐을 위한 정상적인 군사훈련이었다고 해석했지만, 보기에 따라서는 반역을 위한 훈련이라고 해석될 여지가 없지 않았다.

세자는 본래 어려서부터 말 타고 칼 쓰고 활 쏘는 군사놀이를 좋아했고, 무예에도 뛰어나 15세 때부터 대리청정을 하면서 종전에 써오던 무예 6기六技에 12기를 보태어 18기를 도보圖譜로 만들어 강습했다고 한다.[02] 이 책을 《무예신보武藝新譜》 또는 《무예신식武藝新式》

02 《무예도보통지》에 실린 정조의 서문.

이라고 불렀다. 여기에 마상무예馬上武藝 6기를 더하여 만든 것이 바로 정조 14년(1790)에 편찬된《무예도보통지武藝圖譜通志》이다. 이런 군사훈련은 정상적으로 사용될 경우에는 국방훈련이 되지만, 마음을 잘못 가지면 바로 반역의 수단이 될 수도 있었다. 세자가 반역의 의심을 받은 이유가 여기에 있는데, 영조와 갈등을 빚을 때마다 군사훈련에 열중하면서 스트레스를 푼 것만은 사실이었다.

세자가 궁궐 후원에 이상한 땅집을 짓고, 여러 사람들과 어울려 무언가를 논의하고 지내던 5월 어느 날 생모인 영빈 이씨가 새로 맞이한 세손빈[정조의 아내]을 볼 겸 하여 경희궁에서 창경궁으로 내려왔다. 이때 세자는 어미 이씨에게 큰 잔치를 베풀어 대접하고, 교자에 억지로 태우고 후원으로 행차를 했는데, 큰 깃발을 세우고 악대樂隊도 동원한 모습이 마치 어미에게 마지막 효도를 하면서 하직하는 것으로 보였다. 아들의 광기에 가까운 행동을 본 이씨는 극도의 불안감에 빠지고, 더 이상 아들을 지킬 수 없다는 것을 직감적으로 느꼈다고 한다. 윤5월 13일 아침에 임금을 만나 대처분을 내리라고 호소한 이유는 단순히 궁궐탈출 사건만이 아니었던 것이다.

이렇게 세자의 거동이 미치광이처럼 되어가고 있던 5월 22일에 결정적인 사건이 터졌다. 형조판서 윤급(尹汲; 해평윤씨 尹斗壽 후손)의 청지기였던 나경언羅景彦이란 자가 세자의 죄악 10가지를 나열하여 형조에 고발한 사건이 발생했다. 그 상소 가운데에는 장차 세자가 내시들과 더불어 모역을 꾀한다는 내용도 들어 있었다. 궁중의 잡일을 하는 액정서掖庭署 별감 나상언羅尙彦의 형이었던 그는 누구의 사주를 받아 이런 일을 저질렀으나 세자가 붙잡아 심문해도 배후를 밝히지 않았다. 하지만 평소 세자와 임금 사이를 이간해 오던 정순왕후 김씨의 아비 김한구金漢耉와 동생 김귀주金龜柱, 홍계희洪啓禧, 김상로金尙

魯 등 노론 벽파가 그 배후로 의심받고 있었다. 또 같은 노론 벽파인 영의정 신만申晚과 그 아들 신광수申光綬도 세자의 비행을 임금에게 수시로 알려주는 인물로 알려져 세자는 그 부자를 증오하고 있었다.

나경언이 올린 상소는 원문을 불태워 버렸기 때문에 《영조실록》에는 보이지 않는다. 다만, 《한중록》과 이 사건을 처리하는 과정에 세자의 비행으로 거론된 것들이 《영조실록》에 단편적으로 보이는데, 다음 네 가지 사건이 가장 큰 것이었다. 우선, 내시와 더불어 반역을 꾀했다는 것이 가장 큰일이고, 다음에는 지난해 평안도에 몰래 다녀온 사건, 세 번째는 내수사內需司와 사궁四宮[03]의 재물이 부족하자 시전市廛 상인들의 재물을 빼앗은 일, 그리고 네 번째는 왕손의 어미를 사랑하다가 죽인 일이다.

임금은 나경언과 그 아우 나상언 등을 공초하여 배후를 캐물었다. 첫째로 반역사건에 대해서는 임금이 처음에 깜짝 놀라 "변란이 호흡 사이에 있다."고 하면서 대궐문을 호위하도록 하여 도성의 민심이 들끓었다. 그러나 배후를 밝히지 못하여 흐지부지되었다. 다만, 배후에 서씨徐氏, 김씨金氏, 이씨李氏가 있다고 했는데, 서씨는 서명응徐命膺이라고 공초했으며, 김씨는 호조의 서리 아들인 김유성金有聖, 그리고 이씨는 누구인지 모른다고 했다. 그밖에 우의정 윤동도(尹東度; 파평윤씨 尹舜擧의 증손)의 아들인 윤광유尹光裕도 거론되었다. 그러나 서명응과 윤동도는 모두 소론계 고관들로서, 세자와 가깝기는 해도 임금의 총애를 받는 신하들이었으므로 이들이 반역을 꾀했다는 것은

---

03 사궁四宮은 명례궁明禮宮, 수진궁壽進宮, 어의궁於義宮, 용동궁龍洞宮을 말한다. 명례궁은 지금 덕수궁의 옛 이름이고, 수진궁은 예종의 둘째 아들인 제안대군 齊安大君이 살던 집으로 뒤에는 요절한 대군, 왕자, 공주, 옹주의 위패를 모시고 제사 지내는 사당으로 변했다. 어의궁은 인조가 임금이 되기 전에 살던 집이고, 용동궁은 명종의 아들 순회세자가 살던 집이다.

모략에 지나지 않았다. 오히려 세자 및 세자와 연결된 소론을 제거하기 위해 노론 벽파가 나경언을 사주하여 꾸민 소행이라는 의심을 받게 되었다.

그렇지만 임금의 처지로는 이 사건을 처리하기가 매우 어려웠다. 세자를 처벌하기도 어렵고, 그 배후 세력인 노론 벽파도 왕비와 연결되어 있어 쉽게 손댈 상대가 아니었기 때문이다. 그래서 세자의 보역 혐의는 유야무야로 끝났다. 하지만 영조의 마음속에는 세자에 대한 불신이 얼마나 컸겠는가?

세자가 지난해 평안도에 잠행하여 20일이나 유람하고 돌아온 사건도 임금으로서는 쉽게 처리하기 어려운 일이었다. 세자의 평안도 유람을 돌보아 준 사람이 세자의 누이동생인 화완옹주和緩翁主의 시삼촌으로서 평안도 관찰사를 맡고 있던 소론 정휘량鄭翬良이었기 때문이다. 화완옹주는 영조가 가장 사랑하는 막내딸이고, 그 옹주의 시삼촌이 평안도 관찰사이니 정휘량으로서도 이 일을 임금에게 고발하기 어려운 일이었다. 세자는 누이동생과 관찰사를 믿고 이런 일을 자행한 것이다.

세자가 궁을 떠날 때 내시 유인식柳仁植은 세자의 유람을 적극 말렸으며 따라가지 않고 있으면서 세자가 병환이 있다고 거짓으로 임금에게 알렸다. 그러나 내시 박문흥朴文興은 세자를 따라갔다가 돌아왔다. 임금은 정휘량의 책임은 크게 묻지 않고 세자를 시중들던 내시와 시강원의 궁관들을 처벌하는 데 그쳤다.

세자는 평안도에서 돌아올 때 5명의 기생妓生을 데리고 돌아왔다. 아마 평양 기생일 것이다. 이들과 어울려 놀다가 궁으로 데리고 온 것이다. 또 안암동에 사는 가선假仙이라는 여승女僧을 궁으로 데리고 와서 살았다. 임금은 이 사실을 알고, 장차 여승이 왕손을 낳아 임금에게 문안할 터이니 나라가 망하지 않을 수 없다고 격노했다. 뒤에 임오화변이 일어나자 임금은 여승과 기생들, 그리고 세자를 나쁜 길로 인도한 내시 박필수朴弼秀, 김우장金佑章 등을 모두 죽였다.

그다음 왕손의 어미를 때려죽인 일은 바로 세자의 후궁으로서 은전군 이찬(恩全君 李禶; 1759~1778)[04]을 낳은 바 있는 경빈 박씨景嬪朴氏를 지난해 죽인 일을 말한다. 그녀는 이름이 빙애로서 본래 숙종비 인원왕후 김씨의 침소에서 시중들던 궁녀였는데 인원왕후가 죽은 뒤에 세자가 데려다 함께 살다가 왕자 찬을 낳고 경빈으로 승격되었다. 세자가 경빈을 죽인 것은 임금도 알고 있었다. 임금은 박씨가 강직한 성품으로 세자가 궁궐 밖으로 미행하기 위해 옷을 내달라고 하자 이를 만류하다가 맞아 죽었다고 말했다.

다음에 내수사內需司와 사궁四宮의 재물을 보충한다는 이유로 시전 市廛 상인의 재물을 빼앗았다는 사건의 내막은 이렇다. 세자가 평소 옷이며, 무기며, 음식이며, 그밖에 놀이에 필요한 물건들을 조달하기 위해 재물의 낭비가 매우 많았는데, 그 부족을 메우고자 액속(掖屬; 별감)들을 시켜 시전 상인들에게 물품을 바치게 했다는 것이다. 임금은 세자가 진 빚을 갚아 주려고 5월 24일 경희궁 흥화문興化門에 나아가서 시전 상인들을 불러 놓고, "어제 내가 [나경언의 글을] 본 바가 있어서 내수사와 사궁에서 시인市人들에게 빚이 많은 것을 알았다. 너희들이 억울함을 품었을 것이니, 숨기지 말고 다 말하라."고 했다. 그리고 나서 선혜청 및 병조에게 그 빚을 갚아 주라고 명했다.

나경언 고변사건이 터지자 세자는 고발자들과 대질을 시켜 달라고

───────────────

04 사도세자를 제거하는데 앞장섰던 노론 벽파는 정조의 왕위 계승을 막기 위해 정조의 이복동생인 은전군 이찬을 임금으로 추대하려 했다. 정조는 임금이 된 뒤에 그에게 자결을 명했으나 거부하자 사약을 내려 죽였다. 향년 20세이다.

임금에게 말했다가, 체통 없이 대질을 하려 하느냐면서 심한 핀잔을 듣고는 시민당時敏堂 뜰에 엎드려 며칠 동안 죄를 내려주기를 기다렸다. 영의정 홍봉한과 우의정 윤동도가 임금에게 석고대죄하고 있는 세자를 용서해 달라고 청하자, 임금은 두 사람을 윤5월 2일에 파직시키고 신만申晚을 영의정으로 임명했다. 홍봉한은 영의정에서 좌의정으로 강등되었는데, 동교東郊에 쉬고 있다가 임오화변이 일어나자 급히 궁궐로 달려왔다. 임금은 처음에 세자의 비행을 알린 나경언을 오히려 기특하다고 칭찬했으나, 처형을 주장하는 신하들의 요청을 따라 그날로 처형했다.

임금은 비행을 저지른 세자에 대해서 크게 실망했지만, 나경언의 고변이 아니더라도 이미 대강 알고 있는 일이고, 세자에 대한 기대를 이미 버린 뒤였기 때문에 크게 진노하지도 않았다. 마음속으로는 이미 큰 결심을 내린 상태였다. 임금은 세자에게 잘 보여 훗날을 기약하려는 신하들의 태도를 오히려 못마땅하게 여겨 앞으로는 국사國事를 보지 않겠다고 말했다.

그러면 왜 세자는 5월에 들어와서 비밀 아지트를 만들고 모역에 가까운 광적인 비행을 자행했으며, 뒤이어 나경언의 고변사건까지 일어났을까?《영조실록》을 보면 이 사건을 전후하여 세자의 거동은 특별한 점이 발견되지 않는다. 하지만,《한중록》을 보면 이 사건 이전에 세자의 행동에는 심각한 일이 벌어지고 있었음을 알 수 있다. 더욱이 세손이 가례嘉禮를 치른 이해 2월 무렵부터 세자의 행동은 거의 실성한 사람으로 변했다고 한다.

세자가 며느리를 얻은 것은 인정상으로 본다면 더할 나위 없는 경사일 테지만 세자에게는 이 일이 경사가 아니라 공포의 대상이 되었다. 정치적으로 보면 세손의 위상이 더욱 올라가는 계기가 되었기 때문이다. 그동안 세손의 학문이 일취월장하여 임금과 신하들의 경탄과 칭송을 불러일으켜 조정의 관심은 온통 세손에게 쏠려 있었고, 임금도 공공연하게 세손에게 나라를 맡기겠다고 공언해 왔다. 이런 상황에서 세손이 가정까지 이루었으니, 아버지를 제치고 임금이 될 수 있는 길에 더욱 가까워지게 된 것이다. 바로 이런 분위기를 세자가 감지하고 있었으니, 자신의 종말을 예감하고 불안감을 이기지 못하여 더욱 광적인 상태에 빠졌다고 할 수 있다.

《한중록》을 보면, 2월 말 무렵 세자는 누이동생 화완옹주를 찾아가 마음 내키는 대로 가두어 놓고 말하기를, "내 병이 서러워서 이리한다."고 했다. 그러자 옹주는 겁이 나서 "너무 서럽습니다." 하고 공손하게 대답했다. 세자는 옹주를 창경궁 통명전通明殿과 자신의 처소인 환취정環翠亭에 데리고 가서 이유도 없이 잔치를 베풀기도 했다.

윤5월 13일에 임오화변이 일어나기 직전에 발생한 세자의 행태를 다시 정리해 보면 이렇다. 먼저 세손이 가례를 치른 이해 2월 무렵부터 세자의 광증狂症이 더욱 심해져서 누이인 화완옹주를 납치하여 괴롭히고, 궁궐에 무덤처럼 생긴 땅집을 짓고 잔치를 벌이면서 모역을 준비하는 광태를 보였으며, 생모에게 효도한다는 이유로 잔치를 크게 벌이고 가마를 태워 악대가 음악을 연주하면서 궁궐을 행진했으며, 뒤이어 나경언의 고변이 일어나고, 그 연장선 위에서 칼을 들고 궁궐을 탈출하는 모역사건까지 터진 것이다. 임오화변은 바로 이러한 광적인 저항이 연속되는 과정에서 발생한 것이다. 어느 날 갑자기 일어난 돌발사건이 아니라는 것이다.

임금의 나이 42세가 되던 재위 11년까지
후사가 없는 것이 큰 걱정이었다.
조선왕조 임금의 평균 수명이 46세 전후인 점을 고려할 때
더욱 초조할 수밖에 없었다.
그러다가 이해 후궁 영빈 이씨가 아들을 낳았으니,
왕실의 크나큰 경사가 아닐 수 없었다.
이 아들이 바로 임오화변으로 죽은 뒤에 사도세자로 추존되었다가,
정조 때 장헌세자로 다시 추존된 문제의 인물이다.
대한제국이 성립하자 고종황제의 4대조가 황제로 추존되었는데,
이때 장조의황제로 추존되었다. 이름은 선이고, 호는 능허관이다.

제2장
세자의 출생과
굴절된 유소년기

1. 세자의 유년기
—소론의 인맥과 궁녀들 속에서 자라다

앞에서 사도세자가 영조 38년(1762) 윤5월 13일에 창경궁 휘령전 앞마당에서 뒤주에 갇힌 뒤 8일 만에 28세의 생을 마감하는 비극의 현장을 먼저 소개하여 슬픈 이야기의 실마리로 잡았다. 그러나 세자의 죽음이 갑작스러운 일이 아니라는 것을 알아보기 위해 이해 초부터 시작하여 죽음에 이른 시기에 일어난 6개월 동안의 세자의 행적을 소개했다. 그 사건들의 본질은 세손을 사랑하는 영조의 처사에 대한 세자의 마지막 저항이었다.

이제 잠시 머리를 식히고 세자의 출생에서 시작하여 28년 동안의 생애를 시간순으로 다시 추적해 보기로 한다. 세자의 죽음은 짧게 보면 그해에 일어난 모역사건이 직접 원인이었지만, 긴 눈으로 보면 세자의 죽음은 28년 동안 누적된 임금과 세자 사이의 갈등의 결과이며, 그 누구에게도 뚜렷하게 전적인 책임을 묻기 어려운 복잡한 인과관계가 숨어 있다. 그 인과관계는 정치적인 것과 인간적인 측면이 함께 얽혀 있었다. 정치적인 문제도 노론과 소론의 갈등뿐 아니라 외척 세력 사이의 이해관계 충돌이 있고, 인간적인 측면에서는 세자에게 행해진 유아교육의 문제점과 성격 형성, 세자의 질병, 영조의 성격, 세손인 정조의 자질 등 여러 가지 요인이 복합적으로 얽혀 있음을 고려해야 한다.

위에 열거한 여러 문제들을 조리 있게 풀어내야만 임오화변의 진실을 밝혀낼 수 있을 것이다. 그 여러 요인 가운데 어느 특정한 요인에 집착하여 과대한 해석을 내리는 것은 역사의 진실을 밝히는 데 오히려 잘못을 저지를 수도 있음을 경계해야 한다.

세자가 출생한 것은 영조가 42세가 되던 영조 11년(1735) 1월 21일이다. 생모는 후궁 영빈 이씨(暎嬪李氏; 1696~1764)[01]로서 40세에 세자를 낳았다. 영조의 정비였던 정성왕후 서씨(貞聖王后; 徐宗悌 딸; 1692~1757)는 영조 33년(1757)에 66세를 일기로 세상을 떠났으나 후사가 없었다. 영조가 세제世弟가 되기 이전인 15세 되던 숙종 30년(1704)에 혼인했는데, 2세 연상이었다. 서종제의 집안인 달성서씨는 원래 명문이었지만, 서종제의 직계 조상은 한미한 편이었다. 당색으로 본다면 달성서씨는 노론도 있고 소론도 있었지만 소론 명사가 더 많이 배출되었다. 그래서 영조는 소론 측과 인연이 깊었다.

연잉군 자신의 출신도 한미했다. 비록 숙종의 아들이지만, 어려서 궁중에 들어와 인현왕후仁顯王后 민씨를 섬기면서 물 긷고 빨래하던 미천한 무수리 출신의 숙빈 최씨(淑嬪崔氏; 1670~1718)[02] 사이에 태어났다. 숙종은 인경왕후仁敬王后 김씨[광산김씨 金萬基 딸], 인현왕후 민

---

01 영빈 이씨는 본관이 전의全義로서 어려서 궁녀로 들어갔다가 영조의 성은聖恩을 입어 귀인貴人으로 승진했으며, 34세에 화평옹주를 낳고, 37세에 영빈暎嬪으로 책봉되었다. 그 뒤 38세에 화협옹주를 낳고, 40세에 사도세자를 낳고, 43세에 화완옹주를 낳았다. 67세에 사도세자를 잃고, 2년 뒤 향년 69세로 세상을 떠났다.

02 숙빈 최씨는 해주최씨 최효원의 딸로서 전라도 태인 출생이다. 7세[또는 12세]에 궁으로 들어가 인현왕후 민씨를 섬기는 무수리였다가 숙종의 성은을 입었다. 희빈 장씨의 농간으로 인현왕후가 폐출된 뒤 희빈 장씨의 미움을 크게 받았다. 24세에 왕자를 임신하여 숙원淑媛(종4품)으로 책봉되었으나 두 달 만에 왕자가 죽었다. 희빈 장씨가 인현왕후를 저주하는 여러 비행을 임금에게 알려 인현왕후를 다시 복위하게 만들고, 25세에 둘째 왕자를 낳으니 이가 영조이다. 그 공으로 숙의淑儀(종2품)와 귀인貴人(종1품)을 거쳐 30세에 숙빈淑嬪(정1품)으로 책봉되었다. 49세에 세상을 떠나 소령원昭寧園에 안장되었다. 지금 파주시 광탄면 영장리에 있다. 그녀의 위패를 모신 사당은 육상궁毓祥宮으로 지금 청와대 서편에 위치하고 있다.

씨[여흥민씨 閔維重 딸], 인원왕후仁元王后 김씨[경주김씨 金柱臣 딸] 등 집 안이 좋은 세 왕비를 잇달아 맞아들였으나 모두 후사가 없었다. 그 러다가 후궁 출신 역관의 딸 희빈 장씨(禧嬪張氏; 인동장씨)에게서 경종 (1688~1724)을 낳았고, 이어 숙빈 최씨에게서 연잉군(1694~1776) 이 이복 왕자로 태어난 것이다. 그러나 경종이 세자로 책봉되었기 때 문에 연잉군은 궁 밖으로 나와 사저私邸에서 자랐는데, 이 집을 뒷날 창의궁彰義宮으로 불렀다. 그 터는 지금 종로구 통의동通義洞 백송白 松이 있는 집이다. 이 집에서 28세 때 왕세제王世弟로 책봉될 때까지 살았으니 거의 평민처럼 성장한 것이다. 영조가 평생 검소하게 생활 하고 서민적인 정책을 추진한 배경에는 그의 성장과정이 큰 영향을 주었다.

연잉군은 어미가 너무 미천하여 숙종의 후궁인 영빈 김씨寧嬪金氏 의 양자로 입적되었다. 그녀는 노론 대신 김창집(金昌集; 안동김씨)의 사촌 조카딸이었으므로 연잉군은 노론의 추대와 숙종의 계비 인원왕 후 김씨의 후원을 얻어 왕세제王世弟로 책봉되고 마침내 왕위에 오르 게 되었다. 그러나 영조는 노론의 도움만으로 임금이 된 것이 아니었 다. 만약 소론에 의해 추대되어 임금이 된 경종景宗이 연잉군을 반대 하고 나섰다면 연잉군의 세제 책봉은 불가능했을 것이다. 그러나 마 음이 착하고 병약한 경종은 노론이 추대한 이복 아우인 연잉군을 기 꺼이 세제로 받아들였다. 그래서 영조는 경종을 내심으로 고맙게 여 기고, 임금이 된 뒤에도 경종을 황형皇兄으로 부르면서 추앙했다.

그런데 연잉군은 경종에 대하여 고마운 마음도 있었지만, 두 가지 큰 죄책감이 있었다. 하나는 연잉군이 경종에게 게장을 먹여 독살했 다는 소문이 세간에 퍼진 것이고, 또 하나는 어머니 숙빈 최씨가 희 빈 장씨의 비행을 숙종에게 알려 폐출시키고 사약을 내리게 만든 일이었다. 그러니까 연잉군의 어미가 경종의 어미를 죽게 만들고, 연잉군은 또 경종을 죽게 만들었다는 것이다. 정말로 경종이 게장 때문에 독살되었는지는 확실하지 않지만 그 소문만으로도 연잉군은 큰 타격을 입지 않을 수 없었다. 경종은 처음부터 병약하여 죽은 것인데, 아마도 연잉군을 폄하하려는 소론 측에서 만들어낸 말이거나, 노론 측에서 영조의 약점을 잡아 농단하려는 생각에서 만든 것인지도 모른다. 어쨌든 영조로서는 경종에 대하여 고맙기도 하고 죄책감도 느껴 더욱 경종을 존경하는 태도를 평생 보여 주었으며, 그래야 죽어서 황형皇兄을 만날 수 있다고 늘 말했다.

이렇게 영조는 노론의 도움으로 임금이 되었지만 치명적인 약점을 네 가지 지니고 있었다. 어미의 출신이 천하고, 어미가 경종의 어미를 죽게 만들었으며, 자신이 경종을 독살했다는 누명을 쓰고, 왕자 교육을 제대로 받지 못하고 있다가 임금이 된 것이 그것이다.

효종-현종-숙종에 이르기까지 임금은 모두가 정통 왕비 소생이었고, 경종은 비록 후궁 소생이었지만, 희빈 장씨가 뒤에는 왕비에까지 올랐으므로 영조처럼 미천하지는 않았다. 이런 약점 때문에 영조를 추대한 노론도 임금을 얕잡아 보았고, 그런 노론을 영조는 내심 싫어했다. 그래서 노론을 견제할 필요에서 소론과 남인을 등용하는 탕평정책을 들고 나왔다. 83세로 생애를 마감할 때까지 열심히 경연經筵을 열고 학문에 매진한 것은 세자와 세손에게 공부하는 모습을 보여주어 그들을 군사君師로 만들려는 뜻도 있었지만, 동시에 자신의 약점을 극복하기 위함이었다.

그러나 노론은 영조의 탕평정책에 선뜻 호응하기 어려웠다. 소론 측 목호룡睦虎龍의 고변사건으로 경종 원년(신축년)과 경종 2년(임인년)에 걸쳐 노론 4대신 김창집金昌集, 이이명李頤命, 이건명李健命, 조태채趙泰采가 죽은 신임사화辛壬士禍에 대한 원한 때문에 소론과 한 지붕 아래에서 벼슬하는 탕평책을 찬성하기 어려웠다. 또 숙종 때 기사환국(己巳換局; 1689)으로 남인이 집권하며 송시열, 김수항 등 노론 대신들이 처형당한 경험이 있어 남인과는 동석도 꺼려했다. 하지만 노론, 소론, 남인 가운데에는 영조의 탕평책을 지지하고 나서는 온건파도 있어서 세상에서는 이들을 시파時派 또는 탕평파蕩平派로 부르고, 탕평책을 적극 반대하는 노론을 벽파辟派라고 불렀다.

영조의 탕평책은 더욱이 재위 4년(1728)에 일어난 소론의 대대적인 역모사건인 무신란(戊申亂; 또는 이인좌난) 이후에 한층 적극적으로 추진되었다. 소론을 포용할 필요가 더욱 커졌기 때문이다. 탕평책으로 소론 이광좌(李光佐; 1674~1740)[03] 등이 정승으로 들어오고 노소론이 균형을 이루면서 왕권이 차츰 안정되어 갔다.

그런데 임금의 나이 42세가 되던 재위 11년(1735)까지 후사가 없는 것이 큰 걱정이었다. 조선왕조 임금의 평균 수명이 46세 전후인 점을 고려할 때 더욱 초조할 수밖에 없었다. 그러다가 이해 후궁 영빈 이씨가 아들을 낳았으니, 왕실의 크나큰 경사가 아닐 수 없었다. 이 아들이 바로 임오화변으로 죽은 뒤에 사도세자思悼世子로 추존되었다가, 정조 때 장헌세자莊獻世子로 다시 추존된 문제의 인물이다. 대한제국이 성립하자 고종황제의 4대조가 황제로 추존되었는데, 이때 장조의황제莊祖懿皇帝로 추존되었다. 이름은 선愃이고, 호는 능허관凌虛觀이다.

이보다 앞서 영조가 세제가 되기 이전인 숙종 45년(1719)에 첩이었던 이씨李氏가 아들을 낳아 뒤에 효장세자孝章世子로 책봉되고, 이

03 이광좌는 경주이씨 이항복李恒福의 현손이자 이세구李世龜의 아들로 당파는 소론이었다.

씨가 정빈靖嬪으로 추존되었지만, 그 아들은 영조 4년(1728)에 10세로 세상을 떠났다. 그래서 장헌세자가 비록 차남이지만 유일한 왕자가 되었다.

늦둥이를 얻은 영조는 마음이 조급했다. 빨리 후계자로 키우려고 두 살 때 세자로 책봉했다. 세자 보양保養의 책임은 생모가 아닌 정성왕후 서씨에게 맡겼다. 세자가 태어난 직후부터 누가 세자를 양육할 것인가를 놓고 신하들의 의견이 엇갈렸는데, 노론 조현명(趙顯命; 풍양 조씨; 1690~1752)이 내전(內殿; 왕비)에서 양육을 관리해야 한다고 주장하여 그렇게 한 것이다. 소론에 속하는 박문수(朴文秀; 고령박씨; 1691~1756)가 왕비와 생모 이씨 사이가 좋지 않은 것을 우려하는 뜻을 임금에게 아뢰자, 임금은 두 사람이 화합하도록 힘쓰겠다고 대답했다. 말하자면 박문수는 생모가 세자를 기를 것을 주장했으나 노론의 반대로 좌절된 것이다. 하지만 후궁 영빈 이씨와 평소 사이가 좋지 않은 정성왕후는 후궁이 낳은 왕자를 친자식처럼 사랑하는 마음이 없었다. 그래서 상궁尙宮과 나인內人에게 맡겨 기르기 시작한 것이다.

속담에 "세 살적 버릇 여든 간다"는 말이 있듯이, 유아기에 형성된 정서는 평생을 지배한다고 해도 지나친 말이 아니다. 사도세자가 두 살 때부터 생모의 품을 떠나 상궁과 나인들의 손에서 자란 것은 세자의 정서에 크나큰 악영향을 미쳤다. 《영조실록》에는 세자의 양육에 대해 자세한 기록이 없고, 6세 이후 세자의 학문을 가르치는 서연書筵에 관한 이야기만 보인다. 그런데 혜경궁이 쓴 《한중록》에는 세자의 유아기 양육에 관한 기록이 매우 자세하다. 《한중록》의 기록을 토대로 추적해 보면 다음과 같다.

세자는 태어날 때부터 용모가 특출하여 체격이 크고 웅장했으며, 말수가 적고 성품이 매우 착했지만 눈빛이 엄격했다고 한다. 넉 달

만에 걷고, 여섯 달 만에 임금이 부르면 대답하고, 일곱 달 만에 동서남북을 가리켰다. 두 살에는 60여 자의 글자를 쓰고, 세 살 때 《천자문》을 배우면서 입고 있던 옷을 보고 '사치'라고 말하고, 칠보가 들어간 모자도 사치스럽다고 쓰지 않았다.

세자는 이렇게 신체적으로 성장이 빠르고 자질도 뛰어났으나 정서적으로 문제가 생기기 시작했다. 혜경궁은 궁중에서 들은 이야기를 바탕으로 세자의 유아교육에 두 가지 잘못된 점이 있다고 지적했는데, 귀담아 들을 만하다. 하나는 태어난 지 백 일 만에 세자를 동궁(東宮; 세자)이 학문하고 신하를 접견하는 처소인 창경궁 저승전儲承殿에 멀리 보낸 것이고, 하나는 어리석은 나인內人들에게 양육을 맡긴 것이다. 혜경궁은 태어난 지 백 일이 겨우 지난 아기에게 엄마 품을 떠나게 하고 나인을 시켜 세자 양육을 맡긴 것이 잘못되었다고 지적했다. 그 지적은 옳았다.

저승전은 창경궁 남쪽에 자리하고 있는데, 생모 이씨가 있는 집복헌集福軒에서 거리가 멀어 생모가 자주 찾아가긴 했으나 "한 집안에서 부모와 함께 살면서 아침저녁으로 양육하며 끊임없이 가르치는 것만 같을 수는 없었다."고 혜경궁은 지적했다. 적어도 세자가 저승전에 가려면 나이가 열 살 정도는 되어야 하는데, 너무 일찍이 이곳으로 보내 부모의 정을 느끼지 못하고 자랐다는 것이다. 그래서 세자가 아침저녁으로 만나는 사람은 환관과 궁녀들뿐이고, 듣는 이야기도 세속의 쓰잘 데 없는 말들뿐이었다고 한다.

게다가 저승전은 경종의 계비 선의왕후 어씨宣懿王后 魚氏가 머물렀던 곳이고, 주변에는 희빈 장씨가 거주하던 취선당就善堂이 있었다. 말하자면 경종 왕비들이 거처하던 지역인 것이다. 더욱 놀라운 것은 보모를 맡은 상궁尙宮이 경종과 그 왕비 어씨를 모시던 최 상궁과 한 상궁으로서, 이들은 세자의 생모인 영빈 이씨를 깔보고 무시하며 헐뜯고 다녔다. 영빈 이씨는 어려서 나인으로 궁에 들어왔다가 영조의 은총을 입어 후궁이 되었기 때문이다.

최 상궁은 성격이 엄격하고 경종에 대한 충성심이 강하며 정이 없는 사람이었고, 한 상궁은 반대로 꾀가 많고 일을 잘 꾸미는 성품이었다. 그래서 동궁이 점점 자라서 놀고 싶은 마음이 생겼을 때 한 상궁은 나무와 종이로 칼도 만들고 활과 화살도 만들어 어린 나인들과 더불어 소리를 지르면서 전쟁놀이를 시켜 울적한 마음을 풀어주곤 했다. 이런 생활에서 세자는 점점 노는 일을 즐기는 버릇이 생기고 공부를 멀리하기 시작했다. 세자는 원래 체격이 좋고, 행동이 좀 느리지만 무인적인 기질을 가지고 있었는데, 그런 기질을 나인들이 더욱 조장한 것이다.

세자의 성품과 행동은 아버지 영조와는 매우 대조적이었다. 영조는 성품이 자상하고 민첩한 반면 세자는 덕량이 크기는 했으나 언행이 느려서, 임금이 세자에게 무엇을 물으면 머뭇거리면서 대답을 잘 하지 않아 아버지는 늘 답답하게 여기고 꾸중을 했다. 섬세하고 민첩한 문인적인 영조와 무인적이지만 게으른 세자의 기질이 물과 기름처럼 겉돌았다. 나인들이 옷고름과 대님까지 일일이 챙겨 주면서 보살펴 주고 맛있는 음식을 주었기 때문에 스스로 일을 해결하려는 의욕이 생기지 않고 식탐을 즐기는 아이로 자라났다고 혜경궁은 썼다.

원래 왕자를 키우는 데에는 법도가 있었다. 무엇보다 호의호식好衣好食을 경계하고, 따뜻한 곳을 피하여 검소함을 알게 해야 백성을 사랑하는 임금이 된다고 보았다. 그리고 부모의 사랑과 엄격함이 조화를 이루는 가운데 공부를 시켰다. 그런데 세자는 비위를 맞춰 주고 놀이를 즐기며 호의호식하는 분위기에서 무식한 궁녀들의 손에 자란 것이다.

세자의 학문을 담당한 시강원侍講院의 관료들은 노론과 소론을 적당히 섞어서 세자로 하여금 탕평정치의 마음을 갖도록 유도했다. 하지만 소론계 인사가 더 많이 참여했다. 아마 이 점도 노론의 눈에는 불안하게 보였을 것이다. 유아기에는 소론계 정승 이광좌李光佐가 사부師傅가 되었고, 6~7세에 이르자 시강원의 서연書筵에서 글을 배우기 시작했는데, 당시 필선(弼善; 정4품)은 소론계 박필간(朴弼幹; 반남박씨)이 맡았다. 그는 경종이 세자일 때 세자교육을 맡았고, 연잉군을 세제로 책봉하는 것을 적극 반대했던 박태항朴泰恒의 아들이다. 말할 것도 없이 박필간은 영조의 탕평정책을 지지하는 온건파 소론에 속했지만, 그렇더라도 아버지의 영향을 적지 아니하게 받았을 것이다.

세자가 6세였을 때, 박필간은 임금에게 세자교육의 문제점을 이렇게 아뢰었다.

세자의 슬기로운 자질은 하늘에서 타고나신 것으로 덕기德器가 날로 성취되어가고 있는데, 서연書筵의 보도輔導는 아직 그 실상이 없습니다. 신이 지나치게 우려하는 것이 아닌지 모르겠습니다만, 세자가 깊숙하고도 은밀한 곳에 계셔서 가까이 지내는 사람은 어떤 사람이고, 보고 듣는 것은 무슨 일일까 하는 것입니다. 보모保姆와 환관의 무리들은 오로지 뜻을 받들어 아첨하고 기쁘게 하는 것만을 일삼고 결점을 바로잡고 도와서 제거할 도리는 알지 못합니다. 따라서 예에 어긋나는 말이 혹시라도 가까이 들리는 일이 없고, 올바르지 않은 일을 혹시라도 가까이 보는 일이 없는지 모르겠습니다.

박필간은 세자가 타고난 자질은 우수하지만, 궁녀와 환관들 사이에서 잘못된 교육을 받고 있다는 것을 눈치채고 이를 임금에게 아뢰면서, 그 때문에 서연書筵에서의 교육이 제대로 안되고 있다는 것을 하소연했다. 세자는 벌써 공부보다는 놀이를 즐기는 아이로 변했던 것이다.

박필간은 더 나아가, 세자의 의식주가 너무 사치스럽고 놀이가 많아져, 환관과 나인들이 아첨하기만 하면 세자가 자연히 게을러지고 방만해진다고 하면서 환관과 나인들을 중후하고 소심한 사람을 가려서 써야 한다고 진언했다. 바로 이런 지적은 혜경궁이 《한중록》에서 걱정한 내용과 일치한다. 박필간의 지적과 우려에 대하여 노론계 문학(文學; 정5품) 한익모(韓翼謨; 청주한씨)도 찬동을 표했다. 영조는 세자에게 조기교육을 시키기 위해 애썼지만 결과적으로는 세자는 비뚤어진 아이로 자라고 있었다. 훗날 영조는 세자의 실패를 거울삼아 정조를 너무 일찍 세손으로 책봉하는 것을 피했고, 정조도 아버지의 비극을 거울삼아 왕자 순조를 늦게 세자로 책봉했다.

2. 10세에서 14세까지
─혜경궁과 혼인, 놀이를 즐기고 학문에 소홀하다

세자는 8세가 되자 관례에 따라 성균관에서 입학식을 치렀는데, 이해 소론파 개혁사상가로서 유명한 《우서迂書》를 지은 유수원(柳壽垣; 1694~1755)이 시강원 필선(弼善; 정4품)으로 임명되어 세자교육의 일익을 담당했다.[04]

그는 영조가 직접 불러 개혁사상을 토론할 만큼 정치, 경제, 신분, 문화 전반에 걸친 포괄적 개혁안을 제시했으나 영조 31년(1755)에 을

─────────────────

04 한영우, 《꿈과 반역의 실학자 유수원》(지식산업사, 2007) 참고.

해옥사에 관여되어 목숨을 잃었다. 세자는 아마도 그의 영향을 많이 받았을 것으로 보인다.

세자는 9세에 성인식에 해당하는 관례冠禮를 치렀으며, 10세 되던 영조 20년(1744) 1월에 가례嘉禮를 치러 풍산홍씨 홍봉한(洪鳳漢; 1713~1778)의 딸 혜경궁 홍씨와 혼인했다. 나이는 동갑이었으나 생일은 세자가 5개월 앞섰다. 홍봉한은 당시 아버지의 음보蔭補로 세자익위사 세마(洗馬; 정9품)로 있었는데, 딸이 세자빈이 된 다음 해 문과에 급제하면서 승승장구하여 영의정에까지 올랐다. 그 아우 홍인한(洪麟漢; 1722~1776)도 문과에 급제하고 벼슬이 좌의정에까지 올라 풍산홍씨의 전성기를 구가했으나 정조의 미움을 받아 사사된 인물이다.

영조는 환관과 궁녀들 사이에서 버릇없이 자란 세자에 대하여 마음속으로는 걱정을 하면서도, 때때로 세자의 학문이 발전하고 있다는 것을 신하들에게 보여주면서 기대를 잃지 않았다. 그러다가 임금은 세자가 10세가 되던 해 10월에 세자가 연락(宴樂; 잔치)을 좋아하는 버릇을 걱정하여 시강원 관료에게 이렇게 말했다.

> 세자가 위로는 동조(東朝; 숙종비 인원왕후)를 받들고 또 사친[영빈 이씨]이 있는데, 연락宴樂이 언제나 있을 수 있다고 생각한다면 어찌 두렵지 않은가? 춘방(春坊; 시강원)은 독서와 연락 가운데 어느 것이 좋은지 동궁에게 물어보라.

임금의 명을 받들어 홍문관 수찬修撰 어석윤魚錫胤이 어느날 서연書筵에서 그것을 세자에게 물어보았더니, 세자는, "독서와 연락이 모두 좋다."고 대답했다. 어석윤이 다시 그 까닭을 물으니, 세자는 "좋다고 말하는 까닭은 잔치에 참여하여 즐거움을 받들기 때문이다."고 대답했다. 이날 세자는 시詩 한 수를 지어 시강원 관원에게 내려 주었는데, 그 내용은 "해는 동쪽에서 떠서 사해四海를 밝히고, 달은 중천에 솟아 만산萬山을 비추도다."라는 것이었다. 사람들이 그 시를 보고 칭찬했다. 하지만, 독서와 연락을 모두 좋아한다는 세자의 대답은 영조가 기대하는 말은 아니었다. 어석윤은 바로 경종비 어씨의 큰 아버지인 어유봉魚有鳳의 아들로서 당색은 노론이었다.

11세 되던 해부터 세자는 회강會講에 참여하기 시작했다. 회강이란 임금이 신하들과 더불어 학문도 하고 정치도 논하는 경연經筵에 세자가 와서 참관하면서 때로는 세자하고도 학문을 토론하는 자리다. 임금이 학문하고 정치하는 모습을 세자가 직접 옆에 앉아서 배우도록 하기 위함이었고, 이는 정해진 관례이기도 했다.

세자가 15세에 이르러 대리청정을 맡을 때까지 세자의 회강은 계속되었다. 이 시기에 임금은 《사략(史略; 十九史略)》, 《시경詩經》, 《자치통감資治通鑑》, 《맹자孟子》, 《소학小學》, 《중용中庸》과 자신이 직접 지은 《자성편自省篇》 등 경서經書와 사서史書를 읽으면서 세자와 토론했다. 어떤 때는 세자의 학문에 대하여 미흡한 점을 지적하거나 칭찬하기도 하면서, 기본적으로 지켜야 할 덕목으로 사치를 따르지 말 것, 놀이를 즐기지 말 것, 백성을 사랑할 것, 농사의 어려움을 알 것, 신하들의 간쟁을 따를 것, 색욕色慾을 탐하지 말 것 등을 가르쳤다. 세자는 임금이 거둥할 때에는 뒤를 따라가는 수가隨駕도 하면서 현장 경험을 쌓아 갔다.

임금과 세자가 나눈 대화 가운데 특히 눈여겨볼 것은 세자의 나이 13~14세 때, 한漢나라 황제 가운데 누구를 좋아하고 누구를 싫어하는가를 놓고 몇 차례에 걸쳐 문답한 대목이다. 임금이 한나라 황제 가운데 누구를 가장 좋아하느냐고 묻자, 세자는 "문제文帝입니다."라고 답했다. 임금이 "너의 기질로 본다면 반드시 무제武帝를 좋아할 듯한데, 도리어 문제를 좋아함은 무슨 까닭이냐?"고 묻자, 세자는 "무제는 비록 쾌활하지만 오활한 부분이 많습니다."고 답했다. 임금이 다시 "무엇이 오활하고 무엇이 쾌활하다는 것이냐."고 묻자, 세자는 "급암汲黯을 포용한 것이 영웅英雄의 일이고, 쾌활한 것입니다."라고 했다. 이에 임금이 다시 말하기를, "급암을 포용한 것을 어질다고 하는 것은 옳지만 영웅이라고 하는 것은 어째서이냐?" 하자, 세자는 "급암의 강직함을 포용해 주었으니, 한나라 고조高祖의 활달한 기상이 있습니다."라고 했다.

세자가 한나라 문제를 좋아한다고 말하고, 무제를 오활하다고 말하면서도 그가 영웅으로서 쾌활하다고 말하여 은근히 무제를 칭찬하고 있는 것을 영조는 내심 걱정했다. 그래서 "너는 수성守成의 임금이니, 문제를 배우는 것이 옳다."고 말했다. 문제는 세금을 면제하여 민생안정에 주력한 임금이지만, 무제는 바로 고조선을 멸망시키고 흉노를 정복하여 영토를 넓힌 정복군주로서 과도한 토목공사와 전쟁으로 백성을 피곤하게 만든 임금이다. 영조는 백성을 사랑한 문제를 더 선호해야 한다고 믿었는데, 세자가 겉으로는 문제를 숭상한다고 말하면서도 속으로는 무제를 더 좋아하고 있는 것이 마음에 들지 않았던 것이다. 이 토론은 세자가 13세 되던 11월 11일에 있었던 일이다.

14세 되던 영조 24년(1748) 5월 19일에 임금은 세자가 한나라 무제를 은근히 좋아하는 것이 꺼림칙하여 다시 이 문제를 꺼내 토론했다. "한나라 문제와 무제 가운데 누구를 더 좋아하는가?"고 묻자 세자는 "문제가 훌륭합니다."고 답했다. 그러자 임금은 "이는 나를 속이는 것이다. 너의 마음은 무제를 통쾌하게 여길 것인데, 어찌하여 문제를 훌륭하다고 하는가?" 하니, 세자는 "문제와 경제景帝의 정치가 무제보다 훌륭했습니다."고 답했다. 그러나 임금은 다시 "너는 앞으로 문제와 경제의 반 정도로만 나를 섬겨도 족하다. 내가 매양 한나라 무제로 너를 경계했는데, 너의 시詩 가운데 '호랑이가 깊은 산 속에서 울부짖으니, 큰 바람이 분다'는 글귀가 있어, 기氣가 승하다는 것을 알 수 있었다."고 말했다.

위 대화를 보면, 세자가 지은 〈호랑이 시〉에 세자의 마음속에 풍운을 불러올 수 있는 위험성이 내포되어 있다고 영조는 본 것이다. 영조는 세자의 모습이 이렇듯 불안했지만 그래도 희망이 있지 않을까 하는 기대감에서 시강원 관원들이 더욱 열심히 세자교육에 임해주기를 수시로 당부했다. 그리고 이해 다시 시강원 관원을 다음과 같이 구성했다.

빈객(賓客; 정2품)	정우량(鄭羽良; 소론)
보덕(輔德; 종3품)	김상철(金尙喆; 소론)
겸보덕(종3품)	윤광소(尹光紹; 소론)
필선(弼善; 정4품)	이규채(李奎采; 노론)
겸필선(정4품)	어석윤(魚錫胤; 노론)
설서(說書; 정7품)	윤득양(尹得養; 소론)

그런데 위 시강원 구성원을 보면 노론에 해당하는 사람은 이규채(李奎采; 한산이씨)와 어석윤魚錫胤 뿐이고, 나머지 네 사람은 모두 소론이어서 의아함을 느끼지 않을 수 없다. 빈객 정우량鄭羽良은 소론으로서 영조의 세제책봉을 반대했던 연일정씨 정수기鄭壽期의 아들이다. 정우량의 아들이 바로 영조가 사랑하는 화완옹주의 남편 정치달鄭致達이기 때문에 등용한 것으로 보인다. 정치달의 양자가 정후겸鄭厚謙으로 뒷날 정조에 의해 처형당한 역적이다.

보덕 김상철金尙喆은 강릉김씨로서 소론에 속하고, 정조 때에는 정 승을 지내기도 했다. 그러나 그 아들 김우진金宇鎭은 소론 과격파인 조태구와 유봉휘를 옹호하고 정조 때 역적으로 처벌받은 인물이다.

겸보덕 윤광소尹光紹는 파평윤씨 윤순거尹舜擧의 후손으로 소론이 며, 설서 윤득양尹得養은 해평윤씨 윤두수尹斗壽의 후손으로 역시 소 론이다. 그의 딸이 소론 과격파 김우진의 부인이다.

삼정승은 거의 어김없이 노론과 소론을 배합한 영조가 왜 시강원 은 소론 중심으로 운영했는지 그 속마음이 의아스럽기도 하다. 이들 이 비록 뿌리가 소론이지만 온건한 탕평파로서 임금에게 충성을 다 하고 있다는 믿음 때문으로 보인다. 노론과 소론의 차이를 살펴보면, 노론은 대체로 재상중심제를 선호하여 임금을 얕잡아보는 경향이 있 으나, 소론은 국왕중심제를 선호하는 경향이 있었다. 남인도 국왕중 심제를 선호하는 경향이 소론과 비슷했다. 그러니 임금의 처지에서 보면 소론이나 남인이 상대하기가 더 편했을 것이다.

지금까지《영조실록》을 중심으로 세자의 10대 초반의 소년기를 알 아보았다. 세자의 호걸스런 개성이 점차 드러나면서 수성守成을 잘하 는 도덕적 문치군주文治君主가 되기를 바라는 영조의 마음과 세상을 진동시키는 호걸스런 무인군주武人君主가 되기를 희망하는 세자의 마 음 사이에 미묘한 갈등이 보이지만, 두 사람의 관계가 그다지 나쁘지 않은 것으로 나타난다.

그런데《한중록》을 보면, 혜경궁 자신이 10세에 세자와 혼인하여 궁에 들어가 살면서 직접 체험한 이야기들은 이와 달랐다. 우선, 궁 궐의 법도가 너무 엄하여 할머니 인원왕후 김씨[숙종비], 어머니 정 성왕후 서씨[영조비], 그리고 임금 등 삼전三殿의 태도에 털끝만큼도 사사로운 인정人情이 없었으며, 세자도 아버지에 대한 사랑이 없고,

10세 된 아기네가 아버지를 만나면 감히 마주 앉지 못하고 신하들처럼 엎드려 올려다보았다고 했다. 혜경궁은 이런 궁중풍경이 지나치다고 말했다. 아버지를 사적으로 만나도 엎드려 올려다보는 사이라면 세자가 따뜻한 부정父情을 느끼지 못하고 있었음을 알 수 있다. 여기에 생모하고도 떨어져 살았으니 세자가 부정과 모정에 얼마나 목말라했을까 짐작된다.

혜경궁은 세자의 생활습관의 문제점도 소개했다. 세수와 머리 빗기를 일찍 하는 일이 없고, 글 읽는 시간이 임박해야 보채듯이 세수하고 머리를 빗었다. 웃전에 문안을 드리러 갈 때 자신은 일찍 일어나 준비하고 기다려도 세자가 나타나지 않아 "어찌 저리 더디신가? 혹시 병이 계신가?" 하고 의심이 들었다. 과연 11세 되던 해, 세자의 노는 모습이 너무 야단스럽고 예사롭지 않아 병환이 있음을 느꼈다. 혜경궁이 점쟁이를 찾아가서 그 이유를 물어보니, 점쟁이들은 한결같이 "저승전儲承殿에 계신 것이 화禍"라고 했다. 기도도 하고 독경讀經도 했으나 효험이 없었다. 그래서 저승전을 떠나 창덕궁 대조전 옆 융경헌隆慶軒으로 이주했다가 다시 생모 영빈 이씨와 큰누님 화평옹주和平翁主의 거처와 가까운 경춘전景春殿으로 이사하여 가까이 지내면서 아버지에 대한 두려움이 조금 나아졌다. 영조로부터 세자의 학문이 괜찮다고 칭찬을 받은 것이 이 무렵이다. 화평옹주는 동생 세자를 매우 따뜻하게 감싸주었다고 한다.

그런데 세자가 13세 되던 영조 23년(1747) 10월에, 창덕궁 행각에 화재가 나자 임금이 경희궁(慶熙宮; 당시는 慶德宮)[05]으로 거처를 옮겼다. 세자는 경희궁 집희당緝熙堂에서 살고, 생모 영빈 이씨는 양덕당

---

05 경덕궁慶德宮은 영조 36년(1760)에 이름을 경희궁慶熙宮으로 바꾸었다.

養德堂, 화평옹주는 일녕헌逸寧軒으로 처소를 옮기면서 서로 만나는 일이 드물게 되었는데, 이때부터 세자는 다시 놀기 시작했다.

14세 되던 해인 영조 24년(1748) 6월에는 임금이 사랑하던 화평옹주[06]가 22세로 세상을 떠나 임금이 상심하여 세자를 돌보지 못했는데, 그 사이 세자는 거리낄 것 없이 놀면서 세상만사에 해 보지 않은 일이 없었다. 매일같이 활 쏘고, 검술劍術을 즐기고, 그림 그리고, 무당의 경문經文과 도교道敎의 잡서雜書 읽기를 좋아했다. 무당 김명기金明基에게 "경經을 써 오라"고 명하고, 이것을 공부하며 외웠다. 혜경궁은 "이런 잡일에 뜻을 두었으니, 어찌 학문을 온존히 닦았겠는가?"라고 반문하고 있다.

그런데 《영조실록》을 보면, 바로 이해 11월 7일 영조가 세자를 불러 《중용中庸》의 구경장九經章을 강하게 하고, 춘방(春坊; 시강원)과 계방(桂坊; 익위사)의 관원을 시켜 토론하게 했다. 그런데 이날 임금은 전에 받은 음강音講의 강독이 익숙하지 않다는 이유로 춘방과 계방의 관원을 추고推考하여 벌을 내렸다. 그러니까 세자 교육을 잘못 시켰다고 꾸지람을 받은 것이다. 《한중록》에서 세자가 학문을 하지 않고 놀이에만 열중했다고 한 말이 사실로 드러난 셈이다.

이해 12월 18일에도 세자는 영조로부터 또 꾸지람을 들었다. 임금

---

06 《영조실록》을 보면 영조는 2명의 아들과 12명의 옹주를 두었는데, 장남은 정빈 이씨靖嬪李氏가 낳은 효장세자孝章世子이지만 요절했고, 영빈 이씨暎嬪李氏가 낳은 차남이 바로 사도세자이다. 딸은 정빈 이씨靖嬪李氏가 2명, 영빈 이씨가 7명, 귀인 조씨가 1명, 그리고 숙의 문씨가 2명을 낳아 모두 12명이었다. 그런데 요절한 딸이 5명이나 되어, 《선원보》에는 정빈 이씨의 둘째 딸 화순옹주和順翁主를 첫째 옹주로, 영빈 이씨가 낳은 맏딸 화평옹주和平翁主를 둘째 옹주로, 여덟째 딸 화협옹주和協翁主를 셋째 옹주로, 아홉째 딸 화완옹주和緩翁主를 넷째 옹주로, 귀인 조씨貴人趙氏가 낳은 딸을 화유옹주和柔翁主로, 숙의 문씨淑儀文氏가 낳은 두 딸을 화령옹주和寧翁主 및 화길옹주和吉翁主로 책봉했다.

이 한漢 나라 황제 가운데 가장 경계해야 할 사람이 누구냐고 물었는데, 세자가 환제桓帝와 영제靈帝라고 답하자 임금은 "환제와 영제는 말할 가치도 없고, 가장 경계해야 할 사람은 성제成帝다. 성제는 조정에 임어할 때에는 아름다운 기상이 마치 신神과 같았으나, 비연飛燕과 음란한 짓을 할 때에는 아름다운 기상이 없었다."고 말했다. 그러고 나서 "너에게 간절하게 훈계를 해준 빈료賓僚가 있었느냐?"고 묻자 세자는 "빈객賓客 정우량鄭羽良이 구용九容[07]과 구사九思[08]에 대해 진달했습니다."라고 답했다. 임금은 다시 "네가 족용足容을 무겁게 해야 된다는 것을 아는가?"고 물으니, 세자가 "예" 하고 대답했다. 임금은 다시 "족용을 무겁게 해야 한다는 것을 안다 하더라도 식욕食欲과 색욕色欲을 경계해야 하며, 색욕은 식욕보다 더한 것이다. …… 조금 전에 한나라 성제를 경계하라고 한 뜻이 바로 이 때문이다."라고 하면서 색욕에 대한 경계를 특별히 당부했다.

사춘기에 들어간 14세 무렵 세자의 행동이 빗나가기 시작한 것에 대해 영조가 계속 꾸지람을 하고 있음을 《영조실록》에서 확인할 수 있다. 그런데 《한중록》에서는 세자의 잘못도 있지만, 임금이 조용히 세자를 불러 훈계하지 않고, 언제나 사람들이 많이 모인 자리에서 세

---

07 구용九容은 선비가 지켜야 할 아홉 가지 몸가짐으로, ①다리는 무거울 것[足容重], ②손은 공손할 것[手容恭], ③입은 다물고 있을 것[口容止], ④눈은 단정히 할 것[目容端], ⑤목소리는 조용히 할 것[聲容靜], ⑥목은 곧게 세울 것[頭容直], ⑦기는 엄숙할 것[氣容肅], ⑧서 있을 때는 기대지 말 것[立容德], ⑨얼굴빛은 태만함을 보이지 말 것[色容莊] 등이다.

08 구사九思는 선비가 가져야 할 아홉 가지 생각으로, ①눈은 밝아야 할 것[視思明], ②귀는 잘 들어야 할 것[聽思聰], ③얼굴빛은 따뜻할 것[色思溫], ④태도는 공손할 것[貌思恭], ⑤말은 진실할 것[言思忠], ⑥일은 공경스러울 것[事思敬], ⑦의심스러운 것은 물을 것[疑思問], ⑧분한 일은 억누를 것[忿思難], ⑨재물을 얻으면 옳은가를 생각할 것[見得思義]이다.

자를 꾸짖어 흉보듯이 말하여 세자를 더욱 무안하게 만들어 아버지에 대한 공포심과 반항심을 갖게 되었다고 지적했다. 그래서 평소에 아는 일도 임금이 질문하면 대답을 잘 못하고 더듬거리는 버릇이 생겼다는 것이다. 그래도 누님 화평옹주가 살아 있을 때에는 세자의 편을 들어 주어 영조에게 간諫하고 풀어 주었는데, 옹주가 죽고 난 뒤부터는 그럴 사람이 없어져서 부자 사이가 더욱 나빠졌다는 것이다.

《한중록》을 보면 영조는 원래 성격이 좋아하는 것과 싫어하는 것이 극과 극으로 달랐다고 한다. 자식들에 대한 사랑도 그랬다. 영조의 자식은 모두 2남 7녀인데,[09] 차남이 바로 사도세자이고, 7녀 가운데 장녀는 정빈 이씨(靖嬪李氏; 1694~1721)가 낳은 화순옹주(和順翁主; 1720~1758)였다. 정빈 이씨는 영조가 임금이 되기 이전에 얻은 첩이었다가 영조가 임금이 되기 3년 전에 28세로 세상을 떠나자 정빈靖嬪으로 추존되고, 그 딸도 옹주로 책봉되었다. 김한신金漢藎과 결혼하고 궁 밖으로 나가 살다가 영조 34년(1758)에 남편이 죽자 14일 동안 음식을 끊고 있다가 39세로 세상을 떠나 열녀로 포상되었다. 영조는 딸이 살아 있을 때에는 친밀하게 지내지 않다가 세상을 떠나자 기특하게 여겼다.

영조의 두 번째 딸은 임금이 된 뒤에 궁녀 영빈 이씨暎嬪李氏가 낳은 화평옹주(和平翁主; 1727~1748)로서 영조의 극진한 사랑을 받았고, 8세 아래인 남동생 세자를 극진히 돌봐주었다. 그러나 애석하게도 세자가 14세 때 22세로 세상을 떠나 세자를 더욱 외롭게 만들었다. 영조도 마음의 상처가 너무 커서 정치에 대한 열의를 잃을 정도였다.

세번째 딸은 영빈 이씨가 낳은 화협옹주(和協翁主; 1733~1752)였는

---

09 앞의 각주 06과 동일.

데, 영조는 딸이 또 태어나자 그 딸을 몹시 구박했다. 그래서 세자가 동병상련의 마음으로 2세 위인 누나를 감싸주었다고 하는데, 세자가 18세 되던 해에 20세로 세상을 떠났다.

네 번째 딸은 바로 화완옹주(和緩翁主; 1738~1808)로서 세자의 세 살 아래 동생이다. 영조는 이 딸을 또 몹시 사랑했는데, 특히 화평옹주가 죽은 뒤에는 아버지의 사랑을 독차지했다. 혜경궁은 옹주의 영향력을 이용하여 때때로 영조가 세자에게 지나치게 엄하게 대하는 것을 막아주는 구실을 부탁하기도 했다. 세자가 죽기 2년 전에 온양溫陽에 행차를 다녀온 것은 옹주의 부탁을 임금이 받아들여 성사된 것이라고 한다.

하지만, 화완옹주가 정치달鄭致達에게 시집가고, 정후겸鄭厚謙을 양아들로 받아들인 뒤부터는 점차 세자와의 관계가 나빠졌다고 한다. 정후겸의 정치적 야심이 작용하면서 혜경궁의 부친 홍봉한의 풍산홍씨 집안 세력이 갈수록 커지자 이를 견제하기 시작했기 때문이었다. 여기에 더하여 세자가 죽기 2년 전에 정순왕후貞純王后가 계비로 들어오면서 왕비족인 경주김씨가 풍산홍씨를 견제하는 데 뜻을 같이하여 서로 손을 잡고 나섰다. 다시 말해 세 갈래의 외척세력이 치열한 권력투쟁을 벌인 것이다.

다만, 화완옹주와 정순왕후는 세자와 세자의 외척을 견제하는 데에는 뜻을 같이했지만, 세자가 죽고 나서 세손이 된 정조를 바라보는 시각은 서로 달랐다. 옹주는 조카인 세손을 적극적으로 자기 사람으로 만들어 권력을 장악하려 한 반면, 정순왕후의 경주김씨 세력은 세손 대신 새로운 왕을 내세워 권력을 장악하려 한 점에서 서로 처지가 달랐다고 한다.

영조의 다섯째에서 일곱째 딸은 귀인 조씨貴人趙氏와 숙의 문씨淑

儀文氏가 낳은 딸로서 모두 나이가 어리고 정치적으로 거의 영향을 주지 못하여 설명하지 않겠다. 더욱이 숙의 문씨는 세자를 죽음으로 몰아가는 데 참여하여 뒤에 사약을 받고 죽었다.

세자를 둘러싼 자매들과 영조와의 인간관계를 정리해 보면, 영조의 사랑도 받으면서 중간에서 세자를 도와주는 데 가장 적극적인 구실을 한 사람은 누님 화평옹주뿐이다. 그런 누님이 세상을 떠나자 14세의 세자는 더욱 고립되고, 아버지와의 관계도 갈수록 악화되었다.

《한중록》을 보면, 영조는 사랑하는 사람을 만날 때는 옷을 갈아입고 만나고, 싫은 사람을 만나면 귀를 씻는 버릇이 있었다고 한다. 예를 들어 보자. 영조가 사랑하는 화평옹주와 화완옹주를 만나러 방에 들어갈 때에는 반드시 옷을 갈아 입고 만났는데, 세자를 만날 때에는 그렇지 않고 밖에서 입었던 옷을 그대로 입고 들어와서 세자에게 "밥을 먹었느냐?"고 묻는 것이 고작이었다. 그런데 세자가 대답을 하면 즉시 귀를 씻었다. 그러고 나서 그 씻은 물을 임금이 싫어하는 화협옹주가 있는 집 창문으로 버렸다. 그래서 세자가 화협옹주를 만나면, "하하, 우리 남매는 씻는 자비로구나."라고 하며 서로 웃었다고 한다.

또 영조는 세자를 데리고 정사에 시좌侍坐시켜 견학할 때에도 좋은 일에는 데리고 가지 않고, 궂은일에만 데리고 다녔다고 한다. 세자는 궁 밖의 세상을 매우 보고 싶어 하는데, 어가가 교외로 행차할 때에 세자를 데리고 가지 않았고, 연회宴會 같은 곳에도 참여시키지 않았다. 그 반면, 사형수를 한 번 더 심사하는 자리나, 형조에서 죄수를 처리하는 일, 죄인을 임금이 직접 심문하는 친국親鞫의 일처럼 불길한 일에는 자주 시좌하도록 명했다. 이런 일들이 세자를 더욱 서운하게 만들었다는 것이다.

하기야, 영조의 처지에서는 그만한 이유가 있었을 것이다. 즐거운 자리에 자주 참여시키면 정치가 즐거운 일로만 여길 것이니, 그렇지 않아도 놀기 좋아하는 세자의 버릇을 더욱 나쁘게 만들지도 모른다고 여겼을 것이다. 오히려 어렵고 힘든 정사政事를 보게 하여 정치가 얼마나 힘들고 어려운 일인가를 알려주고 싶었을 것이다. 그러니 혜경궁의 섭섭함은 인정이 넘치는 아낙네의 좁은 생각일 수도 있다. 하지만, 세자도 인간인 이상, 어려운 일과 즐거운 일을 적당히 배합하여 균형 있게 가르치지 못한 것은 영조의 실책이다.

세자의 대리청정은 1월 28일부터 시작되었다.
대신과 비변사 당상을 만나는 빈대는 한 달에 6차를 행하되,
5일, 15일, 25일에는 임금이 하고 세자가 옆에 앉아 참관하는
시좌를 하도록 했고, 10일, 20일, 30일에는
세자가 단독으로 하도록 정했다.
말하자면 한 달에 3일은 세자가 임금 옆에서 정사를 배우고,
나머지 3일은 세자 단독으로 정사를 처리하는 것이다.

제3장

세자의 대리청정

1. 세자 15세
—임금의 선위파동과 대리청정

영조 25년(1749)에 세자가 15세가 되자 예법에 따라 1월 27일에 드디어 혜경궁과 합례合禮했다. 10세 때 혼례를 올렸지만 이제 비로소 부부 생활이 시작된 것이다. 원래 《경국대전》에는 남자 15세 이상, 여자 14세 이상이라야 혼인이 가능하다고 규정되어 있다. 이렇게 연령을 제한한 것은 사람의 생리적인 발달단계를 고려한 것이다. 10세 이전의 조혼早婚은 원래 불법이고 흔한 일도 아니었다.

왕실에서는 《경국대전》의 규정보다 빨라 보통 8세에서 12세 사이에 혼인하는 경우가 많다. 하지만 혼인과 더불어 합례合禮에 들어가는 것이 아니라, 각기 거처를 달리하면서 살다가 15세가 지나야 합례가 가능했고 합례 뒤에도 거처는 여전히 달리했다. 임금의 침전과 왕비의 침전은 앞뒤로 나란히 배치되어 있었다. 세자와 세자빈의 침실도 따로 있기는 마찬가지였다. 그래서 임금이나 세자가 날마다 부인과 함께 거처하는 것은 아니다.

그런데 세자가 15세가 되던 영조 25년(1749) 1월 22일, 56세의 임금은 느닷없이 임금 자리를 세자에게 넘기겠다는 선위교지禪位敎旨를 내렸다. 교지의 요지는 이렇다.

> 내가 감히 삼종혈맥三宗血脈[01]의 하교를 어기지 못하여 비록 이 자리에 있었

---

[01] 삼종혈맥은 효종, 현종, 숙종의 피를 이었다는 뜻으로, 후사가 끊어진 경종은 여기서 제외되었다. 영조가 세제로 책봉될 때 그를 추대한 노론과 이를 받아들인 숙종비 인원왕후 김씨는 영조가 숙종의 피를 받았기 때문에 삼종혈맥을 잇는다는 명분을 내세웠다.

지만, 남면(南面; 임금은 남쪽을 향해 앉는다)하기를 즐겨하지 않는 마음은 25년이 하루 같아서 날마다 원량(元良; 세자)이 나이 들기를 기다렸는데, 이제 다행스럽게도 15살이 되었다. 오늘 이 일은 하나는 저승에 가서 황형(皇兄; 경종)의 용안을 뵈올 수 있도록 하고자 함이요, 하나는 남면하기를 즐겨하지 않는 마음을 성취하고자 함이며, 하나는 갑자년[영조 20년] 이후 병이 더하여 하루아침에 고치기 어려움을 두려워한 때문에 일에서 벗어나 정양하고자 하는 것이다.

여기서 영조는 선위하는 이유로 세 가지를 밝혔는데, 하나는 죽어서 경종景宗을 뵙고자 하는 것, 둘은 정치가 싫다는 것, 셋은 건강이 나쁘다는 것이다. 이 세 가지 이유는 영조의 본심인 것이 사실이었다. 영조가 황형皇兄으로 부른 경종은 비록 희빈 장씨의 아들로서 소론少論이 옹립한 임금이었지만, 마음씨가 매우 착할 뿐 아니라 영조를 임금으로 만들어 준 은인이기도 했다. 아무리 노론이 영조를 세제로 추대했다 하더라도 경종이 거부했다면 성사되기 어려운 일이었기 때문이다. 또 소론 측에서 퍼뜨린 경종 독살설도 그 진실 여부를 떠나서 영조로서는 매우 부담스러운 일이기에 더욱 경종을 높이려는 태도를 취할 필요가 있었다. 정치가 싫어졌다는 것과 건강이 나쁘다는 말도 전혀 근거 없는 이야기가 아니다.

다만, 그런 이유들이 선위의 근거가 되지는 못한다. 왜냐하면 진정으로 선위를 하고자 한다면 세자에 대한 신뢰가 깊어야 하는데, 그러한 믿음이 없었을 뿐 아니라 세자에게 대리청정의 기회도 아직 주지 않았기 때문이다. 그렇다면, 이번 선위교지는 세자에게 양위하기를 은근히 바라는 정치세력, 특히 소론세력에 대한 입막음이라고 할 수 있다.

역사적으로 임금이 양위를 하겠다고 선언한 경우는 수없이 많았지만, 실제로 자의로 세자에게 양위한 경우는 태종太宗 밖에 없었다. 하지만 태종도 군권軍權만은 아들 세종에게 양보하지 않았다. 그래서 양위파동은 실제로는 신하들의 충성심을 테스트하는 기회로 활용되기 마련이었다. 영조의 경우도 예외가 아니었다.

영조의 속마음을 잘 알고 있던 대신들이 선위교지를 거두라고 임금에게 간청하자, 임금은 다음날 여러 신하들에게 선위를 하고자 하는 다섯 가지 이유를 다시 밝혔다. 하나, 자신이 지은 《상훈常訓》에서 이미 포의한사布衣寒士로 살고 싶다는 뜻을 밝혔다는 것. 둘, 자신이 세제世弟 책봉을 받고 나서 갑진년에 즉위했는데, 오늘날의 괴로운 일을 이룬 뒤라야 저승에 가서 황형皇兄을 뵐 면목이 있다는 것. 셋, 마음속의 병이 해가 갈수록 점점 더하여 온갖 정무를 보살필 수 없다는 것. 넷, 세자는 기품이 뛰어나지만, 뒷날 어떻게 행동할지 모르므로 그 모습을 자신이 살아 있을 때 보고 싶다는 것. 다섯, 세자가 시국의 형편에 따른 편벽된 내용의 상소를 알기 어려우므로, 아버지가 살아 있어야 신하들이 세자를 업신여기지 못한다는 것을 들었다.

위 내용은 앞의 선위교지와 크게 다르지 않지만, 영조의 속마음이 조금 더 솔직하게 표현된 것이 다르다. 곧 세자가 당쟁에 휘둘릴 가능성이 크기 때문에 자신이 살아서 세자를 감시하고 보호해 주어야 한다는 것이다. 하지만, 이 말도 잘 음미해 보면 앞뒤가 어긋난다. 세자에 대한 믿음이 부족하다는 것을 스스로 인정하면서 세자에게 권력을 넘겨주고 감시·보호하겠다는 것이 그렇다.

신하들은 두 가지 이유를 들어 선위가 부당함을 간했다. 늙고 병들었다는 말은 지금 63세로 살아계신 모후인 숙종비 인원왕후仁元王后

김씨(1687~1757)[02]에 대한 불효가 될 수도 있다는 것과, 세자의 학문이 한창 진보하고 있는데 그 기회를 박탈해서는 안 된다는 것이었다. 그리고 선위소식을 들은 세자도 심하게 내리는 빗줄기를 무릅쓰고 달려 나와 임금 앞에 엎드려 울면서 선위교지를 거두기를 간청했다.

이렇게 대신과 세자의 간청이 절절하자, 임금은 드디어 "선위가 부득이하다면, 대리청정은 어떻겠는가?" 하니 대신들은 하는 수 없이 대리청정을 받들겠다고 말했다. 임금은 다시, "어린 세자를 아득히 국사를 모르는 상태에 두었다가 뒷날 만약 노론老論과 소론少論들에 따라 그릇된다면 내가 비록 알더라도 어떻게 일어나 와서 깨우쳐 줄 수 있겠는가? 오늘 이 거조는 뒷날 반드시 효험이 없지 않을 것이다."고 말했다. 여기서 영조는 선위보다는 대리청정을 하는 것이 노론과 소론의 당쟁을 막을 수 있는 길이라고 솔직하게 말했다. 그러니까 세자가 대리청정하면서 당쟁에 어떻게 대응하는지를 직접 감시하겠다는 뜻이다.

그러면 세자의 대리청정에 대하여 혜경궁은 어떻게 바라보았는가? 혜경궁은 지난해 화평옹주가 세상을 떠난 뒤로는 실제로 임금이 정사政事에 뜻을 잃고 의금부나 형조에서 죄인을 다스리는 일이나 살육殺戮 같은 일에는 직접 관여하지 않고 내관을 시켜 처리하는 일이 많았는데, 사람을 죽이는 일을 내관에게만 맡길 수도 없어서 세자에게 넘기려고 했다고 해석했다. 여기서 앞의 말은 영조 자신이 한 말과 일치하지만, 뒤의 말은 《영조실록》의 기록과 다르다.

---

02 인원왕후 김씨는 경주김씨 김주신金柱臣의 딸로서 숙종의 세 번째 왕비였다. 당색은 노론이다. 숙종의 첫 번째 왕비는 광산김씨 김만기金萬基의 딸인 인경왕후仁敬王后이고, 두 번째 왕비는 여흥민씨 민유중閔維重의 딸인 인현왕후仁顯王后이다. 그러나 세 왕비는 모두 후사가 없어서 후궁 희빈 장씨禧嬪張氏에게서 경종景宗을 얻고, 후궁 숙빈 최씨淑嬪崔氏로부터 영조를 얻었다.

이해 1월 27일에 반포된 전교傳敎를 보면, 대리청정에서 관작官爵, 병사兵事, 형옥刑獄은 제외하고, 그 나머지 모든 일은 세자가 전결한 다고 했다. 그러니 인사정책, 상훈賞勳, 군사행정, 형벌은 세자가 맡지 않도록 하고, 그 나머지 민생에 관한 것을 세자에게 위임하도록 한 것이다. 이 기록을 믿는다면, 세자에게 살육에 관한 악역을 맡기려고 했다는 혜경궁의 해석은 무리가 있다.

세자의 대리청정은 1월 28일부터 시작되었다. 대신과 비변사 당상을 만나는 빈대(賓對, 또는 次對)는 한 달에 6차를 행하되, 5일, 15일, 25일에는 임금이 하고 세자는 옆에 앉아 참관하는 시좌侍坐를 하도록 했고, 10일, 20일, 30일에는 세자가 단독으로 하도록 정했다. 말하자면 한 달에 3일은 세자가 임금 옆에서 정사를 배우고, 나머지 3일은 세자 단독으로 정사를 처리하는 것이다. 하지만 빈대가 반드시 5일, 10일, 15일, 20일, 25일, 30일에 정확하게 이루어지는 것은 아니고, 날짜가 앞당겨지거나 늦춰지는 경우도 많았다.

1월 28일 세자는 창경궁 시민당時敏堂에 앉아 의정부 대신과 비변사 당상관을 만나는 첫 빈대를 가졌다. 이날 여러 신하들은 모두 움츠리고 엎드려 머리를 들지 못하여 임금을 만났을 때보다 더욱 엄숙하고 공손했다. 그 이유는 세자가 과묵하고 위엄이 있어 얼굴빛과 말솜씨로 사람을 끌어들이지 않기 때문이라고 《영조실록》에서 기록하고 있다. 그러니까, 세자는 15세의 어린 나이인데도 근엄한 모습으로 말도 없이 대신들을 위압하고 있으니, 대신들이 두려워 눈을 마주치지도 못하고 있었음을 알 수 있다. 이런 모습은 대신들과 부드럽게 말을 주고 받으면서 소통의 정치를 이끌어야 할 유교정치의 군주상君主像과는 거리가 먼 것이다.

2. 세자에게 탕평과 애민을 당부하다

　세자의 대리청정 교지에는 그가 관작官爵, 병사兵事, 형옥刑獄을 제외한 나머지 정사를 전결한다고 되어 있었지만, 실제로는 그렇게 되지 않았다. 위 세 가지 정사를 제외하면 남는 것은 민생에 관한 일뿐인데, 이런 일은 자주 있는 일이 아니었다. 그래서 관작, 병사, 형옥에 관한 일도 세자가 배우도록 임금이 대신들을 만나 정사를 논의하는 빈대賓對에는 세자가 옆에서 학습하도록 했던 것이다.

　대리청정이 시작된 다음 달인 2월 16일에 세자가 시좌侍坐한 빈대의 자리에서 함경도 성진城津에 설치한 방어영防禦營을 다시 길주吉州로 옮기자는 대신의 건의를 즉석에서 받아들이자 임금은 "너무 손쉽게 결정한다. 이런 일은 여러 대신과 나에게 물어본 다음에 결정해야 한다."고 나무랐다. 그러고 나서 세자에게 당론黨論에 대하여 이렇게 말했다.

　　저 여러 신하들은 모두 선대로부터 혼인으로 맺어진 좋은 사이이지만, 당론黨論이 한번 나오게 되면 문득 초楚나라와 월越나라 사람처럼 멀어져 서로 해칠 마음을 품었으니 내가 고집스럽게 조제調劑에 힘쓴 것은 단연코 옳은 일이다. …… 혹자는 말하기를, "조제하는 것이 당파 하나를 더 만들었다"고 하고, 또 어떤 이는 "조제하는 것이 도리어 편협하다"고도 하며, 또 어떤 이는 "현명하고 어리석은 사람과 옳고 그름을 분별하지 않는다"고도 한다. …… 오늘부터 네가 신하들이 아뢰는 대로 듣고 믿어서 시원스레 그 말을 따른다면, 한쪽은 나아가고 한쪽은 물러남이 겉으로는 시원스럽게 보이지만, 살육의 폐단을 열어놓게 될 것이니, 모름지기 나의 말을 가슴 깊이 새겨 기대를 저버림이 없게 하라.

그러니까 노론과 소론이 서로 상대 당을 헐뜯는 말을 그대로 따르게 되면 살육이 일어나 나라가 망하게 된다고 경고한 것이다. 임금이 세자의 대리청정에서 가장 강조하고 있는 일은 바로 당론에 휩쓸리지 말고 탕평정책을 고수하라는 것이었다.

이렇게 당론을 걱정하는 말은 이해 4월 19일의 차대次對에서도 다시 한 번 강조되었다.

> 한 당黨의 많은 사람 가운데 어찌 모두 군자君子가 되고, 모두가 소인小人이 되라는 이치가 있는가? 이 당 가운데에도 군자가 있고 소인도 있으며, 저 당 가운데에도 군자가 있고 소인이 있다. 다만 그 가운데서 바르고 속이지 않는 자를 선택하여 등용하는 것이 옳다. 네가 만약 한익모(韓翼謨; 韓確 후손; 노론)가 그르다 하고, 박성원(朴聖源; 밀양박씨; 뒷날 정조의 師傅; 소론)은 옳다고 한다면, 현위弦韋가 서로 뒤집힐 것이니, 이것이 어찌 본래 나의 뜻이겠는가?

여기서 영조는 군자당君子黨이 따로 있고, 소인당小人黨이 따로 있는 것이 아니라, 어느 당이든지 군자와 소인이 있다고 하면서 그 가운데 바른 사람을 택하여 등용하는 것이 중요하다고 강조하고 있다. 그러면서 세자의 스승 가운데 노론 한익모韓翼謨를 나쁘다고 보고, 소론 박성원朴聖源을 옳다고 여기는 세자의 판단이 인물보다는 당에 기울어져 있다고 나무란 것이다.

탕평을 강조하는 영조의 간곡한 엄명을 받들어, 세자는 당론을 들고 나와 상대당 인물을 공격하는 상서가 올라오면 이를 물리쳤다. 하지만, 당론에 대한 임금과 세자의 태도를 더 유심히 관찰하면 소론을 배척하려는 노론을 견제하고 소론을 포용하려는 노력이 더 많았다. 그런데 그런 태도는 영조도 마찬가지였다. 그 이유는 반대당을 배척하는 태도가 노론이 소론보다 더 강하다고 보았기 때문이다.

예를 들면, 이해 2월 2일에 사간원 정언 박상덕(朴相德; 반남박씨)이 글을 올려 소론파 대신 이종성李宗城을 귀양 보내라고 요청하자, 세자는 임금이 이미 처분한 것이라면서 이를 거부했다. 이종성은 이항복李恒福의 후손이자 이태좌李台佐의 아들이고 이광좌李光佐의 제자로서 세자의 빈객賓客으로 있었는데, 세자와는 매우 가까운 사이였다. 그는 영조 35년(1759) 1월에 세상을 떠났다.

소론을 비호한 일은 이해 12월에 또 있었다. 이조참판 이천보(李天輔; 연안이씨)가, 소론 신치운申致雲이 이천보의 스승을 욕한 사실이 있는데도 임금이 신치운을 승지에 추천한 것을 반대하자, 왕세자는 신치운의 일은 임금이 이미 결정한 것이라고 하면서 이천보의 주장이 지나치다고 비판했다. 하지만, 인사권을 가진 이조참판의 요청을 거부하기도 쉬운 일은 아니었을 것이다.

영조가 차대次對에 시좌侍坐한 세자에게 탕평에 못지않게 강조한 것은 생명을 사랑하는 덕성을 키우라는 것이었다. 예를 들면, 이해 2월 17일, 임금은 유신儒臣을 시켜 자신이 지은 《자성편自省篇》을 읽게 한 다음, 세자에게 여러 가지 훈계를 내렸다. 그 요지는 이렇다.

명주(明主; 훌륭한 임금)와 용군(庸君; 못난 임금)의 판별은 천리天理냐 물욕物慾이냐, 공公이냐 사私냐로 구분된다. 방벽放辟과 사치는 모두 '쾌심(快心; 쾌락)'에서 연유하는 것인데, 임금이 착한 일을 하지 않으면 백성이 모두 비웃으니, 이른바 "종로거리 사람이 그 임금을 꾸짖는다"는 말이 그래서 생긴 것이다. 그런데 '쾌快'라는 한 글자가 너의 병통이니 경계하고 또 경계해라. 백성은 모두 상천上天의 적자(赤子; 아기)이므로 하늘은 백성을 사랑하는 자에게 임금의 자리를 주는 것이다.

음식은 한때의 영양과 맛이지만, 학문은 일생의 영양과 맛인데,

배부르고도 체하지 않는 것은 오직 학문뿐이다. …… 황형[경종]께서 증자曾子의 어머니처럼 참소를 믿으셨다면 내가 어찌 오늘날이 있었겠느냐? 그러니 너는 반드시 나를 섬기는 마음으로 나의 황형을 섬기고, 신임사화辛壬士禍의 일을 넓은 안목으로 보아야 한다.

지난날 공물貢物로 바친 것 가운데 살아 있는 것들은 모두 반드시 후원後苑에 놓아주었더니 지금 춘당대春塘臺 연못 속에는 한 자가 넘는 잉어가 많다. 나는 개미가 줄지어 가는 것을 보면 차마 밟지 못하고 파리나 모기가 단지에 빠져 있으면 모두 건져서 날려 보냈다. 하물며 사람의 목숨은 더욱 소중히 사랑해야 한다. 한창 즐겁게 놀 때라도 항상 오막살이의 미천한 백성과 더불어 그 즐거움을 함께 할 마음을 가지고, 임금이 젊고 예쁜 여자를 사랑하면 신민臣民에게 베푸는 은혜가 시들해지는 것이니, 주紂의 신민들이 임금을 버린 이유가 여기에 있었다.

성문城門을 닫으면[文治] 언로言路가 열리고, 성문을 열면[武治] 언로가 닫힌다고 하는데, 언로를 열어 놓은 것이 우리나라의 아름다운 전통이니 이를 공경하게 본받고, 너는 엄숙하고 굳세기가 남보다 지나치므로 신하들이 감히 비위를 거스르지 못하니 마땅히 염두에 두어야 한다. 모든 정사를 일일이 기록해두어야 실수가 없는 법이니, 어느 날 어느 신하가 어떤 건의를 했는지 반드시 기록하여 곁에 두고 의심스러우면 뒷날 다시 물어보아라. 창업創業은 쉽고 수성守成은 어려우며, 창업은 처음에 고생을 겪어도 끝에 가서는 태만해지는 한탄이 있는데, 하물며 이미 이루어진 것을 편안히 지키는 수성의 임금은 처음과 끝이 같으리라고 보장할 수 없다는 것을 명심할 것 등이었다. 이런 말들은 여러 경전에서 뽑은 것으로서 금과옥조金科玉條와 같은 명언들이다.

특히 위 훈계 가운데 이미 세상을 떠난 경종景宗을 높이 섬기고, 소론이 노론 4대신을 죽인 신임사화(辛壬士禍; 신축년과 임인년의 사화)를 넓은 안목으로 보라는 말은 매우 의미가 깊다. 경종은 비록 소론에 의해 추대된 임금이지만, 노론이 추대한 영조를 임금으로 만들어 주었으므로 노소론의 어느 한편에 서 있지 않았음을 깨우쳐 주는 말이고, 소론이 일으킨 사화士禍도 소론과 노론의 어느 한편에 서서 이 사건을 바라보지 말라는 뜻이다. 하지만, 여러 대신들이 있는 자리에서 탕평군주와 유교적 성군聖君이 되기를 바라는 임금의 간절하고도 직설적인 훈계는 세자의 처지에서 보면 적지 않게 체면이 깎이는 일이었을 것이다.

혜경궁은 《한중록》에서 바로 이 점을 영조의 단점으로 지적하고 있다. 이런 훈계를 조용한 자리에서 단둘이 앉아서 말하지 않고 언제나 공개된 자리에서 꾸중하여 세자를 무안하게 만들었기 때문에 세자의 언행이 더욱 비뚤어지게 되었다고 안타까워했던 것이다.

혜경궁은 또 대리청정하는 세자에 대한 영조의 잘못을 지적하기도 했다. 우선, 세자에 대하여 칭찬보다는 불만이 더 많았다고 말했다. 영조는 세자가 스스로 결단하여 영令을 내리면, 그렇게 중요한 일을 임금이나 대신들과 충분히 의논하지 않고 경솔하게 판단한다고 질책하는 일이 많았고, 이와 달리 임금에게 꾸중을 듣지 않으려고 자주 임금에게 품의하면, 그런 일을 스스로 판단하지 못한다고 또 꾸중했다. 《한중록》에서는 이 때의 모습을 이렇게 전했다.

> 신하가 올린 상서上書에 대한 비답을 대조(大朝; 임금)께 여쭈면 임금은 이렇게 꾸중하셨다. "쯧쯧, 그만한 일을 스스로 결단하지 못하고, 내게 번거롭게 묻다니 …… 내가 네게 정사를 대리시킨 보람이 없구나."라고 하셨다. 또 임금에게

품하지 않으면 이렇게 꾸중하셨다. "어허, 그런 일을 내게 묻지 않고, 혼자 결정했구나." 이렇게 이 일 저 일 다 격노하시며 마땅치 않게 여기셨다. 심지어 겨울에 우레가 치거나 가뭄 같은 천변지이天變地異가 있어도 "쯧쯧, 이는 다 소조小朝에게 덕이 없어 이러하다."고 꾸중하셨다. 일이 이러하니, 소조는 날이 흐려지거나 겨울에 천둥이 치면 또 무슨 꾸중을 들을까 근심하고 염려했다. 그래서 모든 일에 겁을 내고 몹시 두려워했다. 사특하고 망령된 생각이 나서 병환의 징조가 싹트고 있었다.

혜경궁은 세자가 비뚤어지게 된 원인 가운데 임금이 교외로 거둥할 때 세자의 수가隨駕를 허용하지 않은 일을 또 들었다.

세자가 15세가 되었지만 한 번도 임금을 모시고 능행陵幸을 따라가지 못했다. 점점 장성하여 교외 구경을 하고 싶어도 매번 서울에서만 움직였고, 능행에 가는 일이 있을 때 예조에서 수가隨駕 허락이 떨어지면 혹 임금을 모시고 따라갈까 하여 마음을 초조하게 졸이다가 번번이 못 갔다. 처음에는 서운하고 섬뜩했던 것이 점점 성화가 되어 우시는 때도 있었다. 화가 나면 풀 데가 없어 내시와 나인에게 풀고, 심지어는 내게까지 푸는 일이 몇 번이었는지 모른다.

하지만, 혜경궁의 지적대로 임금이 조용한 자리에서 세자의 잘못을 타이르고, 또 교외로 나갈 때 세자를 수행하도록 했다 하더라도 세자의 거칠고 무인적인 성품이 착하고 부드럽고 문인적인 성군聖君으로 변할 수 있었을지는 의문이다. 영조와 세자의 성향은 근본적으로 물과 기름처럼 겉돌고, 얼음과 숯처럼 상반되었기 때문이다. 가정이기는 하지만, 세자가 임금이 되었다면 과연 영조가 바란 대로 착한 탕평군주가 되었을지는 의문이다.

3. 세자의 16~18세 시절
—장남 의소가 죽고, 차남 정조가 출생하다

세자가 16세 되던 영조 26년(1750) 8월 27일, 동갑인 혜경궁은 첫 아들을 낳았다. 그가 뒷날 의소세손懿昭世孫이다. 세손은 죽은 옹주처럼 어깨에 푸른 점이 있고 배에는 붉은 점이 있었는데, 임금이 보고 놀라 옹주가 환생한 줄로 여기면서 사랑했다. 세손이 태어나자 영조와 여러 신하들은 이구동성으로 아버지가 된 세자를 더욱 짓눌렀다. 세손을 올바르게 가르치는 길은 아비가 모범을 보이는 것이므로, 더욱 학문과 정사에 힘쓰라고 다그친 것이다.

세자가 17세 되는 다음 해[영조 27] 5월 13일, 영조는 겨우 10개월 된 손자를 서둘러 세손世孫으로 책봉했는데, 다음 해[영조 28] 3월 4일에 세상을 떠났다. 겨우 세 살 만이다. 무덤을 의령원懿寧園으로 불렀는데, 지금 서삼릉西三陵[03] 안에 있다. 영조가 아들을 두 살 때 서둘러서 세자로 책봉한 것과 똑같이 손자도 태어난 지 10개월 만에 세손으로 책봉했는데, 요절하고 만 것이다. 세자나 세손으로 책봉하면 빨리 죽는 징크스가 또 나타난 것이다. 세손이 되면 이미 공인公人으로 되어 어미 곁을 떠나게 되므로 아기에게 매우 해롭다는 것을 영조는 잘 모르고 있었다.

세자가 16~17세에 행한 대리청정에 대해서는 《영조실록》에 자세한 기록이 없다. 대략 5일에 한 번 정도 세자가 대신과 비변사 당상을 만났다는 기록이 대부분이고, 그밖에 당론과 관련된 신하들의 상소를 거절했다는 기사가 몇 건 보일 뿐이다. 신하들과 학문을 토론

---

03 서삼릉은 지금 고양시 덕양구 원당동에 있다.

한 기록도 보이지 않고, 임금에게 특별히 꾸중을 들은 기록도 없다. 이로 미루어 이 무렵에 세자는 비교적 큰 실수를 저지른 일이 없는 듯하다.

그러다가 세자가 18세가 되던 영조 28년(1752)에는 희비가 엇갈리는 사건이 일어났다. 앞서 설명한 대로 세자의 첫 아들 의소세손이 3월 4일에 세상을 떠났는데, 이해 9월 22일에 둘째 아들[정조]이 창경궁 경춘전景春殿에서 태어난 것이다. 《한중록》을 보면 그는 태어날 때 풍채가 뛰어나고 골격이 기이해서 진실로 하늘에서 내린 진인眞人 같았다고 한다.

그런데 그 전해 11월에 세자가 잠을 자다가 일어나서 혜경궁에게 "내가 용꿈을 얻었으니, 귀한 아이를 낳을 징조다."라고 꿈 이야기를 했다. 세자는 그림을 잘 그렸는데, 흰 비단 한 폭을 내오라고 해서 꿈에 보았던 용을 직접 그려 침실 벽 위에 걸었다. 또 다른 기록을 보면 용이 여의주如意珠를 안고 침실로 들어오는 꿈을 꾸었다고도 한다. 이때만 해도 세자는 아들을 정치적 경쟁자로 보지 않고 아버지로서 따뜻한 부정父情을 지니고 있었다.

세손을 잃고 슬픔에 잠겨 있던 영조도 다시 손자를 얻자 기뻐하면서 며느리인 혜경궁에게 말했다. "원손이 기이하고 범상하구나. 이는 조종 신령의 도움이다. 네가 정명공주貞明公主04의 자손으로 나라의 빈嬪이 되었는데, 네 몸에 이런 경사가 또 있으니 네가 나라에 공이 크구나."라고 칭찬했다.

정조의 아기 때 모습에 대해서 윤행임尹行恁이 지은 〈정조대왕묘지문正祖大王墓誌文〉에는 "탄생하자 찌렁찌렁한 목소리가 마치 큰 쇠

---

04 정명공주는 선조의 계비인 인목대비 김씨의 딸로서 영창대군의 누님이다. 풍산홍씨 홍주원洪柱元에게 시집갔다.

북소리 같았으며, 정기精氣가 번쩍번쩍하고, 두 눈이 깊고 영채靈彩가 있어 하늘이 내린 사람임을 알 수 있다."고 되어 있다.

한편, 〈정조대왕천릉지문正祖大王遷陵誌文〉에는 "소리가 우렁차고, 콧날이 높고, 입이 크고, 얼굴 생김이 특이하여 영조가 와서 보고는 매우 기뻐했으며, 손으로 이마를 만지면서 '꼭 내 이마를 닮았다'고 말했다."고 한다. 이마가 영조를 닮았다는 말은 약간 튀어 나왔다는 뜻이다.

이만수李晩秀가 지은 〈정조대왕행장正祖大王行狀〉을 보면, "우렁찬 소리가 마치 큰 쇠북소리와 같아서 궁중이 다 놀랐으며, 콧날이 우뚝하고, 얼굴 모습이 용처럼 생기고, 눈은 위아래 눈자위가 평퍼짐하고, 입은 크고 깊숙하며, 의젓한 모습이 마치 장성한 사람과 같았다."고 한다.

이밖에 《영조실록》을 보면, 미간이 넓다는 기록도 보인다. 이런 기록들을 종합해 보면 정조의 생김새가 미남형이라기보다는 다소 기이한 무인의 모습으로 보인다. 실제로 정조는 아버지의 무인 기질과 할아버지의 문인 기질을 합친 듯한 임금이었다.

4. 18세 시절의 세자
—《옥추경》탐독, 영조의 선위 파동

세손 정조가 태어난 18세에 세자가 한 정사政事는 무엇인가? 이해 1월 13일에는 노론파 병조판서 홍계희(洪啓禧; 남양홍씨)가 〈균역사실均役事實〉을 세자에게 올렸다. 균역법均役法의 시행은 영조의 치적 가운데 대표적인 위치를 차지하는 것인데, 양인良人이 군역의 대가로 바치던 군포 2필을 1필로 줄이고, 국가의 재정을 보충하기 위해 어세漁稅, 염세鹽稅, 그리고 토지에서 거두는 결전結錢 등을 바치게 한 것이다. 이 법은 이해 세자에게 시안이 올려졌다가 2년 뒤에 확정되었다.

균역법은 일찍이 소론파 실학자 유수원柳壽垣이 《우서迂書》에서 제시했던 비슷한 개혁안에 크게 영향을 받아 이루어진 것이었다.[05] 유수원은 세자의 스승이기도 했으므로 세자가 이를 반대할 이유가 없었을 것이다.

이해 3월에는 장남 의소세손이 죽으면서 실의에 빠져 정사도 돌보지 않고 서연書筵에도 나가지 않아 신하들이 학문에 힘쓰라고 청하는 일이 많았다. 이어 이해 10월 14일부터 세자는 전염병인 홍진(紅疹; 홍역)을 앓고, 이달 23일에는 혜경궁이 홍진에 걸렸으며, 이달 27일에는 출생한 지 한 달밖에 안 된 세손 정조마저 홍진에 걸려 온통 병치레로 정신이 없었다. 전염성이 얼마나 강했는지 알 수 있다.

세자는 창덕궁 양정합養正閤으로 거처를 옮기고, 손자는 낙선당樂善堂으로 옮겼지만, 돌림병을 막지 못했다. 다행히 11월에 이르러 모두 치유되었다. 그러나 세자의 둘째 누님 화협옹주和協翁主가 병마를 이기지 못하고 11월 27일에 20세로 세상을 떠났다.

이렇게 왕실이 병마로 어수선한 가운데 10월 29일 노론파 사간원 정언 홍준해(洪準海; 홍계희의 종조카)가 소론파 영의정 이종성(李宗城; 1692~1759)[06]을 귀양 보내라고 청하는 글을 세자에게 올리자, 세자는

---

05 한영우, 《꿈과 반역의 실학자 유수원》(지식산업사, 2007) 230~231쪽 참고.
06 이종성은 경주이씨로서 선조 때 명신 이항복李恒福의 5세손이자 좌의정 이태좌李台佐의 아들이고, 이광좌의 재종형이다.

대조(大朝; 임금)의 뜻을 어기는 협잡이라고 하면서 거부했다. 이 일이 일어나자 임금은 11월 2일 유시를 반포하여 당론의 폐단에 대하여 다시 한 번 강력한 경고를 내렸다. 그 요지는 이렇다.

> 내가 임어한 지 30년이 되었는데, 내가 당파를 조제調劑하지 않았다면, 오늘날 여러 신하들 가운데 살아남은 자가 드물 것이다. 일시에 보복하면 당인黨人은 비록 통쾌하겠으나 보복이란 끝없이 돌고 도는 것이다. 이광좌(李光佐; 소론)는 잘못이 없지 않지만 그가 아니었다면 내가 임금이 되지 못했을 것이다. 그런데 오늘날 그를 굳세게 억누르는 이유가 무엇인가? 조태억(趙泰億; 양주조씨; 소론)과 조태구(趙泰耈; 소론)는 …… 마음이 아름답지 못하다. 최석항(崔錫恒; 전주최씨)은 신임사화의 끝부분에서는 달리 행동한 바가 있었는데, 노론이 소론 재상 모두를 제거하려고 보복한 것이다. 그러니 최석항은 특별히 복직시키라.

임금이 이렇게 지난날 소론 대신 가운데 이광좌(李光佐; 1674~1740)[07]와 최석항(崔錫恒; 1654~1724)[08]을 선별적으로 포용하는 태도를 보이자 노론들이 들고 일어나 항의하고 나섰다. 이광좌는 경종 때 영조의 대리청정을 반대하기도 했지만 영조 4년(1728)에 소론파 이인좌 난이 일어났을 때에는 이를 토벌하는 데 앞장서서 영조의 신임을 얻었다. 최석항은 이미 죽은 사람이지만, 처음에는 영조의 대리청정을 반대했다가 만년에는 다르게 행동했으므로 그의 관직을 회복시키라고 명한 것이다.

영조는 노론 대신들의 항의에 맞서 12월 8일 선위禪位하겠다는 교지를 내리고, 모든 공무公務를 세자에게 보내 처리하라고 명한 뒤 자

---

07 이광좌는 경주이씨로서 이항복의 현손이자 이세구李世龜의 아들이다.

08 최석항은 전주최씨로서 최명길崔鳴吉의 손자이자, 영의정 최석정崔錫鼎의 아우이다. 연잉군[영조]의 대리청정을 반대했다.

신은 잠저潛邸인 창의궁彰義宮으로 나가 버렸다. 신하들이 왕대비의 허락이 없이는 선위가 안 된다고 하면서 양위교서를 거두라고 청하자, 영조는 인원왕후의 허락을 받았다면서 12월 15일 양위교지를 다시 내렸다. 왕세자가 눈 덮인 시민당 앞뜰에 엎드려 간곡하게 하교를 거두시라고 청하고, 창의궁에 가서 또 석고대죄를 했다. 대신들이 만나 뵙기를 청했으나 허락하지 않았다. 12월 18일까지 잇달아 선위를 거두라는 신하들의 간청에 이어 성균관 유생과 한성부 5부의 백성까지 소를 올렸으나 임금은 고집을 꺾지 않았다.

그러다가 인원왕후가 양위를 허락한 일이 없고, 그저 임금의 말을 들었을 뿐이라고 신하들이 아뢰자 선위파동은 18일에 이르러 일단락되었다. 임금은 30년 동안 임어하면서 군사君師의 도리를 다하지 못하고, 백성들에게 은혜를 입힌 것이 없다고 자책하면서 물러나 창의궁에서 살려고 마음먹었는데, 신료들과 서민들이 간곡하게 만류하는데 감격하여 뜻을 거둔다고 하교했다. 사실, 영조의 두 번째 선위파동은 세자에게 왕위를 넘기겠다는 진심에서 나온 것은 아니었다. 당론을 억제하기 위한 또 한 번의 시위라고 할 수 있다.

세자의 18세 시절은 이렇게 첫아들을 잃고 홍역까지 치르면서 어렵게 지냈으나, 다른 한편으로는 둘째 아들 정조를 얻고, 영조의 선위파동을 수습하면서 정신없이 넘긴 한 해라고 볼 수 있다.

그런데 《한중록》을 보면, 세자는 18세 되던 그해 겨울부터 천둥이 치면 귀를 막고 엎드려 있다가 다 그친 후에 일어나는 병이 생겼다고 한다. 그 병이 생기게 된 원인을 혜경궁은 《옥추경玉樞經》을 읽어서라고 했다. 이 책은 원래 소격서昭格署에서 하늘에 제사를 지내던 도류道流들이 읽던 도교道敎 경전의 하나로서, 천둥을 관장하는 보화천존普化天尊을 중심으로 하여 수많은 귀신들이 인간의 악행을 징계하려고 우레를 치기도 하고 액운을 물리치기도 한다고 믿었다. 그러다가 소격서가 중종 때 폐지되고 나서는 도류가 없어지고, 그 대신 민간의 무당들이 굿판을 벌일 때 악귀를 물리치기 위해 읽는 경문經文으로 변했다.

세자가 이 책을 읽게 된 동기는 알 수 없으나, 천둥이 치면 하늘이 임금의 잘못을 징계한다는 생각은 모든 성리학자들도 똑같이 믿고 있었기 때문에 가장 무서운 천변지이의 하나로 받아들였다. 그런데 천둥이 칠 때 영조는 세자가 잘못한 탓으로 돌려서 자주 꾸짖었기 때문에, 세자는 천둥에 대한 공포심이 남달랐던 것이다. 아마도 《옥추경》을 읽게 된 이유가 여기에 있을 것이다.

세자가 무당의 경문經文인 《옥추경》에 빠진 것은 말하자면 신들린 무당처럼 변했다는 것을 의미한다. 무당이 굿을 하면서 신들렸을 때 언행은 마치 미친 사람과 다름이 없는데, 굿이 끝나면 다시 제정신으로 돌아온다. 세자의 언행이 어느 때는 미친 사람 같고, 또 어떤 때는 멀쩡해 보이는 것에서도 이런 무당의 모습이 떠오른다. 이런 잡서雜書에 빠진 세자가 유교 경전을 멀리하게 되는 것은 당연한 이치다.

세자는 《옥추경》에 빠진 뒤로는 아주 딴 사람이 된 듯 무서웠고, '옥추'라는 두 글자를 차마 보지 않았으며, 단오端午에 먹는 옥추단(玉樞丹; 한약)도 먹지 못하고, '뇌벽雷霹'이라는 글자도 보지 못했다. 그래서 천둥이 치면 귀를 막고 엎드려 있다가 일어나는 버릇이 생긴 것이다.

18세 되던 겨울에 이 병이 생긴 세자는 그 뒤에 고질병이 되어 걸핏하면 놀라고 가슴이 두근거리는 경계증驚悸症이 생겨났다고 한다. 혜경궁은 그래서 "옥추경이 원수였다."고 토로하고 있다. 원래 아버지를 무서워하던 세자가 《옥추경》을 읽고 나서 더욱 깊은 공황증恐慌

症을 앓게 된 것으로 보인다.

5. 19세 시절의 세자
─학문과 정사에 소홀

영조 29년(1753)에 세자는 19세가 되었다. 이미 심각한 공황증에 걸린 세자가 19세에 들어와서 정상적인 정사政事와 학문에 힘쓸 리는 만무했다. 대신을 만나는 차대次對와 서연書筵에 병을 핑계로 불참하는 경우가 많았다. 《영조실록》에는 그저 세자가 병이 있어 정사와 학문을 게을리했다고 기록되어 있을 뿐 무슨 병인지는 밝히지 않고 있다. 하지만, 임금이 그토록 강조한 탕평에 관해서는 임금의 노여움을 사지 않으려고 노력하는 모습이 보인다.

이해에도 연초부터 시강원 겸사서兼司書 이유수(李惟秀; 전주이씨)가 소론 영의정 이종성李宗城을 축출하라는 청을 계속하여 세자에게 올렸지만, 세자는 임금의 처분을 거역할 수 없다고 하면서 물리치고, 이유수를 도성 밖으로 내쫓았다.

이해 2월에는 사간원 정언 박도원(朴道源; 반남박씨)이 경재卿宰로 발탁된 구택규(具宅奎; 능성구씨)를 소론 김일경의 혈당血黨이라고 하면서 축출할 것을 청했으나 거부했다. 3월에는 사간원 정언 이명환(李明煥; 전주이씨)이 최석항의 관직을 회복하라는 임금의 명을 거두고, 소론을 공격하다가 귀양 간 홍준해洪準海와 이양천李亮天의 귀양을 풀어 달라고 청했다. 그러자 세자는 이명환이 방자스럽고 한심하다고 거부하면서 이명환을 귀양 보내되 이틀 동안 걸어갈 길을 하루로 단축시켜 가게 하라고 명했다.

이해 4월 10일에는 남인에 속한 홍문관 수찬 채제공(蔡濟恭; 평강채씨; 1720~1799)이 상참常參에 참여하여 세자의 학문이 자주 중단되는 것을 걱정하면서 이렇게 말했다.

> 학문에 중단이 있게 되면 기기奇技와 음교淫巧가 그 사이를 파고들어 이루 말할 수 없이 많게 됩니다. 화리貨利는 증식시키고 싶고, 성색聲色은 즐기고 싶고, 부시(婦侍; 궁녀와 환관)는 친하고 싶은 것인데, 이 몇 가지 가운데 하나라도 앞에 나오면 성현의 경전經傳은 점점 소원하게 대하여 아주 잊어버리는 지경에 이르게 됩니다. 요즈음 세자께서 작은 질병이 자주 발생하여 서연에서 소대召對를 행하기도 하고 하지 않기도 하는데, 저하께서 깊은 궁궐에 거처하면서 소일하는 일이 무슨 일이며, 공력功力을 들이는 것이 무슨 일입니까? 앞으로 학문에 전심하소서.

채제공은 세자가 공부에 소홀한 이유가 재화, 놀이, 여색 때문임을 알고 이런 말을 올린 듯한데, 소론과 마찬가지로 남인 채제공도 진심으로 세자를 아끼는 마음에서 이런 글을 올렸다. 세자는 "진달한 내용이 절실하다. 유념하지 않을 수 있겠는가?"라고 대답했다. 그런데 이런 대답은 신하들이 학문을 권면할 때 언제나 내리는 똑같은 대답이었다. 세자는 아무리 임금과 신하들이 공부하라고 권해도, 하는 시늉만 할 뿐 학문을 즐기지 않았다. 특히 유학儒學을 싫어했다.

이해 4월 14일에는 소론의 영수였던 윤증尹拯의 후손인 승지 윤광찬尹光纘이 외조의 증직贈職을 쓴 죄로 귀양 보냈다. 그런데 이달 18일에는 지평 조종부(趙宗溥; 순창조씨)가 글을 올려 윤광찬을 비호하고 나선 서지수徐志修[09]를 처벌하여 당습黨習을 없애라고 청했으나 세자가 따르지 않았다. 세자는 또 소론을 비호하고 있었다.

이해 7월 20일에는 앞서 2월에 소론 구택규具宅奎를 비판했던 노론파 문학文學 박도원이 다시 상서하여 구택규와 그의 아버지 구혁具爀 그리고 그의 아들 구윤명具允明을 싸잡아 비판하자, 세자가 "글에 다른 말을 끼워 넣어 속이는 것은 매우 그르다."고 답하면서 소론을 비호했다.

이해 10월 5일에는 노론이면서 소론과도 친했던 좌의정 이천보(李天輔; 연안이씨)가 세자를 차대次對하는 자리에서, 오래 차대를 중지한 것을 말하면서 수시로 차대하여 정사에 힘쓸 것을 건의했다. 이달 10일에는 사서司書 이의철(李宜哲; 용인이씨)이 글을 올려 학문에 힘쓸 것을 이렇게 청했다.

> 신이 재직한 지 4개월이 지났으나 강연講筵을 한 것은 겨우 한 번이고, 소대召對는 네 번에 지나지 않습니다. 비록 건강이 좋지 않아 이렇게 된 것이지만 학문의 뜻이 도타우면 잘단 병환이 공부를 막지 못할 것입니다.

그러니까 작은 병을 핑계로 공부를 중단하는 세자를 나무라고 있는 것이다. 세자는 "깊이 유념하겠다."는 상투적인 말로 대답했다.

10월 15일에는 상참常參에 참가한 좌의정 이천보가 또 세자의 학문이 부진한 것을 탓하면서 "학문에 부지런하려면 가장 먼저 병을 조심해야 하는데, 병을 조심하는 방법은 오로지 음식과 여색을 탐하지 않는 것"이라고 경계했다. 이 말도 평소 세자가 음식과 여색을 탐하

---

09 서지수는 영의정 서종태徐宗泰의 손자이자 좌의정 서명균徐命均의 아들로 당색은 노론에 속했으나, 소론에 대해서도 우호적인 태도를 지니고 있었다.

는 행동을 알고 올린 듯하다.

10월 16일에는 임금이 시강원의 관원을 들어오게 하여 세자가 오늘 공부한 것을 물었다. 그러자 시강원 관원이 "현기증 때문에 강연을 멈추었습니다."라고 대답하자, 임금은, "세자가 강연을 멈추었으면 궁관宮官이 마땅히 합문에 나아가 문후해야 할 것이다. 어찌 예사처럼 여겨야 하겠는가?"라고 나무랐다. 그러니까 세자가 정말로 몸이 아파서 강연을 하지 않는 것인지를 확인하라는 뜻이다.

10월 27일에는 임금이 세자를 입시하게 한 다음 "몇 년 전에 당습黨習을 지닌 신하들의 명단을 만들어 하나는 내 곁에 두고 하나는 너에게 두었는데, 지금도 가지고 있느냐?"고 물었다. 세자가 "간직해 두었습니다."고 답하자, 임금은 이렇게 말했다.

> 윤봉오(尹鳳五; 파평윤씨; 노론)는 바로 그 가운데 한 사람이다. 지난번에 내쫓았다가 용서하여 씻어 주었지만 벼슬을 줄 수는 없다. 요즈음 한쪽[노론] 사람들이 함정을 놓고 조금이라도 다른 의견을 내는 자가 있으면 문득 망측한 죄로 몰고 김일경(金一鏡; 광산김씨; 소론)과 목호룡(睦虎龍; 사천목씨; 남인)의 당으로 지목하니, 이것은 오로지 당습黨習으로 말미암은 것이다. 겉으로는 신하들이 서로 경계하는 척하지만 속으로는 계략을 감추고 감추어서 사당私黨을 구제하려는 것인데 네가 그 정상을 어떻게 알 수 있겠느냐?

영조는 노론 윤봉오尹鳳五가 까딱하면 의견이 다른 사람을 신임사화를 일으켜 노론 4대신을 죽게 만든 소론 강경파의 김일경金一鏡이나 남인 목호룡睦虎龍파로 몰고 있다고 지적하고, 이 점을 잘 알고 있으라고 세자에게 주의시켰다. 윤봉오는 충청도 노론인 윤봉구尹鳳九의 아우로서 영조가 세제로 있을 때 영조를 보필한 인물이지만 임금은 그의 당론을 싫어하고 있었다.

세자는 임금의 말을 듣고, "감히 마음에 새기고 가슴에 지니지 않을 수 있겠습니까?"라고 답했다. 임금은 세자와 더불어 당인黨人의 명단을 만들어 나누어 가지고 있으면서 이들이 만일 당론黨論을 일으키는 일이 있으면 막으라고 세자에게 당부한 것이다. 여기서 당론을 일으키는 당인의 명단은 주로 노론 강경파를 말한다.

영조 때 당쟁의 형태를 보면, 반역을 일으키는 일은 소론이 많았고, 노론은 주로 소론을 정적으로 삼아 줄기차게 배척했다. 그래서 영조는 탕평정책으로 반역을 일으키는 강경파 소론은 무력으로 진압하고, 왕권에 협조하는 온건파 소론은 적극적으로 포용하여 노론과 섞어서 정치를 운영하는 길을 택했다. 그런데 강경파 노론이 온건파 소론의 등용을 끈덕지게 반대하기 때문에 노론을 억압하고 소론을 보호하는 것이 바로 탕평의 주요과제였다. 탕평정책에 관한 한 세자는 임금의 정책을 충실히 따르면서 노론을 견제하고 소론을 보호해 왔다. 바로 이 점 때문에 노론 벽파는 세자를 해치려는 마음을 품고 왔던 것이다.

이해 11월에 들어와서 천둥이 많아지자 승정원은 11월 18일 세자에게 글을 올려 세자가 정사와 학문에 태만한 것을 이렇게 지적했다.

지금 진언進言하는 자가 학문과 정사에 힘쓰라고 말하는 데 지나지 않으므로, 저하께서는 선비가 늘 하는 말로 여겨 참되게 정사와 학문에 힘쓰려고 하신 적이 없습니다. 저하께서는 세월을 흘려보내 실천하는 도타움을 보지 못하고, 아침저녁으로 게을리 보내어 탁마琢磨하는 보탬을 듣지 못했습니다. 하루 부지런한 지 얼마 안 되어 열흘 게을리하는 것이 잇달아 오면, 어떻게 도리와 물욕의 위태하고 희미한 구별을 밝히겠으며, 지행知行이 정밀하고 순수해지겠습니까? 만약 그렇다면 서연書筵에 나와 강학하시는 것이 구두句讀를 위한 것이 될 뿐이니 신들은 못 견디게 슬픕니다.

승정원은 세자가 하루 부지런하면 열흘 게으른 생활을 반복하고 있다고 질타한 것이다.

11월 20일에는 좌의정 이천보李天輔와 병조판서 신만(申晚; 평산신씨)도 승정원의 상서와 비슷한 요지의 말을 세자에게 올려 학문과 정사에 분발할 것을 촉구했다. 세자는 여전히 "유념하겠다."는 상투적인 대답을 했다.

세자의 19세 시절은 이렇게 학문과 정사를 게을리하여 임금과 신하들의 질책을 많이 받는 가운데 한 해가 지나갔다. 그런데《한중록》을 보면, 이해 세자는 궁녀 임씨(林氏; 肅嬪林氏)를 가까이하여 그가 아이를 잉태했다가 다음 해 아들을 낳으니, 이가 은언군 이인(恩彦君 李裀; 1754~1801)이다. 그 다음 해에는 둘째 아들을 또 낳으니 은신군 이진(恩信君 李禛; 1755~1771)이다. 이들은 바로 정조의 이복동생으로, 뒷날 은언군의 손자가 철종哲宗이 되었고, 은신군의 증손자가 고종高宗이 되었다. 정조의 혈통은 순조-익종[효명세자]-헌종으로 이어졌으나, 헌종이 후사를 얻지 못해 왕위가 정조의 이복동생 혈통으로 넘어간 것이다.

은언군은 정조 때 역모에 관여한 것으로 지목되어 강화도로 귀양 갔으나, 정조가 수시로 서울로 불러들여 만나 보면서 위로하여 신하들과 충돌하는 일이 한두 번이 아니었다. 그 덕에 은언군의 손자가 강화도에 살다가 임금이 된 것이다. 세자가 궁녀를 가까이하여 아들을 낳자 영조는 크게 노했으며, 세자는 자신의 실수로 꾸중을 들을까 걱정하여 아들을 돌보지도 않았다고 한다. 정조는 그렇게 자란 동생들을 불쌍하게 여겼던 것이다.

6. 20세 시절의 세자
—아들 이인 출생, 대리청정을 사양

세자가 20세가 되던 영조 30년(1754) 2월 초에 궁녀[肅嬪林氏]를 가까이 하여 아들 은언군 이인李䄄을 낳았는데, 이 일로 영조가 크게 노하자 세자는 전전긍긍하면서 지냈다. 은언군의 탄생을 못마땅하게 여긴 영조는 태胎를 봉하고 이름을 짓는 일을 하지 못하게 했다. 영의정 김재로(金在魯; 청풍김씨; 1682~1759)와 좌의정 김상로(金尙魯; 청풍김씨; 1702~?)는 왕손에게 봉태封胎와 작호를 빨리 거행하라고 촉구하여 대조를 보였으나 임금은 따르지 않았다. 김재로와 김상로는 모두 청풍김씨로서 종형제 사이인데 노론 벽파에 속했다. 특히 김상로는 뒷날 세자를 죽음으로 몰고 간 중심인물로서 정조가 즉위한 뒤에 역적으로 몰아 이미 죽은 그의 벼슬을 삭탈했다. 김상로 종형제들이 은언군을 이처럼 비호하고 나선 것은 장차 세자가 죽고 난 뒤에 정조보다는 은언군이나 그 후손을 임금으로 선택하려는 숨은 의도가 있었던 것이다.

은언군의 출생으로 곤경에 빠진 세자는 학문하는 서연書筵과 신하를 만나는 소대召對를 정당正堂에서 하지 않고 침실에서 행했는데, 임금은 이를 듣고 2월 14일 그 책임을 물어 시강원 관원들을 해직시켰다. 그리고 나서 2월 24일 재야의 이름 있는 선비를 초치하여 세자의 보도를 맡기라고 명했다. 이에 서연관으로 있던 지평 김원행(金元行; 노론 안동김씨 金昌集의 손자)과 전 현감 신경(申暻; 평산신씨; 소론 정승 申玩의 손자)이 사직을 청했으나 세자가 만류했다.

임금은 세자가 서연을 게을리하는 것을 걱정하여 직접 옆에 앉히고 강연講筵하는 기회를 자주 가졌다. 이해 4월 14일에는 임금이 서연書筵에서 배운《논어》를 외우라고 명하고 나서 세자와 문답을 했는데, 세자가 대답을 잘하여 임금이 칭찬했다. 하지만 세자는 서연을 자주 열지 않아 영조와 신하들이 실망했다.

윤4월 28일에 임금은 친히 글을 지어 세자에게 백성을 괴롭히는 토목공사를 함부로 하지 말 것을 경계하고, 그 글을 병풍으로 만들어 세자에게 바치라고 명했다. 임금은 자신이 후원에다 두 칸짜리 초가집을 짓고 글을 읽고 싶지만, 그 터에 있는 나무를 베어야 하고, 또 이 집이 나중에는 기와집으로 변할까 두려워서 아니했다고 말했다.

5월 7일에는 세자를 시좌시키고, 검토관 남인 채제공蔡濟恭을 시켜 《서경》의 순전舜典을 설명하게 하고 나서 요순堯舜의 마음을 배우라고 일렀다.

5월 9일에는 임금이 숭문당崇文堂에서 신하들을 소대하여《시경詩經》의 관저장關雎章을 읽고 토론했는데, 뒤에 시강원 필선 이수봉(李壽鳳; 함평이씨) 등을 불러 물어보기를, "동궁의 강학講學이 요즘 진취하는 보람이 있는가?" 하니, "예학(睿學; 세자의 학문)이 고명하여 때때로 묻는 것은 다 뜻이 깊은 말입니다."라고 대답했다. 임금은 다시, "동궁이 서연書筵을 오래 멈춘 것을 내가 매우 민망하게 여겼었는데, 일전에 내가 꾸짖어 가르쳤더니 동궁이 자못 뉘우치는 뜻이 있었다. 오늘 그대들이 말한 것은 내가 듣고 싶은 것이 아니다."고 했다. 그러니까 세자의 공부가 부진한 책임이 궁관에게도 있다고 본 것이다.

이해 5월 10일에는 홍문관 교리 남태회南泰會와 채제공이 동궁에게 차자箚子를 올려, 며칠 전 호랑이가 궁궐로 들어온 재앙의 책임이 동궁에게도 있다고 하면서 공부에 전심할 것을 독려했는데, 그 가운데에서도 서연書筵을 매일 열어 다스리는 근본을 세우는 것을 가장 강조했다.

5월 13일에는 세자가 대신과 비변사 당상을 만난 자리에서 공조참판 김한철(金漢喆; 경주김씨)이 이렇게 세자에게 말했다.

저하께서 여러 신하들을 만나실 때 듣는 대로 답할 뿐이고, 한마디 말도 논란하지 않으시니, 뭇 신하의 심정이 답답합니다. 바라건대 앞으로는 마음을 열어 논란하여 신하와 함께 의논하는 아름다움을 다하소서.

세자가 소대召對에 참석하여 신하를 만나더라도 말을 하지 않아 답답하다는 것이다. 그러니 학문도 그렇지만 정사政事도 소통이 없다는 것이다. 이에 대한 세자의 대답은 "유념하겠다."는 한마디뿐이었다.

5월 13일 밤에는 임금이 세자를 불러놓고 홍문관 관원을 불러《소학》의 입교편入敎篇을 교육시키고 나서 세자에게 《소학》의 근본이 무엇이냐?"고 물었다. 세자가 "경敬입니다."라고 답하자, 임금이 다시 "무엇을 경이라 하는가?"고 물으니, 세자가 "본심을 지키고 방심하지 않는 것을 말합니다."라고 대답했다. 이에 임금은 "괄목상대刮目相對할 만하구나." 하고 칭찬했다. 이런 대화를 보면 세자가 유교경전의 뜻을 상당 부분 이해하고 있다는 것을 알 수 있는데, 문제는 그 뜻을 몸소 실천하지 않고 있다는 것이다.

6월 5일에는 사간원 사간 노론 박치문(朴致文; 밀양박씨)이 세자에게 글을 올렸는데, 그 내용은 숙종 대 남인南人이었다가 갑술환국甲戌換局으로 밀려난 이잠(李潛; 星湖 李瀷의 친형)의 후손들이 아직도 그의 작호를 쓰고 있으니 무거운 죄를 주어야 한다고 주장했다. 또 능력을 따지지 않고 숫자의 균형만을 도모하는 탕평정치가 나라를 병들게 하는 근원이라고 말했다. 노론 강경파에 속하는 박치문의 글을 접한 세자는, "이잠의 일은 풍문을 모두 믿을 수 없다. 또 한림翰林 후보자를 선발할 때 무능한 인물인데도 당파를 섞어 추천했다는 주장도 그 일을 주관한 사람에 대한 견책이 지나치다."고 하면서 거부했다. 남인 이잠을 비호한 것이다.

이날 세자는 대신을 만난 자리에서 영의정 이천보(李天輔: 1698~1761)에게 이잠에 관해 물었다. 이천보는, "이잠의 흉악한 상소는 신임사화와 이인좌난을 일으킨 장본인"이라고 하면서 소론 조태구(趙泰耈: 양주조씨)가 그에게 장령掌令을 증직했다고 말했다. 이천보 역시 노론이었으므로 이잠에 관해 나쁘게 말했는데, 세자는 그의 말에 아무런 대꾸도 하지 않았다. 이천보는 연안이씨로서 어머니가 광산김씨 김만균金萬均의 딸이었다. 김만균은 숙종의 첫째 왕비인 인경왕후仁敬王后의 아버지 김만기金萬基와 종형제 사이로 노론에 속했다. 그런데 이천보의 종형인 이철보(李喆輔: 1691~1775)는 소론에 속하며, 이천보의 성향도 소론을 적극 배척하지는 않았다. 이천보는 세자가 27세때 평안도에 몰래 다녀온 사건이 터지자 이를 막지 못한 자신에게도 책임이 있다고 자책하고 음독자살했다.

이잠은 남인으로 본관은 여주驪州이다. 바로 유명한 실학자 이익李瀷의 친형이며, 그 집안에서 이가환李家煥, 이중환李重煥 등 실학자들이 배출되었는데 노론은 이들을 완강하게 배척했으나 영조와 세자는 이들을 비호했다. 뒷날 정조도 이들을 등용했다.

다음날인 6월 6일에는 승정원에서 세자가 한환韓桓의 직첩을 돌려준 것에 대하여 항의하면서, "이 사람은 이인좌난에 관련되어 귀양갔다가 돌아온 사람"이라고 말하자, 세자는 "대조께 여쭈어 낙점했으니 번거롭게 다시 여쭐 수 없다."고 하면서 거부했다. 사간 박치문도 글을 올려 따졌으나 세자는 듣지 않았다. 이번 조치는 세자가 소론을 등용하여 균형탕평을 이루고자 하는 뜻이 분명함을 보여준다.

6월 14일에는 임금이 직접 글을 지어 시강원 관원에게 주면서 세자에게 보이라고 명했다. 그 내용은 이렇다. "네가 '사물잠四勿箴'[10]을 세 번이나 강하여 확실하게 했다고 하는데, 사물 가운데 한 가지라도 지키지 않는다면 '물'자의 기치旗幟를 무너뜨리는 것이다. 사실대로 대답하라." 이에 세자가 글로 대답했다.

공경히 성교聖教를 보았으니 어찌 감히 속이겠습니까? 대저 사욕私慾이 일어 나는 것에는 크고 작고, 깊고 얕은 것이 있습니다. 큰 것은 올봄에 예禮가 아니면 보지 말라는 것을 삼가지 못하여 엄한 하교를 내리셨으니 이것이 사욕을 이기지 못한 첫째입니다. 자주 서연書筵을 멈추어 스스로 안일安逸로 돌아갔으니 사욕을 이기지 못한 둘째입니다. 그밖에 일용행사日用行事하는 사이에도 어찌 사욕이 일어나는 것을 면할 수 있었겠습니까? 예전에 한나라 소열제昭烈帝가 "악惡이 작다 하여 행하지 말라." 했는데, 이것은 참으로 지언至言입니다. 신은 본디 학문이 천박하니 잘못이 어찌 이뿐이겠습니까?

임금은 세자의 글을 보고, "원량元良의 글은 이치가 맞으니 기쁘다."고 말했다. 하지만 이것이 세자의 진심을 담은 말인지, 또 임금이 진정으로 세자의 말을 믿었는지는 의문이다. 세자는 꾸중을 들을 때마다 반성한다고 말해 왔으나 그 반성은 며칠에 그치고 마는 일이 반복되어 왔기 때문이다. 세자는 글로 배우는 지식과 행동이 일치되지 않는 것이 큰 문제였다.

6월 22일에 사헌부 지평 신대수(申大修; 평산신씨)가 세자에게 글을 올려 이미 귀양 가 있는 소론 윤광찬尹光纘을 다시 절도絶島에 위리안

---

10 사물잠은 예禮가 아니면 보지도 말고, 듣지도 말고, 말하지도 말고, 행동하지도 말라는 뜻이다.

치하고, 세자 필선 이수봉(李壽鳳; 함평이씨)은 간사하고 행실이 나쁘니 벼슬을 박탈하고, 서연관 최재흥崔載興도 비루한 사람이니 내쫓으라고 청했다. 세자는 이미 임금께서 결정한 일이므로 바꿀 수 없다고 했다. 임금도 그 소식을 듣고 신대수가 노론으로 당론을 따른다고 하면서 벼슬을 삭탈했다.

6월 25일에는 지사知事 원경하(元景夏; 소론 온건파)와 승지들이, 소론 역적 김일경金一鏡이 지은 교문敎文이 아직도 《승정원일기》에 남아 있으니 삭제하라고 임금에게 청하자, 임금은 《승정원일기》의 기록을 없애더라도 《실록》에는 그대로 남는데, 그러면 《실록》도 고칠 수 있느냐고 하면서 거절했다. 그런데 7월 1일에 대사헌 남태제南泰齊가 다시 세자에게 글을 올려 원경하의 주장을 실행하라고 청했다. 그러나 세자는 임금이 다 아시는 일인데 다시 여쭐 수 없다고 하면서 거절했다. 이번에도 세자는 소론을 옹호했다.

6월 28일 임금은 자신이 회갑을 맞이하여 〈회갑편록回甲編錄〉을 친히 지어서 세자를 가르쳤는데, 첫째 하늘을 공경하고[敬天], 둘째 조상을 받들며[奉先], 셋째 백성을 위하고[爲民], 넷째 붕당을 없애고[祛黨], 다섯째 사치를 억제할 것[抑奢]이었다. 영조야말로 위 네 가지를 성실하게 이행한 군주였다.

7월 3일에는 사간원 정언正言으로 있던 39세의 소론 서명응(徐命膺; 1716~1787)이 1강綱 8목目의 긴 글을 세자에게 올려 건의했다. 1강은 예지睿志를 분발하라는 것으로 뜻을 굳건히 세우라는 것이다. 8목은 강학講學을 밝히고, 성실誠實에 힘쓰고, 안일함과 사욕을 경계하고, 간쟁을 받아들임을 넓히는 것으로, 이것이 학문의 요체라고 말했다. 다음에 제사를 바르게 하고, 학교를 일으키고, 과거제도를 고치고, 무략武略을 씩씩하게 하는 것은 정치를 하는 도구라고 했다.

그리고 나서 8목에 해당하는 일을 다시 상세하게 말했다. 첫째, 강학講學을 바꾸어야 한다. 세자가 학문하는 것을 보면 마치 어린 아이가 학문을 배우는 수준에서 벗어나지 못하므로 서연관 제도를 강화하여 매일 당상 1인과 당하 1인이 함께 입직하여 진강進講하고, 5일마다 좌빈객과 우빈객이 번갈아 입시하여 진강하고, 만 15일이 되면 사부師傅가 빈객賓客과 궁료들을 모아 합강合講하되 책을 읽는 데 그치지 않고, 행실과 처사 그리고 백성을 다스리는 요체를 토론한 다음 해가 지면 파한다.

둘째, 성실에 힘쓰는 방법이다. 세자는 궁궐에서 태어나고 자라서 편안한 것이 버릇이 되어 격물치지格物致知가 부족하고, 몸과 마음을 바르게 하는 공부에 전념하지 못하고 있다. 그래서 게으르고 성색聲色에 빠지고 말을 달려 사냥하는 일들이 많아질 염려가 있다.

셋째, 안일과 욕망을 경계하는 일은 천리天理와 인욕人欲을 가르는 계기가 되므로 인욕을 멀리해야 한다.

넷째, 간쟁諫諍을 널리 받아들이는 일은 자신을 반성하여 바른 길로 가는 것으로, 묻기를 좋아하면 마음에 여유가 생긴다. 그래서 군자는 마음을 비우고 남의 말을 받아들인다.

그 다음 정치와 관련된 네 가지 항목 가운데 첫째, 제사를 바르게 하는 것은 《주례周禮》를 따라 제도를 새로 정비하고, 악가樂歌는 중국 삼대三代의 악과 우리나라의 문소전文昭殿[11]의 악을 참고하여 새롭게 정리해야 한다.

둘째, 학교를 진흥시키려는데, 주현마다 향교鄕校는 있으나, 그 아래에 이里마다 이숙里塾이 없어 가르침이 반에 그치고 있다. 따라서

---

11 문소전은 태조의 왕비 신의왕후 한씨의 위패를 모신 사당이었으나 뒤에는 태조의 위패를 모시고, 세종 때에는 태종과 원경왕후 민씨의 위패도 함께 모셨다.

이숙을 세워 《소학》을 가르치고, 행실이 좋고 학식이 트인 사람을 가려서 향교에 올리고, 3년마다 감사가 향교에서 한 사람을 뽑아 성균관에 보내고, 성균관에서 행실과 성적이 우수한 자를 3년마다 선발하여 교관敎官이나 세마洗馬 등의 벼슬을 주는 것이 좋다.

셋째, 과거제도를 고치는 일은, 지금 남에게 맡겨 답안지를 쓰거나 남의 글을 표절하는 등 제도가 난잡한 것을 바로잡는 일이다. 별과別科, 경과慶科, 알성시謁聖試, 반시(泮試; 성균관 시험) 등을 없애야 한다. 이런 것들 때문에 선비들이 시험에만 매달리고 공부할 기회가 없기 때문이다. 또 사부詞賦와 명경明經 과목은 없애야 한다. 사부는 정치에 도움이 되지 않고, 명경은 입으로 외우는 데만 신경을 써서 서찰을 쓰지도 못하고 쉬운 글도 읽지 못하고 있다. 그 대안으로 3년마다 식년시式年試만 시행하되, 명경明經과 제술製述을 합하여 한 과목으로 만들어서, 제술은 표表를 시험하고, 명경은 첫 식년에 《중용》, 《대학》, 《시경》, 《주례》를 시험하면 다음 식년에는 《논어》, 《서경》, 《의례》를 시험하고, 그 다음 식년에는 《맹자》, 《주역》, 《예기》를 시험한다. 이렇게 하면 10년이 못 되어 선비들이 익히지 않은 경서가 없게 될 것이다.

넷째, 무략武略을 씩씩하게 하는 것은 이렇다. 무신을 뽑을 때 궁마弓馬, 신수身手, 구근久勤을 따지고 있는데, 이것은 장재將才를 기르는 데 도움이 되지 않으므로 바꾸어야 한다. 이런 방법은 장교나 군졸에게는 필요한 것이지만 지략을 필요로 하는 장수에게는 필요가 없는 방법이다. 따라서 앞으로는 무과武科를 치를 때 병서兵書를 가지고 시험하여 《육도삼략》, 《손자》, 《등단필구登壇必究》를 기병과奇兵科로 만들고, 《사마법司馬法》, 《오자吳子》, 《위료자尉繚子》, 《형천무편荊川武編》을 정병과正兵科로 만드는 것이 좋다. 또 진법陣法은 방진법方

陣法밖에 모르는데, 앞으로 제갈량의 8진八陣과 이정李靖의 6화진六花陣을 본받아 진도陣圖를 새로 만들어야 한다.

서명응은 영조비 정성왕후 서씨의 친족 동생으로 소론계 탕평파에 속했다. 그는 세자와 가장 가까운 소론계 인사 가운데 한 사람이다. 과학과 실용학에 조예가 깊은 실학자實學者였는데, 세자를 진정으로 위하여 구체적인 학문방법과 정치개혁에 대한 건의를 올린 것이다. 서명응의 글을 읽은 세자는 "어찌 깊이 생각하지 않을 수 있겠는가? 춘방관春坊官의 일과 진면陳勉한 것 네 조항은 묘당으로 하여금 대조께 여쭙게 하겠다."고 매우 긍정적으로 답변했다. 이런 답변은 형식적이고 상투적인 답변과는 다르다. 서명응은 뒤에 아우 서명선徐命善과 함께 정조의 즉위를 돕고 정치를 보좌하여 큰 사랑을 받았다.

9월 15일에는 영의정 이천보李天輔가 세자에게 차자를 올려, 정사政事에 더 적극적으로 임하기를 청했다. 세자가 성품이 묵직하고 말이 적은 것이 지나쳐서, 서연書筵에서 강독할 때 열심히 듣기는 하지만 질문이 없어 겉치레로 끝난다. 학문만이 아니라 나라의 법문法文, 제도의 연혁, 전곡錢穀, 갑병甲兵, 모든 관청의 직무, 신하들의 장단점 등을 환히 알아야 하는데, 마음을 열고 질문과 토론이 없으니 어떻게 알 수 있는가? 그래서 민망하다는 것이다. 세자는 영의정의 권면과 훈계[勉戒]에 대하여 "명심하겠다."는 간단하고 예사로운 답변을 또 내렸다.

11월 1일에는 대사간 안집安�이 세자에게 글을 올렸다. 지난 밤에 임금께서 이인좌난에 관여되었던 소론 박지문(朴趾文; 반남박씨), 이정(李檉; 전주이씨)의 직첩을 돌려주고, 권서경權敍經, 오상억吳尙億, 심상관沈尙觀, 심종연沈宗衍은 죄를 씻어주라고 명하셨는데, 이렇게 되면 난신적자亂臣賊子들이 두려움을 모르고 날뛰게 될 것이라고 하면서 대조께 여쭈어 명을 도로 거두게 하라고 청했으나, 세자는 따르지 않았다. 세자는 임금이 결정한 탕평정책을 뒤집는 일은 하지 않아 결과적으로 소론을 보호하는 정책을 또 따랐다.

11월 4일에 세자는 의정부 대신과 비변사 당상을 만났는데, 그 자리에서 영의정 이천보李天輔는 세자에게 "대조께서 책망하시는 하교에 혹 지나친 것이 있더라도 이는 지극히 사랑하여 매우 기대하시는 성스런 뜻이므로, 저하께서는 모쪼록 두려워하고 삼가는 마음을 잊지 않은 뒤에야 온갖 일이 해이해지지 않게 할 수 있습니다."고 따뜻하게 훈계했다. 이 무렵 임금이 어떤 일로 여러 신하들이 입시했을 때 세자를 매우 꾸짖었으므로 이천보가 이 일을 거론하여 위로하면서 훈계를 한 것이다. 이천보는 비록 노론에 속했지만 소론과 세자에게 우호적인 태도를 보이고 있었다.

이날 좌의정 김상로(金尙魯; 청풍김씨)도 세자에게 "저하께서는 너무 지나치게 침착하고 말이 적으신데, 바라건대 자주 신하들을 불러들여 말과 얼굴빛을 보여 위아래의 뜻이 서로 통하게 하소서."라고 건의했다. 김상로는 세자의 비행을 임금에게 수시로 알려 주어 세자를 죽음으로 몰고 간 사람 가운데 하나이다. 세자는 두 정승의 말을 가납한다고 대답했다. 하지만 세자가 이런 지적을 받은 것은 그동안 한두 번이 아니었지만, 조금도 달라지지 않았다.

11월 27일에 홍문관 부수찬 조영순(趙榮順; 양주조씨)은 세자에게 글을 올려, 영의정 이천보가 나라를 병들게 하는 장본인으로 역적[소론] 자손들의 죄를 씻어 주고 있다고 하면서 임금께 청하여 내치라고 강경하게 요청했다. 조영순은 바로 신임사화 때 소론에 의해 죽임을 당한 노론 4대신의 한 사람인 조태채(趙泰采; 1660~1722)의 손자였으므로 소론에 대하여 초강경한 입장을 취하고, 소론에 우호적이었던 노론 탕평파인 이천보를 비난했던 것이다. 재미있는 것은 노론 4대신을 죽음으로 몰아넣은 소론의 영수 조태구(趙泰耈; 1660~1723)는 바로 조태채와 종형제 사이였다는 사실이다. 한 집안에서 당파를 달리하는 두 거물이 나와 살육을 벌인 것이다.

또 사간 이민곤(李敏坤; 전주이씨)도 이천보가 새로운 붕당[탕평당]을 만들어 내고 있다고 비난했다. 두 사람의 말을 들은 세자는 "대신을 헐뜯어 욕한 것이 극도에 달했다. 이처럼 붕당을 위하여 죽을힘을 다하는 무리는 서울에 둘 수 없으니 모두 귀양 보내라."고 했는데, 며칠 뒤 임금이 이 일을 알고 두 사람의 당습黨習을 엄히 꾸짖고 두 사람을 모두 멀리 귀양 보내라고 명했다.

그런데 조영순과 이민곤을 귀양 보낸 것에 대하여 대사간 신위(申暐; 평산신씨)가 12월 1일 세자에게 글을 올려 언관을 탄압하는 임금의 처분이 공정하지 못하다고 하면서 대조께 여쭈어 귀양을 거두라고 청했다. 이에 세자는 신위가 죄인 언관을 감싼다고 질책했다. 임금은 이 소식을 듣고, 조영순이 세자에게 임금이 잘못했다고 말하는 것은 아들을 대하여 아비[임금]를 헐뜯은 것이라고 격노하고, 세자가 이를 임금에게 아뢰어 강력하게 처리하지 못한 것을 불효라고 하면서 심하게 꾸짖었다.

이에 세자는 관을 벗고 뜰에 내려가서 여러 차례 석고대죄를 했으나 임금이 용서하지 않자 세자는 승지를 불러 "신은 이미 불민하여 군국軍國을 대리할 수 없으니 대리하는 명을 도로 거두어 주소서."라고 아뢰게 했다. 그러나 임금이 차마 듣지 못할 하교를 내리자 세자는 눈물을 흘리면서 울었다.

이 사건은 여기서 그치지 않았다. 12월 12일에는 홍봉한의 아우 홍문관 교리 홍인한洪麟漢이 세자에게 글을 올려 조영순을 구원하고 나서자 세자가 홍인한을 파직시켰다. 홍인한은 바로 세자의 작은외조부로서 뒷날 세자 및 정조와 각을 세우다가 정조에 의해 죽임을 당한 인물이다. 또 12월 25일에는 사헌부 지평 김시묵(金時黙: 청풍김씨)이 글을 올려 조영순을 구원하고 나서자 세자가 그를 꾸짖었다. 그런데 김시묵의 딸이 뒷날 정조의 왕비가 되었다. 정조가 왕비와 사이가 그다지 좋지 못한 것은 장인의 당색이 세자와 대립각을 세웠던 노론인 것과 관련이 있는 듯하다.

세자의 20세 시절은 이렇게 은언군이 탄생하고, 탕평정책을 충실히 수행했으나 일부 잘못한 일로 영조의 미움을 받아 드디어 연말에는 대리청정을 그만두겠다고 아뢰는 지경에까지 이르렀다.

7. 21세 시절의 세자
―소론 역모사건, 노론 억제,《천의소감》편찬

세자가 21세 되던 영조 31년(1755)은 정초부터 어려운 일이 계속 터졌다. 1월 11일에는 지난해 은언군 이인을 출산했던 숙빈 임씨肅嬪林氏가 둘째 아들 은신군 이진恩信君 李禛을 또 낳았다. 그러나 그의 출생은 은언군과 마찬가지로 누구의 환영도 받지 못했다. 오히려 세자의 처지만 더욱 어렵게 만들었다. 영조가 격노한 것은 말할 것도 없다. 뒷날 대원군과 고종高宗은 바로 은신군의 후손이었는데, 대원군이 젊었을 때 설움을 받으면서 산 이유도 바로 왕실에서 버림받은 은신군의 후손이라는 것과 관계가 깊었다.

여기에 더하여 이해에는 중대한 소론의 모역사건이 1월에 터졌다.

'을해옥사乙亥獄事'가 바로 그것이다. 전라도 나주에 유배 중이던 윤지尹志라는 자가 나주 객사客舍의 벽에다 나라를 비방하는 글을 붙여 놓고, 민심을 현혹시키면서 동지를 규합하고 나섰다. 거사 전에 사건이 발각되어 윤지가 체포된 뒤 서울로 압송되어 조사를 받으면서 사건이 크게 확대되었다.

이 사건의 원인은 경종 때 연잉군[뒤의 영조]의 대리청정을 반대했던 소론 김일경(金一鏡; 광산김씨) 일파를 영조가 즉위한 해 노론이 대대적으로 숙청한 사건으로 거슬러 올라간다. 이때 김일경 일파인 훈련대장 윤취상(尹就商; 함안윤씨)이 고문을 받다가 죽고, 그 아들 윤지도 제주도로 유배당했다가 뒤에 나주로 옮겨졌다. 이에 대한 반발로 영조 4년에 소론 이인좌난이 일어났으나 진압되었다. 하지만 소론의 원한은 풀리지 않고 있었다.

이런 소용돌이에 윤지는 아버지의 복수를 하고자 아들 윤광철尹光哲과 함께 나주목사 이하징(李夏徵; 한산이씨)을 비롯하여 이효식(李孝植; 나주 아전), 박찬신朴纘新 등 전국 각지의 소론을 규합하여 반란을 꾀하게 된 것이다. 이 사건으로 윤지는 2월에 처형당하고, 박찬신, 조동하, 김윤 등 많은 소론 인사들이 처형되었으며, 이광사(李匡師; 전주이씨, 서예가), 윤득구(尹得九; 파평윤씨) 등이 귀양 갔다.

3월에는 이미 죽은 소론 조태구趙泰耈와 김일경 등에게 역률逆律을 소급하여 시행했다. 이어 5월에는 반역자를 토벌한 것을 기념하는 경과慶科를 치렀는데, 답안지를 변서한 사건이 일어나 심정연沈鼎衍이 사형되고, 이어 춘천에서 윤혜尹惠, 김도성金道成, 신치운(申致雲; 신흠의 후손), 심악沈鏜 등이 역모를 꾀한 사건이 발각되어 모두 사형을 당했다. 이때 소론 강경파였던 유봉휘劉鳳輝의 조카로서 유명한 실학자였던 농암聾庵 유수원(柳壽垣; 1695~1754)[12]도 이 사건에 연루되어 처형당했다. 영조는 재위 13년(1737)에 이종성李宗城, 이광좌李光佐, 조현명(趙顯命; 풍양조씨), 원경하元景夏 등 소론파 대신들이 유수원이 쓴 《우서迂書》가 매우 뛰어난 책이라고 하면서 추천하자 이 책을 읽어보고 감동을 받아 그를 불러들여 그의 관제개혁안에 대하여 필담을 나누기도 했다. 그는 귀가 먹어 말을 잘 못하는 농인聾人이었기에 필담으로 대화를 나누었던 것이다. 그리고 그의 개혁안을 받아들여 영조 17년에는 예문관의 회천법會薦法을 폐지하기도 했으며, 영조 18년에는 세자 시강원 필선弼善으로 임명되어 세자교육을 담당하기도 했다. 이때 세자 나이 8세였다.

소론 모역사건으로 전국에 남아 있던 소론 인사들 약 2백~5백 명이 처형당하여 큰 타격을 입었는데,[13] 조선 전기에 문벌대족을 이루었던 파평윤씨坡平尹氏, 해평윤씨海平尹氏, 문화유씨文化柳氏, 전주이씨全州李氏, 창녕성씨昌寧成氏, 평산신씨平山申氏, 양주조씨楊州趙氏, 청송심씨靑松沈氏, 한산이씨韓山李氏, 달성서씨達城徐氏, 연일정씨延日鄭氏, 반남박씨潘南朴氏, 경주이씨慶州李氏, 연안이씨延安李氏, 동래정씨東萊鄭氏 등 집안에서 소론 인사들이 많이 배출되었다는 것은 의미심장하다. 하지만 이들 명문집안에서는 노론도 많이 배출되었다.

이번 역모사건에 중앙의 요직을 차지하고 있던 이종성李宗城, 박문수(朴文秀; 밀양박씨), 이철보李喆輔 등은 반역자의 문초 과정에 동조자로 이름이 올라 있었는데, 노론 대신 영의정 김재로金在魯와 좌의정

---

12 한영우, 《꿈과 반역의 실학자 유수원》(지식산업사, 2007) 참고.

13 우의정 조재호는 역모로 죽은 사람이 5백 명이라고 말하고, 영조는 거의 2백 명이라고 말하여 차이가 있다. 아마도 임금은 그 숫자를 축소시켜 말하고 싶을 것이므로 조재호의 말이 사실에 가깝다고 할 수 있다.

김상로金尙魯를 비롯한 노론 강경파가 집요하게 처벌을 요구했음에도 목숨을 보전했다. 그것은 본인들이 자숙하는 모습을 보이고, 영조와 세자가 힘을 합하여 그들을 옹호한 까닭이었다.

영조는 이 사건을 처리하기 위해 2월부터 5월까지 거의 매일 죄인을 직접 심문하는 친국親鞫을 했는데, 그럴 때마다 세자를 입시하게 하여 현장을 보게 했다. 그리고 이 사건이 마무리된 뒤에《천의소감闡義昭鑑》을 편찬하여 이 사건의 전말을 자세히 소개하고 그 처분이 정당했음을 널리 천명했다.

그런데 《천의소감》을 편찬하는 과정에 그 내용을 둘러싸고 임금과 편찬자들 사이에 의견 차이가 나타났다. 편찬 책임을 맡은 영의정 김재로金在魯가 이 책의 서문序文에서 소론을 지나치게 나쁘게 평가하고, 경종景宗까지도 헐뜯는 내용을 담자, 임금이 크게 화를 내고 이를 고치라는 하교를 내렸다. 9월 20일 임금은 김재로를 보고 "하얀 머리로 오늘의 하교를 보고서도 노론의 영수領袖가 되겠다는 것이냐?"고 하면서 그가 올린 상소문을 되돌리고, 9월 21일에는 찬수청纂修廳을 혁파하라고 명했다. 이날 임금은 당쟁의 문제점을 이렇게 지적했다.

[김재로가] 나를 위해서 의리義理를 천명한다고 하면서 황형(皇兄; 경종)을 생각하지 않았으니, 황형께서 만약 내게 묻는다면 내가 대답할 말이 없다. 그런데 어제 김재로의 서문을 보니 내가 약을 먹고 싶은 생각이 없어졌다. 내가 사당(四黨; 노론, 소론, 남인, 북인)으로 하여금 살육을 하지 않게 하고자 했으나 이번 봄의 역옥逆獄은 큰 살육이 있었는데, 또 서문을 지어 살육을 열려고 하니 무슨 마음인가? 이제 노론이 없어진 뒤에야 나라가 편안해질 것이다. 남인南人은 역옥을 범한 자 말고는 편벽된 논의가 없는데, 유독 노론老論만이 굳게 고집하기를 즐겨 중지하지 않는다. 판부사 유척기兪拓基는 누워서 일어나지도 않으면서

노론의 영수가 되고 있다. 조관빈(趙觀彬; 노론 4대신 趙泰采의 아들)이 영수가 아닌가? 내가 보건대 노론이 당론黨論을 하지 않은 연후에야 다른 날 눈을 감을 수가 있겠다. 오늘은 바로 노론 사람들이 죽고 사는 관문이다.

영조가 비록 소론 모역자들을 처단했지만, 그렇다고 소론으로서 탕평에 참여한 온건파 인물까지도 비판하거나, 노론 강경파의 편을 들고 있는 것이 결코 아니라는 것이 분명히 드러나고 있다. 임금의 판단으로는 노론이 항상 당론黨論을 일으켜 소론과 남인을 모조리 배척하고 있기 때문에 소론의 역모사건이 일어난다고 보는 것이다. 그래서 노론이 없어져야 나라가 편안해지고, 노론이 당론을 그만두어야 눈을 감을 수 있다고까지 말했다. 그리고 당시 노론 핵심세력으로 이천보(李天輔; 연안이씨), 김재로金在魯, 김상로金尙魯, 유척기(兪拓基; 기계유씨), 조관빈(趙觀彬; 양주조씨) 등을 들고 있다. 영조는 비록 노론의 추대를 받아 임금이 되었지만, 만약 노론 일당이 집권한다면 소론, 남인, 북인들이 모두 살육을 당할 것이라고 우려했기에 노론을 견제하는 탕평정책을 추구했던 것이다.

영조가 노론의 강경책에 분노하여 약을 끊고 음식까지 거부하고, 노론이 죽고 사는 것이 오늘에 달렸다고 꾸짖자 영의정 이천보李天輔 이하 70여 명의 노론 신하들이 9월 21일 상소하여 당론黨論을 하지 않겠다고 스스로 맹서했다. 영조는 이 약속을 증빙서로 보관하고, 9월 22일에는 경종의 어진을 모신 진전眞殿에 가서 사건의 전말을 고한 다음 창경궁 명정전 월대月臺에 올라 교시를 반포했다. 그 교시 가운데 이런 말이 보인다.

아, 이번에 응당 연좌된 사람 이외로 혹시 "이 사람은 누구의 지친至親이고,

누구의 인척姻戚이다” 또는 “누구의 친구이고, 누구의 문생門生이다”라고 하여 이로써 끌어들여 얽어 넣으면, 마땅히 남을 무함하는 법률로 처벌하겠다. 내가 비록 늙었으나 태아검太阿劍은 무디지 않으니 모두 잘 알라.

영조는 소론 일파에게 연좌제를 끌어들여 해치려는 노론들을 태아 검太阿劍을 가지고 다스리겠다는 단호한 선전포고를 한 것이다. 하지 만 그동안 고질병으로 굳어진 당론이 임금의 엄포로 일시에 제거되 기는 어려웠다. 당론을 하지 않겠다고 서약한 노론의 약속도 지켜지 지 않았다.

임금이 교시를 반포한 지 채 한 달도 지나지 않은 10월 12일에 사 헌부 장령은 세자에게 글을 올려, “죄인 윤동성(尹東星; 파평윤씨)은 소 론파 역적 심정연沈鼎衍과 친밀하기가 형제와 같습니다.”고 하면서 그가 이미 죽었지만 노비 호적에 올려야 한다고 촉구하고, 또 죄인 홍명원의 아들 홍성洪晟은 폐고廢錮되어야 하는데도 임금이 벼슬을 주라고 명했으니, 임금께 여쭈어 그 명령을 거두라고 청했다. 물론 세자는 이를 거부했지만, 연좌제로 소론을 탄압하려는 행태가 그대 로 살아나고 있음을 볼 수 있다.

또 10월 13일에는 임금이 《천의소감》의 내용을 놓고 또 노론 대신 들과 논의했는데, 임금은 영조 즉위 초에 영의정을 맡은 이광좌李光 佐는 김일경이나 박필몽과 똑같이 취급할 수 없다고 했다. 그러자 노 론 대신 원경하元景夏, 조명리(趙明履; 임천조씨), 이천보李天輔 등은 이 광좌가 영조의 대리청정을 적극 지지하지 않았으며, 인심을 선동한 죄가 있음을 밝혀야 한다고 주장하여 영조와 맞섰다. 이에 영조는 “그렇다면 이광좌를 소론의 우두머리로 삼아 논하는 것이 좋다는 말 인가? 경들이 이런 문자를 억지로 실어서 나를 욕되게 함은 무엇 때문인가?"라고 질책했다.

다음날인 10월 14일에는 임금이 《천의소감》에서 소론 조영국(趙榮國; 양주조씨; 조영순의 종형제)[14]이 쓴 총론 가운데 이광좌의 일을 약간 고치라고 명하고, "이광좌와 최석항崔錫恒은 그 당시 실상을 자세히 알지 못한 점이 있었으므로 용서할 만하다."고 하면서, "내가 이광좌를 애석히 여기는 것이 아니라 이를 만연시켜서 남은 종자도 없게 한다면 인인군자仁人君子의 마음이 아니다."라고 말했다. 이렇게 《천의소감》은 영조의 수정을 거쳐 이해 11월 27일에 완성되었다.

위 논의를 보더라도 소론 온건파를 적극 포용하려는 영조와 소론파 전체를 악의 뿌리로 인정하여 소탕하려는 노론 강경파의 입장이 엇갈리고 있음을 엿볼 수 있다.

그러면, 소론 모역사건으로 들끓었던 이해에 세자가 보여준 모습은 무엇이던가? 세자는 이 사건을 수습하는 과정에서 영조의 친국을 직접 옆에서 참관하고, 소론의 피해를 가능한 한 줄이려는 영조의 정책을 충실히 따랐다. 그런 점에서 영조와의 충돌은 없었다. 하지만 세자가 일상적으로 해야 할 학문이나 대리청정을 성실하게 수행한 것은 아니었다.

그러다가 9월 이후로 천둥이 치는 등 재이災異가 일어나자 그 책임의 일부를 세자에게 묻기 시작했다. 영조는 세자가 질병을 이유로 학문과 정사에 게으른 것을 걱정하면서 대신들에게 세자를 권면하라고 이르고, 직접 세자를 타이르는 일에 나섰다.

---

14 조영국은 양주조씨로서 할아버지 조태동趙泰東은 소론 윤증의 문인이며, 소론 조태구趙泰耉의 종제이기도 하다. 양주조씨는 대부분 소론에 속했으나 조태채趙泰采만은 노론에 속했다. 하지만 조영국은 이인좌난을 진압한 뒤에 이를 정당화한 《천의소감》 편찬에 참여하기도 했다.

9월 10일에 임금은 세자에게 당 태종太宗이 아들 고종高宗을 위해 지은 《정관정요貞觀政要》를 읽으라고 권하고, 나아가 매일 일기를 써서 어느 날 신하를 소대召對하고, 어느 날 차대次對하고, 어느 날 서연書筵하고, 어느 날 공사公事를 보았고, 어느 날 어떤 책 어느 편을 읽었고, 강관講官 및 강생(講栍; 공부하여 얻은 점수)을 두루 기록하여 임금이 볼 수 있도록 하라고 명했다. 이런 조치는 지금까지 없던 것으로 세자에게는 엄청난 압박감을 주었을 것이다. 그런데 기록을 강조하는 영조의 타이름을 제대로 실천한 것은 바로 손자 정조였다. 정조는 세손 때부터 일기를 썼는데, 이것을 《존현각일기尊賢閣日記》라고 불렀으며, 임금이 된 뒤에는 《일성록日省錄》으로 이름을 바꾸어 계속 썼다.

임금에 이어 신하들도 잇달아 세자가 학문과 정사에 소홀한 것을 지적하면서 분발하기를 권했다. 그 가운데 9월 11일에 좌의정 김상로金尙魯가 올린 차자箚子는 내용이 매우 직설적이고 가혹했다. 그 요지를 소개하면 이렇다.

저하께서 춘추가 왕성하시어 만기萬機를 대리하신 7년 동안에 천심天心이 응할 만한 무슨 정사政事가 있었으며, 성상께서 맡기신 바에 부응한 일이 무엇이 있으며, 사방에서 바라는 바에 답할 만한 조치를 베푼 것이 무엇이 있습니까? 예후(睿候; 세자의 건강)가 편치 못할 때가 많았으니, 몸을 조섭함이 그 방도를 다했다고 할 수 있으며, 한결같이 너무 지나치게 말씀을 하지 않으시니, 정情과 뜻이 막힌 바가 없다고 말할 수 있습니까? 서연書筵을 열고도 빠져서 하지 않을 때가 있었으니, 학문에 힘썼다고 말할 수 있겠습니까? 일에 수응酬應함이 점차 처음만 못하니 정사政事에 부지런했다고 하겠습니까? 연석筵席에서 아뢴 것과 글을 올린 것이 충성스러워 받아들일 말이 있는데도 단지 "유의하겠다", "깊이 유념하겠다"고만 예사로 비답했으니, 흔쾌히 받아들이고 힘껏 행하는 실효가 있다고 말하겠습니까?

좌의정 김상로가 올린 차자는 세자에 대한 노골적인 탄핵을 선언
한 것으로도 볼 수 있었다. 세자는 그래도 그의 차자에 좋게 답하고,
차자를 궁중에 보관하라고 일렀다.

김상로(金尙魯; 1702~1769)는 영의정 김재로(金在魯; 1682~1759)의 종
제從弟로서 노론 강경파에 속하고, 소론을 포용하는 탕평정책에 대해
서 내심 불만이 많았던 인물로서 세자를 죽음으로 몰고가는 데 큰 몫
을 담당했다. 그는 영조 45년(1769)에 세상을 떠났는데, 그가 세자를
괴롭힌 사실을 알고 있던 정조는 임금이 된 뒤에 이미 죽은 김상로의
작위를 추탈했다.

김상로와 달리 세자에 대한 애정을 가지고 권면하는 글을 올린 것
은 필선弼善 서명응徐命膺이었다. 소론 탕평파에 속하는 그는 지난해
에도 1강 8조목의 장문의 훈계를 세자에게 진언한 일이 있었는데, 10
월 13일에 다시 동정動靜, 이욕利慾, 근태勤怠에 관한 여섯 가지 잠언
箴言을 올렸다. 세자는 그의 글이 자신에 대한 애정에서 비롯한 것을
알고 있기에 "잠규箴規의 말은 글자마다 절실하니 아침저녁으로 반성
하고 더욱 힘쓰겠다."고 성의있는 답변을 내리고 그 글을 궁중에 보
관하게 했다.

서명응과 비슷하게 애정어린 심정으로 세자를 권면하는 글을 올린
이는 소론 탕평파인 이복원李福源[15]이었다. 그는 7~8년 전에 세자를
교육시키다가 현재 사헌부 지평이 되었는데, 12월 13일에 긴 건의문

---

15 이복원은 연안이씨 이정귀의 후손으로 이철보李喆輔의 아들이자 이정신李正臣
의 손자인데, 이정신은 소론 조태구趙泰耇와 함께 신임사화를 일으켜 노론 4대
신을 축출하는데 앞장선 인물이다.

을 올렸다. 그 내용은 크게 네 가지로서 학문에 관한 것, 정사에 관한 것, 질병에 관한 것, 그리고 간쟁에 관한 것이었다. 그 요지를 소개하면 다음과 같다.

먼저 학문이다. 옛날에는 강연하다가 좋은 질문도 하여 지금은 고명한 경지에 이르렀을 것으로 생각했으나 소문을 들으니 그렇지 않다고 한다. 서연을 자주 정지하고 책을 읽고 암송하는 것은 잘 하나 사색이 따르지 않으며, 응답은 시원스레 하나 질문이 전혀 없다고 한다. 그래서 서연은 그저 형식적으로 끝난다. 어디에 마음을 쓰기에 학문을 이렇게 권태롭게 여기는지 모르겠다.

둘째 정사이다. 정사에 부지런하냐 게으르냐는 정치가 잘되느냐 못되느냐, 나라가 편안하냐 위태로우냐를 가르는 기준이다. 부지런하다는 것은 구체적으로 권력기관을 모두 장악하고 일의 공적을 이루는 것을 말하는 것으로, 나라를 내 집처럼 보살피고, 백성을 자식처럼 돌보아 늘 중앙과 지방, 위와 아래의 혈맥과 숨소리가 서로 통하도록 하는 일이다. 그런데 몇 년 동안 대리청정하면서 조정의 좋은 제도를 연구했는가? 신료의 어짐과 어리석음을 식별했으며, 전곡(錢穀; 경제)과 갑병(甲兵; 군사)의 일을 모두 생각해 보았는가? 홍수나 가뭄, 도적의 아룀을 마음에 새겨 두었는가? 듣건대, 침묵이 너무 지나쳐서 서로 말을 주고받는 아름다움이 없고, 만남이 매우 드물어 막혀 있으며, 대신을 만나도 자문을 받지 않는다.

셋째 질병이다. 5일마다 하는 빈대(賓對; 次對)도 조섭 중이라고 하여 빠지고, 하루에 두 번하는 서연書筵도 몸이 회복될 때까지 정지한다. 이렇게 건강이 좋지 않은 것은 기거起居에 절도가 없고 기욕嗜慾과 이목耳目의 즐거움을 추구하기 때문이 아닌가?

넷째 간언諫言이다. 언관들이 바른 말을 아뢰면 협잡이라고 배척하고 풍문이라고 돌려 버리며, 경계를 올리면 유념하겠다는 형식적인 말로 얼버무리고, 민국民國에 관계되는 큰일을 아뢰면 임금에게 품처하겠다고 돌려 버린다. 세자는 이복원이 올린 글을 궁중에 보관해 두라고 명했다.

한편, 《한중록》을 보면, 이해 세자는 1월에 숙빈 임씨의 둘째 아들을 낳은 이후로 병 증세가 더욱 심하여 임금께 문안도 제대로 올리지 못하고, 서연에도 힘쓰지 못했으며, 임금이 춘방관을 불러 세자의 강학講學에 대해 물을까 전전긍긍하고 있었다고 한다. 그런데 그런 병을 제대로 아는 사람은 처자밖에 없고, 임금이나 생모인 영빈 이씨도 잘 몰랐다고 한다. 그러나 신하들을 만날 때는 그런 증세가 잘 보이지 않아 더욱 안타까웠다고 한다.

또 《한중록》에는 11월에 있었던 작은 사건 하나를 소개했다. 이 무렵 생모인 영빈 이씨가 병환이 나서 세자가 집복헌集福軒으로 문안을 갔는데, 임금이 와서 보고 화완옹주가 있는 곳과 가까운 것을 꺼리고 미워하여 세자를 보고 "빨리 가라"고 명하여 세자가 급히 높은 창을 넘어서 나왔다고 한다. 그날 임금은 엄한 성교聖敎를 내려 "낙선당樂善堂에 머물면서 청휘문 안으로는 들어오지 말라. 그리고 《서전書傳》의 태감편을 읽으라."고 말했다. 세자는 너무 슬프고 원통하여 "자살하겠다."고 말했으나 겨우 진정했다고 한다. 그러니까 임금은 세자가 학문을 소홀히 하는 것이 괘씸하여 내전으로 들어오지 못하게 한 것이지만, 세자는 생모를 만나는 것까지 막는 임금이 야속했던 것이고, 그래서 부자관계가 더욱 멀어지게 된 것을 알 수 있다.

이렇게 세자는 21세를 임금과 신하들의 꾸지람 속에서 보냈다.

이해 연말에 임금의 병환이 심각해졌는데,
그런 가운데에도 원손을 불러 소학을 외우게 하고,
또 춘방에 명하여 훈서를 모으라고 명했다.
원손을 가르치기 위함이었다.
원손이 낭랑하게 글을 외우는 소릴 들으면 임금은 언제나
기쁨을 감추지 못했다. 원손은 임금에게 보약과 같은 존재였다.

제4장

후계자 구도가
세자에서 세손으로
옮겨가다

1. 세자 22세, 원손 5세 시절
—낙선당 화재사건, 자살 시도, 과오 반성

영조 32년(1756)은 세자가 22세가 되고 원손[정조]이 5세가 되는 해였다. 이해부터 63세의 영조는 태도가 바뀌기 시작했다. 세자의 대리청정을 믿지 못하고 스스로 정치에 더욱 힘쓰고, 경연經筵을 자주 가져 학문에 매진했다. 그러면서 세자가 차대次對한 뒤에는 입대했던 신하들을 만나 보고 어떤 일이 있었는지를 물었다. 영조가 왜 이해부터 정치에 열중하고 세자의 동정에 대하여 큰 관심을 보이기 시작했는지는 알 수 없으나, 두 가지 뜻이 있는 듯하다. 원손이 5세가 되어 영특함이 드러나면서 점차로 원손에게로 관심이 쏠리고, 임금 자신이 열심히 학문하고 정치하는 모습을 원손에게 보임으로써 자극을 주기 위함이었다. 다른 하나는 세자에 대하여 마지막으로 교육을 시도해 보고 그 결과를 점검한 뒤에 후계자를 다시 결정하겠다는 복안이 담겨 있는 것으로 보인다.

이해 1월 5일에 임금은 이정보(李鼎輔; 연안이씨)를 정2품 세자 우빈객으로, 홍계희(洪啓禧; 남양홍씨)를 세자 좌빈객으로 임명했다. 원손의 보양관으로는 이태중(李台重; 한산이씨)이 임명되었다. 이정보는 연안이씨 이천보李天輔, 이철보李喆輔 등의 종형제로서 이인좌난 때 벼슬을 그만두고 낙향한 소론계 인사였고, 홍계희는 노론 벽파계 인사이다. 그 가운데 학문이 높은 이정보에 대한 기대가 컸던 것으로 보인다.

1월 13일 임금은 인조의 맏아들 소현세자昭顯世子가 호란 때 심양瀋陽에 인질로 갔을 때 쓴 《심양일기瀋陽日記》와 세자를 훈계하는 자신의 글을 함께 세자에게 보이라고 춘방관에게 명했다. 소현세자가 나라를 근심하던 모습과 임금의 훈계를 함께 읽게 하여 깨우쳐 주려는 것이다.

다음날 임금은 세자를 불러 묻기를, "너를 경계한 글을 보았느냐? 못 보았느냐? 이것을 보고 울지 않으면 효자가 아니다. 너의 춘첩시春帖詩에 '경화慶華는 편안함으로부터 시작한다'고 했는데, 이 말은 경사스러움과 영화는 모두 편안함에서 연유한다는 말인가?" 하니 세자가 "그렇습니다."고 대답했다. 임금은 다시, "너는 통명전通明殿을 보았느냐? 옛날에는 '안일하지 말 것'으로 게판揭板을 만들어 걸어 놓았는데, 너는 지금 '편안'이라는 글자를 시에다 썼으니 내 이를 보고서 나도 모르게 걸음을 멈추고 두려워했다."고 말했다. 그러자 세자가 일어나 엎드렸다. 세자가 세초부터 '편안함'을 시에다 썼다가 임금의 꾸지람을 들은 것이다.

1월 23일에는 임금이 세자의 정청政廳인 창경궁 시민당時敏堂에 나아가 세자를 부르고, 춘방관에게 중국 역사책인 《자치통감資治通鑑》을 읽게 한 다음 글 뜻을 토론하게 했다. 세자에게 역사교육을 직접 시도한 것이다.

2월 13일에는 임금이 경연經筵을 하면서 《시경詩經》의 정료장精燎章을 그림으로 그려서 세자에게 올리라고 명했다. 이것은 세자의 게으름을 경계하기 위함이었다.

2월 18일에는 사헌부 지평 정창성(鄭昌聖; 온양정씨)이 세자를 호되게 꾸짖는 글을 올렸다. 그 요지는 이렇다.

저하께서 새해 이후로 강연을 연 것이 7일에 지나지 않습니다. 비록 강연에 나오셨어도 어려운 뜻을 토론하지 않고 그저 대충 형식에 응할 따름이었습니다. 이렇게 한다면 어떻게 덕업을 닦고 공부를 민첩하게 할 수 있겠습니까? 저하께서

만기를 대리하신 지 지금 몇 년이 되었으나 대신을 만나고 상참常參에 참여하여 침묵만 숭상하고, 질문하는 일이 없으며, 아래에서 아뢰는 것이 있으면 다만 예사로운 비답만을 내리십니다.

이런 류의 훈계는 그동안 세자가 수도 없이 신하들로부터 받아 온 것인데, 똑같은 비판이 해마다 되풀이되고 있을 뿐 나아지는 것이 없었다.

이해 3월 5일에 임금은 원손[정조] 보양관 노론 이태중(李台重; 한산 이씨)이 상견례를 할 때 무슨 이야기가 있었느냐고 승지에게 묻자, 승지 김상복(金相福; 광산김씨 金萬均의 증손)이 대답하기를, "이태중이 무슨 책을 읽으시는지를 물었더니 원손이 '지금 《소학초小學抄》를 읽고 있다.'고 대답했다 합니다. 이태중이 또, '이 책을 읽는 것이 좋으십니까, 좋지 않으십니까?'를 물었더니, 원손이 '좋다'고 대답했다 합니다. 이태중이 또, '그 좋음을 아신다면 앞으로 성인聖人이 될 지위를 기약할 수 있으니, 축하를 드립니다.'라고 말했는데, 원손이 답하지 않고 고개를 끄덕이며 옳게 여기는 뜻이 있었다고 합니다." 하니, 임금이 웃으며 말하기를, "그 좋은 것을 아는 것이로다."라고 하면서 기뻐했다. 영조는 세자 이야기가 나오면 얼굴을 찌푸리고, 원손 이야기가 나오면 얼굴이 환해지는 생활을 하고 있었던 것이다.

그런데, 《한중록》을 보면 이해 5월 1일에 세자가 거처하던 창경궁 낙선당樂善堂에서 화재가 발생하는 사고가 일어났다. 임금은 그 불이 왜 갑자기 일어났는지 의아해하면서 불을 끄게 했다. 아마도 세자가 방화한 것으로 의심한 듯하다. 그런데 《한중록》에는 낙선당 화재의 원인을 이렇게 적고 있다. 이날 임금이 창경궁 숭문당崇文堂에서 세자를 보시고도, 다시 또 세자를 보러 낙선당으로 갔다. 세자는 청소도 깨끗이 하지 않고 옷도 제대로 입고 있지 않고 있다가 임금을 만났는데, 임금은 "세자가 술을 먹었느냐?"고 의심하고 화를 내시면서 "세자에게 술을 올린 사람을 찾아내라."고 명했다. 당시 금주령이 매우 엄한 때인데, 세자가 술을 먹은 것으로 의심했던 것이다.

임금은 세자를 뜰에 나오게 하고 술 먹은 일을 엄하게 물었다. 세자는 "술을 먹었나이다."라고 대답하자 임금은 "누가 주더냐?"고 물었다. 세자는 "소주방에 있는 나인 희정이가 주었습니다."고 대답했다. 그때 보모 최 상궁이, "세자께서 술을 마시지 않았습니다. 술 냄새가 나는지 맡아 보소서."라고 말했다. 사실 세자는 술을 먹지 않았으나 임금이 하도 엄히 물으니 술을 먹었다고 거짓으로 답변했다는 것이다. 임금은 누군가 세자가 술을 먹은 것 같다는 말을 듣고 낙선당으로 달려온 것인데, 세자의 주변이 더럽고 옷도 단정하게 입지 않아 술을 먹은 것으로 확신하여 세자를 추궁하고, 세자는 임금의 추궁에 화가 나서 어깃장을 놓은 것이다.

임금은 그래도 분이 풀리지 않아서 춘방관을 오게 하여 호령하기를, "너희들은 부자 사이를 화和하게는 못할망정 내가 원통하고 억울한 말을 듣게 했다. 너희들은 다 나가라."고 말했다. 그러니까 춘방관이 세자가 술을 먹은 것 같다고 아뢰어서, 임금이 확인하고자 춘방관과 더불어 낙선당에 왔다가 세자가 술을 먹지 않은 것을 알고 춘방관에게 꾸지람을 한 것이다. 춘방관이 나갈 때, 자리 위에 있던 촛대가 넘어져 남쪽 창문에 닿아 화재가 났다. 세자는 불을 피하여 춘방관을 따라 낙선당에서 나와 덕성합德成閤으로 내려왔다. 그때 원손은 낙선당과 연결된 관희합觀熙閤에 있었는데, 혜경궁이 급히 자고 있던 원손을 깨워 경춘전景春殿으로 피신시켰다.

그러나 임금은 세자가 방화한 것으로 생각하여 신하들과 세자를 함인정涵仁亭에 오게 하고, "네가 불한당이냐? 불은 왜 질렀느냐?"고 호령하자, 세자는 촛대가 넘어져 불이 났다고 말하지 않고 자신이 한 것처럼 말했다. 그날 세자는 너무도 억울하여 청심환을 먹고 울화를 푼 다음 혜경궁에게 "아무리 해도 못 살겠다."고 말하고, 저승전 앞 마당에 있는 우물에 가서 빠지려고 했다. 그러나 가까스로 만류하여 덕성합德成閤으로 나오게 했다.

낙선당 화재사건을 계기로 세자는 더욱 분노를 이기지 못하여 행동이 한층 거칠어졌다. 임금이 궁 밖으로 거둥하면 세자는 후원으로 달려가 활도 쏘고 말도 달리며, 군기軍器와 병기兵器를 가지고 나인들과 놀았으며, 환관들을 시켜 나팔을 불고 북을 치게 하기도 했다.

그러면 다시 《영조실록》의 기록으로 돌아가 보자. 화재사건이 일어난 지 며칠 뒤인 5월 8일 세자는 대신들을 차대次對하는 자리에서 영令을 내렸다. 그 요지는 이렇다.

불초한 내가 외람되게 대리를 맡은 지 이제 8년이 되었건만 한 가지 일도 우러러 성의聖意를 본받지 못했다. 수신修身은 삼가고 두려워하지 못했고, 강학講學은 부지런하지 못했으며, 정사政事는 성실하지 못하여 언제나 성심聖心에 근심을 끼치며 오늘에 이르렀으니, 나의 죄가 극도에 달했다. 황송하고 부끄러운 나머지 신료들을 대하기가 부끄럽다. 하지만, 다행히 우리 성상의 지극히 인자하심에 의지하여 삼가 어제의 하교를 보게 되었으니, 감격과 황송함이 서로 지극한지라 나도 모르게 눈물이 흘렀다. 이제부터는 전날의 일을 뉘우치고 개과천선할 것을 생각하고, 우러러 성의를 본받아 일마다 성실하고 부지런히 하여 교회敎誨하신 것의 만에 하나라도 저버리지 않겠노라. 오직 나의 대소 신료들은 내가 불민하다 하지 말고 일마다 광구匡救하여 나의 미치지 못하는 바를 돕도록 하라.

이 하령은 그동안 세자가 반성한 말 가운데서 가장 절실하다 할 수 있다. 임금은 이날 세자의 하령下令을 듣고 교지를 내렸다.

　　이제 원량元良이 자신을 책망하는 하령을 보았다. 이것이 어찌 부덕한 내가
가르친 소치이겠는가? 실로 저 하늘에 계신 선조의 영혼이 종사를 도우시어 그
런 것이다. 아, 원량이 만약 오늘의 마음을 채워 나간다면, 우리나라가 거의 잘
다스려지게 될 것이다. 아, 대소 신료들은 내 원량의 이 뜻을 본받아 지성으로 보
도하라.

　이로써 영조는 세자의 잘못을 일단 용서하는 것으로 마무리했다.
　영조는 6월 2일 다섯 살배기 원손을 안아 오라고 명했다. 임금은
원손에게 "네가 여러 사람 가운데서 보양관을 가려낼 수 있느냐?"고
묻자 원손이 손으로 북쪽을 가리켰는데 보양관 이태중을 가리킨 것
이다. 임금이, "지난날 한 번 보았는데, 여러 사람 가운데 잘 분별해
내니 과연 영특하고 슬기롭다. 너는 보양관을 볼 때가 좋으냐, 옷을
벗고 놀 때가 좋으냐?" 하고 물으니, 원손이 "보양관을 볼 때가 좋습
니다."고 대답했다. 임금은 "네가 능히 글씨를 쓸 수 있느냐?" 하고
종이와 붓을 주었더니, 원손이 '천天'과 '부父' 두 글자를 써 여러 신하
들이 칭찬했다.
　영조는 세자에 대한 불만을 원손의 영특함으로 달래면서 위로를
받았는데, 이는 바로 천명天命이 서서히 세자에서 원손으로 옮아가고
있는 조짐이었다.
　6월 29일 세자는 다시 덕성합(德成閤; 낙선당은 화재로 없어짐)에서 승
지와 사관(史官; 예문관 한림)을 불러 놓고 하령을 쓰게 했는데, 대략 지
난 5월 8일에 내린 하령과 비슷한 내용이었다. 다만 여기에 "농사와
민생을 살피겠으니, 여러 관찰사와 3도(都; 개성, 강화, 광주)의 유수留守

들은 백성의 형편을 물어보아 조목별로 보고하라."는 말을 덧붙였다.

세자가 민생을 걱정하는 하령을 내린 것은 처음 있는 일로서 왜 이런 하령을 내렸는지는 알 수 없다. 진심으로 반성하는 모습일 수도 있지만, 혹시 임금과 대신들의 관심과 사랑이 원손에게 쏠리고 있는 것에 대한 두려움 때문일지도 모른다.

8월 6일에는 임금이 창덕궁 희정당熙政堂에 나아가 경연經筵을 열고 《중용中庸》을 강했는데, 이때부터 이름을 강경講經으로 고치고, 매월 6일에 정기적으로 행하도록 법식을 만들었다. 경연은 임금만의 교육이므로, 세자 및 세손을 가르치기 위해서 강경으로 바꾼 것이다. 그런데 임금은 세자와 원손을 몸소 가르치기 위해 한 번도 거르는 일이 없었으니, 63세의 노인으로서는 쉽게 할 수 있는 일이 아니었다. 그리하여 83세에 세상을 떠날 때까지 지속된 강경으로 영조의 학문 수준도 갈수록 높아져서, 스스로 임금이자 스승이라는 이른바 '군사君師'를 자신 있게 신하들 앞에서 천명했다. 뒷날 정조가 대학자로 성장한 이유도 할아버지[영조]의 공부를 직접 보면서 감동을 받은 까닭이었다.

6월에 하령을 내려 개과천선을 굳게 약속했던 세자는 이해 8월 1일에는 임금을 따라 처음으로 숙종의 능인 명릉明陵 행차를 다녀왔다. 명릉은 지금 경기도 고양시 용두동에 있는 서오릉西五陵 가운데 하나이다. 그동안 임금은 세자를 불신하여 교외 행차 때 세자를 데리고 간 일이 없어 세자는 답답함을 느꼈는데, 명릉 행차를 다녀온 뒤로는 기분이 매우 좋아졌다. 혜경궁은 생모인 영빈 이씨가 화완옹주에게 부탁하여 임금이 세자를 대동한 것 같다고 썼다.

이해 윤9월에는 혜경궁이 둘째 딸 청선군주淸璿郡主를 출산했는데, 이가 정조의 둘째 누이동생이다.

그러나 이렇게 개과천선의 모습을 보이던 세자는 시간이 지날수록 원래의 게으른 모습으로 되돌아갔다. 그래서 윤9월 1일에 사헌부 지평 이휘중(李徽中; 전주이씨)이 세자에게 게으름을 경계하는 글을 올렸다. 그 요지는 이렇다.

저하께서는 매번 대신들과 차대次對를 할 때마다 번번이 몸이 아프다는 하교를 내리시고, 서연書筵을 열 때면 말씀이 매우 간단하여 어려운 곳올 묻고 듣는 것이 드뭅니다. 그래서 전후 2년 동안 한 부의 《맹자》도 아직 끝마치지 못했고, 《자치통감강목》을 겨우 첫머리만 보셨으니, 학문의 성취를 어떻게 바랄 수 있겠습니까? 이번에 서연을 설치했다가 폐기한 것이 어찌 저하께서 즐겨서 하시는 것이겠습니까? 기氣가 조화되지 않고 욕망을 이기지 못하여 억지로 하고자 하나 어렵기 때문입니다.

왕세자는 이 글을 가납했는데, 임금이 그 글을 보고 "적막한 세상에서 쟁쟁하게 울리는 쇠소리 같다."고 하면서 이휘중에게 말을 하사했다.

윤9월 5일에 임금은 다른 언관들이 세자에게 글을 올린 일이 있는지를 승지에게 물으니, 노론 도승지 신회申晦가 윤급(尹汲; 노론; 해평윤씨 윤두수 5대손)의 종손 윤시동尹蓍東이 글을 올렸다고 아뢰었다. 그 내용 가운데 소론 조영국(趙榮國; 양주조씨)의 아들 조운규趙雲逵를 탄핵한 내용이 들어 있었는데, 임금은 윤시동을 불러 큰 소리로 꾸짖었다.

네가 문과에 급제한 뒤로 공정한 마음으로 나라에 보답해야 할 것인데, 이번에 조운규를 탄핵한 것은 무슨 뜻이냐? 당습黨習은 고사하고 너의 종조[윤급]가 평안도 관찰사가 되지 못하자 대신 관찰사가 된 조운규에게 앙심을 품고 그런 것이다. 장차 너를 어찌 쓰겠는가? 너는 집에서 늙어 죽는 것이 마땅하다.

임금은 이렇게 말하고, 윤시동을 농촌으로 귀양 보냈다. 또 노론 윤급이 종손 윤시동을 사주하여 소론 조운규를 탄핵하도록 시켰다고 믿고, 윤9월 16일에는 노론 우의정 신만(申晚; 노론)을 불러 "다시 만약 당습을 버리지 않고 방자하게 날뛴다면, 내가 장차 칼을 들 것"이라고 말했다.

윤9월 22일에 사간원 사간 이민곤(李敏坤; 전주이씨)은 세자에게 글을 올려, 조영국은 탐오한 죄를 저질렀는데도 임금이 가벼운 벌을 주었으니 무거운 벌을 내려야 한다고 주장하자, 세자는 이민곤이 은근히 윤시동을 비호하는 뜻이 있다고 하면서 이민곤의 벼슬을 박탈했다. 이번에도 세자는 영조의 방침을 따라 소론 편을 든 것이다.

윤9월 23일, 임금은 당습을 일삼는다는 이유로 노론파 조관빈(趙觀彬; 양주조씨)[01], 윤봉조(尹鳳朝; 파평윤씨), 홍계희(洪啓禧; 남양홍씨), 윤급(尹汲; 해평윤씨)을 노론의 영수로 지목하여 시골로 내쫓았다가 다시 올라오게 했으며, 이민곤은 육진六鎭으로 귀양보냈다.

이해 10월 9일 영조는 대신을 불러 원손 보양관輔養官을 선발하고, 그의 할 일을 규정한 〈왕손교부王孫敎傅〉를 의논해서 정하라고 명했다. 원손에 대한 교육을 본격적으로 하겠다는 뜻이다. 이어 임금은 원손이 이미 《소학초》의 강講을 끝냈으니, 《동몽선습童蒙先習》을 사흘마다 강하라고 명했다. 이 책은 16세기 중엽 박세무朴世茂가 지은 어린이용 윤리 교과서로서, 앞부분에는 삼강오륜의 규범을 설명하고, 후반부에는 중국과 우리나라의 역사를 간추려 놓은 책으로 《경사지략經史之略》으로도 불렸다. 11월 16일 원손 보양관에 노론 탕평파인 서지수徐志修를 임명했다. 그는 세자의 교육을 담당하기도 했는데,

---

01 조관빈은 노론 조태채趙泰采의 아들이다.

이제 다시 원손의 교육까지 맡았으며, 세자를 궁지에 몰아넣은 노론 강경파 김상로나 홍계희와는 사이가 나빴다.

지금까지 살펴 본, 세자가 22세이던 그해는 자살까지 생각할 만큼 임금의 미움을 받았으나, 다시 개과천선하는 모습을 보이기도 하면서 영조의 탕평정책을 비교적 충실히 따랐다. 하지만 학문과 정사에는 여전히 소홀했다. 한편, 원손이 5세가 되어 임금과 신하의 총애를 받기 시작하면서 세자의 위치가 더욱 불안한 상황으로 변하기 시작했다.

2. 세자 23세, 원손 6세 시절
―정성왕후 사망, 임금의 전위파동,
　세자가 살인을 시작하고 우물에 투신하다

영조 33년(1757)은 영조가 64세, 세자가 23세, 원손이 6세가 되는 해이다. 임금은 1월 6일 원손이 사부師傅를 직접 만나게 하고, 이어 2월 5일에는 원손의 이름을 '산祘'으로 정하여 세자에게 알려주었다. 그러나 원손을 아직 세손으로 책봉하지는 않았다. 지난날 효장세자와 의소세손을 너무 빨리 책봉한 것이 도리어 두 사람의 명줄을 단축시키는 결과를 가져왔기에, 이번 원손은 천천히 책봉하기로 마음먹었다. 이해 5월 22일에는 노론 김양택(金陽澤; 김장생 후손)을 사부師傅로 삼았다.

이해 2월 15일 왕비인 정성왕후 서씨貞聖王后 徐氏가 피를 토하고 세상을 떠났다. 향년 66세였다.[02] 왕비는 자식이 없어 세자를 아들로 삼았지만 그렇게 돈독한 사이는 아니었다. 그런데 한 달이 지난 3월 26일에 숙종비로서 왕대비로 있던 인원왕후 김씨(仁元王后 金氏; 경주김씨 金柱臣의 딸)가 또 세상을 떠났다. 향년 71세였다.[03] 임금은 대비와 왕비의 위패를 창경궁 문정전文政殿에 함께 모셨는데, 인원왕후의 위패를 모신 곳을 효소전孝昭殿으로 부르고, 정성왕후 위패를 모신 곳을 휘령전徽寧殿이라고 불렀다. 그러니까 한 집에 두 개의 사당이 모셔진 것이다. 이제 왕실에는 큰 어른이 없어지고 왕비마저 세상을 떠나니, 자연히 세자의 생모인 영빈 이씨와 세자빈 혜경궁 홍씨의 위상이 높아지게 되었다. 특히 혜경궁의 집안인 풍산홍씨 위상이 높아졌다.

그런데 위세가 올라간 또 하나의 여인이 있었다. 바로 숙의 문씨淑儀文氏였다. 이 여인은 영조가 6년 전에 알게 된 궁녀였는데, 그동안 두 사람의 옹주를 낳았다. 화령옹주和寧翁主와 화길옹주和吉翁主이다. 임금이 이 여인을 사랑하게 되자 그 오라비인 문성국文聖國이 총애를 입어 별감別監이 되었는데, 세자가 하는 비행을 일일이 임금에게 고해 바쳐 부자 사이를 이간하는 일을 했다.

이해 전반기에는 상중이라 임금이 세자에 대하여 큰 관심을 쏟지 못했는데, 세자가 임금에게 아뢰지 않고 나인을 잡아둔 것이 발각되어 심한 꾸중을 들었다. 임금은 세자가 여전히 공부하지 않고 엉뚱한 일을 하고 엉뚱한 책을 보고 있다는 소문을 듣고, 5월 27일에 세자가

---

02 정성왕후의 국장에 관한 내용은 《[정성왕후]국장도감의궤》, 《[정성왕후]빈전도감의궤》, 《[정성왕후]혼전도감의궤》, 《[정성왕후]산릉도감의궤》로 편찬되었다. 이 책에 관해서는 한영우, 《조선왕조 의궤》(일지사, 2005) 309~311쪽 참고.

03 인원왕후의 국장과 종묘에 위패를 모신 부묘祔廟 등에 관해서도 여러 의궤가 편찬되었는데, 이에 관해서는 한영우, 위의 책, 311~313쪽 참고.

요즘 서연을 폐하고 있지는 않느냐고 신하에게 묻고, 다시 6월 27일에는 춘방관원을 불러 요즘 무슨 책을 읽고 있느냐고 물었다. 그러면서 "어제 내가 우연히 휘령전徽寧殿에 갔더니 원량이 보는 서책이 책상 위에 쌓여 있었는데, 내가 보지 못한 책이 많았다."고 말했다. 이에 세자 보덕輔德 윤동승(尹東升; 파평윤씨)이 "박학하여 국한됨이 없습니다."라고 좋게 아뢰었다. 임금은 "원량이 매우 총명하여 읽기만 하면 문득 외울 수 있을 것이다."라고 대꾸했다.

7월 4일에는 원손이 누이를 데리고 휘령전에 가서 멍석을 깔아 놓고 망곡望哭하기를 제사 지내듯 하니, "참으로 기특하다. 이 마음을 확충한다면 우리나라가 잘될 것이다."라고 칭찬했다.

10월 5일에는 예문관 제학 노론 남유용南有容을 원손 사부로 삼았다. 10월 19일, 임금이 원손에게 남유용을 만나 보게 하고 "저 사람이 누구냐?"고 묻자 원손은, "남유용입니다."라고 대답했다. 임금이 다시 글자를 물어 보니 훤하게 알았고, 《동몽선습》을 외워 보라고 하니, 틀리지 않고 외웠다. 6세 소년으로서는 공부의 진도가 매우 빠른 것이다. 임금은 스승 남유용을 칭찬했다.

11월 8일에 임금은 좌의정 김상로와 우의정 신만에게 말하기를, "원량[세자]이 7월 이후로는 나를 만나러 온 일이 없다."고 하면서 섭섭한 심기를 드러냈다. 그러니까 5개월 동안 임금에게 문안을 드리지 않은 것이다. 다음날 두 정승이 세자를 만나 그 이유를 물어보니, 세자는 "품은 바를 말하고자 했으나 좌우가 번거로워 할 수가 없었다."고 울면서 변명했다. 11월 11일에 세자는 뉘우치는 하령下令을 만들어 임금에게 올렸다. 그 요지는 이렇다.

나 같은 불초불민한 사람이 효성이 천박하여 때맞추어 문안을 드리지 못했고, 두 분 혼전魂殿의 제향도 정성을 다하지 못했으니, 자식 된 도리에 어긋남이 많았다. 이것이 누구의 과실인가. 바로 나의 불초함이다. 이것이 누구의 과실인가. 바로 나의 불초함이다. 작년 5월 책궁(責躬; 본인을 책망함)하겠다고 한 말도 역시 한두 가지도 실천한 것이 없다. 생각이 이에 이르니 황공하고 부끄러워 땅속으로 들어가고 싶으나 이루지 못하겠다. 강학講學을 돈독하게 하지 못하고, 정사를 부지런히 못한 데에 이르러서는 어느 것도 나의 허물이 아닌 것이 없는데, 어제 두 대신이 간곡하게 진면陳勉하므로 더욱 나의 불초하고 불민함을 깨달았다. 더욱 나의 불초하고 불민함을 깨달았다. 지금부터 통렬하게 꾸짖고 깨우쳐 모든 일에 허물을 보충하여 한번 종전의 기습氣習을 바꾸려 하는데, 만약 혹시라도 행하지 못하고 작년과 같이 된다면, 이는 나의 과실이 더욱 심한 것이다. 아, 조정의 신료들은 나의 뜻을 체득하여 일마다 바로잡아 주어야 하는데, 이것이 나의 바람이다. 이것이 나의 바람이다.

세자는 글을 쓸 때 같은 말을 반복하는 습관이 있었는데, 위 글에서도 그런 모습이 나타나고 있다. 이런 표현은 정서적으로 불안할 때 나타나는 현상이다.

승지 남태제南泰齊가 세자의 하령을 들고 가서 임금에게 올리니, 임금은, "기특하다. 기특하다. 조선이 흥하겠구나. 비록 태갑太甲이 허물을 뉘우쳤다 해도 이보다 지나칠 수는 없다. 빨리 반포하되 그 과실은 드러내지 말고 그것을 능히 고쳤다는 것을 드러내게 하라."고 말했다. 임금은 처음에는 세자가 반성한 것으로 생각했으나, 뒤에 다시 자세히 읽어보고 거짓 반성임을 알았다. 이날 밤 임금은 이 기회를 그냥 넘길 수 없다고 하면서 시임대신과 원임대신, 춘방관, 언관들, 그리고 세자의 외조부인 홍봉한도 함께 입시하라고 명했다.

이날 밤 판부사 유척기俞拓基, 좌의정 김상로, 우의정 신만, 좌참찬 홍봉한, 사헌부와 사간원의 장관, 춘방관이 모두 모여 궐 안에서 기다렸다. 새벽 2시 무렵이 되자 임금이 상복을 입고 효소전(孝昭殿; 휘령전) 부근 맨바닥에 엎드려 곡을 하고, 세자도 임금 뒤에 엎드렸다. 추운 겨울밤에 맨발로 땅바닥에 임금이 엎드려 있으니 신하들이 깜짝 놀랄 수밖에 없었다. 신하들이 "전하께서 어찌하여 이런 거조를 하십니까?" 하고 울면서 말하자, 임금이 이렇게 말했다.

　　승지가 세자의 하령을 가지고 와서 뉘우쳤다는 말을 듣고 얼른 지나쳐 보고는 놀라고 기뻐서 장차 경들을 불러 자랑하고 칭찬하려고 했는데, 자세히 보니 정신을 쏟은 곳이 없었다. 그리하여 세자를 불러 묻기를, "옛날부터 허물을 뉘우치는 임금은 반드시 자기가 잘못한 곳을 나타나게 하기를 한무제漢武帝가 윤대輪對에서 내린 조서詔書처럼 한 다음에야 백성이 모두 믿을 것인데, 지금 네가 뉘우친 것은 어떤 일이냐?"고 했더니, 세자가 대략만 말하고 끝내 시원하게 진달하지 못했다.

임금은 세자의 뉘우침이 진실성이 없다고 보고 비상한 행동을 취한 것이다. 그러나 신하들이 일제히 같은 소리로 이렇게 말했다. "동궁께서 평일에 너무 엄하고 두려운 까닭에 우러러 말씀드리지 못한 것입니다. 삼가 바라건대 빨리 위차位次로 들어가시어 신들을 불러 조용히 하교하소서." 하니, 임금이 재전齋殿에 나아가 승지에게 전위傳位한다는 교지를 쓰라고 명했다. 이에 승지가 붓을 던지고 죽어도 감히 못 쓰겠다고 아뢰자, 여러 신하들을 따라 들어오라고 명하고, 다시 동궁을 입시하라고 말했다. 동궁이 나와 부복하자, 임금이, "네가 이미 후회막급하다고 했는데, 그 뉘우치는 내용을 말하지 않으니, 남의 이목만 가린 것에 지나지 않는다."고 말하고 이어 엄한 하교를 내렸다. 세자가 꿇어 엎드려 눈물을 흘렸다.

　여기서 임금이 엄한 내린 하교가 무엇인지 기록하지 않았으나 세자에게 스스로 죽으라고 말한 것이 아닌가 짐작된다. 이때 영의정 유척기(俞拓基; 노론)가 말했다.

자제를 가르치는 데에는 귀천의 차이가 없습니다. 여항의 일을 가지고 말씀드리면, 부형이 만일 엄위嚴威가 지나치면 자제가 두려워하고 위축되어 말도 못 하고, 받들어 모시는 것이 잘 맞지 않고 어긋남을 면치 못하며 심지어 그것이 질병으로 발전되기까지 합니다. 만일 자애와 온화함을 위주로 하여 도리를 깨우쳐 준다면 은의恩義가 모두 온전해지고 정지情志가 믿음을 줄 것입니다. 지금 전하께서는 엄위가 너무 지나치시기 때문에 동궁이 두려움과 위축된 마음을 품고 있으니, 응대할 때 머뭇거림을 면치 못합니다. 만일 지나친 잘못이 있으면 조용히 훈계하여 점점 젖어들도록 이끌어 주신다면 자연히 나아지는 효험이 있을 것입니다.

홍봉한도 유척기의 말을 거들었다.

동궁께서 평상시에도 입시하라는 명령만 들으면 두려워서 벌벌 떨며, 비록 쉽게 알고 있는 일도 즉시 대답하지 못했던 것은 군부君父의 사랑을 받지 못했고, 너무 엄하고 위엄 있는 데 연유한 것입니다.

김상로는 이렇게 말했다.

전하께서는 이제부터 동궁을 자주 불러 일에 따라 가르쳐 인도하시어 몸을 안일하게 하지 못하게 하면 점점 성취될 것입니다.

김상로의 말은 앞의 두 사람이 세자를 따뜻하게 대해 달라는 말과는 달리 더욱 꾸짖어 게으르지 못하게 가르치란 것이다. 세자에 대한 애정이 담긴 충고가 아니다. 김상로는 11월 29일에도 임금을 만난 자리에서 명나라 고황제高皇帝와 의문태자懿文太子의 관계를 임금에게 말했는데, 고황제가 송렴宋濂을 죽이려고 하자 태자가 반대했다. 황제가 성이 나서 꾸짖으니 태자는 황공하여 우물에 몸을 던졌다. 그러나 세상에서는 이것 때문에 고황제에게 누가 된다고 하지는 않았다는 것이다. 이 말은 영조가 세자를 심하게 꾸짖어 세자가 스스로 자결하더라도 임금에게 누가 되는 것이 아니라는 뜻이다. 김상로는 세자가 스스로 죽기를 바라고 있었던 것이다.

영조는 김상로의 말에 동의를 보이면서 자신이 세자를 교육시키는 방법이 틀리지 않았다고 확신했다. 이 무렵 김상로는 사관史官이 듣지 못하게 임금에게 나지막한 소리로 아뢰거나 방바닥에다 글씨를 써서 임금에게 아뢰는 일이 많았는데, 사관에게는 이를 쓰지 말라고 말하기도 했다. 이러한 행태는 정치의 정도를 잃은 것일 뿐 아니라, 김상로가 비밀리에 세자에 대해 나쁘게 말한 것으로 사람들은 의심했다.

이제 다시 11월 11일의 일로 돌아가자. 임금의 혹독한 꾸중을 들은 세자는 물러 나와 뜰에 내려가다가 까무라쳐서 일어나지 못했다. 유척기가 급히 의관을 불러 진맥하게 했더니 맥도脈度가 뛰지 않아 약을 넘기지 못하여 청심환淸心丸을 썼더니 한참 뒤에 비로소 깨어나서 말을 했다. 홍봉한이 태복시의 가마에 태워 안으로 들게 하자고 청하니 임금이 허락했다.

11월 11일의 선위파동은 임금이 세자를 바로잡기 위해 극약처방을 쓴 것인데, 공개적으로 꾸짖어 세자를 바로잡으려는 임금의 처방에 대하여 김상로는 엄한 교육을 강조하고, 다른 두 대신은 조용하게 사랑으로 타이르라는 처방을 제시하여 방법이 서로 달랐다.

임금은 세자가 넘어져 다친 것을 걱정하면서, 다른 한편으로는 홍봉한이 "세자가 임금의 사랑을 받지 못했다."는 말이 귀에 거슬려 11

월 13일에 다시 신하들을 불렀다.

임금은 먼저 동궁의 낙상이 어떤지를 묻고 약을 써서 치료하라고 명했으며, 이어 홍봉한의 말이 잘못되었다고 꾸짖고 그를 파직시켰다. 그러고 나서 동궁을 잘못 보좌하여 낙상하게 만든 춘방관의 책임을 묻겠다고 하면서 유인식, 서태항, 최성유, 홍석해를 모두 귀양 보내고, 세자가 불법으로 데리고 있던 나인 득혜得惠는 흑산도로 귀양 보냈다.

세자를 더욱 엄하게 꾸짖으라는 김상로의 말에 용기를 얻은 임금은 세자의 정사를 더욱 세심하게 밀착 감시했다. 12월 10일 임금은 경연經筵을 하면서 요즘 세자에게 글을 올리는 신하가 있는지를 묻고 나서 "11월 이후에 신하들 가운데 한 사람도 훈계를 올린 사람이 없으니, 나라에 신하가 있다고 이르겠는가? 조선이 반드시 망할 것이다."라고 말했다. 임금은 신하가 세자에게 올린 글을 일일이 가져다 보고, 때로는 칭찬하고 때로는 배척하기도 했다. 그러다 보니 신하들은 글을 잘 올리지 못하면 세자에게 허물이 돌아가고 임금에게 칭찬을 받는 것이 두려워 말을 숨기는 풍속이 생겼다. 임금의 지나친 간섭이 오히려 역효과를 가져오게 된 것이다.

이렇게 세자와의 관계는 갈수록 악화되었지만 원손과의 관계는 갈수록 좋아졌다. 12월 28일 임금은 원손을 불러 옆에 앉히고 《동몽선습》을 외우라고 명하자, 원손은 단정한 태도로 앉아 우렁찬 목소리로 외웠다. 이를 본 신하들이 모두 칭찬하지 않은 이가 없었다. 23세 세자에 대한 미움과 6세 원손에 대한 사랑이 엇갈리면서 또 한 해가 어수선하게 넘어갔다.

그런데 《한중록》을 보면, 《영조실록》에 보이지 않는 세자의 잘못된 행동이 보인다. 세자는 이해부터 병이 더 심해져서 임금의 꾸중을 들을 때마다 그 분노를 내시와 나인들에게 풀었다고 한다. 상중喪中인데도 내시들을 심하게 매질하고, 내관[내시]을 죽이기 시작했다. 내시 김한채金漢采가 첫 회생자였는데, 세자는 김한채의 머리를 들고 들어와서 나인들에게 보여 주었다. 내시뿐 아니라 나인도 여러 명을 죽였다. 또 옷을 입기를 무서워하는 의대병衣襨病이 생겼다고 한다.

세자는 또 9월에 돌아가신 인원왕후 김씨의 침방寢房 나인 박빙애를 데려다 방을 꾸미고 살림을 차렸는데, 딸을 낳았다. 그 딸이 청근현주淸瑾縣主이다. 빙애는 뒤에 세자에게 맞아 죽었는데 죽은 뒤에 경빈景嬪으로 추증되었다. 세자는 또 다른 나인들을 가까이했는데, 순종하지 않으면 때려서 살이 터진 뒤에도 가까이하니, 아무도 좋아하는 사람이 없었다고 한다.

그런데 《한중록》을 보면, 빙애의 사람됨이 요악스러웠다고 한다. 세자는 내수사內需司를 이용하여 재물을 모으고 빙애를 위해 소비했는데 문성국이 이를 임금에게 고자질했다. 임금은 이런 사실을 알고 분노하여 12월에 세자를 불러 물었다. "네가 감히 그리했느냐? 그 나인을 잡아내라"고 고함쳤다. 그때 세자는 빙애에게 혹하여 한사코 나가지 못하게 했다. 임금은 "어서 잡아오라" 하고, 세자는 빙애를 내보내지 않고 나이가 비슷한 다른 나인을 내보냈다. 빙애는 다른 나인과 함께 밖으로 도망하여 비어 있던 화완옹주의 집에 숨어 있게 했다. 그러나 그녀는 4년 뒤에 세자의 옷 시중을 들다가 세자의 노여움을 사서 맞아 죽었다.

그날 밤, 임금이 세자를 심하게 꾸짖으니, 세자는 양정합養正閣 우물에 투신했다. 다행히 방을 지키고 있던 박세근이 세자를 업어내어 목숨을 구했다. 우물에 물이 많지 않아 다행이었다. 지난해 낙선당 화재사건 때 빠져 죽으려고 했던 그 우물에 기어코 투신하고 만 것이다. 그때 대신을 비롯하여 여러 신하들이 그 광경을 보았다. 영의정 김상로도 그 광경을 보았는데, 임금에게 조용히 속삭여 말한 것들이 대략 이런 사건들을 아뢴 것으로 보인다. 혜경궁은 김상로를 가리켜 음흉한 사람이라고 썼다.

《한중록》에 보이는 세자의 비행들을 살펴보면, 영조가 선위파동을 일으키면서 그토록 심하게 세자를 질책한 것이 이유가 있었던 것이다. 그러나 신하들에게 세자의 비행을 말하지 않았기 때문에 《영조실록》에는 세자의 비행이 구체적으로 무엇인지 기록되지 않았던 것이다.

3. 세자 24세, 원손 7세 시절
―의대병 발생, 사람을 무수히 죽이다

영조 34년(1758)은 영조가 65세, 세자가 24세, 원손이 7세가 되는 해이다. 이해 1월 초에 세자의 이복 누님인 화순옹주和順翁主가 남편 김한신(金漢藎; 경주김씨)이 죽자 17일 동안 음식을 끊은 끝에 1월 17일 세상을 떠났다. 향년 39세였다. 왕실에서 열녀烈女가 나온 것이다.

정초부터 임금은 몸도 아프고 정빈 이씨靖嬪李氏 소생인 딸까지 잃어 마음이 외롭고 답답한 기분에 빠져 1월 21일 거려청(居廬廳; 喪主가 거처하는 집)인 공묵합恭黙閤에 나아가 승지를 불러 자신의 마음을 이렇게 털어 놓았다.

아, 세자가 대리하는 당堂에는 먼지가 쌓인 지 오래고, 춘방(春坊; 세자시강원)의 관원은 직무하는 곳에 한가롭게 누웠으며, 대간臺諫의 관원은 귀가 먹고 눈이 멀었다. 조금도 보람이 없다. 이것이 누구의 허물인가? 역시 나의 허물이다. 칠십을 바라보는 나이에 몸에 최복(衰服; 상복)을 입고 하루 두 번 탕약을 먹으면서 오히려 몸으로 가르치려고 와내(臥內; 침실)로 불러서 강연講筵을 했으나, 해가 이미 바뀌었는데도 상하가 고요하니, 할 것이 없어서 그러한가? 모두 나의 허물이다.

임금은 세자에 대한 실망감을 나타내면서 모두가 '내 탓'이라고 자책했다. 자신이 칠십을 바라보는 나이에 상복을 입고 탕약을 먹으면서도 침실로 신하를 불러 학문을 한 것은 세자에게 모범을 보여 몸으로 가르치려고 한 것인데, 이미 해가 지났어도 아무런 효과가 없는 것에 대한 허탈감이었다.

임금의 말을 들은 도승지 이지억(李之億; 연안이씨)은 1월 24일 세자에게 글을 올려 학문과 정사에 부지런히 임하기를 촉구했다. 세자의 병환 때문에 대신을 만나고 서연에 참석하는 일이 이미 두 달이나 정지되었으니, 작은 사고가 아니라고 경고했다.

홍문관 교리 이석상(李錫祥; 경주이씨)도 글을 올려, 임금께서 고령과 병환에도 강연講筵을 열고 바른 말을 올리게 하고 계신데, 저하는 그런 임금의 마음을 저버려서는 안 된다고 진언했다.

2월 7일에 임금은 세자교육을 소홀히 하고 있는 춘방관을 불러 호통을 쳤다. 거려청에 나와 낮잠만 자면서 세자교육을 아니하고 있다고 하면서 이렇게 말했다.

저 춘방春坊을 보니 몇 달이나 서연書筵을 멈췄는가? 공자가 말하기를, "유익한 벗이 셋이고, 손해되는 벗이 셋"이라고 했는데, 저 춘방관은 벙어리가 되었으니 유익한 벗인가, 해로운 벗인가? 내가 지은 <경성동룡학사문警省銅龍學士

文> 1편을 내리니 이를 걸어 놓고 경성警省을 다하라.

〈경성동룡학사문〉의 동룡銅龍은 곧 세자시강원[춘방]의 문이므로 동룡학사는 시강원의 관원을 가리킨다. 따라서 이 글은 춘방관원을 반성시키고자 지은 것이다.

임금의 질책에 놀라 2월 18일 필선弼善 박성원(朴聖源; 1697~1767)[04]이 세자에게 글을 올렸다. 서연을 자주 정지하고 궁료를 드물게 접견하고 있는 것은 병환 때문이지만, 병중에도 책을 보는 것은 요양에도 도움이 된다고 했다. 그러나 세자는 여전히 서연과 정사를 거의 하지 않으면서 며칠에 한 번씩 약방에서 입진入診하는 의관들만 만났다.

2월 26일 임금은 좌의정과 우의정을 만나자 "내가 아까 혈변血便을 보았는데, 마음을 써서 그러한 것이다. 경들은 모름지기 이 뜻으로 세자에게 입대入對를 청하는 것이 옳다."고 명했다. 그러니까 임금의 건강이 세자로 말미암은 화병이라는 것을 그에게 알려 분발시키라는 뜻이다. 그리하여 이날 좌의정 김상로와 우의정 신만이 세자를 찾아가 임금의 말을 전달했다. 이에 세자는 "이제 대조께 문안을 드리려 한다."고 답했다.

임금은 다시 대신을 불러 세자가 무엇이라고 대답했는가를 물었다. 김상로는 세자가 임금께 문안을 드리려 한다고 고했다. 조금 뒤에 세자가 들어와서 관을 벗고 뜰아래에 엎드렸다. 임금은 "네가 지금 이와 같이 하니 우리나라가 그대로 되겠다." 하고 들어가라고 명했다.

임금이 화병으로 혈변을 본다는 말과 대신들의 간곡한 충고를 들은

---

04 박성원은 밀양박씨로서 이재李縡의 문하에서 공부하고 호락논쟁이 일어났을 때 서울의 낙론洛論 이간李柬의 설을 지지했다. 효도를 강조하는 《돈효록敦孝錄》을 저술했으며, 처음에는 세자를 가르치고 동시에 세손 정조까지 열성적으로 가르쳐 정조가 임금이 된 뒤에 그의 공로를 높이 치하했다.

세자는 그동안 빠졌던 서연과 대신 접견을 다시 시작한다고 말했다. 임금은 그 소식을 듣고 2월 27일 숭문당에 나아가 이렇게 하교했다.

> 원량의 주연(冑筵; 書筵)은 바로 법연法筵이고, 비변사 당상의 차대次對는 나라의 중한 일인데, 이제 약원藥院에서 들으니 관의합寬毅閤에서 행하기를 청했다 한다. 그러나 결단코 누워 있는 침전에서 행할 수 없다. 주연과 차대는 덕성합德成閤에서 하도록 하라. 세자의 시민당時敏堂은 나의 정전正殿과 같으니, 이집에서 주연과 차대를 보도록 하라. 춘방의 관원은 이와 같이 좋은 기회를 맞이하여 전처럼 침묵하지 말고 세자를 보도하라. 만일 다시 태만하고 소홀하게 한다면 세자의 허물만이 아니라 춘방의 요속도 어찌 허물이 없겠는가?

세자의 서연과 차대를 침실이 아닌 정청政廳의 시민당에서 행하라고 명한 임금은 다음날인 2월 27일 승정원 주서(注書; 기록관) 정창순鄭昌順[05]을 불러서, "세자가 차대 조목을 약간 듣는 것이 무엇이 해롭겠는가? 또 대신이 세자에게 진달한 것은 무엇인가?"라고 물었다. 정창순은 대신과 춘방관, 그리고 대관(臺官; 언관)이 세자에게 진달한 내용을 임금에게 보고했다. 임금은 그 보고를 듣고는, "오늘이 좋은 기회다. 여러 신하들이 붓을 뽑아서 바르게 말할 때인데 대충대충 진달했으니 진실로 심히 개탄스럽다."고 하면서 홍문관 수찬 홍양한(洪良漢; 풍산홍씨)과 사헌부 장령 이수일(李秀逸; 한산이씨 李山海의 후손)을 파직하라고 명했다.

그런데 《한중록》을 보면, 바로 이날 《영조실록》에 보이지 않는 사건이 기록되어 있다. 임금이 숭문당崇文堂에 와서 세자를 불러 만났다. 그동안 세자가 내시와 나인들을 죽인 것을 이미 다 알고 있으면

---

05 정창순은 온양정씨로서 조선 중기 도가道家인 정렴鄭磏, 정작鄭碏의 후손이다.

서 이를 바로 말하는지를 알아보고자 세자를 만난 것이다.

임금이 "네가 한 일을 바로 아뢰거라." 하니 세자가 숨기지 않고 있는 그대로 다 아뢰었다. "제 마음속에 울화가 나면 견디지 못하고 사람을 죽이거나 짐승을 죽여야 마음이 낫습니다." 하자, 임금이 "어찌하여 그리 하느냐?"고 물었다. 세자는 "마음이 상하여 그리 했습니다."고 대답했다. 임금이 다시 "어찌하여 마음이 상했느냐?"고 묻자, 세자는 "마마가 사랑해주지 아니하기에 서글프고, 꾸중하시기에 무서워서 화火가 되어 그리 합니다."라고 솔직하게 대답했다. 그리고는 사람을 죽인 수효를 하나도 감추지 않고 세세히 다 말했다. 임금은 화를 내지 않고 조용히, "내가 이제는 그리하지 않겠다."고 말했다.

영조가 세자와 단둘이 만나 조용히 속마음을 털어놓고 이야기한 것은 참으로 오랜만이었다. 영조는 세자를 만난 뒤에 경춘전景春殿에 있는 혜경궁을 찾아와서 물었다. "세자가 이리이리 말하니, 그 말이 옳으냐?"고 물었다. 혜경궁이 대답했다. "그렇다 뿐이오니까? 어려서부터 사랑을 받지 못하여 한 번 놀라고, 두 번 놀라 마음의 병이 되어 그리합니다."라고 하면서, 세자가 임금의 사랑을 받지 못하여 병이 생겼다고 솔직하게 말했다. 임금은, "마음이 상하여 그리했다고 하는구나." 하고 수긍했다. 혜경궁은 다시 "소조小朝가 속상한 일을 어찌 다 말씀드리겠습니까? 은혜와 사랑을 주시면 그렇지 않을 것입니다."라고 하면서 혜경궁은 슬피 울었다. 그러자 임금이 얼굴빛을 좋게 하고 말했다. "그러면 내가 그리 한다 말하고, 잠은 어찌 자며, 밥은 어찌 먹는지 내가 묻는다고 해라." 임금은 자신을 반성하는 태도를 보였다.

임금이 간 뒤에 세자가 혜경궁을 불러 임금과 무슨 말을 했는지 물었다. 혜경궁은 "마마, 어찌하여 사람 죽인 일을 묻지도 않으시는

데 다 말씀하셨습니까?" 하니, 세자가 "다 알고 물으시니, 내가 다 말씀드렸지." 혜경궁이 "무엇이라 말씀하십니까?"라고 물으니, 세자 가 "그리 하지 말라 하시네."라고 말했다. 혜경궁이 "오늘 이리 들었으니, 앞으로 부자 사이가 행여 나아지겠습니까?" 하니 세자가 화를 벌컥 내며 말했다. "자네는 아버님께서 사랑하는 며느리기에 그 말씀을 다 곧이듣는가? 일부러 그리 하신 말씀이니 믿을 것이 없네. 필경 내가 죽고 말 것이네." 세자는 임금의 말을 다 믿을 수 없다고 하면서 자신이 결국 죽고 말 것이라고 말했다.

위 기록을 보면, 세자는 이미 자신의 운명이 어떻게 될 것인가를 내다보고 있었기에 임금의 물음에 반항하는 대답을 한 것이다. 이 기록을 사실로 믿는다면 임금은 이날 숭문당에 나아가 세자의 서연과 차대에 대하여 교지를 내리고 나서, 다시 세자를 단독으로 만나 속마음을 열어 놓고 대화를 나눈 것으로 보인다.

《한중록》에는 세자에게 새로 생긴 의대병衣襨病에 대해서도 자세히 설명하고 있다. 옷 한 벌을 입으려면 10벌이나 20~30벌을 내다 놓고 귀신인지 무엇인지를 위하여 태우기도 했다. 시중을 드는 이가 조금이라도 잘못하면 옷을 입지 못하고 나인을 때리거나 죽였다. 그래서 무명이 많이 쌓이고, 미처 옷을 만들지 못하거나 옷감을 얻지 못하면 사람 죽는 것이 예사로운 일이 되었다.

《한중록》에는 세자가 무슨 이유로 의대병이 생겼는지는 설명이 없다. 그러나 추측컨대 세자는 평소 의복이 단정하지 못해 자주 임금의 핀잔을 받았는데, 그래서 옷에 대한 공포증이 생긴 것으로 보인다.

임금이 숭문당에서 세자와 단독으로 만난 다음날인 2월 28일에 세자는 덕성합에 나아가 좌의정 김상로, 우의정 신만, 그리고 어영대장 홍봉한 등을 만났다. 대신들은 어제 임금이 내린 하교를 조목조목

세자에게 진달하니 세자는 울먹이면서 답서를 쓰게 했다. 그 내용은 이렇다.

이 어제御製를 보니 황송하고 감읍하여 땅을 뚫고 들어가고 싶다. 이는 모두 나의 죄이다. 이제부터는 마음을 다해 받들어 행하여 지극하신 사랑과 은혜에 우러러 보답하려 한다. 오늘의 이 어제御製는 어제의 그것과 다름이 있으니, 춘방은 첩帖을 만들어 들이게 하여 아침저녁으로 받들어 보도록 하겠다.

그로부터 며칠 동안 세자는 정성왕후의 혼전인 휘령전에 제사도 지내고, 덕성합에 나아가 대신과 비변사 당상을 만나기도 했다. 임금은 3월 6일 숭문당에 나아가 대신과 세자를 입시하게 하고, 춘방관인 필선弼善 김광국(金光國; 안동김씨)과 사서司書 남기로南綺老에게 말했다. "오늘은 좋은 기회이다. 오늘의 일은 오로지 너희들만 믿으니, 날마다 나아가서 규간規諫하여 국가를 저버리지 말 것을 바라는 마음이다." 하니, 김광국이 "힘을 다하여 보답하겠습니다."고 대답했다. 임금은 "대신이 세자에게 입대入對를 청하는 것이 옳다."고 일렀다.

이날 세자는 다시 관의합에 나아가 좌의정과 우의정을 만났다. 이때 세자는 승지에게 이렇게 하령下令했다.

근래에 기氣가 올라가는 증세가 때로 더 심하여 작년 가을의 사건[살인사건]까지 있었는데, 이제 성상께서 하교하신 처지에 삼가 감읍함을 견디지 못하겠다. 지나간 일을 뒤따라 생각하니 지나친 허물임을 깊이 알고 스스로 통렬히 뉘우치며, 또한 간절히 슬퍼한다. 내관 김한채(金漢采; 세자가 죽인 환관) 등에게 해당 관청이 휼전恤典을 후하게 거행하여 나의 뉘우쳐 깨달은 뜻을 보이라.

세자는 자신을 반성하고 근신하는 모습을 보이기 위해 3월 10일에 덕성합에 나아가 대신과 비변사 당상을 만나보고, 여러 도의 수령으로서 권농에 힘쓰지 않은 자와 환곡을 지나치게 나누어 준 자를 신칙하게 했다. 우의정 신만의 요청을 따른 것이다.

세자가 대신을 만나는 빈대賓對는 그 뒤에도 몇 달 동안 대체로 잘 이루어졌으며, 임금을 대신하여 제사도 지내고 임금이 거둥할 때 지영(祗迎: 맞이하는 인사)하는 일도 비교적 잘했다. 서연書筵도 잘했다.

하지만 시간이 지날수록 세자의 근신하는 모습은 본래의 모습으로 변해 갔다. 7월 7일에 세자는 제사에 쓸 향香을 맞이한 뒤에 재실齋室로 들어가 쉬었는데, 역대 임금의 어진御眞을 모시는 진전眞殿으로 임금이 오는 것을 알면서도 임금에게 문안을 드리지 않았다. 임금은 재실로 가서 세자가 건강이 좋지 않은데 무더운 날씨에 재실에 있는 것은 문제가 있으니 세자의 거처로 돌아가라고 너그럽게 말했다. 그래서 세자는 재실을 떠났다. 하지만 신하들은 아무리 날씨가 덥고 건강이 좋지 않더라도 연로한 임금도 하는 일을 세자가 행하지 않는 것은 도리가 아니라고 책망했다. 또 임금은 신하들에게 이런 때 세자를 책망하고 가르치라고 명했다. 그러니까 임금은 세자에게는 따뜻하게 대하고 신하들에게는 엄격하게 가르칠 것을 요구한 것이다.

그런데 임금이 세자 문제로 기분이 언짢을 때마다 임금을 기쁘게 해 주는 것은 원손이었다. 7월 11일 임금은 강연講筵을 열고《중용中庸》을 강講했는데, 이때 원손을 불러 글을 외우게 하니 원손이《논어論語》의〈유필유방장遊必有方章〉을 외웠다. 임금이 "'유필유방'이란 무슨 뜻이냐?"고 묻자 원손은 "간 곳을 찾기가 어려우므로 반드시 방위를 부모에게 알려야 한다는 뜻입니다."라고 대답했다. 이 말을 들은 임금은 원손을 칭찬했다. 7세의 원손이 벌써《논어》를 배운 것이다. 오늘날의 유치원 아동이《논어》를 배웠다고 상상해 보면 어찌 놀라지 않을 수 있을까?

7월 25일에는 임금이 원손 사부師傅인 남유용南有容을 만나 보고 《동몽선습》을 가르치라고 명했다.

8월 1일에 임금은 숙종대왕과 인원왕후 김씨의 능인 명릉明陵[06]에 행차를 떠났는데, 세자에게 어가御駕를 수행하도록 했다. 명릉 행차는 지난번에도 따라간 일이 있으니 이번이 두 번째이다. 그런데 이날 비가 억수로 내리니 세자의 건강이 나빠졌다. 그러자 임금은, "차가운 비에 축축히 젖어서 기운이 안정되지 않은 것이다. 비록 억지로 행하고자 해도 예절을 행하기가 어려우니 즉시 가마를 타고 돌아가라. 돌아가서 몸을 조리하라."고 명했다.

그런데 《한중록》에는 《영조실록》의 기록과 전혀 다른 내용이 보인다. 세자가 임금을 수가하여 정성왕후 서씨의 묘소인 홍릉弘陵[07]에 가다가 큰 비가 오자 세자 때문이라고 하면서 도중에 돌려보냈다는 것이다. 세자는 자신이 옷을 잘못 입고 가서 그런 일이 생겼다고 스스로 자책하여 의대병이 더욱 악화되었다고 한다. 또 세자는 홍릉을 다녀올 때 임금으로부터 꾸중을 듣고 격한 마음에 궁으로 곧장 들어오지 않고 서울 군영軍營의 무기창고에 들러 울분을 풀고 들어왔다고 한다. 또 돌아와서 혜경궁을 보고, "내가 점점 살길이 없다."고 하소연했다. 세자는 언제나 화가 치밀어 오르면 칼이나 활을 가지고 사람을 직접 죽이거나 인형을 죽이는 연습을 하면서 푸는 습관이 있었는데, 이날에도 그런 행태를 보인 것이다.

《한중록》에서 세자가 홍릉에 다녀왔다고 한 것은 《영조실록》에

---

06 명릉은 지금 고양시 덕양구 용두동에 있는 서오릉西五陵 가운데 하나이다.
07 홍릉은 명릉과 함께 서오릉 가운데 있다.

서 명릉에 다녀왔다고 한 것과 다르다. 아마도 《한중록》의 오기誤記로 보인다. 다만, 홍릉과 명릉이 모두 서오릉西五陵 가운데 있으므로 혜경궁이 착각을 일으킨 것 같다. 그런데 세자가 비 때문에 되돌아온 이유는 두 기록이 전혀 상반된다. 이 경우 진실은 《한중록》이 더 가깝다고 느껴진다. 왜냐하면 임금이 세자의 건강을 염려하여 돌려보냈다면 왜 세자가 무기고에 가서 흉기를 들고 화풀이를 했겠으며, 또 세자가 돌아와서 "내가 점점 살길이 없다."고 혜경궁에게 하소연을 했겠는가? 그밖에 여름철에 비를 맞았다고 하여 세자의 건강이 돌려보낼 정도로 악화되었다고 하는 것도 설득력이 부족하다. 《영조실록》은 영조가 자애로운 임금임을 보여주려고 사실을 반대로 적은 것 같다.

임금은 명릉 행차를 마치고 돌아온 뒤에 세자 때문에 며칠 동안 번민하면서 잠을 이루지 못했다. 그러자 8월 9일 소론파 신하 구윤명具允明이 임금에게 관용과 자애로 세자를 가르치고 엄격함을 줄이라고 건의하자, 임금은 "내가 마땅히 해야 할 것을 이미 다 해 보았다."고 하면서 춘방관원이 세자를 권면하지 않는다고 질책하고, 모두 파직시키라고 명했다.

8월 12일에는 전 영의정 이천보(李天輔; 연안이씨)가 강연 자리에서 《중용》을 강하고 나서 임금에게 아뢰었다. "동궁의 자질은 천고에 빼어난데, 전하께서 관대하게 포용하여 개도하는 방도를 다하신다면 차질이 없이 덕성을 이룰 것"이라고 진언했다. 임금은 대답하기를 "경들은 언제나 내가 잘못이라고 하여 지나친 조처로 돌리는데, 이것이 어찌 도리인가."고 나무랐다. 이천보의 집안은 본래 소론이었지만 노론 김만균(金萬均; 광산김씨) 딸을 아내로 두어 노론에 속했으나 소론에 대해서도 우호적인 인물이었다. 그래서 세자를 비호하는 발언을 한 것이다.

8월 20일에는 우의정 신만(申晚; 평산신씨; 노론)이 세자에게 "세자께서 잘못을 뉘우치는 하령下令을 내리신다면, 임금께서 다시 경연과 차대를 행하시겠다고 말씀하셨습니다." 하니, 세자가 승지로 하여금 자신을 꾸짖는 글을 쓰라고 말했다. 세자는 또다시 반성문을 썼다.

노론 영의정 유척기兪拓基는 세자가 도교道敎와 관련되는 《옥추경》등 잡서를 읽는 것을 걱정하여 궁궐에 있는 장서(藏書; 도교 서책)를 불살라야 세자의 마음이 진정되고 깨닫는 바가 있을 것이라고 말했다. 예조판서 홍상한(洪象漢; 풍산홍씨)도 유척기의 말에 동의를 표했다. 세자는 여전히 틈만 생기면 《옥추경》을 계속 읽고 있었던 것이다.

8월 30일에 임금은 숙종왕비 인원왕후 김씨의 재전齋殿인 효소전 孝昭殿 행각 밖에서 땅에 엎드려 통곡하면서 이렇게 말했다. "세자가 열흘 동안 세 번 강연하고, 공사公事를 가지고 신하를 만나는 등의 일을 한다면 내가 다시 강연과 차대를 행할 것이다."라고 말했다. 다시 말해 세자가 학문과 정사를 소홀히 하면 자신도 학문과 정사를 하지 않겠다는 것이다. 이런 방법은 영조가 처음 시도한 것인데, 세자는 자신이 석고대죄席藁待罪하겠다고 말하고, 실제로 그렇게 하자, 대신들이 모두 잘했다고 격려했다.

이날, 앞서 춘방관원을 모두 파직시켰으므로 새로이 춘방관원을 임명했는데, 홍경해(洪景海; 홍계희 아들), 윤방(尹肪; 파평윤씨), 이경옥 (李敬玉; 한산이씨)을 각각 보덕輔德, 필선弼善, 사서司書로 임명했다. 이 사건이 있은 뒤 세자는 9월 초부터 한 달 동안 매일같이 승지들을 불러들여 공사公事를 처리하고, 강연도 열심히 했다. 이런 모습은 이해 말까지 자못 성실하게 수행되었다.

그런데 이해 연말에 임금의 병환이 심각해졌는데, 그런 가운데에

도 원손을 불러《소학》을 외우게 하고, 또 춘방에 명하여《훈서訓書》
를 모으라고 명했다. 원손을 가르치기 위함이었다. 원손이 낭랑하게
글을 외우는 소릴 들으면 임금은 언제나 기쁨을 감추지 못했다. 원손
은 임금에게 보약과 같은 존재였다.

4. 세자 25세, 원손 8세 시절
―세손 책봉, 계비 정순왕후 입궐, 세자에 대한 무관심

영조 35년(1759)은 임금이 66세, 세자가 25세, 원손이 8세가 되는
해였다. 세자가 목숨을 거두기 3년 전이라는 점을 유의하면서 이해
의 상황을 알아보기로 한다.

이해의 시작은 8세가 된 원손을 세손世孫으로 책봉하는 일에서부
터 출발했다. 앞서 효장세자나 의소세손을 1~2세 때 너무 빨리 책봉
하여 오히려 요절한 불행을 되풀이하지 않으려고 원손의 세손 책봉
은 일부러 8세가 될 때까지 늦춘 것이다. 하지만 세손은 왕위계승권
을 가지고 있으므로 이제부터는 임금의 후계자가 두 사람으로 늘어
나게 되었다. 세자의 처지에서는 심각한 경쟁자가 생긴 것이다. 조선
왕조 역사에서 세자와 세손이 동시에 책봉된 일은 처음이다. 영조가
장수하여 생긴 일이다.

2월 12일에 임금은 세자의 장인 홍봉한洪鳳漢을 세손사(世孫師; 정1
품)로, 조영국(趙榮國; 양주조씨)을 세손부(世孫傳; 정1품)로 임명했다. 홍
봉한은 바로 세손의 외할아버지다. 조영국은 소론의 영수였던 윤증
尹拯의 문인이던 조태동趙泰東의 손자로서 소론에 속했다. 노론과 소

론을 안배하여 세손 교육의 책임을 맡긴 것이다. 2월 19일에는 홍상한(洪象漢; 홍봉한의 족제)을 겸세손사兼世孫師로 임명했다.

2월 19일에는 세손 교육기관인 강서원講書院의 여러 관원을 임명했다. 두 사람의 유선(諭善; 정3품~종2품)은 홍문관 대제학 노론 김양택(金陽澤; 김장생 후손)과 부제학 서지수徐志修로 삼고, 두 사람의 권독(勸讀; 종5품)에는 전 집의 김원행(金元行; 김창협 손자)과 전 장령 송명흠(宋明欽; 은진송씨)으로 삼았다. 그리고 읽는 책은 이미 읽은 《소학》부터 다시 시작하라고 일렀다. 임금은 덕성교육에 가장 필요한 것이 《소학》이라고 굳게 믿고 있었다.

세손을 정식으로 책봉하는 행사는 윤6월 22일에 창경궁 명정전明政殿에서 거행되었다. 그러고 나서 이날 세손에게 《소학》의 제3장을 외우게 하니, 그 예절 바름과 뛰어난 공부에 임금이 감탄을 금치 못했다.[08]

임금은 한 걸음 더 나아가 윤6월 23일, 자신이 강연하거나 대신들을 만나는 차대를 할 때 세손이 옆에 앉아 참관하도록 명했다. 그러면서 세손이 보는 자리에서 신하들에게 임금의 잘못을 솔직하게 지적하여 세손으로 하여금 임금 노릇 하기가 얼마나 어려운가를 느끼게 하라고 일렀다. 보통 임금이라면 세손 앞에서 임금의 권위를 신하들에게 보여 주고 싶었을 터인데, 영조는 정반대였다. 신하들이 임금에게 순종하는 모습을 세손이 본다면 임금 노릇 하기가 쉽다고 생각할 터이므로 교육상 오히려 좋지 못하다고 판단했다. 역시 영조는 예사로운 임금이 아니었다. 영조가 세자를 제쳐 두고 손자를 강연에 참

---

08 정조의 세손 책봉에 관해서는 《[정조왕세손]책례도감의궤正祖王世孫冊禮都監儀軌)에 자세한 내용이 기록되어 있다. 이 책의 내용에 대해서는 한영우, 《조선왕조 의궤》(일지사, 2005) 323~324쪽 참고.

관하게 하고, 임금 노릇하는 방법을 가르쳐 주기 시작한 것은 이미 임금의 마음이 세자를 떠나 세손으로 옮겨 갔다는 것을 말해준다.

임금은 10월 18일에 강서원 관원 박성원(朴聖源; 밀양박씨; 1697~1767)을 만나 특별한 부탁을 했다. 박성원은 이재李縡의 문인으로 호락논쟁湖洛論爭이 일어났던 때 서울 낙론을 지지했던 학자였다. 영조는 그에게 여항閭巷 백성들의 질고疾苦 같은 것도 글로 써서 세손에게 알려주고, 세손의 일상생활의 행동거지를 보면서 잘못된 일이 있으면 그때그때 바로잡으라고 일렀다. 학문은 오히려 여사餘事에 지나지 않는다고 말했다. 예를 들면 모자를 바르게 쓰지 않는 경우가 있으면 이런 것도 고쳐 주라는 것이다. 정조는 뒷날 박성원에게서 배운 바가 많다고 회고하면서 그를 깊이 숭모했다.

이렇게 세손의 위상이 높아지고 임금의 관심과 사랑이 세손 쪽으로 급속하게 쏠리는 가운데 세자가 신하들을 만나 학문과 정사를 펴는 횟수는 전에 견주어 한층 많아졌다. 하루 두 번의 강연과 한 달 3차례의 빈대賓對도 형식적으로는 많아졌다. 하지만 실제로 무슨 일을 처리했는지는 기록이 많지 않다. 아마도 세손의 위상이 높아지면서 마음속으로 위협을 느껴 형식적으로라도 정사를 많이 했던 것으로 보인다.

《한중록》을 보면 세자가 세손 책봉을 기특하게 여기고 기뻐했으나, 병이 심할 때에는 처자妻子를 알아보지 못했다고 한다. 세자가 세손 책봉을 기특하게 여겼다는 말은 아마도 거짓으로 보인다. 왜냐하면 세자가 병이 심하면 처자를 알아보지 못한다고 한 것은, 아내와 아들을 위해危害하려는 행동이 보인다는 것을 말한다. 그러면서 "겉으로 보면, 세자의 몸은 대리청정하는 미래 임금[儲君]이고, 아들은 8세가 되어 세손 책례를 지냈으니, 나라는 태산 위의 반석처럼 되었다. 그러나 궁중의 모습은 아침과 저녁을 보전하지 못했다."고 하면서 정세가 불안했다고 전했다. 정치의 겉모습은 평안하고, 속 모습은 불안했다는 뜻이니, 이는 세자가 매우 불안해졌다는 것을 에둘러 암시하는 말로 들린다. 그러니까 세자와 세손 사이에 매우 불안한 분위기가 조성되었다는 뜻이다.

이해 6월에 들어서자 왕실에 큰 변화가 일어났다. 정성왕후 서씨의 삼년상을 마친 임금은 계비繼妃를 맞을 준비를 했다. 66세의 임금이 새장가를 드는 것이 이상하게 보일지도 모르지만, 왕비는 국정 운영에 반드시 필요한 공인公人이었다. 궁중의 후궁을 비롯한 모든 여관女官을 임면하고 통솔하는 책임은 왕비에게 있었기 때문이다. 왕비는 오래 비워 둘 수 없는 자리였다. 그래서 죽은 왕비의 삼년상을 마치고 나서 바로 계비 간택에 들어간 것이다.

이해 6월 9일에 삼간택三揀擇을 하여 경주김씨 유학幼學 김한구金漢耉의 딸을 계비로 정하고, 6월 22일에 어의궁(於義宮; 효종의 잠저)에서 대혼大婚을 치렀다. 어의궁은 지금 창경궁 남쪽 기독교회관 일대에 있었는데, 이곳에서 친영례親迎禮를 치른 것이다.[09] 새 왕비는 뒷날 정순왕후(貞純王后; 1745~1805)로서 나이는 15세요, 고향은 충청도 서산瑞山이었다. 임금과는 나이 차이가 51년이나 되었는데 후사를 얻지 못했다. 정조 때에는 임금의 할머니로서 대비大妃에 오르고, 순조 초에는 임금의 증조할머니로서 대왕대비가 되어 몇 년 동안 수렴청정을 했다가 세상을 떠났다.

---

09 영조와 정순왕후의 가례에 대해서는 《[영조정순후]가례도감의궤英祖貞純后嘉禮都監儀軌》에 자세한 내용이 기록되어 있다. 이 책에 대해서는 한영우, 《조선왕조 의궤》(일지사, 2005) 313~322쪽 참고. 더 자세한 내용은 신병주, 《66세의 영조, 15세 신부를 맞이하다》(효형출판, 2001) 참고.

그런데 어린 정순왕후가 새로 왕비로 입궐하면서 왕실 내부에는 새로운 기류가 조성되었다. 왕비는 법적 아들인 세자와 며느리 혜경궁 홍씨보다 열 살이 아래였다. 그러니 아들과 며느리를 대하기가 얼마나 어색하고 불편했겠는가? 하지만 세월이 흐르면서 왕실의 어른으로서 점차 권력에 눈을 뜨기 시작했다. 그런 가운데 왕비족인 경주 김씨 집안과 세자빈 족속인 풍산홍씨豊山洪氏 두 외척 집안 사이에 권력투쟁이 일어났다.

특히 2년 뒤에 세자가 죽임을 당한 뒤로는 두 외척 사이의 권력투쟁이 노골화되기 시작했다. 여기에 또 하나의 외척이 등장했다. 영조의 막내딸 화완옹주가 수양아들 정후겸(鄭厚謙; 연일정씨)과 더불어 임금의 총애를 믿고 권력투쟁에 가담했다. 그리하여 세 외척 집안 사이에 팽팽한 긴장 관계가 조성되었다. 가장 세력이 강한 것은 풍산홍씨 집안으로서, 왕비와 옹주의 처지로서는 감당하기 어려운 상대였으므로 이들이 때로는 서로 힘을 합치고, 때로는 서로 갈등하면서 홍씨 집안과 경쟁하는 구도가 형성되었다. 이 문제는 뒤에 다시 설명하겠다.

세자의 학문과 정사는 이해 후반기부터 다시 느슨해지기 시작했다. 대신을 만나는 것이 줄어들고 승지承旨만을 불러 공사公事를 처리하는 것이 대부분이었는데, 무슨 일을 어떻게 처리했는지 《영조실록》에는 기록이 별로 없다.

윤6월 11일에 필선弼善 김회원(金會元; 안동김씨)이 세자에게 글을 올려, 한 달에 세 번 하는 차대次對[10]와 하루에 두 번 하는 강연을 거르

10 차대는 비변사 당상(정3품 이상 관원)과 사헌부, 사간원, 홍문관의 관원 각 1명이 매월 5일, 10일, 15일, 20일, 25일, 30일 등 여섯 차례에 걸쳐 입시하여 정무를 상주하던 일을 말한다. 그런데 세자는 이를 세 번만 참석하도록 했다.

는 일이 많다고 지적하면서, 세손의 모범이 되기 위해서도 학문과 정사에 힘쓰라고 권했다. 그러면서 그는 세자를 모시고 있는 내관(內官; 내시)들이 시중市中에서 세자를 가탁하여 행패를 부리는 일이 많다고 지적했다. 다른 신하들도 입을 모아 세손의 자질이 탁월함을 칭찬하면서, 그런 세손에게 모범을 보이기 위해서도 세자가 학문과 정사에 더욱 성실하게 임해야 한다고 다그쳤다. 그러니까 세손에게 후계자 경쟁에서 지지 않으려면 더욱 열심히 학문과 정사에 임해야 한다는 뜻이다.

임금은 이렇게 점차 게을러지고 있는 세자를 불러 특별히 훈계한 일도 거의 없었다. 정순왕후가 입궐한 뒤로 일이 많아진 데에도 이유가 있지만, 세자에 대한 관심이 그만큼 줄어든 것도 원인이었다. 다만 10월 5일에 이르러 하교하기를, "6개월 동안 세자가 상참常參[11]을 행한 것이 단지 두 차례라고 하니, 이것은 역시 네가 힘쓰기를 게을리해서 그런 것이다."라고 탄식하는 정도에 그쳤다. 그만큼 세자에 대한 관심이 줄었다고 보는 것이 맞을 것이다. 세자 대신 세손을 시좌하게 하여 교육시킨다는 것은 이미 세자의 자리에 세손이 대신 들어섰다는 것을 의미한다.

11　상참은 매일 의정부 대신과 중신, 그리고 각 관청의 참상관(4~6품) 이상 관원들이 임금의 편전에 가서 배알하던 약식 조회를 말한다.

5. 세자 26세, 세손 9세 시절
— 세손이 《존현각일기》 작성, 세자가 혜경궁을 폭행,
옹주를 시켜 영조를 경희궁으로 이어하게 하고,
온천 여행을 다녀오다

영조 36년(1760)은 임금이 67세, 세자가 26세, 세손이 9세가 되는
해였다. 이해는 세자가 세상을 떠나기 2년 전이라는 점을 주의 깊게
관찰할 필요가 있다.

이해도 임금의 관심은 주로 세손에게 쏠려 있었다. 지난해 세손으
로 책봉된 세손은 9세가 되는 해 1월부터 경희궁 존현각尊賢閣에서
거처하면서 일기日記를 쓰기 시작했는데, 이를 《존현각일기》로 불렀
다. 영조는 일찍이 세자에게도 일기를 쓰라고 권한 일이 있었는데,
세자는 그것을 실천하지 않았고, 세손이 실천한 셈이다. 《존현각일
기》는 주로 자신의 언동과 공부한 내용을 기록했다. 세손이 임금이
된 뒤로는 규장각 신하들이 대신 일기를 써서 임금의 재가를 받는 형
식으로 기록되었으며, 명칭도 하루에 세 번 반성한다는 뜻으로 《일
성록日省錄》으로 바꾸고 체재도 정비했다. 그 뒤에도 역대 임금들이
이를 계승하여 1910년 8월에 나라가 망할 때까지 151년 동안 편찬되
었다. 조선왕조 임금 가운데 가장 기록을 존중한 임금이 정조인데,
그 습관이 이미 어려서부터 몸에 밴 것이다.

1월 11일, 임금은 창경궁 숭문당에서 주강(晝講; 낮 강연)을 하면서
《중용中庸》을 읽고 토론했는데, 이 자리에 세자 대신 세손을 참석시
켜 《소학》을 시강하도록 명했다. 임금이 세손에게 묻기를, "쇄소灑掃
란 무슨 뜻이냐?"고 묻자 세손은 "어른에게 먼지를 날리면 불경하기
때문에 물을 뿌리고 나서 바닥을 청소하는 것입니다."라고 답했다.

《소학》에서는 무엇보다도 어린이가 처음 배워야 할 일을 '쇄소응대灑掃應對'로 보고 있는데, '쇄소'는 세손이 말한 것처럼 '청소'를 말하고, '응대'는 어른에게 공손하게 행동하는 것을 말한다. 세손이 '쇄소'의 뜻을 정확하게 대답한 것이다. 임금은 세손에게 이르기를, "쇄소의 조항을 《소학》에 설정한 것은 어릴 적부터 노고를 익혀서 안일과 방종에 빠지지 않게 하자는 뜻이다. 제왕가帝王家일수록 방종과 안일에 빠지기 쉬우니 너는 잘 알아서 경계해야 한다."고 일렀다.

사실 세자에게 어려서부터 《소학》을 제대로 가르쳤다면 안일과 방종으로 흐르지 않았을 것인데, 유년기에 내시와 나인들에 맡겨 키우면서 안일과 방종이 몸에 배어 버려 평생 그 버릇을 버리지 못한 것이 바로 세자의 불행이었다. 그래서 임금은 세손에게 계속 《소학》을 가르쳐서 세자의 전철을 밟지 않도록 배려한 것이다.

3월 20일에도 임금은 창덕궁 희정당熙政堂에서 《대학大學》을 강연하면서, 옆에 앉아 있는 세손에게 물었다. "하루에 두 번씩 강학講學하는 것이 피로하지 않으냐?" 하니, 세손이 "어찌 감히 피로하다고 하겠습니까?" 임금은 "'감히'라는 대답에 의미가 있구나."라고 칭찬했다. 《대학》은 잘 알려진 바와 같이 수신修身, 제가齊家, 치국治國, 평천하平天下의 도리를 가르치는 경서로서 제왕학帝王學의 필수교재이기도 했다.

홍계희(洪啓禧; 1703~1771)[12]가 "세손의 강학은 이른 때에 해야 하니, 시기를 놓치지 말아야 합니다." 하자, 임금이 세손에게 "중신重臣의 말이 어찌해서 나왔느냐? 네 마음에 밉지 않으냐?"고 물었다. 세손은 대답하기를, "그 말은 잘 성취시키려는 뜻에서 나온 것입니다."

---

12 홍계희는 남양홍씨로서 이재李縡 문하에서 학문을 배웠는데, 경세가로서도 이름을 날렸고, 조현명과 더불어 균역법 제정을 주도했다.

라고 했다. 임금은 다시, "대답이 완연히 달라졌구나. 네가 이 말을 알고도 강학에 부지런하지 않는다면 중신重臣을 저버릴 뿐 아니라 역시 나를 저버리게 된다."고 하면서 다짐했다. 세손의 이러한 어른스런 말에 임금이 어찌 감탄하지 않을 수 있겠는가? 그런데 노론 벽파에 속한 홍계희는 뒷날 세자의 비행을 고발하는데 앞장선 인물의 하나로서 정조에게도 미움을 받은 인물이었다. 더욱이 그의 손자들이 정조의 즉위를 반대하여 모두 숙청당하는 비운을 맞이했다.

6월 21일에 세손을 가르치는 강서원에서 임금에게 아뢰기를, "세손이 《소학》의 강독을 이미 마쳤으므로 이어서 《대학大學》을 강독하되, 《사략史略》도 가져다가 고적古蹟을 토론하겠습니다."고 아뢰었다. 《사략》은 《십구사략十九史略》을 말하는 것으로 중국 고대에서 원나라 시대에 이르는 역사를 간추려 정리한 책이다. 아홉 살밖에 안된 세손이 《대학》과 《사략》을 공부한다는 것은 학문의 진도가 매우 빠르다는 것을 말해 준다.

강서원에서 세손에게 읽힐 책을 건의하자, 임금은 "《대학》은 주석註釋을 빼놓고 하되, 많이 하려고 애쓰지 말고, 쉬는 날이나 강의 시작 전에는 《소학》도 읽도록 하라."고 일렀다. 임금은 어려운 글을 많이 읽는 것보다는 글의 뜻을 제대로 터득하여 실천하는 일을 더욱 중요하게 여겼다. 그러니까 다독多讀보다는 정독精讀을 더 귀하게 여긴 것이다. 임금이 더욱이 《소학》을 강조하는 이유는 임금이 옛날에 《소학》을 수백 번이나 읽으면서 느낀 점이 너무나 많은 것을 잘 알고 있었기 때문이었다. 뒷날 정조도 자신이 세손 때 《소학》을 수백 번 읽었다고 회고하면서, 임금이 된 뒤에 전국적으로 《소학》을 보급하여 대대적으로 가르치는 정책을 추진했는데, 할아버지의 영향을 크게 받은 것이다.

그러면, 세자는 26세의 한 해를 어떻게 보냈는가? 작년과 마찬가지로 이해 전반기에는 두 차례에 걸쳐 여러 신하들을 만나는 상참常參을 하고, 덕성합에 나아가 승지를 만나 공사公事도 처리하고, 시민당에 나가서 대신과 비변사 당상을 만나는 빈대賓對도 가끔 가졌다. 그러나 신하들을 만난 것이 규정보다는 훨씬 적었다. 그나마 신하들을 만나 무슨 일을 했는지도 기록이 없다. 다만 대간들이 올리는 상서에 대하여 비답을 내리는 경우가 있었는데, 민생에 관한 문제는 대신들의 건의를 그대로 받아들이고, 당론과 관련되는 인사처리 문제는 임금이 이미 처분한 일이므로 바꿀 수 없다는 태도를 일관되게 지켰다. 이런 모습은 그 전과 다름이 없었다. 그래서 임금과 특별히 공개적으로 충돌하는 일은 거의 없었다.

그런데 이해 7월에 이르러 세자에게는 색다른 병이 생겼다. 7월 초에 임금은 창덕궁과 창경궁에서 거처를 경희궁으로 옮겼다. 그러고 나서 임금은 7월 10일에 경희궁 흥정당興政堂에서 대신을 만났는데, 이때 영의정 김상로金尙魯가 세자의 건강을 물었다. 그랬더니 임금은 "세자의 다리에 습창濕瘡이 생겨서 여輿를 탈 수 없어서 데리고 오지 않았다. 이번에 목욕을 가겠다고 하는 것을 허락하지 않았는데, 만일 목욕하는 것이 병에 유익하다면 어찌 허락하지 않겠는가?"고 말했다. 호조판서 홍봉한도, "훈세薰洗가 습질에 좋습니다."라고 아뢰었다. 임금은 창덕궁과 창경궁에 있는 빈궁(嬪宮; 혜경궁)과 세손을 곧 데리고 오는 것이 좋겠다고 말했다.

이날 임금은 세자의 병을 진찰하고 돌아온 대신들을 불러 물어보니, 좌의정 이후(李𡊠; 연안이씨)는 "신이 종기가 난 자리를 직접 보니 혹은 종기가 나 있고, 혹은 곪아 터지기도 했습니다."고 보고했다. 임금이 다시 "의관醫官은 무엇이라고 하던가?"고 물으니, 이후는,

"온천에 목욕하는 것이 마땅하다고 했습니다."라고 대답했다. 임금이 처음에 세자의 온천행을 반대한 것은 왕복 6백 리가 넘는 온천 행차에 수백 명의 군사와 신하들이 따라가기 때문에 그것이 가져올 민폐를 걱정한 까닭이었는데, 여러 신하들이 온천행을 찬성하자 마지못해 허락하는 형식을 취했다.

그리하여 드디어 7월 18일 세자는 서울을 떠나 과천果川에서 유숙하고, 19일에는 수원水原, 20일에는 진위振威, 21일에는 직산稷山에서 유숙한 뒤 22일에 온천 행궁에 도착했다. 온천은 지금의 충청남도 아산시 온양읍을 말한다. 온천 행궁에서 10일 동안을 머물고 8월 1일에 출발하여 8월 4일에 궁궐에 도착했다.

세자가 행차할 때 가마를 호위하면서 따라간 협련군挾輦軍은 훈련도감 군사 120명으로 정하고, 가마의 앞과 뒤를 따라가는 상군廂軍은 금위영과 어영청에서 각각 2백 명을 선발했다. 그밖에 몇 종류의 깃발이 따르고, 관원은 분승지分承旨, 분도총부分都摠府, 분병조分兵曹, 분오위장分五衛將과 지나가는 두 도道의 관찰사가 수행하도록 했다. 다만 취타대吹打隊는 가지 않았다. 보름 이상 수행한 군사들의 노고를 덜기 위해 세자가 온천에 있는 동안 전원 교체시켜 주었다. 수행원은 모두 550명이 넘었다. 행차할 때 가장 조심한 부분은 논과 밭을 짓밟거나, 구경하는 백성들을 매질하여 쫓아내거나 하는 등의 민폐를 끼치지 않는 일이었으므로 임금이 이 점을 각별하게 신칙했다.

행차가 한강을 건너는 일도 큰일이었다. 한강물이 불어서 세자가 탄 용주龍舟가 건너기가 위험했는데, 경기관찰사 윤급尹汲이 꾀를 내어 수십 척의 배를 불러들여 수십 개의 동아줄로 용주에 얽어매어 무사히 건널 수 있었다. 당시에는 아직 한강에 배다리[舟橋]를 놓는 기술이 없었다.

세자는 온천에 있을 때 주민들을 위로하여 환영을 받았고, 돌아올 때 직산에 이르러 경기감사 구윤명其允明을 불러 연호煙戶의 잡역雜役을 면제해 주라고 명했다. 그리하여 백성들이 세자의 은덕에 환호했다고 한다.

그런데, 《한중록》을 보면, 7월 초에 임금이 경희궁으로 거처를 옮기고, 7월 18일에 온천 행차를 떠난 과정이 순조롭게 이루어진 것이 아니라 임금과 세자 사이에 심각한 갈등 속에서 이루어졌다고 기록했다. 7월에 임금이 경희궁으로 거처를 옮기고, 세자가 온천 행차를 다녀온 것은 세자가 누이동생 화완옹주를 압박하여 임금에게 청하여 이루어졌다고 한다. 임금과 함께 창덕궁과 창경궁에 살면 임금의 감시 때문에 후원後苑에 가서 병기兵器를 가지고 놀면서 울분을 풀 수가 없으므로, 세자는 임금의 사랑을 받는 누이동생 화완옹주를 찾아가서 이렇게 말했다. "내가 아무래도 한 대궐 안에서 살 수가 없구나. 네가 가서 윗 대궐[임금]을 보자고 하거나, 어떤 계교를 써서 모시고 가라."고 말했다. 그리하여 옹주가 임금을 설득하여 7월 8일로 이어하는 날짜가 정해졌다. 그러니까 영조가 경희궁으로 거처를 옮긴 것이 임금의 뜻이 아니라 세자의 뜻으로 이루어진 것을 알 수 있다.

그런데 7월 6일에는 세자가 다시 옹주를 불러 놓고 칼자루에 손을 대고 말했다. "앞으로 내게 어떤 일이라도 생기면, 이 칼로 너를 벨 것이다." 하니 옹주가 울면서 애걸했다. "앞으로는 잘할 것입니다. 한 목숨만 살려 주십시오." 그러자 세자는 또 말하기를, "내가 대궐 안에만 있어 갑갑하고 싫구나. 네가 나를 온양溫陽으로 갈 수 있게 하겠느냐? 내가 습증濕症으로 다리가 허는 것을 너도 알 것이다. 그러니 온양으로 갈 수 있게 하여라." 하니, 옹주가 "예, 그리 하겠습니다."라고 대답하고 갔다. 그 뒤에 바로 임금이 경희궁으로 이어하고 세자의 온양 행차를 허락한 것이다. 그런데도 《영조실록》에는 임금이 세자의 습진 치료를 위해 스스로 온천행을 허락한 것처럼 기록한 것이다.

세자의 분노를 격화하는 일은 세자의 생일인 1월 21일마다 일어났다. 생일날 임금은 차대를 열거나, 춘방관을 불러 세자에 대해 꾸짖는 말을 했다는 것이다. 이런 일로 세자는 온종일 밥도 먹지 않고 화를 내곤 했다.

이해 생일에도 세자는 무슨 일로 격분했는데, 그날부터 부모를 공경하는 말도 하지 않고, 천지를 분별하지 못하는 태도로 노엽고 서러워하면서 "살아 무엇하랴."라고 했으며, 세손 남매가 문안드리러 오면 큰 소리로 "부모를 모르는 내가 자식을 알겠느냐. 물러가라."고 고함쳤다. 9세 된 아들, 7세와 5세 된 딸들이 아버지의 생신이라고 용포도 입고, 장복章服도 입고 와서 절을 하려고 왔다가 엄한 호령을 듣고 놀라 얼굴이 잿빛이 되어 돌아갔다. 칠순이 되는 생모 영빈이씨도 못 알아보고, 자녀를 사랑하던 것도 잊었다고 한다. 그러니까 세자는 아들 산(祘: 정조)을 미워하고 있었던 것이다.

《한중록》의 기록을 찬찬히 생각해 보면 세자는 분명히 심각한 병을 앓고 있지만, 그 원인을 분석해 보면 단순히 생일에 있었던 사건만이 원인이 된 것은 아닌 것으로 보인다. 더 근본적인 것은 임금이 세손에게만 사랑과 관심을 쏟고 있는 데 대한 불안감으로 보인다. 혜경궁도 그 원인을 충분히 알고 있었지만 《한중록》에는 차마 그렇게 쓸 수가 없었을 것이다.

세자는 옹주뿐 아니라 아내 혜경궁에게도 행패를 부렸다. 임금이 경희궁으로 이어하는 일을 만들지 못했다고 바둑판을 얼굴에 던져 혜경궁 왼쪽 눈을 다쳤다. 하마터면 눈망울이 빠질 뻔했는데, 그것은 겨우 모면했다. 그러나 눈이 퉁퉁 부어 임금이 7월에 이어할 때 하직도 하지 못하고, 죽으려고 마음먹었으나 세손 때문에 죽지를 못했다고 한다.

앞서 임금이 경희궁으로 이어한 뒤인 7월 10일에 신하들에게 세손과 세자빈이 창경궁에 남아 있다고 하면서 빈궁과 세손을 곧 데리고 오겠다고 말하고, 또 7월 20일에는 세손을 잠깐 경희궁으로 데려와서 보고, 바로 창덕궁으로 돌려보내 빈궁에게 효도하도록 해야 한다고 말한 것도, 그 이면을 보면 혜경궁이 얼굴에 부상을 당했기 때문에 임금이 계신 경희궁에 가지 못한 것이었다.

《한중록》은 《영조실록》에 보이지 않는 많은 사건을 말해 주고 있는데, 임금은 그 사실을 모두 옹주를 통해 알고 있으면서도 차마 신하들에게 공표하지 못하고, 순전히 종기 때문에 온천 행차를 허용한 것처럼 명분을 세운 것이다. 세자가 다리 종기 때문에 가마를 타지 못하여 경희궁으로 데리고 오지 못했다고 신하들에게 말한 것도 실은 거짓말이었다. 종기가 그토록 큰 병이었다면, 어떻게 가마를 타고 왕복 6백 리가 넘는 온천 행차를 다녀올 수가 있었겠는가?

세자가 옹주를 죽이려고 날뛰어 옹주를 구하려고 마음에도 없는 이어移御를 행하고, 온천 행차까지 허락했으니, 임금은 마음속으로 얼마나 세자가 못마땅했겠는가? 그러면서도 속마음을 신하들 앞에서 터놓고 말하지 못하는 그 심정이 얼마나 답답했을까?

당시 영조와 세자의 관계가 얼마나 불편했는지를 알려주는 자료가 또 있다. 세자가 16일 동안 온천을 다녀왔다면 당연히 임금에게 보고를 드려야 마땅하다. 그러나 떠날 때에도 임금에게 인사를 올리지 않았고, 돌아와서도 3개월이 지나도록 임금을 진현하지 않았다. 《영조실록》에는 세자가 피곤하니 그럴 필요가 없다고 임금이 만류했다고 적혀 있지만, 사실은 세자가 임금을 피한 것이다. 세자는 임금께 인사를 드려야 한다는 신하들의 권유를 받고 임금의 생일인 9월 13일에 진현하겠다고 알렸으나, 임금은 거부했다. 《영조실록》에는 임금 자신의 건강이 좋지 않아서 오지 못하게 했다고 하지만, 임금은 세자를 만날 의향이 없었던 것이다.

그러면 세자가 온천에 가 있는 동안 임금은 무슨 일을 했을까? 세자가 온천행을 떠난 다음날인 7월 19일, 임금은 영의정 김상로金尙魯에게 "세손이 나를 떠난 지 이미 오래이므로 때로 눈물이 나며 생각이 떠오른다. 내가 내일 데리고 와서 보고자 한다."고 말했다. 임금이 7월 초에 경희궁으로 이어했으니, 창덕궁과 창경궁에 남아 있는 세손이 그리울 것은 당연하다. 다음날인 7월 20일 세손은 경희궁으로 가서 할아버지를 만나 뵈었다. 임금은 "오늘 세손을 머물러 자게 하려고 했으나, 창덕궁에는 단지 빈궁[혜경궁]만 있으니, 어머니에 대한 세손의 효도를 가르치기 위해 돌아가도록 하라."고 명했다. 여기서 세손을 그날로 돌려보낸 것은 앞에서 설명한 대로 혜경궁이 눈을 다쳐서 세손의 보호가 필요했기 때문이었다.

이날 밤 임금은 경희궁 경현당景賢堂에서 대신을 만난 자리에서 "경들이 우리 세손을 보도輔導하여 현철賢哲의 경지에 이르게 하지 못한다면, 밝은 구슬을 받아서 티끌 속에 던지는 것과 무엇이 다르겠는가?"라고 말하면서 성의 있는 보도를 당부했다.

7월 25일에 임금은 세손 보도관 서지수徐志修를 만나보고, "세손은 의젓함이 어른과 같으니, 보도하는 방법에 더욱 마음을 더하라."고 당부했다. 서지수는 대답하기를, "세손이 《대학》의 명덕장明德章을 강했는데, 신이 그 뜻을 물으니, 답하기를, '나의 덕을 밝혀서 다른 사람의 덕을 밝히는 것이다.'라고 했는데, 신이 놀라고 이상하게 여겼습니다."라고 격찬했다.

8월 2일에는 세손 강서원의 필선弼善 박성원朴聖源이 임금에게 상소하여 세손의 공부에 대하여 아뢰고, 나아가 임금이 직접 가법家法으로 가르칠 것을 청했다. 그러니까 요즘 말로 가정교육의 중요성을 강조한 것이다. 그의 말을 들어 보자.

세손은 총명하고 착하며, 의젓하고 단정하며, 글 읽는 소리가 금석金石에서 나오는 것 같습니다. 읽은 글이 심히 많지는 않지만 문리文理가 점점 통달하여 묻는 말이 혹시 깊은 곳에 들어가더라도 대답하여 응대함이 진실로 마땅하니, 능히 덕성을 확대하고 재분才分을 충족하게 하면, 높고 넓고 오래고 큼이 저절로 이루어질 것입니다. 다만, 어린이의 가르침은 책을 읽는 것만으로 이루어지는 것이 아니라 말과 행동을 삼가고 공경하는 데 있습니다. 그러므로 내시나 나인들과 친하여 이상하고 화려하고 음탕한 것들을 보고 듣게 되면 이에 물들 우려가 있으니, 전하께서 직접 옆에 두고 가르치심이 좋습니다.

박성원의 말을 들은 임금은, "가상하다. 경연할 때 옆에 앉도록 하겠다. 세손을 잘 가르쳐 주어 이에 이른 것이다."고 하면서 박성원을 격려했다. 그는 영조 43년에 81세로 세상을 떠났다.

8월 2일은 바로 세자가 환궁하기 이틀 전으로서, 세자가 없는 동안 임금이 온통 세손에만 관심을 두고 있었음을 알 수 있다. 세자가 환궁한 뒤에도 세손에 대한 임금의 관심은 여전했다. 8월 27일에는 강서원에서 《논어論語》를 강하겠다고 건의하여 임금의 허락을 받았다. 이제 세손은 《소학》, 《대학》, 《사략》, 《논어》까지 공부하여 사서 가운데 절반을 배우게 된 것이다.

세자가 온천을 다녀온 뒤에도 임금의 관심은 오로지 세손의 공부에만 쏠려 있었다. 9월 11일에는 임금이 강서원의 겸필선兼弼善 심이

지(沈履之; 1720~1780)와 겸찬독兼贊讀 이미(李瀰; 덕수이씨, 閔鎭遠의 사위)를 불러서 세손의 공부 진도를 물으니, 이미가 대답하기를, "신이 본래 말이 어눌하여 문의文義를 말씀드릴 때 옆에 있던 사람들이 모두 돌아보며 웃었는데, 세손은 웃지 않고 의젓하여 얼굴빛을 움직이지 않으니, 이는 타고난 자질이 도道에 가까운 것이며, 학문에 힘입은 것이 아니겠습니까?" 하니, 임금이 "그대가 진실로 잘 보았다. 세손이 일취월장하는 것이 나의 마음이다."고 말했다.

임금의 마음이 세자에게서 멀어질수록 세손에 대한 기대는 더욱 커졌다. 12월 7일에 임금은 겸필선 심이지를 다시 불러 세손의 강학講學이 어느 정도 진보하고 있는지를 물었다. 심이지는 말하기를,

> 신이 '인仁'이란 글자의 뜻을 물으니, 각하가 말씀하시기를, "말을 교묘하게 하고, 얼굴빛을 아름답게 하는 사람은 인仁이 적다고 했으니, 교묘한 말과 아름다운 얼굴빛을 하지 않는 것이 인이다"라고 했습니다. 신이 또 '어진 사람은 산을 좋아하고, 지혜로운 사람은 물을 좋아한다'는 뜻을 물으니, 답하기를, "어질고 지혜롭다는 것은 덕성德性이고, 동정動靜이라는 것은 체단體段이며, 산수를 좋아하는 것은 효험"이라고 말했습니다. 이와 같은 글 뜻은 원로 학자라도 미치지 못합니다.

이 말을 들은 임금은 "세손이 이미 문구(文穀; 글의 과녁)에 들어갔으니 이는 모두 박성원朴聖源의 공이다."라고 하면서 박성원을 칭찬했다. 심이지는 노론 시파로서 뒷날 정조와 사이가 원만하지 못했던 심환지沈煥之의 친족 형이었다.

그러면 온천 행차에서 돌아온 세자의 거취는 어떠했는가? 세자는 서연과 차대를 거의 피하고 덕성합에 나아가 약방의 진찰만 받고 있었다. 그러자 여러 대신과 언관들이 글을 올려 학문과 정사에 힘쓸

것을 독려하고, 나아가 임금께 문안을 드리지 않는 것을 질책했다. 세자는 그럴 때마다 그러겠다고 대답할 뿐 크게 반성하는 말을 하지 않았다. 전과 달리 세자는 노골적으로 임금에 대하여 적대하는 태도를 보여주고 있는 것이다. 임금과 세자는 한 해가 다 갈 때까지 한 번도 만나지 않았다.

두 사람의 싸늘한 관계를 지켜보고 있던 혜경궁은 《한중록》에 자신의 착잡한 심경을 이렇게 토로했다.

소천(小天; 남편)이 아무리 중요하다지만, 이루 말할 수 없이 두려웠다. 내 목숨이 어느 날에 마칠지 몰라 나는 한 마음으로 두 분이 만나지 않기만을 원했다. 그래서 소조小朝께서 온천에 가신 것을 다행으로 여겼다.

혜경궁은 칼을 들고 누이를 협박하고, 아내에게까지 기물을 던지면서 폭력을 휘두르고, 자식까지 증오하는 세자는 이미 이성을 잃었다고 판단하고, 장차 임금에게도 어떤 큰일을 저지를지 모른다는 공포심을 가지고 있었던 것이다. 왕실 안에 검은 구름이 몰려오면서 이해는 이렇게 끝났다.

6. 세자 27세, 세손 10세 시절
—세손의 입학·관례·가례, 후계자 선언, 세자 평안도 잠행

영조 37년(1761)은 임오화변壬午禍變의 비극이 일어나기 1년 전이다. 이해 1년 동안 일어난 일을 자세히 알기 위해 시간의 순서를 따라가면서 설명해 보고자 한다.

이해는 68세의 임금이 27세의 아들과 10세의 손자 가운데서 한 사람을 후계자로 결정해야 하는 막다른 골목으로 접어들었다. 이미 임금의 속마음은 손자 쪽으로 기울어져 있었고, 이를 알고 있는 세자는 자포자기의 상태에서 죽음을 각오한 어떤 결단을 준비해야 한다고 판단하고 있었다.

혜경궁의 미음도 임금과 비슷했다. 남편과 아들이 함께 살 수 없는 냉혹한 정치현실을 바라보면서 남편을 포기하고 아들을 따르고 보호하는 것이 나라를 위해서나 홍씨 집안의 미래를 위해서 불가피한 선택임을 깨달았다. 세자의 미래가 없다는 생각은 모든 신하들도 가지고 있었지만, 그 다음 시대를 세손에게 넘겨줄 것인가 아닌가는 쉽게 합의될 일이 아니었다. 임금과 혜경궁은 당연히 세손의 시대를 열어야 한다고 생각하지만, 신하들의 처지는 달랐다. 왜냐하면 세손의 시대가 몰고 올 정치적 이해득실을 따져야 했기 때문이다.

새해 초부터 정치의 중심에는 세자가 아니라 세손이 자리 잡고 있었다. 1월에 임금은 세손의 성균관 입학식과 성인식成人式인 관례冠禮를 준비하라고 신하들에게 일렀다. 입학과 관례를 치르고 나면 하나의 성인이므로 혼례婚禮가 가능하다. 세손의 입학식은 3월 10일에 성균관에서 거행되었다. 세손으로부터 가르침을 요청받는 박사博士[13]는 홍문관 대제학(정2품) 김양택(金陽澤; 김장생 후손)이 맡았다. 세손은 입학식이 끝나면 궁으로 돌아와서 강서원에서 교육을 받는다.

세손의 관례는 3월 18일에 경희궁 경현당景賢堂에서 거행되었다. 일반 선비들은 15세에 관례를 치르도록 했으나, 왕실에서는 이보다 빨리 거행하는 것이 관행이었다. 어른이 되려면 머리에 상투를 틀고,

---

13 박사는 원래 성균관의 정7품 벼슬아치를 말하는데, 입학식 때의 박사는 그런 뜻이 아니고, 세자의 스승이라는 뜻이다.

모자를 갓으로 바꾸며, 옷도 어른 옷으로 바꾸고, 자字를 지어줌으로써 어른의 격식을 갖추게 한다. 이렇게 모자와 옷을 세 번 갈아입히는 것을 삼가례三加禮라고 부른다. 세손은 초가初加에 곤룡포袞龍袍를 입고, 재가再加에 강사포絳紗袍를 입고, 삼가에 면복冕服을 입었다. 그러고 나서 임금이 세손에게 술을 따라 주고, '형운亨運'이라는 자字를 지어 주었다. 관례를 주관한 주인은 종친인 장계군 이병李樑이었다.

세손의 입학식과 관례를 치르기 전인 1월 5일에 임금은 경희궁 경현당景賢堂에서 주강晝講을 하면서 세손을 옆에 앉히고 오랫동안 학문과 정치에 대해 토론했다. 임금이 먼저 물었다. "공功을 성취하는 것은 무엇을 뜻하는 것이냐?" 하니, 세자가 "사事와 업業입니다."고 대답했다. 임금이 다시 물었다. "무엇이 사事이고, 무엇이 공功이고, 무엇이 업業이냐?" 하니, 세손이 "사와 업은 모두 해야 할 도리입니다."고 대답했다. 임금이 "오직 하늘의 도道만이 크고, 오직 요堯 임금만이 그것을 본받았다고 하는데, 하늘은 높은 것이다. 어떻게 그것을 본받았는가?"라고 물으니 세손이, "요 임금은 바로 성인聖人이며, 성인으로서 지극한 경지에 나아갔기 때문에 하늘과 덕이 합쳐졌으니, 스스로 그것을 본받은 것입니다."라고 대답했다. 임금은 놀라서 말하기를, "열 살 된 아이의 견해로는 이 정도 되기가 참으로 어렵다."고 칭찬했다.

임금과 세손의 토론은 계속 이어졌다. 그 가운데 몇 개만 추려서 소개한다.

> 임금,   신하가 많아야 정치를 할 수 있는가?
> 세손,   신하가 적더라도 임금이 훌륭하고 신하가 현명하면 정치를 할수 있습니다.

임금, 부인婦人도 정치를 도울 수가 있는가?

세손, 부인이라도 현명하면 정치를 도울 수 있습니다.

임금, 어진 이를 불러오는 것이 어렵겠는가? 쉽겠는가?

세손, 몸소 어진 덕을 행하면서 어진 이를 오게 한다면 쉬울 것입니다.

임금, 순舜 임금에게는 다섯 사람의 신하가 있었는데, 오직 다섯 사람만
있었던 것은 무엇 때문인가?

세손, 다섯 사람은 가장 어진 사람만 말한 것입니다.

임금, 어진 사람이 늘 좌우에 있어 너에게 게을리하거나 하던 일을 버려두
지 말라고 하면 고달프지 않겠는가?

세손, 어진 사람이 저로 하여금 어질게 하려고 하는데, 그의 말을 들어야
만 보탬이 있을 것입니다.

임금, 순 임금과 주나라 무왕武王은 하늘처럼 높아서 미칠 수 없겠는가?

세손, 비록 높다 하더라도 힘써 행하면 이를 수 있습니다.

임금은 여러 강관講官들을 앞으로 나오라고 명하고 일렀다. "지금
세손을 보니 진실로 성취한 효과가 있다. 한없이 많은 일 가운데 이
보다 나은 것은 없으니, 3백 년의 명맥이 오직 세손에게 달려 있다."
고 말했다. 또 세손에게 이르기를, "게을리하거나 하던 일을 버려두
지 말고, 거울 같은 마음을 더럽히지 말며, 구슬처럼 맑은 자질을 더
럽히지 말라. 만약 오늘 토론한 말을 저버린다면 할아버지를 저버리
는 것이며, 하늘을 저버리는 것이다."라고 당부했다.

여기서 3백 년 종사의 명맥이 오직 세손에게 달려 있다는 말은 세
손이 종사의 후계자임을 선언한 것과 다름이 없었다. 《한중록》을 보
면, 임금은 세손을 굳게 믿고 세손에게 나라를 맡기겠다는 말을 경
연석상에서 자주 했다고 한다. 그런데 세자는 임금이 경연에서 한
말을 매번 예문관 사관(史官; 翰林)을 시켜 적어 오게 하여 읽어 보았

다. 그래서 혜경궁은 사관이 임금의 연설筵說을 써 가지고 오면, 세손에 관한 임금의 말씀을 고쳐서 세자에게 전달하라고 내시에게 이르고, 자신이 직접 내용을 고치기도 했으며, 아버지 홍봉한에게 부탁하여 내용을 바꾸기도 했다. 만약 세자가 세손에게 나라를 위탁하겠다는 임금의 말을 읽으면, 세손에게 어떤 위해危害가 가해질지 모른다고 여겨 그렇게 한 것이었다. 하지만, 세자는 기어코 그 글을 읽어 보았다.

세자는 이제 자신이 후계자가 된다는 기대를 완전히 접고, 왕명을 거역하는 행동을 거침없이 행하기 시작했다. 하지만 임금은 세자에 대해서는 이미 관심을 끊고, 세손 교육에 더욱 열을 올렸다. 2월 19일에는 강서원의 좌유선(左諭善; 종2품)에 서지수徐志修를 임명하고, 우유선右諭善에 홍문관 대제학 김양택金陽澤을 임명했다.

그러면, 세자는 이해를 어떻게 보냈는가? 새해에도 세자는 임금에게 문안을 드리지 않았다. 학문과 정사도 거의 폐하고 오직 약방의 신하들을 만나 진찰을 받는 것을 일상화했다. 그러나 세자의 병은 정치적 좌절감에서 생긴 병이니 약으로 다스린다고 고칠 병이 아니었다. 임금이 약방 의관들을 자주 보낸 것은 어쩌면 세자의 심리상태와 동태를 살피기 위한 것이었다. 신하들은 하루 속히 임금께 문안을 드려야 한다고 촉구하고, 서연을 열고 정사를 돌보라고 재촉했다. 하지만 아무 소용이 없었다.

3월 27일에 신하들이 세자를 찾아가 임금에게 문안드리는 예를 갖추라고 촉구하자, 세자는 치통齒痛과 두통頭痛, 그리고 복부腹部가 땅기는 병 때문에 기동할 수가 없다고 말했다. 그러면서 연(輦; 뚜껑이 열려 있는 가마)을 타고 가는데 누워서 가겠다고 했다. 그리하여 세자가 진현進見하겠다는 뜻을 임금에게 알리자 임금은 "조리한다고 하면서

오는 것은 내가 마음에 쓰인다. 오지 말라."고 말했다. 그러자 신하들은 이미 세자가 떠났다고 거짓으로 아뢰었다. 임금은 그 소식을 듣고 말하기를, "지금 강관講官의 말을 들으니 다만 입직한 당상관(정3품)과 낭청(5~6품)을 거느리고 왔다고 하는데, 행동이 이상하다. 장차 도하都下의 인심을 소란스럽게 하려는 것인가? 승지 박사눌(朴師訥; 반남박씨)과 시강원 사서司書 이창임(李昌任; 전주이씨)이 한 번도 알리지 않고 흐릿하게 영令을 받들었으니 이들을 파직하라."고 명했다. 그리하여 세자의 진현은 실현되지 않았다.

세자는 임금이 오지 말라기를 기대하면서 간다고 말했고, 임금은 세자가 오고 싶지 않으면서 거짓으로 무례한 태도로 온다고 말하여 민심을 흔들고 있다고 여겼다. 임금과 세자는 서로 신경전을 벌이면서 만나지 않았다.

이 사건이 있은 지 닷새 뒤인 4월 2일에 돌연 세자는 서울에서 사라졌다가 4월 22일에 돌아왔다. 20일 동안 행방불명이 된 것이다. 나중에 알고 보니, 몰래 내시를 데리고 말을 타고 평안도에 유람하고 온 것이 드러나 조정이 발칵 뒤집어졌다. 몸이 아파 가마를 탈 수도 없다고 하던 세자가 말을 타고 천 리 길을 다녀온 것이다. 궁중의 내시들은 처음부터 알았고, 몇몇 대신들도 뒤늦게 그 일을 알았으나 아무도 임금에게 알리지 않았다. 하지만 세자가 잠행했다는 소문은 이미 널리 퍼져 있었다.

《한중록》을 보면 세자가 평안도를 유람지로 선택한 것은 이유가 있었다. 세자의 여동생인 화완옹주和緩翁主의 시삼촌인 정휘량(鄭翬良; 연일정씨)이 평안도 관찰사를 맡고 있었으므로 정휘량이 자신의 미행을 임금에게 알리지 못할 것을 알고 평안도를 선택한 것이다. 그런데 정휘량은 소론계 인사였다.

또 뒷날 정조는 세자가 평안도에 다녀온 것은 유람을 위해서가 아니라 변란을 진압하기 위해서였다고 말하고 있다.[14] 그러나 그 당시 평안도 지역에서 변란이 일어난 일은 없었다. 변란을 진압하고자 했다면 군사를 데리고 갔어야 하지만 그렇지도 않았다. 아버지의 비행을 감추려는 아들의 효심에서 그렇게 말한 것이다.

세자가 궁을 떠날 때 내시 유인식柳仁植은 세자의 유람을 만류했다가 세자에게 맞아 죽었다. 그러나 내시 박문흥朴文興은 세자를 따라 유람여행을 함께 했다. 세자는 박문흥을 위해 동대문 밖에 초가집을 지어 주기도 했다. 세자는 돌아올 때 5명의 기생妓生을 데리고 왔다. 또 안암동에 사는 가선假仙이라는 여승女僧을 궁으로 데리고 와서 살았다. 임금은 이 사실을 알고, 장차 여승의 아들이 왕손으로 들어와서 임금에게 문안할 터이니 나라가 망하지 않을 수 없다고 격노했다. 뒤에 임오화변이 일어나자 임금은 여승과 기생들, 그리고 세자를 나쁜 길로 인도한 내시 박필수朴弼燧 등을 모두 죽였다.

그런데 이 사건을 처음으로 들고 나와 문제를 삼은 것은 성균관 유생들이었다. 4월 22일 성균관 유생들이 시중에서 떠도는 소문을 듣고 세자에게 유람을 경계하라는 글을 올렸는데, 이런 내용이었다.

> 저하께서 강독講讀을 치워 버린 지 이미 오래 되었으며, 강관講官을 접견하지 않은 지도 역시 오래 되었습니다. 그런데 평상시 좌우에서 모시는 사람은 환관이나 액속(掖屬; 궁중의 잡일을 처리하는 액정서의 별감)들뿐이니, 반드시 말을 달리며 사냥하는 것으로 인도하는 자가 있을 것이고, 반드시 재화를 늘리며 음악과

---

14 정조 15년에 양주 배봉산 자락에 있던 사도세자의 무덤 영우원永祐園을 수원 화산花山 자락으로 옮겨 이름을 현륭원顯隆園으로 바꾸었다. 이때 정조는 〈천원지문遷園誌文〉을 직접 써서 사도세자의 일생을 기록했는데, 세자가 비행을 저질렀다고 알려진 평안도 잠행과 모역사건을 모두 거짓이라고 썼다.

여색으로 인도하는 자가 있을 것이고, 반드시 드나들고 유람하는 것으로 인도하는 자가 있을 것입니다.

그러니까 유생들은 세자를 나쁜 길로 인도한 방조자들이 있을 것이므로 이들을 찾아내어 처벌해야 한다고 주장한 것이다.

4월 28일에는 사헌부 장령 이보관(李普觀; 용인이씨)이 세자의 놀이와 유람을 책망하는 글을 올리고, 같은 날 한성부 사학四學의 유생들이 임금에게 문안을 드리지 않는 세자의 불효를 책망하는 상소를 올렸다.

사태가 점점 커져 가자 세자의 장인 우의정 홍봉한洪鳳漢은 세자를 찾아가서 학문과 정사를 성실하게 한 뒤에 임금을 만나 뵈라고 일렀다. 지금 당장 임금을 뵈면 노여움이 폭발하여 어떤 처분이 내려질지 모르니, 임금의 노여움이 조금 진정된 뒤에 만나라는 뜻이었다.

그러나 5월 2일에는 유선諭善 서지수徐志修가 세자를 만나 책망하고, 5월 8일에는 성균관 대사성 서명응徐命膺이 글을 올려 세자의 잘못을 숨기려 하지 말고 뉘우치고 하루 빨리 임금에게 진현할 것을 촉구했다. 천 리 길을 말을 타고 달려온 체력인데, 어찌하여 병을 핑계 대고 지척에 있는 임금을 뵙지 않느냐고 꾸짖었다. 그리고 세자를 미혹시킨 내시들이 있을 것이니, 이자들에게 벌을 내리라고 말했다.

그 뒤로 강관과 언관들이 잇달아 세자를 책망하면서 학문과 정사에 힘쓰라고 진언하는 글을 올렸는데, 홍봉한과 강관들은 그래도 세자를 보호하려는 생각에서 먼저 성실성을 보이고 나서 임금을 진현하라고 청했으나, 서명응과 그밖에 장령 윤재겸(尹在謙; 파평윤씨)을 비롯한 언관들은 세자의 유람을 방조한 자들을 모두 색출하여 처벌하라고 세자에게 다그쳤다.

세자는 5월 17일에 종묘에 나아가 참배한 뒤에 경희궁으로 가서 임금에게 문안을 드리고 나서 창덕궁으로 돌아와 정성왕후의 혼전인 휘령전에 가서 참배했다. 임금은 세자의 서행西行 사건을 이미 소문을 통해 알고 있었으나 짐짓 모른 체했다.

다음날[5월 18일] 홍봉한은 임금을 뵙고, "어제 세자가 진현했을 때 성상께서 보신 바가 어떻습니까?" 하고 여쭈어 보았다. 임금이 이 사건을 알고 있는가를 떠보기 위함도 있었을 것이다. 임금이 "조용히 보았더니 작년과는 조금 달랐으며, 살이 찐 피부의 비대함이 지난날과는 같지 않았다."고 대수롭지 않게 말했다. 임금이 세자를 본 것은 1년이 넘었으니 세자의 모습이 달라져 보였을 것이다. 전보다 몸이 비대해진 것이다. 다음날인 5월 19일에는 혜경궁과 세손이 경희궁에 가서 임금께 진현하고 창덕궁으로 돌아왔다. 임금은 이미 마음속으로 세자를 버린 상태여서, 결정적인 계기가 생기면 내칠 생각을 품고 있었기에 참고 있었던 것이다.

이해 6월에 이르러 세자는 학질에 걸려 거의 매일 진찰을 받고 약을 복용했으며, 임금도 복병腹病이 생겨 정양하면서 보내 겉으로는 큰 탈이 없이 여름 한철을 보냈다.

그러나 세손의 교육에 대한 관심은 한시도 늦추지 않았다. 이해 8월 23일에 유선諭善 박성원朴聖源이 시골로 은퇴하겠다고 하자 그를 추고推考하라고 명하고, 또 전 참의로서 송준길宋浚吉의 후손인 송명흠宋明欽을 유선으로 데려오라고 신하에게 명했다.

8월 25일에는 세손에게 질문하는 글을 직접 써서 강서원의 관원에게 주어 세손에게 전달하라고 명했다. 그 질문의 요지는 "너는 장차 나의 미치지 못하는 부분을 어떻게 도와주겠는가? 나는 부모에 대한 효孝도 못하고, 형님[경종]에 대한 제悌도 하지 못했다. 어떻게 하면 이 미치지 못한 부분을 도와주겠느냐?" 하니, 다음날 좌찬독左贊讀

윤면헌(尹勉憲; 파평윤씨)이 세손의 답변을 듣고 와서 아뢰었다. "세손이 한참 머뭇거리다가 대답하기를, '침소寢所에 문안하고, 수라상을 살펴보는 것을 예禮로서 하며, 대조(大朝; 임금)께 근심을 끼쳐 드리지 않는다면 거의 부응할 듯합니다.'라고 했습니다." 하니, 임금이 무릎을 치면서 감탄하여 말하기를, "이 대답이 기특하도다. 기쁘게 해 주겠다고 하지 않고, 근심을 끼치지 않게 하겠다고 했다니, 어찌 좋은 일이 아니겠는가?"라고 했다. 이렇게 세손에 대한 이야기가 나오면 임금은 근심 걱정을 잊었다.

날씨가 서늘해진 9월 16일에는 임금이 경희궁 경현당景賢堂에 나가서 주강晝講을 했는데, 《중용中庸》을 강독했다. 이때 세손을 옆에 앉히고 여러 가지 일을 문답했다. 이를 간추려 소개한다.

임금, 상常이란 무엇이냐?
세손, 응당의 뜻입니다.
임금, 지나치게 먹고, 지나치게 자는 것도 상常이라고 하겠는가?
세손, 먹을 때를 만나 먹고, 잘 때를 만나 자야 할 것이니, 지나치면 상도常道가 아닙니다.
임금, 천지 사이에 태어나서 누가 능히 천성天性을 따르는가?
세손, 사람마다 모두 천성이 있으니, 모두가 따를 수 있습니다.
임금, 잘 대답했다. 잘 대답한 것이 이보다 나을 수는 없다. 무엇으로 교敎를 삼는가?
세손, 수련修鍊하는 것이 곧 교가 됩니다.
임금, 하늘이 명命한 바를 어찌하여 아는가?
세손, 사람이 처음 태어날 때 품부받은 것이 상도常道이기 때문에 명命이라고 한 것입니다.

이상은 《소학》의 내용을 가지고 문답한 것이다. 임금이 다시 강관

講官에게 명하여 《중용》의 뜻을 설명하게 하니, 시독관侍讀官 엄린嚴璘이 "중용中庸의 도道는 혼자 있을 때 삼가는 데 있으니, 항상 마음을 속이지 않는 것을 힘써야 합니다."고 설명했다. 임금이 세손을 보고 "유신儒臣이 설명한 것을 알아듣겠는가?"고 물으니, 세손이 "어떤 일을 행하는데 남이 알지 못하게끔 하는 것이 곧 속이는 것이요, 이와 같지 않으면 속이지 않는 것입니다." 하니, 임금이 "잘 대답했다. 네가 거처하는 당호堂號는 무엇이냐?" 하니 세손이 "근독합謹獨閤입니다."고 대답했다. 임금이 다시 "너는 반드시 방심(放心; 마음이 흐트러짐)을 수습하라. 네가 만약 옳지 않은 짓을 하고도 남에게 알리지 않는다면 이는 속이는 것이다. 숨기는 것만큼 잘 나타나는 것이 없으며, 작은 것일수록 더 잘 드러난다. 그 이유가 무엇이냐?" 하니 세손이 "그 폐肺와 간肝을 보는 것 같다고 하는 것이 이것에 가깝습니다." 임금은 "잘 대답하고 잘 인용했다."라고 칭찬하고 문답이 끝났다.

그런데 9월 20일에 이르러 그동안 감추어져 왔던 세자의 평안도 유람사건을 드디어 임금이 문제 삼고 나섰다. 임금이 5~6월의 《승정원일기》를 가져오라고 명하고, 세자에게 올라온 글을 조사해서 아뢰라고 승지 이현중(李顯重; 한산이씨)에게 말했다. 이현중이 "대단하게 말한 것이 없습니다."라고 거짓말을 했다. 임금이 "과연 없는가?"고 되묻자, 이현중이 "없습니다."고 하니 임금이 소리를 높여 "분명히 없던가?"고 소리쳤다. 이현중이 눈물을 흘리면서 "지척의 앞자리에서 신이 과연 속였습니다."고 하니, 임금이 "읽으라."고 명했다. 이현중이 "비록 죽는 한이 있어도 읽지 못하겠습니다." 하니, 임금이 드디어 《승정원일기》를 직접 가져다가 서명응徐命膺이 세자에게 올린 글을 읽어 보고 "잘했다."고 칭찬했다.

다음날인 9월 21일, 임금은 그동안 세자의 비행을 감싸고 있던 좌의정 홍봉한洪鳳漢을 해직시켰다. 임금은 또 사헌부 장령 윤재겸尹在 謙이 올린 글을 보고, 그 글에 보이는 내용 가운데 세자가 동대문 밖 에 초가를 지었다는 말이 무엇인지를 홍봉한에게 캐물었다. 홍봉한 은 세자에게 가서 물어보고 돌아와서 임금에게 이렇게 보고했다. "동 대문 밖에 지은 초가草家는 관료들과 유생들에게 주는 종이를 팔아 비용을 만들어 내시 박문흥朴文興을 위하여 지은 것이고, 평안도 여 행은 4월 2일에 출발하여 22일에 돌아왔으며, 대궐에 머물러 있던 내 시 유인식柳仁植은 이미 세자에게 맞아 죽었고, 따라간 내시는 박문 흥朴文興과 김우장金佑章입니다."라고 보고했다.

임금은 글을 숨겨둔 승지 이정철(李廷喆; 전주이씨)과 송형중(宋瑩中; 여산송씨), 그리고 그때 20일 동안 입직했던 8명의 승지들을 모두 파면 시키고, 그때 시강원에 입직했던 시강원 보덕輔德 유사흠(柳思欽; 진주 유씨), 문학 정창성(鄭昌聖; 온양정씨), 겸문학 엄린嚴璘을 모두 면직시켰 으며, 내시 서태항徐泰恒, 오윤항吳允恒, 박문흥, 김우장과 그날 당직 을 섰던 별감 등을 모두 귀양 보냈다. 그리고 세자의 유람을 만류했 다가 맞아 죽은 유인식柳仁植을 불쌍하게 여겨 구휼하는 은전恩典을 베풀었다. 그리고 나서 이 일은 깨끗이 마무리되었으니, 앞으로 어떤 논의도 받아들이지 않겠다고 언명했다.

임금이 특별히 세자를 불러 꾸중하지 않은 것은 여러 가지 이유가 있는 듯했다. 이미 세손에게 권좌를 넘기려는 마당에 세자에 대한 미 안함도 없지 않았을 것이고, 세자를 더 이상 자극하지 않는 것이 좋 다고 판단한 듯하다. 또 세손이 아직 혼사婚事를 치르지 않은 상태에 서 만약 세자를 죽이는 처분을 내리기라도 하면 혼사를 치르기 어렵 다는 것을 알고 세손의 혼사를 치른 뒤에 세자를 처분하기로 마음먹 은 듯하다. 세자의 서행西行에 사랑하는 딸 화완옹주의 시삼촌인 정휘량鄭翬良이 평안도 관찰사로서 세자의 여행을 눈감아 준 것도 다스리기 어려웠을 것이다. 정휘량을 다스리면 화완옹주도 무사하기 어렵다. 그래서 4월에 일어난 사건을 9월에 가서 문제삼아 조용히 마무리한 것은 후유증을 최소화하려는 배려 때문으로 보인다.

그러나 세자는 9월 25일에 시민당時敏堂 앞뜰에 엎드려 대죄하고, 음식을 끊었다가 신하들의 요청을 받아들여 음식을 줄이는 것으로 바꾸었다. 10월 4일에 임금은 오히려 세자를 부드럽게 회유晦諭하는 글을 써서 승지에게 보냈다.

10월 9일에 임금은 세자가 경희궁에 와서 진현進見하는 것을 허락하고, 신하들과 상참常參, 차대次對, 서연書筵하는 일을 규례대로 하라고 부드럽게 타일렀다. 세자의 마음도 전보다 안정되고 정사政事에 정상적으로 임했다. 하지만, 세자의 속마음은 이미 자신에게 닥쳐올 운명을 어둡게 예견하고 있었다. 임금도 세자를 제거할 뚜렷한 기회와 명분을 찾고 있었던 것으로 보인다.

《한중록》을 보면, 9월에 임금이 이 일을 다스릴 때, 세자와 혜경궁이 나눈 의미심장한 대화가 실려 있어 눈길을 끈다. 세자는 혜경궁에게 "아마도 무사하지 못할 것 같다. 이 일을 어찌할꼬?"라고 걱정했다. 혜경궁은 "설마 어찌하시겠습니까?" 하고 위로했다. 그러자 세자는 "임금이 어찌 그리하실까? 세손은 귀하게 여기시는데, 세손이 있는 이상 내가 없다 한들 크게 상관을 하시겠는가?"고 말했다. 이 말은 임금이 자신을 버리고 세손을 후계자로 만들 것이라는 뜻이다. 혜경궁은, "세손은 마누라의 아들입니다. 부모와 자식은 화복禍福이 같습니다. 어찌하겠습니까?"라고 말했다. 이 말은 세손이 잘되면 부모에게도 좋은 일이니, 현실을 받아들이자는 뜻이다. 그러나 세자는 그 말에 동의하지 않았다. "자네는 생각을 못하네. 나를 몹시 미워하여 일이 점점 어려운데, 나를 폐하고 세손을 효장세자孝章世子의 양자로 삼으면 어찌하겠나?"

혜경궁은 이 대목을 기록하면서, 세자가 죽은 뒤에 실제로 영조가 세손을 세자의 이복형인 효장세자孝章世自의 아들로 입적시킨 사실을 상기하고, 당시 자신의 운명을 명확하게 예견하고 있었던 세자의 총명함에 놀라움을 표시했다. 실제로 영조가 세손을 효장세자의 아들로 입적시킨 처분은 세손 정조와 혜경궁에게는 씻기 어려운 한恨이 되었다. 오죽했으면 정조가 즉위하던 첫날, "나는 사도세자의 아들"이라고 선언했겠는가. 아버지의 죽음도 한이 맺혀 있는데, 아버지로 부르지도 못하면서 15년 동안을 살아 왔으니, 그 설움이 오죽했겠는가.

이해 10월에 들어와서 세손에게는 또 하나의 경사慶事가 일어났다. 이미 3월에 입학식과 관례를 치러 어엿한 성인이 된 세손은 혼사婚事를 위한 세손빈의 간택揀擇에 들어갔다. 초간택과 재간택을 거쳐 마지막 삼간택三揀擇은 12월 22일에 경희궁 흥정당興政堂에서 거행하여 청풍김씨 김시묵金時黙의 딸(1753~1821)로 정했다. 그는 노론에 속했으며, 사도세자와는 사이가 좋지 않았던 인물이다. 간택할 때 처자處子에게 풍성하고 사치한 옷은 입지 못하게 하여 단정한 모습으로 오라고 명했다. 이때 세자와 혜경궁이 세손빈을 만나보고 창덕궁으로 돌아왔으며, 세손빈은 어의동於義洞 본궁15으로 가서 세손빈 수업을 받다가 12월 26일에 납채례納采禮16를 행했다.

그런데 《한중록》에는 세손빈 간택을 둘러싼 뒷이야기를 소개하고

---

15 어의동 본궁은 효종孝宗이 세자 때 살던 잠저로서 위치는 종로구 효제동 기독교회관 부근이다. 창경궁과 거리가 가까워 왕비나 세자빈이 간택되면 여기서 궁중예법을 배우다가 가례를 치렀다.

16 납채례는 신부의 집에 청혼서를 보내는 의식으로 육례 가운데 하나이다.

있는데, 그 이야기는 이렇다. 언젠가 홍봉한이 김시묵 집안의 회갑 잔치에 갔다가 그 집 처자를 보고 마음에 들었는데, 뒤에 후보자 명단인 〈처녀단자〉에 그의 이름이 보이자 세자가 그를 며느리로 선택했다고 한다. 그런데 삼간택하던 날 세자와 혜경궁이 세손빈을 만나려고 경희궁으로 갔는데, 임금이 세자의 모자에 붙인 옥관자玉冠子가 너무 크다고 하면서 "보지 말고 돌아가라."고 하여 며느리도 보지 못하고 돌아왔다가, 세손빈이 별궁으로 가는 길에 비로소 만나 보았다고 한다. 영조의 엄격함이 도를 지나쳤다고 하겠다. 그런데 《영조실록》에는 이런 비화秘話를 기록하지 않았다.

이해 말까지 세자의 학문과 정사는 형식상으로는 날짜에 맞추어 이루어지고 있었다. 그러나 11월 10일에 홍문관에서 올린 글을 보면, "지금 저하께서 비록 날마다 서연을 열어 경전을 토론하시지만, 환관이나 나인, 액속들과 만나는 일이 강관講官을 만나는 때보다 항상 더 많으며, 비록 자주 차대次對를 행하여 서무를 자문하시지만, 놀이기구와 음식에 대한 욕심이 깊은 궁중에서 쉽게 일어나고 있습니다."라고 하여 세자가 궁액들과 너무 자주 만나거나 놀이기구 또는 음식을 탐하지 말라고 경계했다.

2월 말 무렵 세자는 화완옹주를 처소에 강제로 데려다 놓고
잔치를 벌였다. 이해 3월에도 어찌할 바를 모르고 지냈고,
4월과 5월에 이르자 자신의 처소를
마치 장례식을 치르는 상갓집처럼 꾸미기 시작했다.
땅속에다 세 칸짜리 집을 무덤처럼 만들고,
하늘을 향해서 문을 내고 드나들었다.
널빤지와 띠를 덮어 밖에서 보이지 않게 만든 집 안에서
옥등을 켜고 앉아 있었다.
주변에는 명정처럼 생긴 새빨간 깃발을 세워 놓았다.
자신을 죽은 사람처럼 만든 것이다.

제5장

임오화변, 세자의 죽음

1. 영조 38년(1762) 2~4월
―세손의 가례와 회강

영조 38년(1762)은 영조의 나이 69세, 세자의 나이 28세, 세손의 나이 11세가 되는 해였다. 이해 윤5월 13일에 세자는 뒤주에 갇히고, 8일 뒤에 한많은 생애를 마감했다. 그러면 이해 세자가 죽기 이전에 어떤 일이 있었던가?

지난해 4월에 몰래 평안도에 다녀온 사건이 있었지만 임금이 이 사건을 조용히 처리하고, 이해 연말에 세손의 가례를 준비하고 있었음을 소개했다. 그리하여 12월 22일에 삼간택을 하여 청풍김씨 김시묵의 딸을 세손빈으로 정하여 별궁인 어의궁으로 들여보내 왕실예절 수업을 받게 했던 것이다.

이렇게 세손빈이 지난해 말 간택되었으므로 이때부터 육례六禮를 따라 가례(嘉禮; 혼사)가 차례로 진행되었다. 먼저 신부 집에 청혼서를 보내는 납채례納采禮는 지난해 12월 26일에 거행했다. 신부 집에 예물을 보내는 납징례納徵禮는 해를 넘겨 영조 38년(1762) 1월 3일에 거행하고, 혼사 날짜를 알리는 고기례告期禮는 1월 7일에 거행했으며, 세손빈을 정식으로 책봉하는 교명敎命을 가져다주는 책빈례冊嬪禮는 1월 8일에 거행했다. 임금이 세손에게 훈계를 내리는 초계례醮戒禮는 2월 2일 경희궁 경현당에서 거행했는데, 이 자리에는 세자도 참석했다.

초계례를 마치자 세손은 신부가 있는 어의궁에 가서 생 기러기를 놓고 신부와 맞절을 나눈 다음 궁으로 신부를 데리고 들어오는 친영례親迎禮를 행했다. 궁으로 들어온 11세의 신랑과 10세의 신부는 오후 4시쯤 경희궁 광명전光明殿에 가서 술과 음식을 함께 나누는 동뢰

연同牢宴을 거행했다. 이로서 육례는 끝났다.[01]

다음날인 2월 3일, 세손 부부는 광명전光明殿에 가서 임금과 왕비에게 아침 인사인 조현례朝見禮를 올리고, 이어 세자와 혜경궁에게도 조현례를 드렸다. 그러고 나서 2월 7일에 다시 청덕궁, 창경궁으로 돌아왔다. 세자와 혜경궁은 이보다 앞서 2월 3일에 조현례가 끝나자 바로 창덕궁, 창경궁으로 돌아왔다.

영조는 원래 왕실 혼사가 너무 사치스러운 것을 막고자 일찍이 재위 25년(1749)에 박문수(朴文秀; 고령박씨)를 시켜《국혼정례國婚定例》라는 책을 편찬했다. 여기서 왕실의 혼사를 대폭 간소화하도록 규정했다. 영조의 정책 가운데 가장 중점을 둔 것의 하나는 바로 왕실생활의 검소함이었는데, 그것은 백성의 부담을 줄이기 위함이었다. 그래서 세손의 혼사도 당연히 이 원칙을 따라 간소하게 치렀고, 2년 전에 임금이 정순왕후와 가례를 치를 때도 마찬가지였다.

이해 1~2월은 세손의 가례를 치르느라 임금과 세자 사이의 갈등도 잠잠해졌다. 혼사에는 당연히 세자 부부가 참석해야 하는데, 이런 상황에서 임금과 세자가 싸울 수는 없는 일이었다. 그래도 세자는 대리청정의 일을 수행했는데, 정사를 처리한 것은 거의 없고 주로 약방藥房의 신하가 들어와서 진찰하는 일이 더 많았다. 꼭 집어낼 만한 특별한 병도 없이 수년 동안 세자는 약방의 진찰만 받으면서 살아온 것이다. 하지만 무슨 병이라는 진단도 없었고, 무슨 약을 썼는지도 알려진 바 없다. 세자의 병은 마음의 병이므로 의약으로 치료할 수 있는 병이 아니었기 때문이다.

---

[01] 정조의 가례에 관해서는《정조효의후가례청의궤正祖孝懿后嘉禮廳儀軌》에 자세한 내용이 기록되어 있다. 이 책에 대한 자세한 설명은 한영우,《조선왕조 의궤》(일지사, 2005) 324~325쪽 참고.

그러나 세자는 항상 자신이 학문과 정사에 성실하지 못한 이유를 병을 핑계 대고 있었고, 임금도 세자의 모든 불성실과 비행을 가능한 한 병 탓으로 돌리려는 생각을 가지고 있었기에 이런 모호한 병 치료가 10년 이상이나 지속되어 왔던 것인데, 특히 세손이 10세가 된 뒤로 더욱 심해진 것이다.

세손의 가례가 끝난 뒤에 세손에 대한 임금의 관심과 사랑은 더욱 증폭되었다. 그에 비례하여 세자에 대한 관심은 더욱 멀어졌다. 아니, 임금은 이제야말로 세자를 처분할 때가 왔다고 마음먹은 것으로 보인다. 다만, 세자를 처분할 뚜렷한 명분을 찾고 있었을 뿐이었다.

3월 29일 임금은 경희궁 경현당景賢堂에서 세손과 더불어 회강會講에 참석했다. 임금은 《대학》을 강하고, 세손은 《소학》을 강했다. 하지만 임금은 《대학》에 대한 질문을 세손에게 던지면서 토론했다. 11세 된 세손의 학문이 어느 수준이었는지를 알아보기 위해 그 토론 내용을 소개한다.

임금,　《대학》에 격물格物, 치지致知, 성의誠意, 정심正心, 수신修身, 제가齊家, 치국治國, 평천하平天下 등 여덟 가지 조목이 많은데, 반드시 '수신'을 근본으로 삼아야 하는 것은 왜 그런가?

세손,　먼저 내 몸을 수양한 뒤에야 치국과 평천하를 할 수 있기 때문입니다.

임금,　어떻게 해야 공자孔子의 도를 행할 수 있는가?

세손,　수신修身을 하면 행할 수 있습니다.

임금,　쉬운가? 어려운가?

세손,　착실히 공부하면 쉽습니다.

임금,　황제黃帝와 요순堯舜은 덕이 있어서 제위帝位에 올랐는데, 후세에는 덕이 없어도 제위에 오른 것은 왜 그런가?

세손,　그 사람 이외에 다른 사람이 없으면 등극할 수 있습니다.

임금이 가상히 여겨 감탄하기를, "과연 옳다. 내가 그 말을 듣고자 했는데 참으로 기특하다." 하니 여러 신하들이 모두 감탄했다. 임금은 토론을 계속했다.

임금, 성인聖人의 아들이 그 아비에게 미치지 못함은 왜 그런가?
세손, 부인이 잉태할 때 잘하지 못해서 그런 것입니다.
임금, 옳다. 오늘 말한 바를 너는 실천하고자 하는가?
세손, 아무쪼록 힘쓰겠습니다.

임금이 이날 많은 것을 물었고, 비록 덕德을 이룬 자라도 대답하기 어려운 것이 가끔 있었으나, 세손은 응대함이 메아리처럼 빨랐다. 임금은 이날 임금과 세손의 응답, 그리고 여러 신하들의 이름을 기록하여 책자로 만들어 궁 안으로 들이라고 명하고, 각기 입시한 신하들에게 한 벌씩 내렸다. 임금은, "뒤에 영화롭게 빛날 것이다."라고 말했다. 임금은 세손으로부터 제왕학을 다룬 《대학》의 뜻을 마지막으로 확인하고 그것을 기록으로 남긴 뒤에 왕위를 물려줄 것을 마음속에 품고 있었던 것이다.

이날 세손과 대화를 나눈 임금은 세손의 영특한 대답에 너무도 기뻤고, 입시한 신하들도 감탄을 금치 못했다.

임금은 다음날인 3월 30일에도 경현당에 나아가 또 세손에게 《대학》을 강하라고 명하고, 세손과 다음과 같은 문답을 나눴다.

임금, 소인小人이 군자君子를 보고 자신을 감추는 것은 어떤가?
세손, 잘못입니다.
임금, 어떻게 해야 좋은가?
세손, 처음부터 악을 행하지 않는 것이 좋습니다.

임금,　좋다.

다음에 임금은 세손이 《논어》 선진편 욕기장先進篇 浴沂章을 읽고, 또 《맹자孟子》 양혜왕 경시영대장梁惠王 經始靈臺章을 외우고 나자, 임금과 세손이 또 문답했다.

임금,　걸桀의 대臺나 문왕文王의 대臺나 다 같은데, 백성들의 향배가 어찌 이다지도 상반되는가?

세손,　백성들과 함께 즐기는 것과 혼자만 즐기는 것은 다릅니다.

임금,　요堯와 걸桀은 무엇이 다른가?”

세손,　자신을 수양하면 요 임금이 되고, 그렇지 않으면 걸이 됩니다.

임금,　요 임금과 걸의 마음은 무엇 때문에 달랐는가?

세손,　걸은 욕심을 따랐기 때문에 그렇게 된 것입니다.

임금,　너는 어떻게 해서 요 임금처럼 되겠는가?

세손,　마음을 굳게 정하면 요 임금처럼 됩니다.

임금,　어떻게 해야 마음을 굳게 정하는가?

세손,　수신修身하면 됩니다.

임금,　어떻게 해야 수신하는가?

세손,　천성天性을 따르는 것이 좋습니다.

임금,　임금이 굶주리는 것이 좋으냐, 백성이 굶주리는 것이 좋으냐?

세손,　임금과 신하가 모두 굶주리지 않는 것이 더욱 좋습니다.

임금,　이는 그렇지 않다. 임금은 비록 굶주리더라도 백성들이 굶주리지 않는 것이 더욱 좋다.

임금,　나라에 임금을 세우는 것은 임금을 위해서인가, 백성을 위해서인가?

세손,　군사君師를 세우는 것은 백성을 편안하게 하기 위해서입니다.

임금,　군사君師의 책임을 능히 한 사람이 누구인가?

세손,　요순 등 삼대(三代; 夏, 殷, 周)의 임금이 모두 그러했고, 삼대 이후에는 능한 자가 적었습니다.

임금, 　오늘 입시한 신하들은 모두 대대로 국록國祿을 먹은 신하인데, 어떤 이는 늙고, 어떤 이는 젊지만, 신하가 너에게 선善을 하도록 권하는 것은 모두 그들이 조상을 생각해서 그런 것이니, 너는 후일에 잊지 말아야 한다. 네가 비록 글을 잘하더라도 만약 조상을 잊거나 여러 신하를 홀대하고, 백성들을 돌보지 않는다면 참으로 무익하게 된다. 너는 모름지기 《소학》에서 보았겠지만, 한漢나라 무제武帝는 자신이 관冠을 쓰고 있지 않을 때에는 급암(汲黯; 충신)을 만나 보지 않고, 다만 그의 말만 받아들였다. 그만큼 신하를 예로써 대우한 것이다.

이날의 대담은 어제의 대담과 더불어 세손을 백성을 사랑하는 성인군주聖人君主, 곧 군사君師로 만들기 위한 교육이었으며, 세손은 11세의 어린 나이에도 군사가 될 자질을 임금에게 보여 주었다.

임금은 이틀 뒤인 4월 2일에도 아침에 갖는 경연[朝講] 때 세손을 옆에 앉히고 《대학》을 강했는데, 세손과는 《맹자》 양혜왕 편梁惠王篇의 뜻을 놓고 대담했다.

임금, 　제齊나라 선왕宣王이 좌우를 돌아본 것은 무엇 때문이냐?

세손, 　이는 자기의 죄를 인정하고 부끄럽기 때문에 대답을 못 한 것입니다.

임금, 　돌아보며 다른 말을 한 것은 무슨 뜻인가?

세손, 　만약 돌아보지 않는다면 다시 물을까 두려워서 그런 것입니다.

임금, 　백성이 풍족하면 임금이 누구와 더불어 부족하겠느냐는 말은 무슨 뜻이냐?

세손, 　백성이 풍족하면 나라는 저절로 풍족하게 됩니다.

임금, 　왕도王道를 행하는 것이 쉬운가?

세손, 　선왕宣王처럼 좌우를 돌아보지 않고 오직 인정仁政을 행한다면 왕도를 행할 수 있습니다.

임금, 　양혜왕편 호화장好貨章에서 호색好色하지 않는 자는 누구인가?

세손, 　어진 사람은 호색하지 않습니다.

임금과의 문답이 끝난 뒤에 강관講官과의 문답이 이어졌다.

강관, 　여색女色을 좋아하지 않고, 재물을 좋아하지 않은 임금은 누구입
　　　니까?
세손, 　우(禹; 하나라 임금) 임금과 탕(湯; 은나라 임금) 임금입니다.
강관, 　여색을 좋아하고 재물을 좋아한 임금은 누구입니까?
세손, 　걸桀과 주紂입니다.

이날 토론한 교재인 《맹자》는 백성을 임금보다 더 높이 보는 맹자의 민본사상民本思想이 담겨 있는 책으로 유명하다.

4월 10일에는 세손을 데리고 임금의 생모 숙빈 최씨 사당인 육상궁毓祥宮에 가서 절을 한 뒤에 돌아왔다. 세손에게 증조할머니에 대한 효심을 가르치기 위함이었다.

임금은 드디어 4월 25일에 세손의 회강會講을 거행했다. 회강이란 경연과는 달리 많은 신하들이 모인 자리에서 공개적으로 학문을 토론하는 행사인데, 세손에 대한 회강은 조선왕조에 들어와서 처음 있는 행사였다. 영조는 세손의 학문에 자신감을 갖고 여러 신하들 앞에서 이를 당당하게 보여 주어 후계자의 위치를 굳히려고 마음먹은 것이다. 그래서 이번 회강을 예문관의 한림(翰林; 史官), 승정원의 주서注書가 모두 기록하여 한 통은 궁 안으로 들이고, 한 통은 세손 교육기관인 강서원에 걸어두라고 명했다.

회강에서 영조와 세손이 주고받은 문답은 다음과 같다.

임금, 　나라를 세우기 어려움은 하늘을 오르는 것과 같고, 망하기 쉬운 것

은 털을 태우는 것과 같다. 《맹자》에서 "인욕人欲을 막아야 한다"고 하는 것과, 《예기》에서 "공경하지 않음이 없어야 한다"는 말은 그 근본이 모두 '인의仁義'라는 두 글자에 있다. 조선은 삼한을 통합하여 하나가 되어 혹시라도 강역에 일이 있게 되면 본토를 지키는 일 이외에는 다른 방도가 없다. 내가 반드시 수성守成하고자 하는 것은 우리 적자赤子를 버리고 다시 어디로 가겠느냐 하는 것이다. 일찍이 《남한일기南漢日記》를 보니, 성城에서 항복할 때 백성들이 울부짖으며 말하기를, "우리 임금이 어찌하여 우리를 버리는가?"라고 했는데, 내가 매양 이 구절을 읽고는 나도 모르게 눈물을 흘렸다. 지금 비록 금성탕지金城湯池가 있다 하더라도 …… 만약 뜻밖의 일이 있으면 지켜야 하겠는가? 그렇지 않아야 하겠는가?

세손, 　　나라를 지켜야 합니다.

임금, 　　나라를 지켜야 한다는 데에는 무슨 뜻이 있는가?

세손, 　　버려서는 안 되기 때문에 그렇습니다.

임금, 　　나라를 세운 것은 임금을 위해서인가? 백성을 위해서인가?

세손, 　　임금도 위하고, 또 조선을 위해서입니다.

임금, 　　그 대답이 옳으나 오히려 완전하지 않은 점이 있다. 그 본뜻은 백성을 위해서 세운 것이다. 너의 학문은 바로 박성원朴聖源의 힘이다. 스승을 존경하고 벗과 친애하는 것은 《소학》의 도리이다. 너는 후일 박성원을 존경하고 사랑하겠는가? 하늘이 임금을 세운 것은 그를 스스로 받들기 위함이 아니고 백성을 양육하기 위함이다. 민심을 한번 잃으면 비록 임금이 되고자 해도 되지 못하니 너는 백성을 두려워하기를 스승보다 더해야 한다.

영조가 세손에게 당부한 말은 한마디로, '임금은 백성을 위해서 존재한다'는 것과 '임금은 나라를 지켜 백성을 버리지 말라'는 것이었다.

5월 2일에 임금은 세손의 외조부 영의정 홍봉한을 만나 이렇게 말했다. "세손의 관대(冠帶; 모자와 허리띠)와 옷모습이 꼭 나와 같으니 참으로 귀엽다. 내가 백성들과 즐거움을 함께 해야 한다는 말로 가르쳤는데, 장래에 학문의 성취함이 어떠할지는 모르겠으나, 반드시 후덕한 군자君子가 될 듯하니 어찌 기특하지 않겠는가?"

홍봉한이 말하기를, "왕손이 이미 장성했으니, 마땅히 봉작封爵하는 일이 있어야 합니다."고 하니 임금이, "마땅히 전지傳旨를 내리겠다."고 말하고, 이어 세손 선생인 김이안(金履安; 안동김씨 김원행의 아들)에게 말하기를, "네 아비는 교목세신喬木世臣인데, 어찌 와서 나를 보지 않는가? 네가 가서 내 뜻을 전하라."고 명했다. 김원행은 김상헌金尙憲의 후손으로 학문으로 명성을 떨치던 인물이었다.

2. 영조 38년(1762) 5월 22일
—나경언 고변 사건

임금이 정초부터 5월 초에 이르기까지 세손 교육에 온통 관심을 쏟고 있을 때 세자는 어떤 처지에 있었는가? 우선 세손의 가례 때문에 경희궁에 다녀왔음은 앞에서 이미 설명했다. 하지만 대리청정을 위해 창경궁 시민당時敏堂에 나아가 의정부 대신과 비변사 당상을 만나는 차대를 몇 차례 행하고, 덕성합德成閤에 나아가 승지를 만나 공사公事를 처리하는 일을 여러 차례 했다. 그러나 대신과 언관들은 세자가 좀 더 학문과 정사에 적극적으로 임하지 않는 것을 책하는 글을 계속적으로 올린 것은 전과 다름이 없었다.

영조는 세자에 큰 관심을 보이지 않다가 5월 9일에 거행된 조강朝講 때 여러 신하에게 이번 단오날에 세자가 시강원 강관講官에게 글을 써서 내리고 강관이 답을 올린 글이 있다고 하는데, 그것을 가져오라고 명했다. 세자는 그 글이 임금의 책망을 들을까 두려워서 강관에게 고치게 하여 늦게 임금에게 올렸는데, 임금은 글을 고쳐 늦게 올린 강관들을 파직시켰다. 그러나 홍문관원 이미(李瀰; 덕수이씨 우의정 李壄의 손자)가 세자를 너무 억압하지 말고 따뜻하게 훈계하라고 청하자, 강관에 대한 파직을 철회했다.

그런데 그로부터 13일이 지난 5월 22일에 엄청난 사건이 터졌다. 형조판서 윤급(尹汲; 1697~1770; 해평윤씨 영의정 윤두수의 5대손)의 집을 지키는 청지기 일을 맡고 있던 나경언羅景彦이 세자의 비행을 열 가지로 정리하여 형조에 고발한 것이다. 그는 궁궐의 여러 잡일과 세자궁의 열쇠를 관리하는 액정서掖庭署 별감別監 나상언羅尙彦의 형이었다. 신분이 낮은 그가 세자의 비행을 낱낱이 글로 정리하여 고발한 것은 매우 이례적인 일로서 누군가 배후에서 도와준 세력이 있었다. 그 배후로 의심받은 사람은 영조의 계비인 정순왕후의 아버지 김한구金漢耉와 오라비 김귀주金龜柱를 비롯하여 영의정 김상로金尙魯, 홍계희洪啓禧, 윤급尹汲 등 이른바 노론 벽파로 알려지고 있었다.

나경언이 올린 글은 원문을 불태워 버려 그 전문을 알 수 없으나, 세자의 비행과 더불어 세자가 내시들과 결탁하여 모역을 꾀하고 있다는 엄청난 내용이 들어 있었다. 다만,《한중록》과《영조실록》을 보면 이 사건을 처리하는 과정에 세자의 비행으로 거론된 것들이 단편적으로 보이는데 가장 큰 것이 다음 네 가지 사건이다.

우선, 내시와 더불어 반역을 꾀하고 있다는 것이 가장 큰일이고, 다음에는 지난해 평안도에 몰래 다녀온 사건과 관련된 일이고, 세 번째는 내수사內需司와 사궁四宮의 재물이 부족하자 시전市廛 상인들의 재물을 빼앗은 일이다. 그리고 네 번째는 왕손 어미를 사랑하다가 죽인 일이다.

첫째, 세자가 반역을 도모하고 있다는 내용을 들은 영조는 크게 놀라 "변란이 호흡 사이에 있다."고 하면서 대궐문을 호위하도록 하여 도성의 민심이 들끓었다. 나경언 등을 심문한 결과, 세자의 배후에 서씨徐氏, 김씨金氏, 이씨李氏가 있다고 자백했는데, 서씨는 서명응徐命膺이고, 김씨는 호조의 서리 아들인 김유성金有聖인데, 이씨는 누구인지 모른다고 했다. 그밖에 우의정 윤동도(尹東度; 파평윤씨 尹舜擧의 증손)의 아들인 윤광유尹光裕도 거론되었다. 여기서 서명응과 윤동도는 모두 소론계 고관들로서 세자와 가깝고 임금의 총애를 받는 신하들이었다. 임금은 이들이 반역을 도모했다고는 믿지 않았다. 누구보다도 서명응은 세자가 지난해 평안도에 다녀온 일을 크게 꾸짖은 사람인데 이런 사람이 세자와 반역을 도모했다는 것은 있을 수 없는 일로 보았을 것이다.

임금은 세자와 소론을 해치려는 노론 벽파의 사주가 있을 것으로 짐작했으나 크게 문제 삼지 않았다. 왕비 정순왕후까지 관여될 수 있는 일이기 때문에 섣불리 손을 대지 않았다. 또 세자를 반역자로 몰고 가면 나라와 임금의 체면이 땅에 떨어지는 사태가 벌어지는 것도 큰 문제였다.

다음에 세자가 궁중을 빠져나가 평안도에 몰래 유람하고 돌아온 사건은 이미 지난해 9월에 임금 자신이 처리한 일이므로 새삼스러운 일이 아니었다.

그 다음 왕손의 어미를 때려죽인 일은, 앞에서도 나왔듯이 바로 지난해 세자의 후궁인 경빈 박씨景嬪朴氏를 죽인 일을 말한다. 이 일은 이미 임금도 당시에 알고 있었지만, 이를 다시 거론하면서 박씨가 강직한 성품으로 세자가 궁궐 밖으로 미행하기 위해 옷을 내달라고 할 때 이를 만류하다가 죽었다고 말했다.

끝으로, 내수사內需司와 사궁四宮의 재물을 보충하기 위해 시전市廛 상인의 재물을 빼앗았다고 했다. 세자가 옷, 무기, 음식 등에 낭비한 재물의 부족을 메우고자 별감을 시켜 물품을 바치게 했다는 것이다. 임금은 5월 24일 경희궁 흥화문에 나아가서 시전 상인들을 불러이야기를 들은 뒤, 선혜청 및 병조에서 그 빚을 갚아 주라고 명했다.

고변사건이 터지자 세자는 시민당 뜰에 엎드려 석고대죄했다. 영의정 홍봉한과 우의정 윤동도가 세자를 용서해 달라고 청하다 파직되었고, 나경언은 처형당했다. 임금은 세자에게 크게 실망했지만 이미 이 일들을 대강 알고 있었기에 진노하지는 않았다. 영조가 국사國事를 보지 않겠다고 한 것은, 홍봉한과 윤동도 등 세자의 편에 서 장래를 도모하려는 신하들을 염두에 둔 말이었다.

그러면, 나경언 고변사건은 왜 이 시점에 터졌을까? 세자의 행태에 별다른 언급이 없는 《영조실록》과 달리, 《한중록》을 보면 이해 2월경부터 세자는 거의 실성한 사람이었다. 2월 말 무렵 세자는 화완옹주를 처소에 강제로 데려다 놓고 잔치를 벌였다. 이해 3월에도 어찌할 바를 모르고 지냈고, 4월과 5월에 이르자 자신의 처소를 마치장례식을 치르는 상갓집처럼 꾸미기 시작했다. 땅속에다 세 칸짜리집을 무덤처럼 만들고, 하늘을 향해서 문을 내고 드나들었다. 널빤지와 띠를 덮어 밖에서 보이지 않게 만든 집 안에서 옥등玉燈을 켜고 앉아 있었다. 주변에는 명정銘旌처럼 생긴 새빨간 깃발을 세워 놓았다. 자신을 죽은 사람처럼 만든 것이다. 그러면서 잔치를 베풀어 화려한음식상을 차려놓아서 밤이 되면 그 음식들이 상 위에 가득 놓여 있고, 사람들은 모두 지쳐서 잤다.

또 맹인盲人들을 불러 점을 치게 하고, 말을 잘못하면 죽였다. 그밖에 의관, 역관, 액속들을 불러 놓고, 말을 듣지 않으면 병신이 될 정도로 때리거나 죽여서 여러 명의 시체를 지게에 지워서 궁 밖으로 내보냈다. 군사놀이에 사용하던 무기들과 말들도 땅속에 감추어 임금이 와서 보더라도 알지 못하게 했다.

세자의 이런 이상한 거동은 세자가 이미 죽음을 예견한 광태일 수도 있고, 달리 보면 모역謀逆을 준비한다는 의심을 받을 수도 있으며, 이 두 가지가 합쳐진 행동일 수도 있었다. 모역 자체가 죽음을 가져올 수도 있기 때문이다. 무기들을 감추어 놓았다거나, 맹인들을 불러 점을 치게 했다든가, 의관, 역관, 액속들을 불러 모아 잔치를 벌이고, 말을 듣지 않는 자들을 죽인 일은 모역을 준비하는 것으로 이해될 소지가 컸다.

5월 22일에 나경언이 세자가 내시들과 더불어 반역을 꾀하고 있다고 고발한 것은 바로 세자의 광태가 심각한 상태에 있을 때 일어난 것인데, 근거가 없는 말이 아니라는 것을 알 수 있다. 다만 세자를 제거하려고 마음먹고 있던 노론 벽파가 기회를 엿보고 있다가 세자가 모역을 준비하고 있는 듯한 정황을 포착하고 이때를 틈타 문제를 터뜨린 것이다.

3. 영조 38년(1762) 윤5월 13일~21일
─세자의 궁궐 침범과 죽음

나경언 고변사건이 일어난 그 다음 달인 윤5월 13일에 세자는 드디어 뒤주에 갇혔다가 8일 뒤인 윤5월 21일에 향년 28세로 숨을 거두었다. 이것이 임오화변壬午禍變이다.

임오화변이 일어난 그날의 현장을 이 책의 첫머리에서 자세히 설명했으므로 여기서는 되풀이하지 않겠다. 다만 이날 아침 생모인 영빈 이씨가 임금을 찾아가 세자에게 대처분을 내려 달라고 울면서 간청한 사실을 되새기면서 그 배경을 다시 한 번 간추려 보기로 한다.

영빈 이씨는 2월 말에 새로 시집 온 세손빈[손자며느리]을 만나보기 위해 5월 어느 날 경희궁에서 세자빈이 있는 창경궁으로 내려왔다. 그때 세자는 생모 영빈 이씨를 자신의 거처로 오게 하여 과일을 높게 쌓고, 인삼과人蔘菓도 준비하여 거나한 잔치상을 차려 극진히 대접하고, 어머니를 교자에 태워 후원으로 모시고 갔는데, 앞에는 큰 깃발을 세우고 음악을 연주하는 취타대吹打隊까지 동원하여 따르게 했다. 특별한 이유도 없이 이런 행동을 한 것은 어미에 대한 마지막 효도를 하려는 것으로 보였다. 뜻밖에 이런 일을 당한 생모는 두려움에 떨면서 며칠 뒤에 울며 경희궁으로 돌아갔다.

영빈 이씨는 아들의 비정상적인 행동을 보면서 곧 아들이 죽음을 준비하면서 무슨 일을 저지를 것을 예감했다. 그러던 차에 윤5월 11일 밤의 사건이 터진 것이다. 세자가 칼을 들고 창경궁을 탈출하여 임금이 있는 경희궁으로 가다가 부상당하고 돌아온 일이다. 그리고 이 사건은 곧 임금을 해치려는 세자의 모역이라는 소문이 크게 퍼졌다. 혜경궁은 이 사건이 영의정 신만申晚과 그 아들 신광수申光綏를 죽이기 위한 일이었다고 《한중록》에서 변명하고 있지만 세상 사람들은 누구도 그렇게 믿지 않았다. 한밤중에 대신이 퇴근하지 않고 궁궐에 있는 일은 없기 때문이다.

세자의 궁궐 탈출 사건뿐 아니라, 임금이 이미 세손에게 왕위를 물려주게 될 것을 잘 알고 있던 영빈 이씨로서는 임금에게 세손을 최종적으로 선택할 기회와 명분을 주고 싶었다. 그래서 영빈 이씨는 아들을 버려야 한다고 결심하고 임금을 찾아갔다. 어미의 간청이 없더라도 세자는 이미 죽게 되어 있었으므로, 임금을 좀 더 편하게 해 주고, 세손을 구하려면 어미가 먼저 처분을 요청하는 것이 낫다고 생각했던 것이다. 인정상으로 보면 야박하지만 이성적으로 보면 현명한 판단이었다. 오죽했으면 죽음이 얼마 남지 않은 69세의 생모가 자식을 죽여 달라고 임금에게 호소했겠는가? 그리고 혜경궁도 아들을 구하기 위해서는 남편을 버려야 한다고 판단했다. 이제 세자는 사고무친의 외톨이가 된 것이다.

임오화변과 관련하여 살펴야 할 일이 있다. 세자를 도우려고 노력한 사람들이 누구였느냐이다. 그 첫 번째 인물은 영의정을 지낸 이종성(李宗城; 1692~1759)이다. 그는 비록 임오화변이 일어나기 3년 전에 세상을 떠났지만 세자를 해치려고 하던 김상로金尙魯와 대립하여 세자를 보호하는 데 앞장섰다. 그는 경주이씨 이항복李恒福의 후손으로, 아버지는 소론파에 속한 좌의정 이태좌(李台佐; 1660~1739)였다. 따라서 이종성도 소론에 속했지만 영조의 탕평정책으로 기용되어 정승을 지낸 것이다.

두 번째로 세자를 도운 인물은 풍양조씨 조재호(趙載浩; 1702~1762)이다. 그는 소론 탕평파인 좌의정 조문명(趙文命; 1680~1732)의 아들이자 노론 탕평파인 영의정 조현명(趙顯命; 1690~1752)의 조카로서, 사도세자의 이복형인 효장세자孝章世子의 부인 효순왕후 조씨의 오라비이기도 했다. 원래 풍양조씨 집안은 소론에 속해 있었으나, 조문명의 어머니가 노론 김만균(金萬均; 광산김씨)의 딸이고, 조재호의 어머니도 노론 김창업金昌業의 딸이어서 급진파 소론과는 달리 노론과도 가까웠으며, 영조의 집권을 도와주고 탕평정치를 찬성한 인물이었다. 그는 임오화변 2년 전에 정순왕후의 가례嘉禮를 반대하다가 춘천에 귀양 가 은거하고 있었다. 그런데 세자는 자신의 처지가 위급함을 느끼고 형수의 오라비인 그의 도움을 받기 위해 세자익위사 소속 조유진(趙維鎭: 조재호의 조카)을 급히 춘천으로 보내 그를 불러왔다. 그는 서울에 와서 세자를 구하려고 하다가 오히려 역적으로 몰려 사약을 받고 죽었다.

세 번째로 세자를 도운 사람은 평안도 관찰사 연일정씨 정휘량(鄭翬良: 1706~1762)이다. 세자가 죽기 1년 전 4월에 20일 동안이나 몰래 평안도로 도망가서 유희를 즐기고 돌아올 때 그를 몰래 도와준 사람이 바로 당시 평안도 관찰사였던 정휘량이었다. 앞에서도 본 대로 그는 세자의 여동생 화완옹주의 남편인 정치달鄭致達의 숙부이며, 우의정 정우량鄭羽良의 동생이기도 했다. 그의 아버지 정수기鄭壽期는 본래 소론 김일경金一鏡의 혈당血黨이었지만 조현명에게 붙어서 용서를 받고 등용된 인물이었다. 정휘량은 화완옹주의 시숙이었기에 화완옹주의 부탁을 받아 사도세자의 평안도 잠행을 묵인해 주었던 것이다. 그는 임오화변에 직접 관여하지는 않았으나, 임오화변이 일어난 해 10월에 세상을 떠났다.

임오화변 당시 도승지였던 조영진(趙榮進: 양주조씨: 1703~1775)은 세자의 처형을 반대하다가 파직되었으며, 임오화변 뒤에 사헌부 집의執義였던 박치륭(朴致隆: 1692~1766)은 상소하여 세자를 잘못 인도한 홍봉한 등의 죄가 크다고 비판했는데, 임금이 크게 노하여 흑산도로 유배 보내 가시울타리에 유폐하는 벌을 내렸다. 그는 4년 뒤에 그곳에서 세상을 떠났다. 그는 반남박씨 박태흥朴泰興의 아들이었다. 임오화변 때 예문관 한림翰林이었던 윤숙尹塾은 파평윤씨로서 세자의 처벌을 반대하고 정승들을 비난하다가 임금의 노여움을 사서 해남海

南으로 유배되었다.

그밖에도 세자가 시강원에서 교육을 받을 때 그를 가르친 관원들의 상당수가 소론계였다는 것도 특이하다. 탕평을 위해서는 충성심이 강한 소론계 인사들과 가까이 지내는 것이 바람직하다는 판단 때문인 듯하다. 또 세자가 어렸을 때 보모를 담당하고 있던 최 상궁, 한 상궁 같은 궁녀들이 경종景宗과 계비 선의왕후 어씨魚氏[02]를 모시던 여인들이었다는 점도 주목할 필요가 있다. 선의왕후의 아비 어유귀魚有龜는 노론에 속했지만 내면으로는 노론 4대신을 숙청한 소론파 인물과 가까웠다고 알려져 있다.

4. 세자는 왜 죽었는가?

앞에서 세자의 일생을 연대순으로 살펴보면서 죽음에 이르게 만든 다양한 사건들을 여러 측면으로 알아보았다. 28년 동안의 일생을 다시 요약해서 정리한 다음 세자의 죽음과 관련된 책임의 소재에 대하여 생각해 보기로 한다.

42세의 늘그막에 귀한 아들을 얻은 영조는 생모인 후궁 영빈 이씨에게 양육을 맡길 수 없어 후사가 없는 정성왕후 서씨에게 입적시켜 기르게 했으나, 왕후와 이씨 사이가 좋지 않아 세자에게 사랑을 베풀지 않았다. 할 수 없이 두 살 때 세자로 책봉하고 세자궁에 보내 궁

---

02 첫째 왕비 단의왕후 심씨도 후사가 없었는데, 계비 선의왕후 어씨(1706~
    1730)도 후사가 없이 25세에 세상을 떠났다.

녀들에게 양육을 맡겼다. 궁녀들이 세자의 비위를 맞추고 떠받드는 데 신경을 쓴 나머지 버릇없고 전쟁놀이를 좋아하며 게으르고 자립심이 부족한 아이로 자랐다. 성격도 무인 기질을 타고났다.

세자는 나태하고 놀이를 좋아하는 버릇이 몸에 배어 소년기에 들어가도 학문을 게을리하고 여전히 놀이에 열중하여 임금과 신하들의 눈에 벗어나기 시작했다. 왕성하게 공부해야 할 청소년기에 성인군주聖人君主가 되기를 기대했던 임금과 신하들로부터 받는 것은 칭찬이 아닌 꾸중뿐이었다.

15세부터 대리청정을 하면서 임금의 기대는 더욱 어긋났다. 신하들과 경전을 배우고 토론하는 서연書筵도 게을리하고 정사政事에도 소홀하여 공개적으로 임금과 강관講官들의 꾸중을 듣는 것이 일과처럼 되었다. 왕의 눈에 거슬린 것은 세자의 게으름이나 방탕한 생활만은 아니었다. 문치文治를 선호하는 임금과 무치武治를 선호하는 세자의 체질이 물과 기름처럼 겉돌고 어긋난 것이 더 큰 갈등의 이유였다. 생명체를 아끼는 부드러운 정치를 통해 나라와 백성을 사랑하는 성군이 되기를 바라는 임금과, 칼을 가지고 피바람을 일으켜 적대세력을 단박에 제압하려는 기질을 가진 세자의 노선이 타협점을 찾지 못한 것이다.

세자는 점차 성격이 비뚤어지기 시작하고 지나치게 엄한 아버지에 대한 공황증恐慌症과 반항심이 생겼다. 영조는 좋아하고 싫어하는 것이 분명한 성격이어서 더욱 세자를 힘들게 했다. 여기에 천둥에 대한 공포증과 옷에 대한 공포증까지 겹쳤다. 천둥이 칠 때마다 세자의 부덕함에 대한 하늘의 경고라는 주위의 탓을 들었고, 단정하지 못한 세자의 옷차림도 늘 지탄의 대상이 되었기 때문에 이런 병이 생긴 것이다. 약원藥院의 진찰을 받는 것이 일과처럼 되었으나 뚜렷한 치료를 받지도 못했다. 정서적인 공황증에 무슨 약이 있겠는가?

세자는 공황증을 극복하려고 무당이 즐겨 읽는 경문經文인《옥추경玉樞經》에 심취하였다. 도교서적인 이 책에는 보화천존普化天尊이 천둥과 번개를 관장하면서 악한 임금에게 벌을 내린다는 이론이 들어 있었다. 세자의 문집인《능허관만고凌虛觀漫稿》나 혜경궁의《한중록》을 보면 세자는 그림 그리기를 좋아하고, 무예를 즐기고, 학술상으로는 상수역학象數易學이나 복서卜筮, 풍수風水, 의약醫藥, 도교道敎, 무학武學 등 잡학雜學에 빠져 있었다. 세자는 도덕성을 키우는 성리학이 아니라 실용적인 잡학에 더 큰 매력을 느끼고 있었다. 세자가 죽음에 임박하여 모역을 꾸미고 있을 때 맹인 점장이들이나 의관醫官, 역관譯官 등 기술인들을 불러 놓고, 큰 굿판을 벌리는 시설들을 만들어 놓고, 말을 듣지 않으면 죽였다는 기록이 보이는 것도 한 증거가 된다.

하지만 임금과 세자가 뜻을 같이하고 있는 것도 있었다. 그것은 탕평정치다. 영조는 노론의 추대로 임금이 되었지만 임금을 얕잡아보는 노론을 마음속으로는 좋아하지 않았다. 노론은 세습군주의 전제정치를 이상으로 보지 않고 신권이 주도하는 군신공치君臣共治를 이상으로 여겼다. 이런 모습은 이미 현종~숙종 대에 일어난 이른바 예송논쟁禮訟論爭에서도 드러났다. 이때 서인西人은 임금과 사대부의 예가 같다고 주장하고, 남인은 임금과 사대부의 예가 다르다고 주장하여 맞섰다. 남인은 군신관계를 부자관계로 보아 왕권에 대한 복종과 충성심이 강했다.

소론은 서인에서 갈라졌지만 차차 남인과 비슷한 성향을 지니게 되었다. 그래서 왕권안정을 바라는 영조는 노론의 독주를 막기 위해 소론과 남인을 섞어서 등용하는 탕평의 길을 걸어간 것이다. 세자도 영조의 탕평을 충실히 따라 노론을 억제하고 소론과 남인을 보호하는 정책을 취했다. 다만, 영조는 당론을 일으키는 노론의 관직을 삭탈하거나 귀양 보냈다가 풀어주는 온건한 방법을 선호했지만, 과격한 성격을 지닌 세자는 피바람을 일으킬 위험이 있다고 영조는 늘 걱정했다. 그렇게 되면 당쟁이 더욱 격화되어 노론이든 소론이든 살아남을 지가 없게 될 것이라고 경고했다. 그런 걱정은 세자의 견제 대상인 노론 벽파가 더욱 클 수밖에 없었다. 그래서 노론 벽파는 세자를 위험한 인물로 간주하고 세자의 비행을 수시로 임금에게 보고하면서 세자를 폐위할 계획을 세우고 있었다.

세자는 18세에 정조를 얻었다. 처음에는 한없이 기뻐했으나 5세 이후로 아들의 영특함이 드러나면서 임금의 사랑과 관심이 점차 손자에게 쏠리기 시작했다. 학문이 일취월장한 세손이 10세에 관례冠禮를 치르고, 11세에 가례嘉禮를 치러 가정까지 이루게 되자 임금의 기대는 더욱 커졌다. 자신의 후계자를 세자가 아닌 세손으로 바꾸기로 결심하고 이를 신하들 앞에서 수시로 언명했다. 이를 알게 된 세자는 이성을 잃고 난폭한 행동으로 임금에게 저항하기 시작했다. 여동생 화완옹주를 협박하여 온양에 행차하고, 임금도 모르게 평안도에 20일 동안 유람하고 돌아왔으며, 말을 듣지 않는 환관과 궁녀, 무당, 점쟁이, 의관, 역관들을 수시로 죽이고, 궁중 후원에서 무기를 가지고 전쟁놀이를 하면서 임금을 해칠 계획까지 세웠다.

세자의 폭력적인 언행이 임금은 말할 것도 없고 혜경궁과 아들[세손]에게까지 위해가 가해질 것을 알고 있던 혜경궁과 생모 이씨 등이 더 이상 세자를 보호할 수 없음을 알고 세자를 버리고 세손을 택하기로 결심한 것이다. 그것이 국가를 위해서도 좋은 일로 여겼다. 그러던 차에 김상로(金尙魯; 청풍김씨), 김귀주(金龜柱; 경주김씨), 홍계희(洪啓

禧; 남양홍씨), 윤급(尹汲; 해평윤씨) 등 노론 벽파가 나경언羅景彦을 시켜 세자의 모역 음모와 비행을 낱낱이 조정에 알리자, 세자는 최후의 수단을 선택하여 칼을 들고 영조가 거처하고 있는 경희궁을 침범하려다가 실패했다. 영조가 창덕궁에서 경희궁으로 거처를 옮긴 것도 세자가 여동생을 시켜 임금을 설득하여 이루어진 것이다. 세자가 임금을 다른 궁으로 내쫓은 셈이다. 그래야 후원에서 비밀리에 군사놀이를 마음대로 하거나 모역을 준비하기 편하기 때문이었다.

세자의 모역사건이 발각되자 영조는 드디어 마지막 카드를 꺼냈다. 세자를 죽이기로 한 것이다. 그러나 임금의 손으로 세자를 죽일 수는 없으므로 자결을 명했다. 세자가 이를 거부하자 세자를 격리했다가 스스로 죽게 하는 방법을 택했다. 그 방법이 뒤주 유폐다. 칼을 쓰지도 않고 사약을 내리지도 않은 기발한 방법을 쓴 것이다. 그리고 세자의 죽음을 양모養母 정성왕후 서씨의 혼령魂靈과 생모 영빈 이씨의 동의를 얻은 것으로 정당화했다. 하지만 죽은 세자의 혼령을 위로하기 위해 사도思悼라는 시호를 내리고, 수은묘垂恩廟라는 사당을 만들어주었다. 영조를 비정한 아비로 욕하기도 어렵게 되었다.

또 진짜인지 가짜인지 알 수는 없으나, 뒷날 정조는 영조가 자신의 처분을 후회하여 정성왕후 사당인 휘령전徽寧殿 요 밑에 《금등金縢》을 써서 묻어 두었던 것을 정조가 임금이 된 뒤에 발견했다고 하면서 신하들에게 그 일부를 복사하여 보여 주었다. 그것이 사실이라면 영조는 비록 자식을 죽게 했지만 아버지로서의 부정父情은 따뜻했다. 또 《금등》이 정조가 조작한 글이라 하더라도 할아버지와 아버지를 함께 명예롭게 하려는 그 마음만은 효성스럽다고 하지 않을 수 없다.

그렇다면 이제 마지막으로 세자가 목숨을 잃게 된 책임이 누구에게 있었는가를 따져 보기로 하자. 하지만 그 답은 참으로 쉽지 않다.

너무나 복잡한 인과관계가 가로세로로 얽혀 있기 때문이다. 세자의 비행을 폭로하면서 임금과 세자 사이를 이간시킨 노론 벽파에게 일차적인 책임을 물을 수도 있다. 하지만 그들도 나름대로 성리학의 명분을 지키는 사람들로서 사리사욕만을 위해서 탕평을 반대하고 세자를 미워한 것만은 아니었다. 세자의 비행이 없는데도 세자를 비방한 것은 아니다. 그러니 책임은 피할 수 없지만 전적으로 나쁘다고만 탓할 수는 없다.

왕자를 너무 일찍 세자로 책봉하여 궁녀에게 맡겨 버릇없이 키우고, 청소년기에는 사랑을 주지 않고 지나치게 엄하게 교육하여 성격이 굴절되게 만든 책임은 영조에게도 없지 않다. 하지만 따져 보면 세자를 궁녀 손에 키운 것에도 불가피한 사정이 있었다. 생모가 후궁이므로 후사가 없던 정비 정성왕후의 아들로 입적할 수밖에 없었는데, 정성왕후가 후궁 소생을 친아들처럼 사랑하지 않아 부득이 궁녀 손에 양육을 맡긴 것이다. 또, 세자로 하여금 백성을 사랑하는 성군聖君으로 만들려고 피나는 노력을 했던 영조의 본의가 나쁘다고 탓할 수는 없을 것이다.

이 밖에 영조가 83세까지 장수한 것도 세자의 죽음과 무관하지 않다. 영조가 죽고 나서 세자가 임금이 되었다고 가정하면 세자의 나이 42세가 된다. 왕조국가에서 권력의 제2인자가 42년 동안 생존한다는 것은 거의 불가능에 가깝다. 오늘날과 같은 입헌군주국의 왕은 상징적 존재이므로 왕과 왕세자 사이에 권력투쟁이 없지만, 왕조국가는 다르다. 세자가 영특해도 임금과 공존하기 어렵고, 세자가 무능해도 마찬가지다. 세자는 무능하여 죽었지만, 영특했다면 왕과 세자 사이의 권력투쟁은 더욱 치열하여 둘 가운데 하나가 희생되었을 것이다. 그러니 세자가 죽은 이유 가운데 영조의 장수를 추가해도 좋다. 그렇다고 오래 산 것이 죄라고 탓할 수는 없지 않은가.

세자에게 죽음을 내리라고 임금에게 간청한 생모에게도 책임이 일부 있을 터이다. 하지만 오죽했으면 그런 말을 했겠는가? 그것이 어떻게 어미의 본심이겠는가? 그래서 그 어미는 한을 품고 살다가 2년 뒤에 세상을 떠나고 말았다. 그 어미에게 어찌 죄를 물을 수 있는가?

너무 영특하여 아버지 대신 후계자가 된 세손 정조에게도 본인 의지와는 전혀 관계가 없지만 결과를 놓고 보면 아버지의 죽음에 책임이 없다 할 수 없다. 그래서 정조는 아버지를 죽인 책임이 자신에게 있다는 자책감을 가지고 평생토록 효도를 했어도 부족하다고 느꼈던 것이다. 얼마나 자책감이 컸으면 왕위를 세자[순조]에게 물려주고 수원 화성에 은퇴하여 선친의 묘소를 지키면서 살다가 죽으려고 결심했겠는가?

그러면 세자에게는 책임이 없는가? 세자는 아무 잘못도 없이 억울하게 죽은 것인가? 아니다. 세자는 죽어도 좋을 만큼 수많은 비행을 저질렀다. 잘못도 없이 세자에게 억울하게 죽임을 당한 사람만도 그 수를 헤아리기 어렵다. 그 모든 비행을 오로지 질병 탓으로만 돌릴 수 있을까? 혜경궁은 《한중록》에서 그렇게 쓰고 있다. 아내 된 도리로서 남편을 변호하려는 처지는 이해가 되지만 그렇다고 모든 비행을 질병 탓으로 돌리고 세자에게 면죄부를 주기는 어려울 것이다. 더욱이 칼을 들고 궁궐을 침범한 행동은 비록 병증病症이라 하더라도 용서받을 수 있는 일은 아니다. 그러니 세자의 죽음은 스스로 자초했다고 볼 수 있다.

이렇게 본다면 어느 한편에 전적으로 책임을 따지는 것은 온당치 못하다. 지금 학계에서는 그 가운데 한 가지 요인을 부각시켜 세자의 죽음을 이해하는 경향이 있다. 세자의 질병설, 노론과 소론 사이의 당쟁설, 세자의 모역설, 영특한 세손 때문에 세자가 실각될 수밖에 없었다는 설 등이 그것이다.

그런데 이 책에서 세자의 일생을 통틀어 검토한 결과를 놓고 말한다면, 위 여러 해석 가운데 어느 한 가지로만 논단하는 것은 무리라는 것을 알 수 있다. 그 모든 해석들이 일리가 있으면서 완전하지 않다는 것을 알 수 있다. 왜냐하면 여러 요인들이 서로 복잡하게 인과관계로 얽혀 있어 원인이 결과를 낳고, 결과가 다시 원인이 되어 악순환이 되풀이되었기 때문이다. 만약 솔로몬의 지혜를 가진 사람이 나와서 이 사건을 재판한다면 어떤 판결이 나올까? 아마도 세자에게는 형사상의 모역죄를 선고할 것이고, 노론 벽파에게는 탕평을 거부한 정치적 책임을 물을 것이며, 영조에게는 자식을 사랑으로 가르치지 못한 도덕적 책임을 물을 것이다. 그리고 세손 정조에게는 너무 자책하지 말라고 타이를지도 모른다.

그러나 역사가의 시각에서 이 사건을 평가한다면, 영조가 아들을 버리고 손자를 선택한 것은 나라와 백성을 위해서는 매우 잘한 선택이다. 영조는 아들을 성군으로 만드는 데는 실패했지만 손자를 성군으로 만드는 데에는 성공했기 때문이다.

그러나 정조가 성군이 된 것은 할아버지의 가르침만으로 이루어진 것이 아니다. 세자의 불행을 반면교사로 삼아 기어코 아들만은 성군으로 만들겠다는 어미 혜경궁의 피나는 노력이 있었고, 어린 정조 자신도 사랑이 담긴 할아버지와 어미의 가르침을 받으면서 아버지의 불행을 답습하지 않겠다는 강한 의지를 키운 것이 성공의 또다른 원동력이었다. 세상만사는 이렇게 선악의 논리만으로는 설명하기 어려운 정반합正反合의 변증법적 이치가 있다고 하겠다.

영조가 세자의 위호를 복구시켜 주고, 세손을 동궁으로 삼으면서
세손의 지위는 일단 안정을 찾아가고 있었다.
하지만 임금과 대신들은 세자의 죽음을 둘러싸고
당쟁이 발생할 것을 크게 근심하고 있었다.
세자에게 우호적이었던 소론과 남인 정치세력은
반드시 세자의 죽음에 대한 책임을 노론 벽파 대신들에게
물을 것이고, 나아가 세손에게 아버지를 위한
복수를 부추길 것이 예상되었기 때문이다.

제6장
험난한
세손의 시대

1. 세자를 사도세자로,
   세손을 효장세자의 아들로 입적

세자가 세상을 떠난 지 나흘 뒤인 영조 38년(1763) 윤5월 25일에
11세의 세손은 먼저 강서원講書院 관원을 임금에게 보내 문안을 올렸
다. 손자가 할아버지에게 원한을 품고 있지 않다는 뜻을 먼저 보여
준 것이다. 말할 것도 없이 이런 일은 혜경궁과 외조부 홍봉한이 뒤
에서 지도했을 것으로 보인다. 죄인의 아들로서 사가로 쫓겨난 세손
은 차마 직접 문안을 드리지 못하고 사람을 보낸 것이다. 임금은 승
지를 보내 손자에게 이렇게 유시諭示했다.

> 처분을 내린 뒤에 [내가] 답이 없었으니, 네 마음이 오죽했겠느냐? 한 모퉁이
> 청구靑丘 땅에 다만 나와 너뿐이니, 네 할아비를 생각하여 마음을 편히 하고 잘
> 조처하여라.

영조는 아버지를 잃은 세손의 슬픔을 위로하면서, 이제 이 땅에
남은 사람은 할아비와 손자뿐이니 둘이 마음을 합쳐 운명공동체로
살아가자는 뜻을 전했다. 영조가 손자를 후계자로 삼기 위해 아들을
버렸으니 손자를 위로하는 것은 당연하다. 그러나 임금은 자신의 처
분이 잘못되었다고는 말하지 않았다.

세자의 장례는 규정에 따라 3개월장을 치러 7월 23일에 상여가 떠
났다. 그동안 상중喪中이었으므로 세손은 별다른 일이 없었다. 그러
나 장례를 치른 다음 날 임금은 세손을 동궁東宮으로 일컫고, 세손 교
육기관인 강서원을 춘방(春坊; 시강원)으로 격상시키고, 세손을 호위하

는 기관을 계방(桂坊; 세자익위사)으로 부르게 하여 세손을 세자의 지위로 올렸다. 세자의 빈자리를 세손으로 채운 것이다.

그런데 죽은 세자의 지위를 서인庶人으로 그대로 놔둔다면 세손은 평민의 아들이 되므로 정통성이 없어질 뿐 아니라 인정상 깊은 한을 품을 수 있는 일이었다. 그래서 임금은 세자가 죽은 날, 30년에 가까운 부자간의 은의恩義를 생각하고, 세손과 대신들의 마음을 헤아려 세자世子의 지위를 서인에서 세자로 회복시켜 주고, 사도세자思悼世子라는 시호를 내려 주었다. '사도'는 임금의 마음이 슬프다는 뜻을 담은 것이다.

세자에게 시호가 부여되었으므로 그 아내인 혜경궁의 호칭도 '혜빈惠嬪'으로 높여주고, 인장印章도 옥인玉印으로 바꿔주었다. 세자는 7월 23일 지금의 동대문구 휘경동 배봉산拜峰山 기슭에 안장하고 이름을 수은묘垂恩墓로 불렀다. 원래 세자의 무덤은 묘가 아니라 원園으로 불러야 하지만 영조는 그렇게 하지 않았다. '수은'은 임금이 은혜를 내린다는 뜻이다. 이곳은 현재 서울시립대학교 구내에 해당한다. 이날 임금은 직접 묘소에 가서 곡하면서 예를 표했다.

2년 뒤인 영조 40년(1764) 3월에 사도세자의 위패를 모시는 사당을 지금 서울대학교 의과대학 구내에 세우고 이름을 수은묘垂恩廟라고 불렀다. 임금이 은혜를 내린 사당이라는 뜻이다. 당시에는 이곳이 창경궁에 부속된 정원으로서 함춘원含春苑으로 불렸다. 뒤에 정조가 임금이 되자 수은묘垂恩墓를 영우원永祐園으로 격상시켰다가 수원으로 이장하여 현륭원顯隆園으로 바꾸었으며, 수은묘垂恩廟를 경모궁景慕宮으로 바꾸어 격상시켰다. 세자의 지위에 맞는 칭호를 회복시킨 것이다. 이에 대해서는 뒤에 다시 설명할 것이다.

이렇게 죽은 세자의 위상을 서인[평민]에서 세자로 다시 회복시켰으나, 이는 사도세자의 죄를 사면한다는 뜻은 아니고, 다만 부자간의 은의恩義에 의한 조치로 명분을 삼았다. 다시 말해 공적으로 본다면 세자는 여전히 죄인이고, 사적으로 본다면 세자를 임금의 아들로서 따뜻하게 대우한 것이다. 임금은 공公과 사私를 구분하여 세자를 바라보고, 손자도 공과 사를 나누어 아버지를 바라보도록 가르쳤다.

그런데, 사도세자는 공적으로 죄인이기 때문에 죄인의 아들인 세손에게 왕위를 물려줄 수는 없는 일이었다. 그래서 2년 뒤인 영조 40년(1764) 2월 20일에 임금은 세손을 사도세자의 이복형으로서 열 살 때 세상을 떠난 효장세자孝章世子의 아들로 입적시켜 종통宗統을 잇도록 만들었다. 그런데 효장세자의 아들이 되면 자동적으로 효장세자의 부인인 조문명趙文命의 딸[뒷날 孝純王后]이 공적인 어머니가 되었다. 하지만, 세손이 받을 정신적인 충격을 고려하여 사도세자의 사당인 수은묘垂恩廟에 참배하는 일은 허락하여 생부에 대한 효도를 다하도록 배려했다. 그러니까 사적으로는 생부에게 효도를 다하고, 공적으로는 효장세자에게 효도를 하라는 뜻이다. 그러나 세손의 처지에서 보면 아버지를 잃은 것도 원통한데, 아버지와 어머니의 혈통까지도 바뀌었으니 얼마나 마음이 아팠겠는가?

임금은 이런 처분을 내리면서 세손에게 물었다. "앞으로 여러 신하들이 이 일로 말하는 자가 있다면 옳은 일이냐 그른 일이냐?" 세손은 "그른 일입니다."고 대답했다. 임금은 다시 "그렇다면 군자君子냐 소인小人이냐?"고 묻자 세손은 "소인입니다."라고 답했다. 그러자 임금은 이 대화를 기록하라고 사관史官에게 명했다. 훗날 세손이 다른 말을 하지 않도록 못을 박아 놓고 다짐을 받은 것이다.

임금은 2월 20일의 다짐에도 미진하여 2월 23일 다시 한 번 세손에게 다짐하는 말을 했다.

혹시 사도세자를 잘못 이끌었다고 홍봉한洪鳳漢을 비판한 박치륭(朴致隆; 반남박씨) 같은 자가 다시 나와 너를 현혹한다면, 다만 나에게만 불충할 뿐만이 아니라, 너의 아비에게도 되레 욕을 끼치는 일이 될 것이다. 아, 너의 아비의 위호位號를 회복하고, 묘우廟宇를 세웠으니 너의 아비에게는 더없이 곡진하다 하겠다. 나의 이 뜻을 간직한다면 앞으로 이 일을 들추어내는 자가 있으면 중률重律로 처단하라. 너도 그날 너의 어미가 나에게 아뢴 말을 듣지 않았느냐? "지금에 이르러서 이렇게 된 것도 성상聖上의 은총이옵니다."라고 했으니, 그 말이 효성스러웠다. 비록 유명幽明이 달라졌지만 너의 아비도 그날의 광경을 보았다면 반드시 너의 어미와 같이 나에게 고마워했을 것이다. 아, 너의 할머니[영빈 이씨]는 대의大義로써 능히 이를 판단했으니, 재작년의 일은 너의 어미의 효심으로써 또한 간격이 없었을 것이다. 사도묘思悼廟에 자식의 도리를 다하고, 나의 오늘의 훈계를 지켜 종사와 나라를 실추하지 않는다면 이 묘우(廟宇; 수은묘)도 앞으로 태실太室을 따라 길이 전해질 것이니, 그리 되면 어찌 너의 효도가 아니겠느냐? 만일 사설邪說에 흔들려 한 글자라도 더 높여서 받들면 이는 할아비를 잊은 것이고, 아비도 잊은 것이 된다. 사관史官이 청사靑史에 쓰게 하고, 또 승정원으로 하여금 조보朝報에 반포케 하라.

임금의 이 말은, 세자의 죽음이 생모와 아내의 동의 아래 이루어졌다는 것을 환기시키면서 세자를 위해 임금이 위호를 복구시켜 주고 사당까지 세워 주었으니, 세손은 할아버지와 아비에 대한 효도를 다하라는 것이다. 그리고 만일 세자의 죽음을 문제 삼아 세손의 마음을 흔들려는 세력이 나타나면 이는 할아비와 아비에 대한 불효가 된다는 것을 다시 한 번 다짐하고 있다. 특히 사도세자를 임금으로 추존하는 일을 걱정했다. 말하자면 영조는 손자에게 공사公私를 구별하여 아버지를 공적으로 대하는 태도와 사적으로 대하는 태도가 달라야 한다는 것을 거듭거듭 가르치고 있었던 것이다.

2. 영조, '금등'을 말하다

영조가 세자의 위호를 복구시켜 주고, 세손을 동궁으로 삼으면서 세손의 지위는 일단 안정을 찾아가고 있었다. 하지만 임금과 대신들은 세자의 죽음을 둘러싸고 당쟁이 발생할 것을 크게 근심하고 있었다. 세자에게 우호적이었던 소론과 남인 정치세력은 반드시 세자의 죽음에 대한 책임을 노론 벽파 대신들에게 물을 것이고, 나아가 세손에게 아버지를 위한 복수를 부추길 것이 예상되었기 때문이다. 다시 말해 노론과 남인, 소론 사이의 당쟁이 격화될 염려가 있고, 그 여파가 영조에게도 미쳐 세손이 영조의 처분을 잘못된 것으로 비판하는 노선을 취할 가능성도 배제할 수 없었다.

영조와 노론 대신들은 바로 이 문제를 깊이 우려하여 영조의 처분을 정당화하는 명분을 확고히 하지 않으면 안 되었다. 임오화변이 일어난 영조 38년(1762) 8월 26일 좌의정 홍봉한洪鳳漢은 차자를 올려, 임오화변이 사적으로는 애통한 일이지만 공적으로는 나라와 백성을 위하여 의義로운 처분이었으므로 사사로운 슬픔으로 공적인 의리를 가릴 수는 없다고 강조했다. 그러면서 세자의 생모[영빈 이씨]까지 공의公義를 생각하여 자식의 잘못을 임금에게 고했다고 했다. 그러니까 세자를 죽게 만든 책임이 생모에게도 있다는 것을 드러냄으로써 비판의 화살을 피하는 태도를 보인 것이다. 임금은 세손에게 홍봉한의 차자를 읽으라고 명하고 나서 이렇게 비답을 내렸다.

나는 나라와 백성을 위하여 의義로써 처분을 내렸고, 세자가 죽은 뒤에 즉시 위호位號를 복구하고, 상여를 따라가 애도하고, 특별히 신주神主를 써서 은恩

을 베풀었다. 주공周公의 충성과 성왕成王의 현명함으로도 '금등金縢'을 열어 본 뒤에야 깨달았다.

여기서 영조는 세자를 공적으로는 미워하고 사적으로는 사랑했다는 것을 분명하게 천명하고, 이를 증명하기 위해 〈금등〉에 대한 이야기를 꺼낸 것이다. 〈금등〉은 《서경書經》에 보이는 중국 주周나라 때의 고사故事로서 그 이야기의 줄거리는 이렇다. 주공周公은 주周나라를 세운 문왕文王의 아들이자 성군聖君인 무왕武王의 동생이며, 성왕成王의 숙부였다. 무왕이 병들어 누워 있자 주공은 현명한 무왕이 죽으면 나라가 어지럽고 백성들이 고통을 받을 것이 두려워서 무왕 대신 자신을 죽게 해 달라고 하늘에 빌고 점을 쳤더니 길吉한 점괘가 나오고, 드디어 무왕의 병이 나았다. 이 사실을 글로 적어 쇠사슬로 묶은 궤짝에 넣어 두었는데, 비밀문서를 넣어두는 궤짝을 당시 '금등'이라고 불렀다. 쇠사슬로 묶은 비밀문서라는 뜻이다.

주공은 또 나이 어린 조카 성왕成王이 임금이 되자 숙부로서 섭정이 되어 자신의 형제들이 일으킨 반란을 토벌했다. 그러나 성왕은 숙부가 자신의 왕위를 넘보려는 야심을 품지 않았나 의심하고 있었다. 주공은 성왕의 오해를 풀고자 반란을 일으킨 형제들을 남의 새끼를 잡아먹는 올빼미에 비유한 시詩를 써서 성왕에게 바쳤다. 이 시를 〈치효鴟鴞〉라고 불렀다.

주공이 죽은 뒤에 천재지변이 일어나자 성왕이 점을 치기 위해 여러 신하들과 함께 금등을 열어 보니 뜻밖에 주공이 무왕을 대신하여 죽게 해 달라고 빌고 점을 친 내용이 그 안에 들어 있었다. 이 글을 본 성왕은 숙부 주공이 야심가가 아닌 충신임을 비로소 알고 눈물을 흘렸다.

영조가 〈금등〉을 언급한 것은, 세손이 언젠가 영조가 만든 《금등》을 열어 보면 할아비의 마음을 이해할 것이라는 뜻이다. 영조가 〈금등〉을 언급한 것이 사실이라면 세손을 위한 어떤 비밀문서를 남겼다는 뜻이 된다. 그런데 정말로 영조가 《금등》을 만들었으며, 또 〈금등〉을 언급했는지는 의아스런 점이 있다. 왜냐하면 《승정원일기》에는 지금 소개한 내용이 전혀 보이지 않기 때문이다.

그런데, 이 '금등' 문제는 그로부터 31년이 지난 정조 17년(1793)에 이르러 정조가 신하들에게 영조가 남겼다는 《금등》의 일부를 공개하는 일이 벌어졌다. 영조가 세자를 죽인 것이 노론의 잘못된 정보와 꾐에 넘어갔기 때문인 것을 깨닫고 이를 후회하는 글을 적어 도승지 채제공蔡濟恭을 시켜 휘령전徽寧殿의 요 밑에 넣어둔 것을 정조가 즉위한 해에 찾아냈다는 것이다. 정조 17년은 정조가 사도세자를 위한 추숭사업을 본격적으로 추진하던 시절이었는데, 노론 벽파의 반대가 심하게 일어나자 이를 무마하기 위한 수단으로 《금등》의 일부를 공개하게 된 것이다. 그러나 그 《금등》의 원문은 지금 남아 있지 않아 그 진위를 알 수 없다.

정말로 영조가 《금등》을 남겼는지, 아니면 정조가 할아버지와 아버지의 명예를 회복하기 위해 《금등》을 거짓으로 만들었는지 그 진위를 확단하기는 어렵지만 전자보다는 후자일 가능성이 매우 높다. 만약 《금등》이 진짜라면 왜 굳이 30여 년이 지나서 공개했을까? 또 《금등》을 휘령전에 감추어 놓은 인물이 채제공이라는 것도 의아스럽다. 채제공은 원래 세자의 죽음을 극구 반대한 남인 출신 대신이었고, 또 정조 때 세자의 추숭을 위해 화성華城을 건설할 때 그 책임을 맡은 인물이며, 정조 19년(1795)에 정조가 화성행차를 다녀올 때 이를 주도한 인물로서 정조의 효도사업을 가장 적극적으로 도와 준

복심 중의 복심이었다. 그래서 정조와 채제공이 뜻을 합쳐 《금등》을 만들었을 가능성이 크다. 그렇다면 영조가 〈금등〉에 관해 언급한 《실록》의 기록도 훗날 《실록》을 편찬하는 과정에 집어넣었을 가능성이 있다.

여기서 정조의 통치술을 미리 살펴보는 것도 의미가 있다. 정조는 분명 '민국民國', 곧 나라와 백성을 끔찍하게 사랑한 성군聖君임에 틀림없었다. 아마 그 점에서 정조는 세종이나 영조와 더불어 삼벽三璧을 이루는 임금으로 기록될 것이다. 그러나 정조는 수시로 권도權度를 쓸 줄 아는 임금이었다. 권도는 옳은 일을 위해서 정도正道에 벗어난 일을 하는 것을 말한다. 정조는 권도도 옛날 성인聖人의 정치에 어긋나지 않는다고 늘 주장했다. 이에 대해서는 뒤에 다시 설명하겠지만, 권도를 때때로 활용하는 정조의 통치술을 볼 때, '금등' 문제도 그런 권도의 하나로 보는 것이 옳을 듯하다. 분명한 것은 《금등》이 할아버지와 아버지와 자신의 처지를 모두 살려내는 효과를 가져왔다는 점이다. 정조는 참으로 정도를 따르는 임금이지만 또한 권도를 수시로 사용하는 영리한 임금이었다. 이런 방법이 아니면 정조는 자신에게 씌워진 멍에를 벗어날 수가 없었다.

3. 세손 학문의 성숙, 영빈 이씨 타계,
왕비와 고모의 권력 확대

세손에 대한 임금의 사랑과 믿음은 이미 유년기부터 확실했지만,

임오화변 이후 동궁으로 확정된 뒤로는 백성을 사랑하는 성군聖君을 만들기 위한 교육이 대폭 강화되었다. 이제는 단순히 경전을 토론하는 교육에 그치지 않고, 정사政事를 직접 견학하는 일이 병행되었다.

영조는 세손에게 학문하는 모범을 보이기 위해 경연經筵도 더 자주 열고, 그럴 때마다 세손을 옆에 앉히고 학문을 토론했다. 사실, 영조는 궁 밖에서 살다가 31세에 늦깎이로 임금이 되었으므로 체계적이고 조직적인 교육을 받을 기회가 별로 없었다. 그러다가 세자를 자극하기 위해 임금 스스로 경연을 자주 가지면서 시범을 보였지만 효과가 없었다. 그런데 세손이 후계자가 되면서 다시 경연을 강화하여 손자에게 모범을 보이려고 했던 것이다. 그러니 영조는 아들과 손자의 교육을 위하여 자신의 학문을 발전시켜 갔다고 볼 수 있다.

영조는 83세로 세상을 떠날 무렵에도 경연을 멈추지 않았다. 임오화변 당시 영조의 나이는 69세였는데, 11세 손자와 더불어 경연을 함께 하기 시작했으며, 세손이 15세 되었을 때는 이미 73세의 고령이었다. 보통 사람 같으면 체력도 딸리고 눈도 어둡고 기억력도 감퇴하여 책을 읽고 토론한다는 것은 결코 쉬운 일이 아니었다. 하지만 영조는 청장년과 같은 열정을 가지고 경연에 임하면서 세손과 심층적인 토론을 이어갔는데, 자신의 학문이 세손을 따라가지 못한다는 것을 느꼈다. 《소학》을 비롯하여 사서四書에 해당하는 《논어》, 《맹자》, 《중용》, 《대학》, 그리고 이경에 해당하는 《서경》과 《시경》, 그밖에 《자치통감》이나 《송감宋鑑》, 《한서漢書》와 같은 역사책, 또 《근사록近思錄》 같은 수양서 등 세손의 학문은 통달하지 않은 것이 없었다.

영조는 중국의 고전뿐 아니라 임금 자신이 세자를 가르치고자 고전에서 아름다운 말을 뽑아 만든 《심감心鑑》, 《상훈常訓》, 《경세문답警世問答》, 《자성편自省篇》 등을 읽게 하고, 영조가 그동안 어린 세손과 문답한 말을 책으로 엮어 《군감君鑑》이라고 이름하여 읽게 했다. 세자와 세손을 성군으로 만들려는 영조의 노력이 얼마나 지극정성이었던지를 알 수 있다.

임금은 이미 세손이 자신의 학문을 훨씬 능가하고 있음을 알고, 어떤 때는 세손을 보고 "내가 너에게 배우려고 한다."는 말도 하고, 세손이 14세 되던 해 12월에는 "나는 12세 때에 읽은 것이 없었는데, 세손은 나와 견주면 읽은 것이 매우 많다."고 하면서 자신과 세손의 차이를 솔직히 털어놓기도 했다.

이렇게 학문이 성숙한 세손은 단순히 배우는 처지만이 아니라 남을 가르치는 역할도 함께 수행했다. 11세 때에는 어린이들을 가르치는 동몽교관童蒙敎官들을 궁으로 불러들여 세손이 직접 가르치기도 했다. 유교의 가르침은 기본적으로 나라와 백성을 사랑하는 성인聖人을 만드는 것이기에 세손의 학문은 이미 성인의 경지에 이르렀지만, 중요한 것은 머리로 배운 학문은 몸으로 체득한 학문과는 같지 않다는 것이다. 또 몸으로 체득했다 하더라도 이를 실천하지 않으면 그 학문은 의미가 없는 것이다.

그래서 신하들은 현실생활에서 백성에 대한 사랑을 체득하도록 임금이 직접 가르칠 필요가 있다고 건의했다. 세손이 12세 되던 영조 39년(1763) 1월 5일에 사헌부 장령이자 시강원 사서司書인 정술조(鄭述祚; 해주최씨)가 올린 상소가 그 하나이다. 그는 말하기를, "예를 들어 좋은 음식을 먹을 때에는 반드시 '밭 가운데서 [농민들이] 땀방울을 흘려 가며 낱알을 고생하여 얻은 것이다'라고 가르치고, 비단옷을 입을 때에는 반드시 '베틀 위에서 손가락이 터져 가며 올올이 모두 수고를 쌓아 이룬 것이다'라고 가르치며, 넓은 집에 거처할 때에는 반드시 '우리 백성들 가운데 집이 없는 사람들은 어떻게 살아갈 것인가'를 가르쳐서, 일마다 물건마다 그 속에 담긴 고통을 가르친다면 보고 느끼는 도리에 얻는 것이 많을 것입니다."고 진언했다. 임금은 그의 말에 동의를 표하고, 가능한 한 생활현장에 나가서 세손을 가르치는 일을 소홀히 하지 않았다.

세손이 13세가 되던 영조 40년(1764) 2월에 임금은 성균관에 가서 신하들과 더불어 활쏘는 의식인 대사례大射禮를 거행하고, 이어 동대문 밖의 적전籍田에 가서 임금이 직접 쟁기를 들고 밭갈이를 하는 의식인 친경례親耕禮를 거행했는데, 이때 세손을 대동하여 농사의 어려움을 배우게 했다.

《영조실록》에는 고전을 읽으면서 임금과 세손, 그리고 춘방의 관원들과 토론한 기사가 무수히 많은데, 이를 일일이 소개하는 것이 번거로워 자세히 언급하지 않겠다. 다만, 세손이 대답할 때마다 임금과 신하들 가운데 놀라고 칭찬하지 않는 이가 없을 정도로 수준이 높았다. 임금은 세자의 학문을 이토록 발전시킨 춘방의 관원들을 격려했는데, 당시 세손교육을 담당한 이는 유선(諭善; 2~3품) 박성원(朴聖源; 밀양박씨), 찬선(贊善; 정3품) 송명흠(宋明欽; 은진송씨)과 김원행(金元行; 안동김씨), 보덕(輔德; 종3품) 이보관(李普觀; 용인이씨), 심이지(沈履之; 청송심씨), 심관지沈觀之, 필선(弼善; 정4품) 신광리(申光履; 평산신씨)와 홍수보(洪秀輔; 풍산홍씨), 문학(文學; 정5품) 민종열閔鍾烈, 익찬(翊贊; 정6품) 조명억曹命億, 사서(司書; 정6품) 정술조(鄭述祚; 해주정씨)와 유언호(兪彦鎬; 기계유씨), 설서(說書; 정7품) 권진(權禛; 안동권씨)과 조영진(趙英鎭; 풍양조씨) 등이었는데, 그 가운데 박성원의 공로가 가장 컸다고 알려져 있다. 뒷날 정조는 임금이 된 뒤에 춘방관원들, 특히 이미 죽은 박성원을 칭송했다.

임오화변이 일어난 지 2년 뒤인 영조 40년(1764) 7월 26일에 사도

세자의 생모인 영빈 이씨[선희궁]가 향년 71세로 세상을 떠났다. 발인은 규정대로 3개월장을 치러 9월 27일에 거행되었다. 무덤은 처음에 지금 연세대학교 구내에 만들어 수경원綏慶園으로 불렀는데, 뒤에 고양시 서오릉으로 이전했다. 그의 위패를 모신 사당을 따로 세워 선희궁宣禧宮이라고 했는데, 뒤에 영조의 생모 숙빈 최씨의 사당인 육상궁毓祥宮에 합사했다. 육상궁은 지금 청와대 경내에 있다. 자식을 죽여 달라고 임금에게 호소하지 않으면 안 되었던 가슴 아픈 한을 품고 살았던 이씨는 이렇게 한평생을 마감했다.

왕비 다음으로 왕실의 어른이었고, 또 임금의 사랑을 크게 받고 있던 영빈 이씨가 세상을 떠나면서 궁중 여인들의 권력구조가 바뀌기 시작했다. 우선 비록 19세의 어린 나이였지만 영조의 계비 정순왕후 김씨가 그 위상이 높아지고, 영빈 이씨의 막내딸이자 세자의 누이동생인 화완옹주도 어미가 세상을 떠나자 이제는 눈치를 볼 어른이 없어졌다. 하지만 세손의 생모인 혜경궁은 죄인의 아내이면서 세손의 법적인 어미가 못 되어 그 위상이 오르지 못했다. 세손만이 홀로 어미를 끔찍이 존경하고 있을 뿐이었다.

왕비의 뒤에는 아버지 김한구(金漢耉; 1723~1769)를 비롯하여 숙부인 김한신(金漢藎; 1720~1758), 김한록(金漢祿; 1722~1790), 오라버니 김귀주(金龜柱; 1740~1786), 김한록의 아들 김관주(金觀柱; 1743~1806) 등 경주김씨 세력이 포진하고 있었다. 이들의 출신 지역은 충청도 서산瑞山으로서 김한구는 선비사회의 존경을 받고 조신하게 처신했다. 그러나 왕비의 오라버니 김귀주, 종숙부인 김한록과 그 아들 김관주는 권력에 대한 야심을 품고 적극적으로 처신했다. 그들은 세손이 죄인의 아들이므로 왕위를 계승할 자격이 없기 때문에 왕비가 종친 가운데서 양자를 들여 왕위를 잇게 하면 권력을 잡을 수 있을 것으로 보아 역심을 품고 세력을 모으고 있었다. 그래서 정조의 이복동생인 은언군恩彥君 이인李䄄과 그 아들 이담李湛을 주목했다. 이 일에 앞장선 것은 바로 김귀주와 김한록, 김관주 부자였다. 당색으로 보면 이들은 노론 벽파에 속했다. 이인의 아들 이담은 정조가 임금이 된 뒤에 세도를 부리고 있던 홍국영洪國榮이 역심을 품고 그를 누이동생인 원빈元嬪의 양자로 삼아 장차 정조의 후계자를 만들려다가 결국 죽임을 당하는 비운을 겪는다.

화완옹주는 처음에는 오라비 장헌세자를 도와주기도 했다. 세자가 임금의 행차를 따라가도록 해 주고, 온양행차도 그가 임금에게 건의하여 성사됐다. 세자의 평안도 유람도 그가 주선했다. 임금을 창덕궁과 창경궁에서 경희궁으로 이어하게 만든 것도 옹주가 세자의 협박을 받아 임금을 설득시킨 결과였다. 그러나 오라비 세자가 세상을 떠난 뒤로 차츰 시샘과 질투가 강하고 권력에 대한 욕망을 품은 여인으로 변해 갔다. 혜경궁의 《한중록》을 보면, 임금의 사랑을 독차지하고 있던 옹주는 친정 조카인 세손을 손아귀에 넣으면 권력을 스스로 잡을 수 있다고 보고, 세손에게 맛있는 음식과 좋은 의복, 멋있는 장난감 등을 주어 기쁘게 해 주면서 마치 친어미처럼 일일이 일거일동을 간섭하고, 세손과 혜경궁 사이를 갈라놓고자 애썼다고 한다. 세손을 효장세자의 아들로 입적시킨 것도 그녀의 소행이라고 혜경궁은 생각하고 있었다.

또 《한중록》을 보면, 옹주는 세손과 세손빈 김씨 사이를 이간시켜 아이를 낳지 못하도록 만들고, 세손이 궁녀를 가까이하지 못하게 하여 대를 이을 자식을 낳지 못하도록 했다고 한다. 이런 일들은 세손빈 집안의 권력이 커지는 것을 막기 위함이었다고 한다. 정조가 임금이 된 뒤에 뒤늦게 수빈 박씨로부터 왕세자[순조]를 얻게 된 이유가 여기에 있었다. 만약 정조가 임금이 되기 이전에 세손빈 김씨로부터 아이를 얻었거나 후궁으로부터 아들을 얻었다면, 뒷날 순조가 11세에 임금이 되어 증조할머니 정순왕후 김씨의 수렴청정을 받지 않아도 되었을 것이다.

세손에 대한 옹주의 사랑과 정성이 워낙 커지자 세손도 고모를 무척 따르고 두려워하고 말을 잘 들었다. 옹주는 그러면서 때로는 왕비 집안인 경주김씨와 손을 잡기도 하고, 왕비 집안을 견제하기도 하면서 풍산홍씨 세력을 견제하는 데 앞장섰다. 그래서 혜경궁과 사이가 좋지 않았다.

옹주의 양자로 들어온 정후겸(鄭厚謙; 1749~1776)은 연일정씨로 당색은 소론에 속했으나 권력에 대한 욕망이 매우 강한 사람이었다. 정조보다는 세 살 연상으로서 항상 세손을 깔보는 태도를 취했다. 영조는 화완옹주를 극진히 사랑했기 때문에 그 양자인 정후겸도 매우 사랑했다. 그래서 많은 사람들이 임금의 총애를 받는 정후겸 아래로 모여들어 세력이 커졌다. 18세에 문과에 급제한 뒤인 영조 44년(1768)에는 20세로 수원부사(水原府使; 종3품)를 하고 싶어서 영의정 김치인(金致仁; 청풍김씨)에게 추천해 달라고 권력실세인 홍봉한에게 부탁했다. 그러나 홍봉한은 20세 청년에게 5천 명의 군사를 거느리는 수원부사를 맡기는 것은 적당치 않다고 생각하여 그의 청을 거부했다. 이 사건이 계기가 되어 정후겸은 홍씨 집안에 앙심을 품게 되었다고 혜경궁은 말하고 있다.

그러면 혜경궁의 처지는 어떠했는가? 그는 비록 서열로는 왕비 정순왕후의 며느리였지만 나이는 10년이 연상이고, 그의 뒤에는 영의정을 지낸 홍봉한(洪鳳漢; 1713~1778)을 비롯하여 홍봉한의 아우로서 여러 판서직을 하고 있던 홍인한(洪麟漢; 1722~1776), 그리고 홍봉한의 아들인 홍낙인(洪樂仁; 1729~1777), 홍낙신(洪樂信; 1739~1796), 홍낙임(洪樂任; 1741~1801) 등이 벼슬을 차지하여 그 세력이 가장 컸다. 이들은 노론 시파時派에 속했다. 그 가운데 세손의 외종조부인 홍인한은 뒤에 처지를 바꾸어 노론 벽파와 손을 잡고 세손을 견제하는 일에 앞장섰다가 세손으로부터 숙청당하고 말았다. 홍봉한도 정조 대신 정조의 이복동생을 임금으로 추대하려 했다는 소문이 돌아 이래저래 세손은 외가집을 별로 좋아하지 않았다.

이렇게 왕비족과 고모, 그리고 정후겸의 견제를 받고 있던 풍산홍씨는 세손으로 하여금 왕비족과 고모 집안을 경계하도록 유도했다. 세손은 처음에는 옹주의 사랑을 듬뿍 받고 있어서 오히려 외가 쪽을 멀리하고 있었으나, 시간이 지날수록 혜경궁의 말을 듣고 왕비족과 고모를 동시에 경계하기 시작했다. 그래서 할머니인 정순왕후를 멀리하게 되고, 고모와 그 아들 정후겸을 경계했다. 정조가 훗날 임금의 자리에 오를 때 두 외척세력을 대대적으로 숙청하는 일에 나서게 된 이유가 여기에 있었다.

4. 18세 세손의 사춘기 외도

11세에 아비를 잃은 뒤로 임금의 극진한 사랑을 받으면서 후계자 수업을 받고 있던 세손이 어느덧 15세로 장성했다. 사춘기로 접어든 것이다. 관례에 따라 이해 12월에 세손 부부가 방을 함께 쓰는 합례 合禮를 거행했다. 그런데 불행하게도 세손빈 김씨는 아이를 갖지 못했는데, 고모인 화완옹주가 두 사람 사이를 이간시켜 아이를 갖지 못했다고 혜경궁은《한중록》에서 밝히고 있다. 그러나 그 말이 사실인지는 알 수 없다.

이 무렵 세손의 친누이동생인 청선군주淸璿郡主가 정철(鄭澈; 연일 정씨)의 6대손인 정재화鄭在和에게 시집갔다. 세손의 매부가 된 것이다. 정재화는 용모도 뛰어나고 행동거지가 아름다워 세손이 무척 그를 좋아했다. 그런데 세손이 18세가 되었을 때 정재화는 태도가 변하여 별감別監을 데리고 외입을 수없이 하고 다녔으며, 세손에 대해서도 체면 없는 일을 많이 했다. 이런 사실을 알고 있던 옹주는 어느 날 밤 혜경궁을 찾아와 부드럽게 이렇게 말했다.

세손이 정재화에게 혹하여 이번 진연(進宴; 임금의 생일잔치)에 [정재화가] 외방 기녀妓女에 대한 말도 하고, 제가 가까이한 계집도 가까이 보시게 하고, 별감들이 사귄 잡류들을 아시게 하고, 그밖에 이치에 벗어난 일이 많으니, 이런 경우가 어디 있겠습니까? [세자의] 옛일을 생각해 보십시오. 별감에서 시작하여 차차로 물들어 그러하셨는데, 세손은 아직 소년이신데, 그런 말씀을 드리는 저 상스러운 정재화를 사랑하여 바깥출입을 하시니, 그런 일이 어디 있겠나이까? 이를 처치하지 않으면 대조大朝께서도 아실 것입니다. 그러면 모년의 일[임오화변]이 다시 일어날 것입니다. 소인에게 세손의 보호와 지도를 부탁하셨으니, 이제 세손의 그러한 행동을 못 하게 말려야 합니다. 허나 소인이 여쭈었다 말하면, 말이 좋지 않겠지요. 한낱 자식이지만, 고독한 한 몸에 해로울 듯하여 나라를 위하여 마지못해 이 말씀을 드리는 것입니다. 마마께서 스스로 아신 것처럼 하십시오. 그리고 그 별감들은 귀양을 보내면 좋겠습니다. 아직 일이 크지 않으니, 빨리 조치하면 좋겠습니다. 영상[홍봉한]께서는 세손의 외조부이시니, 세손께 간하실 수 있을 것입니다.

혜경궁은 고모[화완옹주]의 말을 듣고 진정으로 말하는 것으로 이해하여 아버지에게 편지를 써서 세손을 훈계해 달라고 간청했다. 이에 영의정 홍봉한은 별감을 귀양 보내고 세손에게 글을 올려 행동을 조심하라고 타일렀다. 그러나 홍봉한의 훈계를 들은 세손은 너무 무안하고 노여워하면서 홍봉한을 멀리했다. 그런데 옹주는 도리어 세손에게 말하기를, "그 일이 그렇게까지 할 일입니까? 저리 요란하게 하면 세상에 모르는 사람이 없을 텐데 세손께서 어떤 사람이 되겠소? 외조부도 일을 묻어두지 않고 오히려 허물을 드러내려고 하니 저런 인정이 어디 있습니까?" 하고 외조부를 원망하도록 부추겼다. 옹주의 아들 정후겸도 어미와 비슷한 말을 하여 세손을 자극했다. 이렇게 되자 세손은 더욱 홍봉한을 원망하는 마음이 커졌다. 그제야 혜경궁은 옹주가 세손과 외조부를 이간시키기 위해 이 사건을 이용하고 있었음을 알았다고 《한중록》에서 밝히고 있다.

뒤에 세손이 임금이 되자 혜경궁은 이 사건을 다시 꺼내 세손의 오해를 이렇게 풀어 주었다.

고모[화완옹주]가 내게 말한 "모년의 일[임오화변]이 다시 나리라"는 말이 무서웠습니다. 보통 사람이라도 어미는 아들이 착하게 자라기를 바라는 마음이 다 있으니, 생각해 보십시오. 내가 모년의 화변禍變을 겪고 아들 하나를 의지하여 살았습니다. 어미와 외가를 이간시키려는 것인 줄을 어찌 알았겠습니까?

그러자 정조가 웃으면서 말했다. "그때 일이야 제가 소년일 때 일이니 지금 말하여 무엇하겠습니까? 참으로 뉘우치고 있습니다."고 대답했다. 그 뒤에도 이 말이 나오면 정조는 부끄러워하며 낯을 붉혔다. 그러면서 "그 일은 잊은 지 오래다."고 했다. 세손이 이렇게 뒤늦게 자신의 잘못을 뉘우치고 있었지만, 한때 매부의 꾐에 빠져 외도를 하던 시기에도 학문을 소홀히 한 것은 아니었다. 바로 그 점이 사도세자와 세손의 차이점이었다.

그런데 세손이 17세 되던 해 1월 5일에 사간원 헌납 강지환姜趾煥이 올린 상소를 보면, 세손의 학문이 일취월장하고 슬기로운 자질을 타고났다고 칭찬하고 나서, "그러나 궁료(宮僚; 강관)를 만나는 시간은 적고, 부시(婦寺; 환관과 궁녀)들과 가까이 지내는 때가 많으니, '열흘 동안은 덥고 열흘 동안은 추운十曝十寒' 염려를 금할 수 없습니다."고 하면서 세손이 공부도 열심히 하지만 환관이나 궁녀들과 지내는 시간이 많음을 걱정하고 있었다. 이를 보면《한중록》에서 세손이 이 무렵 외도를 하고 있었다고 지적한 것이 사실임이 드러난다. 정조와 같은 성인군주도 일시적으로 사춘기의 유혹에서 벗어나지 못하고 있었음을 알 수 있다.

하지만 세손의 일시적인 탈선행위를 정치적으로 이용하여 홍씨 집안과 세손 사이를 이간질하여 세손을 손아귀에 넣으려는 옹주의 행태는 화살 하나를 가지고 두 개를 맞추려는 계교였다고 혜경궁은 생각했다.

5. 정후겸과 왕비족의 홍봉한 공격

18세 때 잠시 외도에 빠졌던 세손은 19세가 되면서 다시 제자리로 돌아와 임금 곁에서 학문에 매진했다. 임금은 예전처럼 세손의 학문에 감탄을 멈추지 않았다. 세손은 20세 때에는 주자학에 심취하여 주자朱子의 글 가운데 요체가 되는 글을 뽑아《주서회선朱書會選》을 편집하고, 세손 교육기관인 시강원侍講院과 세손 호위기관인 익위사翊衛司 관원들과 함께 협력하여 주해註解를 달고, 또《주자어류朱子語類》에 구두점을 찍기도 했다. 주자학에 대한 세손의 관심은 임금이 된 뒤에 더욱 증폭되어 수많은 주자서를 간행했는데, 이 점은 뒤에 다시 설명할 것이다.[01]

세손이 19세 되던 해 임금은 세손의 외조부인 홍봉한洪鳳漢이 영의정으로서 권력을 남용하고 있다는 여론을 듣고 영조 46년(1770) 1월 10일에 그를 해직시켰다. 그가 정승으로 있을 때 아우 홍용한洪龍漢, 아들 홍낙인洪樂仁, 홍낙신洪樂信, 홍낙임洪樂任이 과거에 급제하여 청요직으로 진출했고, 아우 홍인한洪麟漢은 판서의 요직을 두루 차지하고 있었으니, 풍산홍씨의 권세는 가히 절정에 이르렀다고 할 수 있었다. 홍씨와 경쟁 관계에 있던 왕비족 경주김씨와 고모, 그리고 그 아들 정후겸의 처지로서는 홍씨 세력을 견제할 필요를 느껴 여론을 조성하고 있었던 것이다.

그러다가 홍봉한이 직접 호된 공격을 받는 사건이 이해 3월 21에 터졌다. 청주 유생 한유韓鍮가 팔뚝에 '임금을 위해 목숨을 바치고 나라를 구한다死君匡國'는 네 글자를 불로 지져 새기고, 도끼를 들고 궁궐 문에 엎드려 소장을 올린 것이다. 그 내용은 "간신 홍봉한의 목을 베라"는 것이었다. 임금은 한유를 체포하여 홍봉한을 비난한 이유를 물었다. 한유는 답하기를, 홍봉한의 부자 형제가 차례로 과거시험에 급제하여 모두 요로要路를 차지했으며, 권력을 탐하여 마음대로 휘둘

---

01 정조의 주자학에 대한 관심과 주자서 간행에 대해서는 정옥자 외,《정조 시대의 사상과 문화》(돌베개, 1999) 및 김문식,《정조의 경학과 주자학》(문헌과해석사, 2000),《정조의 제왕학》(태학사, 2007) 참고.

렀다고 말했다. 구체적으로 말하면 홍봉한의 아우 홍인한, 홍봉한의 아들 홍낙인 등의 횡포가 크고, 또 홍봉한은 산림의 선비를 유배 보내고, 과거를 정지시키고, 언관을 탄압하는 등의 죄를 지었다고 했다. 그리고 세상 사람들이 안국동에 사는 홍봉한을 가리켜 '망국동亡國洞의 망정승亡政丞' 또는 '녹마정승(鹿馬政丞; 임금을 속이는 정승)'으로 부르면서 노래를 부르고 있다고도 했다.

한유는 또 홍봉한이 임오화변 때 뒤주를 가져다가 임금에게 바쳤다고 말하고, 문묘에 배향된 소론파 박세채朴世采를 출향시키라고 요구하기도 했다고 말했다. 임금은 3월 23일 홍봉한의 실직實職을 삭탈하고 봉조하奉朝賀의 한직을 주었다. 그런데 이 날짜 《영조실록》을 보면 홍봉한에 대한 사신史臣의 다음과 같은 논평이 실려 있어 눈길을 끈다.

> 홍봉한은 …… 오랜 동안 수상(首相; 영의정)의 자리에 있었으며 가장 신임을 받았다. 조정의 주요 기무를 거머쥐고 잔꾀를 많이 구사했으며, 조정의 인사권을 쥐고 적임이 아닌 자를 끌어들이기도 했다. 산림의 상소와 대간의 장계狀啓가 소중함에도 임금을 압박하여 죄책을 묻도록 청하여 사류士類의 마음을 많이 잃었다. 더구나 부자 형제가 요직에 열 지어 있어 식자들이 탄식하면서 반드시 실패할 것이라고 안 지 오래였다.

홍봉한의 풍산홍씨 세력이 너무 커지고 전권을 휘둘러 선비사회에서 비난을 받고 있는 사실을 솔직하게 적고 그래서 임금이 그를 파직시켰다고 했다. 정조 때 편찬된 《영조실록》에서 홍봉한을 이렇게 비난하는 사론史論을 실은 것을 보면 정조의 근신들이 홍봉한을 매우 못마땅하게 보고 있었던 것을 알 수 있다.

그런데 한유 사건은 임금의 처사가 너무 가혹하다는 비판이 일어나 다음 해까지 논란이 이어졌다. 유생 심의지沈儀之가 그와 연루되어 처벌을 받고, 대사헌 조영진(趙榮進; 양주조씨), 대사간 윤방(尹坊; 파평윤씨), 대사간 심욱지沈勖之, 교리 김상묵(金尙默; 청풍김씨), 정언 이익운(李翼運; 연안이씨), 이도찬李道燦, 윤숙(尹塾; 파평윤씨) 등이 임금의 처사를 비판하다가 처벌을 받기도 했다. 그 가운데 조영진은 나경언 고변 때 사도세자의 처벌을 반대했던 인물이고, 심욱지는 정후겸과 친밀한 인물이며, 이익운은 남인 채제공의 문인이고, 윤숙은 임오화변 때 한림翰林으로 있으면서 사도세자의 처벌을 반대했던 인물이다. 대체로 소론, 또는 남인계에 속하고 정후겸과 가까운 인물들이다.

《영조실록》의 기록이 대체로 홍봉한의 잘못을 지적하고 한유의 상소를 옹호하고 있는 것과 달리, 혜경궁은 《한중록》에서 한유라는 인물이 왕비족인 김한기金漢耆와 김귀주金龜柱 등과 정후겸鄭厚謙의 두 당이 합작하여 홍씨 집안을 없애 버리기 위해 모함한 사건이라고 적었다. 다만, 홍봉한의 셋째 아들 홍낙임이 정후겸과 평소 가까운 사이였고, 세손이 또 왕비에게 부탁하여 큰 화를 면했다고 적었다.

홍봉한은 이 일 말고도 영조의 미움을 받는 행동을 또 했다. 세자의 후궁으로서 은언군 이인(恩彦君 李裀; 1754~1801)과 은신군 이진(恩信君 李禛; 1755~1771)을 낳은 숙빈 임씨肅嬪林氏의 두 아들이 장차 화근이 될 것을 염려하여 임오화변 뒤에 서인庶人을 만들어 궁 밖으로 쫓아냈는데, 홍봉한은 영조에게 "세손을 보호하기 위해서는 저들을 좋은 낯빛으로 대접하여 원망을 갖지 않도록 하는 것이 좋을 듯합니다."고 아뢰고, 평민 여자를 얻어들여 은신군의 보모保母를 삼게 했다.

얼핏 들으면 홍봉한이 은언군 형제를 다독거리자는 말은 세손을 보호하는데 도움이 된다고 생각할 수도 있지만, 그것이 과연 진심인지는 알 수 없다. 이 때문에 홍봉한은 세손을 버리고 은언군 이인을 임금으로 추대하려 했다는 의심을 받기도 했다. 세자가 죽을 때 뒤주를 갖다 주었다는 소문을 세손이 믿고 자신을 처벌할지도 모른다는 두려움이 있었기 때문에 세손 대신 이복동생 이인을 선택하려고 했는지도 모른다.

홍봉한이 과연 임오화변 때 뒤주를 가져다주어 세자를 죽게 했는지 여부는 뒤에 정조가 임금이 된 뒤에도 계속 논란거리가 되었다. 이 문제는 임오화변 당시의 《영조실록》에는 아무런 기록이 보이지 않는데, 홍봉한을 의심하는 사람들은 그가 아니라면 어떻게 임금이 뒤주를 생각했겠느냐고 따졌다. 다시 말해 영조가 스스로 뒤주를 생각해 내어 가져오라고 명한 것은 아니고 누군가가 임금에게 뒤주를 사용하도록 말해 준 사람이 반드시 있을 것이고, 그렇게 말할 사람은 홍봉한밖에 없다고 믿었다.

하지만, 혜경궁은 뒤주를 가져다 준 것은 홍봉한이 아니고, 또 세손도 홍봉한이 휘령전으로 들어오기 전에 뒤주가 이미 있었다고 말했다고 《한중록》에 기록하고 있다. 그러나 당시 세손이 그때의 상황을 처음부터 끝까지 지켜본 것이 아니기에 세손의 말도 그대로 믿기 어려우며, 혜경궁이 만들어냈을 가능성도 없지 않다. 또 혜경궁은 홍봉한이 은언군 이인李裀을 임금으로 추대하려고 한 일도 없다고 하면서 이를 적극 부인하고 있다. 홍씨 집안을 지키고 변호하려고 《한중록》을 쓴 혜경궁의 처지로서는 그렇게 밖에는 말할 수 없었을 것이다.

그런데 중요한 것은, 홍봉한이 이인, 이진 형제를 보호한 일을 임금이 매우 못마땅하게 여겼다는 점이다. 그래서 세손이 20세가 되던 영조 47년(1771) 2월 3일에 임금은 신하들에게 홍봉한이 만고에 없는 일을 저질렀다고 심하게 질책하고, 그를 벼슬길에 오르지 못하도록 법을 시행하라고 말하기도 했다. 홍봉한을 서인庶人으로 만든 것이다. 임금은 홍봉한의 행동을 거의 역적에 가깝다고 생각했다. 그리하여 홍봉한은 도성을 떠나 성 밖으로 나가서 살았는데, 뒤에 신하들의 요청을 받아들여 실권이 없는 봉조하奉朝賀의 벼슬을 다시 주었다. 하지만 실권 있는 자리는 주지 않았다.

임금이 홍봉한을 질책하던 날 사헌부 장령 심이지沈履之와 사간원 정언 운면승(尹勉升; 파평윤씨)은 은언군 이인李祵과 은신군 이진李禛의 관작을 삭탈하여 바닷가로 멀리 귀양 보내라고 청하자, 임금은 그 형제들을 전라도 능주綾州로 귀양 보냈다가 뒤에 제주도로 옮겼다.

정조는 외조부를 비롯한 풍산홍씨 세력의 권력농단을 좋게 보지 않았다. 왕비족과 고모 및 정후겸의 척신세력과 더불어 외가 홍씨를 3대 척신세력으로 보고, 이를 극복하기 위해 임금이 되자 바로 규장각奎章閣을 세워 순수한 선비정치로 나가려고 했다. 다만, 어머니 혜경궁에게 고통을 주지 않기 위해 외조부 홍봉한에 대해서는 특별한 벌을 내리지 않았지만, 그 아우이자 외종조부인 홍인한은 사약을 내려 죽였다.

그러면 영조가 귀양 보낸 은언군 이인과 은신군 이진의 후손들은 어떻게 되었는가? 아우 이진은 귀양 간 그해 17세로 그곳에서 변사했다. 후사가 없어 남연군南延君 이구李球를 양자로 입적시켰는데, 그 아들이 흥선대원군 이하응李昰應이고, 이하응의 아들이 바로 고종高宗이다.

이인은 정조가 임금이 된 뒤에 풀려나왔는데, 홍국영의 역모에 그 아들 이담李湛이 관여되어 강화도로 귀양갈 때 이인도 혐의를 입고 강화도로 귀양 갔다. 그러나 정조는 이인이 큰 죄를 짓지 않았다고 믿고 강화도에 좋은 집을 마련해 주었으며 신하들의 반대에도 수시로 서울로 불러들여 만나 보았다. 이인은 이렇게 정조의 보호를 받았지만, 그의 맏아들 이담(李湛; 1769~1786)은 정조 10년(1786)에 구선복具善復 일당이 그를 추대하려는 모역을 일으키자 외할아버지인 송낙휴宋樂休가 모역을 막기 위해 독약을 먹여 죽였다. 당시 18세였다.

그런데 이담의 서제庶弟 전계대원군全溪大院君 이광(李瓗; 1785~1841)이 아들을 낳아 임금이 되었는데 그가 바로 철종哲宗이다. 정조의 혈통은 순조-효명세자-헌종으로 이어지다가 후사가 끊어져 사도세자 후궁 숙빈 임씨肅嬪林氏 소생이 왕통을 잇게 된 것이다. 그러니까 사도세자와 혜경궁 소생 가운데 세 임금이 나오고, 사도세자와 숙빈 임씨 소생 가운데 두 임금이 나온 셈이다.

6. 세손 22~24세
— 임금의 건강 악화와《유곤록》편찬

영조 49년(1773)은 임금의 나이가 80세, 세손의 나이는 22세에 이르렀다. 이때만 해도 임금의 건강은 국정을 수행하는 데 큰 지장이 없을 정도로 좋았다. 그런 상태는 82세에 이르도록 그대로 지속되었다. 임금은 세손과 학문을 토론하는 일보다는 정치의 현장을 보여주면서 백성을 사랑하는 마음을 체득시키는 데 주력했다. 세손은 임금의 궁 밖 나들이에 수시로 수행하면서 임금을 밀착 보호하고, 궁 밖 민생을 배우고, 효도를 바치는 일에 정성을 쏟았다.

영조 49년 1월 1일에는 임금이 종로 네거리에 가서 백성들의 질고를 묻고, 1월 10일에는 경희궁 흥화문에 나아가 방민坊民들을 불러 폐막을 물으면서 걱정하고, 노인들에게 쌀과 고기를 하사하기도 했다. 세손은 임금을 위하여 천세千歲를 부르니 신하들과 방민들이 모두 함께 천세를 외쳤다. 이런 일은 해마다 관례적으로 행해졌다.

이해 2월 15일에는 임금이 등극한 지 50년이 되고 보령이 여든이 된 것을 축하하여 세손이 진연進宴을 청하면서, 임금의 업적이 요순堯舜과 짝이 될 만하다고 칭송했다. 임금은 진연을 수락하여 윤3월 1일에 경희궁 숭정전崇政殿에서 거행했으나, 평소의 습관대로 간소하게 치르게 했다. 이어 윤3월 3일에는 수백 명의 신료와 평민 노인들을 불러 양로연養老宴을 거행하여 노인들에게 자급資級을 주고 백성과 공인貢人들의 빚과 요역을 모두 탕감해 주었다.

이해 4월 6일에는 서강西江에 가서 조운을 담당하는 조졸漕卒들의 빚을 탕감해 주고, 5월 11일에는 남교南郊에 행차하여 농사의 형편을 물었다. 6월 29일에는 남대문 밖 석우石隅에 가서 농민들을 불러 농사 형편을 묻고, 청계천 수표교水標橋에 가서 석축을 쌓고 있는 준천 공사를 시찰했다. 준천 공사는 영조의 업적 가운데 하나로 평가되고 있는데, 서울 방민 자원봉사자들의 협조로 이루어졌다. 7월 7일에는 가뭄 끝에 비가 내리자, 임금은 세손에게 "아, 저 궁벽한 농촌 사람들은 무엇을 입고, 무엇을 먹겠는가? 생각이 이에 미치면 아픔이 몸에 있는 것과 같다. 아, 우리 어린아이[세손]와 온 나라 신하와 백성들은 이 하교下教에 감동하고 이 뜻을 체득하라."고 일렀다. 정조가 뒷날 백성과 나라, 곧 백성의 나라인 민국民國을 만들기 위하여 혼신의 노력을 기울이게 된 것은 영조의 감화感化가 절대적인 영향을 주었다.

이해 7월 23일, 임금은 대신에게 말하기를, "내 손자가 여색女色에 담담하여 하나도 가까이하지 않고, 오직 아침저녁으로 나를 모시는 것만 알며, 돌아간 뒤에는 글만 읽을 뿐이다."고 칭찬했다. 이에 대신들이 말하기를, "이는 보통 사람들이 하기 어려운 바이니, 학력學力이 정착되고, 덕을 기른 것을 따라서 알 수 있습니다."고 응수했다. 임금이 세손을 지극히 사랑하고, 세손은 정성과 효행을 구비하여, 양궁兩宮 사이에 화기가 넘쳐흘렀다. 요즘 말로 하면 임금과 세손의 관계는 더없이 평온한 밀월관계를 이루고 있었다.

세손이 23세가 되던 영조 50년(1774)에도 임금과 세손의 밀월관계는 그대로 지속되었다. 다만 이해부터 81세로서 아흔을 바라보는 망구望九의 고령에 접어든 임금의 건강이 악화되어 육체적으로도 고통이 일어나고 정신적으로도 치매현상이 나타나기 시작한 것이 새로운 정치적 변수였다.

영조 50년 2월에 임금은 자신의 병에 대해 세손에게 이렇게 말했다.

> 곽란도 아니고 산증(疝症; 하복부 통증)도 아니면서, 두어 마디 말을 하고는 잠든 것인지 혼미한 것인지, 취한 것도 같고, 멍청한 것 같기도 하다가 3시간 정도 되자 억지로 두어 차례 토하고, 거기에다 설사까지 하여 토사吐瀉도 겸했는데, 추운 듯하면서 춥지 않았으나, 수족은 거의 차가웠고, 심지어는 몸이 떨렸으며, 체기滯氣가 다시 시작되어서 헤아리기가 힘들다. 진실로 술에 취한 상태에서 살고 있다. 열 글자의 말로서 너에게 힘쓰도록 하고자 하니, 주周나라가 숭상하던 문식文飾은 줄이고, 하夏나라에서 숭상하던 성실[忠]을 활용하여 성취하도록 하라.

임금의 병 증세가 오늘날의 의학에서 어떻게 불리는지 모르겠으나, 이것이 정신적으로도 영향을 주어 술 취한 듯한 혼미한 상태가 반복적으로 일어나고 있는 것이다. 임금은 이런 증세에도 불구하고 상태가 호전되면 세손을 훈계하는 글을 잇따라 내리고, 또 사도세자 사당인 수은묘垂恩廟에 가서 참배하고, 임오화변 때 세손을 업고 나와 할아버지에게 아비의 잘못을 빌게 하다가 쫓겨나서 현감으로 좌천되었다가 죽은 임덕제林德躋를 승지로 추증하는 조치를 내렸다. 이는 임금이 세손의 마음을 위로하려는 뜻을 보인 것이다.

임금은 병중에도 경연을 멈추지 않았다. 이해 9월 24일의 석강夕講에서는 《대학》의 한 장章을 스스로 암송하고 나서 왕세손이 계속해서 읽으라고 명했으며 여러 신하들이 글 뜻을 설명했다. 신하들은 임금이 고령에 병중이면서도 공부를 놓지 않고 있는 태도에 경탄을 보냈다. 공부는 죽을 때까지 해야 한다는 것을 세손에게 보여주면서 기어코 세손을 성인군주聖人君主로 만들겠다는 임금의 꿈과 노력이 얼마나 처절했는지를 잘 보여준다.

이해 23세의 세손은 주자朱子와 송시열宋時烈의 글 가운데 심법心法에 관계되는 글을 모아 책을 편찬했는데, 이를 《양현전심록兩賢傳心錄》이라 불렀다. 송시열을 주자에 비견되는 큰 학자로 평가한 것이다. 이 책은 아직 완성된 상태는 아니어서 세손이 임금이 된 뒤에 다듬어져 정조 19년(1795)에 8권 4책으로 간행되었다. 또 송시열의 문집을 《송자대전宋子大全》이라는 이름으로 간행하기도 했다. 송시열에게 송자宋子라는 호칭을 붙인 것은 대단한 존경심의 표현이다. 주자의 문집이 《주자대전朱子大全》이므로 송시열을 주자와 거의 동등한 지위로 높인 것을 의미하기 때문이다.

세손이 24세가 되고 임금이 82세가 된 영조 51년(1775) 4월에 임금은 세손을 데리고 《소학》과 《대학》을 강독하면서 수신, 제가, 치국, 평천하에 관해 토론했으며, 7월에도 《대학》을 강독하고, 세손에게 율곡 이이李珥가 지은 《성학집요聖學輯要》를 강독하면서 "생각마다 백성을 사랑하는 마음을 잊지 말라."고 당부했다. 이 책은 율곡이 송나라

진덕수眞德秀가 지은 《대학연의大學衍義》를 우리나라 현실에 맞추어 보완한 책으로서 성리학을 토착화시키는 데 크게 기여한 명저이다.[02]

이해 10월에 임금은 《팔순유곤록八旬裕昆錄》을 친히 지었는데, 10월 11일에 교서관에서 인출하여 임금에게 바쳤다. 세손은 그 책을 임금으로부터 받고 절을 했는데 여러 신하들이 천세千歲를 불렀다.

본래 영조는 임오화변이 일어난 지 2년 뒤인 영조 40년(1764) 11월 30일에 《엄제방유곤록嚴堤防裕昆錄》을 지은 바 있었다. 영조 32년(1756)에 노론이 추앙하던 명신 송시열宋時烈과 송준길宋浚吉을 문묘에 배향했는데, 탕평을 위해서는 소론파 명신도 문묘에 배향할 필요를 느끼고 영조 40년(1764)에 박세채朴世采를 문묘에 배향했다. 그런데, 박세채를 문묘에 배향하면서 그가 탕평과 황극皇極을 위해서 힘썼다는 점을 강조한 것이 문제가 되었다. 이해 10월 9일에 박세채의 외손이자 소론 대신 신완申玩의 손자인 찬선贊善 신경(申暻; 평산신씨)이 상소하여 박세채에 대한 임금의 평가가 잘못되었다고 항의했다. 즉 박세채의 학문 가운데 황극皇極과 탕평은 일부에 지나지 않고, 오히려 충역忠逆과 현사賢邪에 대한 분변이 뚜렷하여 같은 탕평파이지만 노론과는 다른 점이 있는 것이 무시되었다고 항의한 것이다. 신경의 상소가 올라오자 노론 측이 발끈하여 반박하고, 임금도 괘씸하게 여겨 이해 11월 30일에 《엄제방유곤록》이라는 글을 짓고, 이를 더욱 보완하여 영조 51년에 다시 《팔순유곤록》을 짓게 된 것이다.

그러면 《유곤록》의 내용은 무엇인가? 그 내용은 '예설禮說'을 둘러싸고 노론과 소론의 붕당이 생겼는데, 그 문도들이 향촌에서 산림山林을 자처하면서 각기 제3의 당黨을 만들어 당쟁이 끊어지지 않고 이

---

02 율곡 이이의 생와 사상에 대해서는 한영우, 《율곡 이이 평전》(민음사, 2013) 참고.

어지면서 그 해가 홍수나 맹수보다도 심하다고 말하고, 탕평을 하려면 당쟁의 근원인 산림을 깨뜨려버려야 한다는 것이었다.

이렇게 《유곤록》이 산림을 배척하는 내용을 담자 탕평을 비판하던 신하들이 잇따라 공격하고 나섰다. 이에 대하여 세손은 《유곤록》이 붕당을 타파하려는 임금의 큰 뜻을 담고 있다고 적극 옹호하고 나섰는데, 그 갈등이 11년 동안이나 이어져 오다가 드디어 영조 51년(1775)에 《팔순유곤록》이 나오게 된 것이다. 영조로서는 세손이 끝까지 《유곤록》을 지키면서 기필코 탕평을 이루기를 기대하여 마지막 유언처럼 교서관에서 간행하게 하고, 이 책을 받은 세손과 신하들이 천세를 부르도록 만든 것이다. 교서관에서 이 책을 간행한 실무자는 황경원(黃景源; 장수황씨), 이휘지(李徽之; 전주이씨), 서유린(徐有隣; 달성서씨) 등 노론 탕평파였다.

임금은 《팔순유곤록》을 편찬하던 날인 10월 10일에 세손에게 자신이 평생 힘써 온 통치철학을 정리하여 훈계했는데, 이야기가 다소 산만하지만 그 요지를 정리하면 이렇다. 우선, 평생 고집해 온 것은 《소학》에 담긴 충효제忠孝悌를 가지고 인仁을 실현하는 것이고, 지켜 온 것은 자긍自矜과 자대自大를 경계하고 포의布衣의 선비같은 마음이다. 정치적으로는 탕평蕩平과 균역均役이다. 그러나 이 모든 것이 제대로 안 되었으니 세손이 이를 계승하여 밤낮으로 힘써 달라는 부탁이었다. 정조는 할아버지 영조의 유지를 충실히 계승했다.

7. 세손 24세 11월
—홍인한, 정후겸 등이 대리청정을 반대하다.
자객을 보내다

죽음을 1년 앞둔 영조 51년(1775)에 건강이 악화된 82세의 임금은 24세의 세손에게 학문적인 토론보다는 정치현안 문제를 가지고 교훈을 주면서 자신의 생애를 정리해 갔음은 앞에서 설명했다.

그러다가 이해 11월 20일에 임금은 세손에게 대리청정代理聽政을 맡기는 문제를 대신들과 상의하기 시작했다. 지난 세월 사도세자에게 대리청정을 맡길 때 세자의 나이가 15세였던 것을 상기해 보면 세손에게 대리청정을 맡기려고 한 것은 너무 늦다는 것을 알 수 있다. 더욱이 세손은 세자와 견줄 수 없을 만큼 영특하고, 전폭적으로 세손을 신뢰하고 있었던 점을 고려하면 의아스럽기도 하다. 하지만 영조의 판단은 현명했다. 어린 세자를 권력의 2인자로 만들어 14년 동안 거센 태풍을 맞고 쓰러지게 했던 지난날의 과오를 되풀이하고 싶지 않았던 것으로 보인다.

하지만, 대리청정을 하지 않아도 임금이 죽으면 저절로 세손이 왕위에 오르게 되어 있는 상황에서 굳이 대리청정을 고집한 이유는 무엇일까? 11월 20일, 임금은 시임時任과 원임原任 대신들을 불러 놓고 자신이 지은 《자성편自省篇》, 《경세문답警世問答》 등을 강독하도록 명하고, 대신들에게 세손의 대리청정에 관한 의견을 물으면서, 그 이유를 이렇게 설명했다.

신기神氣가 피곤하니 한 가지 공사公事를 펼치더라도 수응하기 힘들다. 그러니 어찌 만기萬機를 수행하겠는가? 나랏일을 걱정하느라 밤에 잠을 이루지 못한

지가 오래되었다. 어린 세손이 노론을 알겠는가, 소론을 알겠는가? 남인을 알겠는가, 소북小北을 알겠는가? 국사國事를 알겠는가? 조사朝事를 알겠는가? 병조판서, 이조판서가 누가 적합한지를 알겠는가? 나는 어린 세손이 그것들을 알게 하고 싶으며, 나는 그것을 보고 싶다.

여기서 임금이 대리청정을 제의하는 이유는 크게 두 가지다. 하나는 자신의 건강이 극도로 나빠 만기를 집행할 힘이 없다는 것이고, 다른 하나는 세손이 정치현실을 너무 모르므로 임금이 살아 있을 때 대리청정을 통해서 가르치고 싶다는 것이다. 하지만, 세손이 정치현실을 모르고 있다는 말은 진심이 아닌 것으로 보인다. 그동안 세손이 비록 대리청정을 하지는 않았지만 11세 이후로 13년 동안 임금 옆에서 시좌侍坐하면서 정치를 충분히 견학했을 뿐 아니라, 세손이 워낙 영특하여 학문뿐 아니라 정치현실에 대하여 모르는 것이 없을 정도로 이미 통달해 있었기 때문이다.

세손의 성숙한 모습을 너무도 잘 알고 있는 임금이 굳이 뒤늦게 대리청정의 필요성을 느낀 것은 아마도 두 가지 이유가 있는 듯하다. 하나는 세손의 대리청정을 지켜보면서 세손이 과연 임금의 노선을 따르고 있는가를 마지막으로 점검해 보고자 한 것이다. 또 하나는 세손의 등극을 방해하고 있는 정적政敵들을 노출시켜 세손이 스스로 그들을 제거할 수 있는 권한과 시간을 주기 위함으로 보인다. 이런 목적이 아니라면 자신이 죽으면 저절로 임금이 될 수 있는 세손에게 왜 굳이 대리청정을 시키고자 했겠는가?

이보다 앞서 10월 7일에 임금은 세손과 단독으로 만나 대리청정의 뜻을 비쳤다. "이미 지난해부터 모든 제사를 네가 대신 거행하도록 한 것은 깊은 뜻이 있었는데, 이제부터는 대리청정을 너에게 맡기겠다. 너는 이미 숙성하여 나를 지성으로 섬기니 결단코 나의 소망을 저버리지 않을 것이다."는 요지의 말을 했다. 임금은 절대로 세손이 미숙하다고 생각하지 않고 있는 것이다. 과연, 예상한대로 바로 이 날, 가장 먼저 이의를 제기하고 나선 것은 세손의 외종조부이자 좌의정인 홍인한(洪麟漢; 1722~1776)이었다. 그보다 선배인 영돈녕 김양택(金陽澤; 1712~1777; 광산김씨 김장생 후손), 영의정 한익모(韓翼謨; 1703~?), 판부사 이은(李溵; 1722~1781; 덕수이씨) 등이 이 자리에 있었음에도 홍인한이 먼저 앞장서서 이렇게 말했다.

> 동궁은 노론이나 소론을 알 필요가 없고, 이조판서나 병조판서를 알 필요도 없습니다. 조정의 일은 더욱 알 필요가 없습니다.

홍인한의 이 발언에 대하여 세손을 따르던 신하들은 '삼불필지(三不必知; 세 가지를 꼭 알 필요가 없다)'라고 부르면서 대리청정을 방해하는 역심逆心으로 간주하여 정조가 왕위에 오른 뒤 바로 귀양을 보냈다가 사약을 내렸다.

홍인한이 세손의 대리청정을 거부했다는 소식을 들은 혜경궁은 걱정이 되어 쪽지를 숙부에게 보내 임금의 간절한 뜻을 받들어 달라고 부탁했으나, 홍인한은 말을 듣지 않고 계속 반대 입장을 고수했다. 그리하여 17일이 지난 12월 7일에 가서야 겨우 대리청정이 최종적으로 결정되었다.

그런데 홍인한의 태도를 걱정했던 혜경궁은 뒷날 태도를 바꾸어 숙부 홍인한이 억울하게 당했다고 《한중록》에서 변호하고 있다. 임금이 어차피 머지않아 죽을 것이고. 세손이 대리청정을 하지 않아도 저절로 임금이 될 처지인데 무엇 때문에 대리청정을 반대했겠느냐고 반문했다. 또 만약 홍인한이 임금에게 "동궁은 매사에 모르는 것이 없습니다."고 말했다면 오히려 임금과 세손이 크게 노했을 것이라고도 했다. 임금이 평소에 홍인한을 크게 될 인물이라고 칭찬했다는 말도 덧붙였다.

혜경궁의 변명도 일리가 없지는 않다. 하지만, 좌의정 홍인한이 장차 형 홍봉한에 이어 실권을 장악하여 권신으로 행세하려는 야심이 있었던 것만은 틀림없었다. 특히 같은 풍산홍씨 집안사람으로 친척 손자뻘 되는 어린 홍국영(洪國榮; 1748~1781)이 세손과 밀착하여 실세로 등장하고 있는 것을 눈치채고 그를 견제하려는 목적도 있었던 것으로 보인다. 홍국영의 아비 홍낙춘洪樂春은 벼슬을 하지 못했으나 큰아버지 홍낙순(洪樂純; 1723~?)은 벼슬이 높아 홍인한과 권세를 다투는 사이가 되었다. 이미 기득권을 가진 혜경궁 집안과 새로운 실세로 등장하는 홍국영 집안과의 권력투쟁이 홍씨 집안 내부에서 터진 것이다. 하지만 혜경궁은 아버지와 숙부의 결백함을 드러내고자 모든 잘못을 홍국영에게 돌리고 있었다.

11월 20일, 홍인한의 대리청정 반대 발언을 들은 영조는 한동안 흐느껴 울다가 기둥을 두드리면서 "경들은 물러가 있거라."고 명했다. 조금 뒤에 다시 대신들을 불러들인 영조는 이렇게 탄식조로 말했다.

나의 사업을 장차 나의 손자에게 전할 수 없다는 말인가? 나는 이처럼 쇠약해졌을 뿐 아니라, 말이 헛 나오고, 담이 끓어오르는 것이 또 특별하다. 밤중에도 쪽지를 보내 경들을 불러들이게 될 것이고, 경들이 입시하더라도 영의정이 누군지 좌의정이 누군지 알지 못할 것이다. 만일 중관(中官; 내시)들을 쫓아내면 나라의 일이 장차 어떻게 되겠는가? 차라리 나의 손자로 하여금 나의 심법心法을 알게 하겠다. 앞으로 동궁이 대신들을 만날 때에는 《자성편》과 《경세문답》을 강독하여 나의 사업을 알려서 나의 마음을 알게 하라.

영조는 자신이 세손에게 전달하고자 한 심법心法을 직접 지은《자성편自省篇》과《경세문답警世問答》에 담았다고 보고, 시강원의 겸필선(兼弼善; 정4품) 정민시(鄭民始; 온양정씨)와 설서(說書; 정7품) 신광경(申光絅; 영의정 申晩 아들)에게 이 두 책을 진강進講하고, 앞으로도 계속하여 이 책을 진강하라고 명했다. 그러면서 세손에게 말하기를, "내가 동궁에 있을 때 궁관(宮官; 講官)의 도움을 많이 받았다. 나는 대신을 믿지 못하니, 궁관과 힘을 합하여 이 책을 공부하고, 또 시강원의 사부師傅들도 세손을 적극 도우라."는 요지의 부탁을 했다.

여기서 영조가 대신을 믿지 못하면서, 시강원 궁관과 세손이 힘을 합치라는 발언을 한 것은 궁관들이 앞장서서 대신들과 싸워 세손의 대리청정을 성사시키는 데 힘을 쏟으라는 당부이기도 했다. 실제로 세손을 끝까지 보호하여 임금을 만든 것은 서명선(徐命善; 1728~1791), 정민시(鄭民始; 1745~1800), 홍국영(洪國榮; 1748~1781) 등 세 사람의 시강원 궁관들이었음을 기억할 필요가 있다.

11월 20일에 대리청정 문제를 대신들과 논의했다가 홍인한의 반대를 받은 임금은 열흘 뒤인 11월 30일에 이르러 다시 이 문제를 꺼냈다. 이날 임금은 경희궁 집경당에 나아가 상참常參에 참석했는데, 익선관 대신 입자(笠子; 삿갓)를 쓰고 세손에 기대어 앉았다가 베개를 베고 누워서 말했다.

경들이 보기에 나의 기운이 한 가지 일이나 할 수 있겠는가? 앞으로 대신들은 그래도 다투겠는가? 나의 기력이 이와 같으니, 수응하기가 더욱 어렵다. 예로부터 전례가 있는 일[대리청정]을 나는 지금 생각하고 있는 것이다.

그러자 영의정 한익모(韓翼謨; 노론), 좌의정 홍인한, 우의정 김상철

(金尙喆; 강릉김씨; 소론)이 잇달아 "성교聖敎를 받들 수 없다."고 반대했다. 그러자 임금은 "긴요하지 않은 일은 동궁東宮이 처리하고, 긴급한 일은 내가 동궁과 상의하여 처리하겠다."고 말하고, 며칠 동안 추이를 보고 추가하는 하교를 내리겠다고 말했다. 그리고 나서 대신들을 내보냈다가 다시 불러들여 전교를 내렸다.

순감군巡監軍을 동궁이 낙점落點하는 것은 3백 년 된 고사故事이다. 옛날에 내가 눈병이 났을 때 중관(中官; 내시)이 부표付標를 했는데, 아무리 임금이 임석한 앞에서 부표를 하더라도 하교下敎를 잘못 들어 수망(首望; 첫 번째 후보자)이라고 한 것을 부망(副望; 두 번째 후보자)에 잘못 부표했다. 중관이 혹시 자기 마음대로 일을 처리한다면 나라의 흥망에 관계되는 것이므로 옛날의 규례로 돌아가 이렇게 하교한 것이다. 할아비와 손자가 손수 점하點下하는 것이 좋은가? 내시의 손으로 부표하는 것이 옳은가? 다만 순감군을 낙점하는 것만이 아니라, 무릇 공사公事의 처리와 인사人事의 낙점도 모두 궐내에서 대신하려 한다.

임금의 이날 하교는 궁궐을 지키는 순감군巡監軍을 배정하는 일과 공사公事 그리고 관료의 인사人事까지도 동궁에게 맡긴다는 것으로, 이 하교를 들은 세손은 임금의 하교가 실질적으로 대리청정을 가리키는 것인데 감당하기가 어려우니 임금께 잘 말씀 올려 달라고 좌의정 홍인한에게 부탁했다. 그러자 홍인한은 모른 체하면서 "궐내에서 한 일을 신들이 어찌 알겠습니까?"고 퉁명스럽게 말했다.

이때 세손이 홍인한에게 부탁한 것은 대리청정을 하지 않겠다는 뜻이 아니고, 임금의 하교가 실질적으로는 대리청정이면서도 이를 분명하게 전교를 내리지 않아 백성들이 알지 못하고 있기 때문에, 행정절차에 문제가 있어서 이 점을 분명하게 해 달라는 뜻이었다. 그런데 홍인한은 "내가 알 바 아니다."는 말로 회피했던 것이다. 그래서 세손의 대리청정은 실천에 옮겨지지 못했다.

　세손의 대리청정을 달갑게 여기지 않는 정적政敵은 홍인한뿐이 아니었다. 세손의 고모 화완옹주와 그의 양아들, 곧 내종형인 정후겸(鄭厚謙; 1749~1776)도 마찬가지였다. 그는 세손보다 3살 위였다. 화완옹주는 처음에는 세손을 아들처럼 보호하고 간섭하여 장차 임금이 되면 권력을 쥐려고 했으나, 세손이 나이가 들면서 혜경궁의 영향을 크게 받자 사이가 점점 멀어졌다. 또 양아들 정후겸은 정석달(鄭錫達; 연일정씨)의 아들로서 인천에서 어업에 종사하던 평민이었다. 그런데 친척 정치달鄭致達이 화완옹주의 남편이 되고, 그의 양자가 되면서부터 임금의 총애를 받고 출세의 길이 열리기 시작했다. 18세에 문과에 급제한 뒤로 청요직을 두루 거쳐 참판에까지 오르자 독자적인 세력을 형성하여 권세를 누리려고 했다. 그러나 영특한 세손이 외척의 권세를 싫어하는 것을 알고 세손이 임금이 되면 자신들을 숙청할 것으로 예상하여 홍인한 및 왕비 세력과 손잡고 세손을 견제하는 일에 나서게 된 것이다.

　정후겸의 당색은 소론少論으로서 노론을 싫어하고, 노론 홍봉한 집안의 권세를 몹시 싫어했다. 그래서 이미 5년 전인 영조 46년(1770)과 영조 47년에 걸쳐 왕비인 정순왕후 김씨의 오라비 김귀주(金龜柱; 1740~1786)와 손잡고 한유韓鍮 상소사건을 일으켜 홍봉한을 비롯한 풍산홍씨를 궁지에 몰아넣은 일이 있었으며, 그 다음 해에는 노론 김치인(金致仁; 청풍김씨 金在魯의 아들)이 조카 김종수金鍾秀를 대사성에 천거하자 김치인을 크게 공격하기도 했다. 그러나 이런 일들은 세손을 직접 공격한 것은 아니었다.

　정후겸 일당은 세손이 몰래 궁궐을 벗어나 미행微行을 즐기고 술 마시기를 좋아한다고 소문을 퍼뜨리고, 사람을 시켜 세손이 머무는 경희궁 존현각尊賢閣에 투서하기도 했다.

정후겸과 홍인한이 끌어들인 당여 가운데 중요한 인물은 노론 벽파에 속하는 판서 홍계희(洪啓禧; 남양홍씨)의 손자이자 판서 홍지해洪趾海의 아들인 승지 홍상간(洪相簡; 1745~1777), 참판 윤양후(尹養厚; 파평윤씨; 1729~1776), 무신 윤태연(尹泰淵; 1709~1777), 홍계희 친척인 홍계능(洪啓能; ?~1776), 김장생 후손인 김상익(金相翊; 1721~1777?), 심상운(沈翔雲; 1732~1776) 등이다. 홍인한 일당은 이들이 장차 국가의 큰일을 할 인물이라고 소문을 퍼뜨렸다. 이들은 대부분 노론이었으나 심상운은 경종 때 세제 영조를 시해하려는 음모에 가담한 심익창沈益昌의 손자로서 소론 과격파에 속했다. 그러니까 정적들 가운데에는 노론 벽파뿐 아니라 소론 과격파도 연합하고 있었던 것이다.

더욱이 정후겸은 어머니를 움직여 세손이 편히 쉬고 있을 때에는 반드시 정탐꾼을 요소요소에 배치하여 세손의 일거일동을 감시하고, 세손이 혹시 시강원 궁관을 만나 자신들에 대한 이야기를 나누지 않는지를 정탐했다. 또 개인적으로 세손을 만나도 몸을 굽혀 인사하지 않았고, 출입할 때에는 신발 끄는 소리를 심하게 내어 조심하고 두려워하는 기색이 조금도 없었다.

정후겸이 세손에게 직접 위험한 일을 저지른 것은 대리청정 논의가 한창 시끄럽던 어느 날 밤 세손의 처소에 자객을 보낸 사건이었다. 이날 밤 세손의 처소인 경희궁 존현각尊賢閣 포장布帳 밖에서 어떤 사람이 귀를 대고 장내帳內의 동정을 엿듣고 있었다. 그 다음날 아침 궁중 사람들이 말하기를, "자객刺客이 궁중에 들어왔는데, 철갑鐵甲을 입고 장검長劍을 들고 있었다."고 하여 며칠 동안 어수선하고 떠들썩했다. 흉도들은 말을 퍼뜨리기를, "총융사 장지항張志恒이 큰돈을 주고 자객을 사서 들여보냈다."고 했다. 이는 흉도들이 몰래 계획을 꾸며서 사람들을 속여서 얼을 빼고 동요시키려는 거짓말이었다.

정후겸은 또 세손에게 직접 말하기를, "윤양후尹養厚처럼 충성스런 사람을 의심하면 임금의 건강이 회복된 뒤 반드시 세손에게도 어려움이 닥칠 것"이라고 협박하기도 하고, "동궁의 구실은 임금의 잠자리와 수라를 보살피는 데 있는 것이지, 대리청정하거나 군사를 거느리는 일은 말이 되지 않는다. 하늘에 두 개의 태양이 있어서 백성이 두 임금을 섬기는 일이 생기면 안 된다."는 말도 했다.

8. 세손 24세 12월 7일
―서명선의 도움으로 대리청정 결정

영조 51년(1775) 11월 20일에 세손의 대리청정 논의가 시작된 이후 홍인한과 정후겸 일당이 반대하고 나서서 결정을 보지 못하고 있을 때, 전현직 시강원 궁관들을 중심으로 세손을 위기에서 구하려는 움직임이 일어났다. 홍국영(洪國榮: 1748~1781), 정민시(鄭民始: 1745~1800), 서명선(徐命善: 1728~1791) 등이 세손을 구하는 데 앞장섰다. 특히 이조참판이던 서명선徐命善이 올린 상소가 결정적인 힘을 실어 주었다. 홍국영은 풍산홍씨로서 그 집안의 당색은 노론에 속했지만 나이가 당시 28세에 지나지 않은 애송이로서 당색이 뚜렷하지 않았다. 정민시는 온양정씨로 당시 31세의 젊은이로서 당색은 소론이었다. 서명선은 전통적인 소론 집안인 달성서씨 후손으로 나이 48세였다. 그러니까 정조의 즉위를 방해한 세력 가운데에도 소론 외척이 있었지만, 정조의 즉위를 도와준 것도 소론이었다.

12월 3일에 임금은 서명선에게 상소문을 가지고 들어오라고 명하고, 상소문을 읽게 했다. 그 상소문에서는 11월 20일에 홍인한이 말한 이른바 '세손의 삼불필지三不必知'를 다시 아뢰고, 11월 30일에 임금이 "중관(中官; 내시)에게 일을 맡기면 폐단이 생긴다."는 지적에 대하여 영의정 한익모韓翼謨가 말하기를 "좌우에서 어찌 그리할 염려가 있겠습니까? 염려할 것이 없습니다."라고 말한 대목을 임금에게 읽어 주었다. 서명선은 또 홍인한이 "대리청정 결정은 대내大內에서 한 일이니 쟁집爭執하지 않겠다."고 말한 것도 임금에게 상기시키면서 이런 말들이 과연 대신들이 할 일이냐고 따졌다.

이렇게 서명선이 홍인한과 한익모가 한 말을 낱낱이 다시 임금에게 알리자 임금은 연신 "내가 들었다. 옳다. 과연 그렇다."고 동의를 표하면서 서명선을 칭찬했다. 그러고 나서 "이 일을 어디서 들었느냐?"고 물었다. 서명선은 "시강원 궁관宮官으로부터 들었는데, 세손이 이 때문에 글을 올리려 했으나 미처 올리지 못했다고 합니다."고 아뢰었다. 임금은 시강원 보덕(輔德; 종3품) 이상건(李商建; 전주이씨)과 겸사서(兼司書; 정6품) 홍국영洪國榮을 불러들여 물으니, 홍국영은 "신이 춘방(春坊; 시강원)에 들어오기 이전의 일이기 때문에 신은 알지 못합니다."고 말했고, 이상건은 "과연 그때 세손께서 상소하고자 하여 소본疏本이 이미 나왔었습니다."고 아뢰었다. 임금이 그 상소문을 가져오라고 하여 정호인(鄭好仁; 연일정씨)이 읽게 했다. 세손의 상소문은 다음과 같았다.

삼가 신은 천만 뜻밖에도 조금 전 여러 신하들이 성상聖上을 만난 일이 있었다고 들었습니다. 신은 이에 두렵고 가슴이 막히며, 그 까닭을 모르겠습니다. 신이 비록 불초하나 성상께서 지성으로 걱정하시는 뜻을 본받아 고통을 나누기를 다하는 도리를 생각하지 못하겠습니까? 다만 천만 불안한 것이 있는데, 참으로 두 대신의 "알게 할 필요가 없고, 염려할 것이 없다"는 연석에서의 말입니다. 생각하건대 신은 아직 나이가 적으니 조정의 일은 알 필요가 없고, 임금님의 건강이 아직 건승하시니 좌우 역시 염려할 것이 없습니다. 그래서 신이 더욱 감당치 못하는 것입니다. 대략의 문자를 들여보내 우러러 임금님의 판단을 구하오니, 성명께서는 소자의 지극한 정성을 굽어 살펴 주시기를 간절히 비옵니다.

세손의 상소문을 듣자 임금은 "과연 그 가운데 이 말이 있구나." 하니, 승지 정호인鄭好仁이 "그렇습니다."라고 말했다. 세손은 홍인한이 "세손이 세 가지를 알 필요가 없다"고 한 말을 임금에게 알려드린 것이다. 여러 신하들은 모두 그때 세손이 직접 옆에서 듣고 상소를 올린 것이라고 말했다. 임금은 직분을 다하지 못한 대신들을 모두 삭직하라고 명했다. 그 결과 좌의정 홍인한이 파직되어 한직인 판부사로 되었다.

목숨을 건 서명선의 충성스럽고 용기 있는 상소가 계기가 되어 홍인한의 반대가 좌절되고, 마침내 12월 7일에 세손의 대리청정이 확정되었다. 임금이 발의한 지 17일 만에 결정된 것이다. 세손은 임금의 하교를 듣고 "어리석은 식견과 노둔한 재주여서 조금도 받들 가망이 없습니다."고 하면서 하명을 중지해 달라고 세 번이나 상소했으나 임금은 받아들이지 않았다. 이날 저녁에 임금은 영의정 김상철(金尙喆; 강릉김씨, 소론)과 좌의정 이사관(李思觀; 1705~1776; 한산이씨)을 불러들여 대리청정의 구체적인 절목을 상의했는데, 도정都政 곧 인사정책은 임금이 맡기로 했다.

다음날인 12월 8일 의정부는 〈청정절목별단聽政節目別單〉을 만들어 임금에게 아뢰었는데, 숙종 43년에 경종이 세자로 대리청정하던 〈절목)을 바탕으로 하여 용인用人, 용병用兵, 용형用刑은 임금에게 입계하여 처리하도록 하고, 나머지는 모두 세손이 직접 처결하도록 했다. 세손은 12월 12일에 홍인한의 방자한 발언을 《승정원일기》에 기록하지 않은 승정원 주서 박상집(朴相集; 반남박씨)을 문초하고, 이어 12월 21일에는 홍인한의 편을 들어 세손을 온실 속의 나무[溫室樹]에 비유한 흉악한 상소를 올린 심상운(沈翔雲; 청송심씨)과 판부사 홍인한의 관직을 삭탈할 것을 대신들과 상의하여 임금에게 요청하기로 했다. 대신들 가운데 가장 적극적으로 세손의 대리청정을 반대한 홍인한을 처벌하는 조치를 취한 것이다.

다음 해인 영조 52년(1776), 25세 세손의 대리청정은 본격적으로 거행되었다. 이해 1월 1일에 관찰사와 수령들에게 선정善政을 베풀라는 영지令旨를 내렸다. 그 요지는 백성들이 가장 고통을 받고 있는 백골징포白骨徵布, 황구첨정黃口添丁, 환곡의 탕감 등이 모두 서리胥吏와 탐관貪官의 수입으로 들어가니 이를 관찰사와 수령들이 바로잡아 백성들의 고통을 덜어 주라는 것이었다. 세손의 백성에 대한 사랑이 처음으로 빛을 드러내기 시작한 것이다.

세손이 그 다음으로 실천한 것은 《승정원일기》에 기록되어 있는 임오화변의 기록을 삭제한 일이었다. 2월 4일, 세손은 아버지 사당인 수은묘垂恩廟에 참배한 뒤에 눈물을 흘리면서 대신들에게 영令을 내렸는데, 그 요지는 "차마 들을 수 없고, 차마 볼 수 없는 말이 많이 기록되어 있어 이것을 그대로 두는 것은 아들의 도리가 아니다."라고 하면서 삭제하겠다고 말한 것이다. 세손은 예문관의 사관(史官; 翰

林)[03]이 적은 사초史草는 만세에 전해야 하는 것이므로 고칠 수 없지만, 《승정원일기》는 그것과 달라서 있든 없든 관계가 없다고 말했다. 그래서 임오화변에 관한 기록은 《영조실록》에만 보이고 《승정원일기》에는 보이지 않는다.

세손은 다시 임금에게 비슷한 내용의 상소를 올렸다. 그 요지는 다음과 같다.

신에게는 아주 절박한 사사로운 인정人情이 있습니다. 아, 임오년의 화변은 성상께서 종사를 위하여 마지못해 하신 일입니다. 누군들 그 사이에 다른 의견을 낼 수 있겠습니까? 더구나 신이 죽을 뻔한 목숨을 보전하여 오늘에 이를 수 있게 한 것은 모두 전하의 큰 은혜입니다. 괴상한 귀신같은 무리들이 방자하게 추숭追崇하려는 논의를 내더라도 신이 그 부추김을 받아 함부로 의리를 바꾸려 한다면, 이는 전하의 죄인이 될 것입니다. 《승정원일기》로 말하면 그때의 사실이 모두 실려 있어 모르는 사람이 없고, 못 본 사람이 없으며, 세상에 퍼지고 사람들의 이목을 더럽히니, 신의 사심私心이 애통하여 돌아갈 데가 없습니다. 그런데 신이 이극(貳極; 임금 다음의 자리)에 높이 있으면서 신하를 대하니 어찌 이마에 땀이 나지 않겠습니까? 전하의 처분은 처분이고, 신의 애통한 것은 애통한 것이므로 이를 병행해도 어그러지지 않고 손상이 없습니다. 또 《승정원일기》가 없다고 하여 전하의 처분에 대하여 진실을 밝힐 수 없는 것이 아닙니다. 바라옵건대 전하께서는 슬피 여기고, 가엾이 여기며, 빨리 신에게 청정聽政하라 하신 명을 거두소서.

---

03 임금과 신하들이 모여 국정을 논하는 자리에는 예문관에서 봉교(奉教; 정7품), 대교(待教; 정8품), 검열(檢閱; 정9품) 가운데 2명의 기록관을 보내 회의 내용을 속기하도록 제도화되었다. 다만 임금의 왼편에 앉은 좌사左史는 임금과 신하들의 행동을 기록하고, 임금 오른편에 앉은 사관은 임금과 신하의 말을 기록했다. 봉교, 대교, 검열은 통틀어 한림翰林이라고 부르기도 하고, 사관史官이라고 부르기도 했다.

영조는 세손의 글을 읽고 "다시 할 말이 없다."고 하면서 이 글을 사고史庫에 간직해 두라고 명했다. 임금은 《승정원일기》를 고치는 일은 답을 내리지 않고, 다만 대리청정을 거두라는 말에는 동의하지 않았다. 영조로서는 《승정원일기》의 기록을 삭제하는 일을 동의하기도 어렵고 거부하기도 어려워 대답을 하지 않은 것이다. 2월 9일 임금은 은인銀印을 만들어 세손에게 내리고, 거둥할 때 이것을 사용하라고 명했다.

3월 3일에 이르러 영조는 건강이 극도로 악화되어 3월 5일 향년 83세로 경희궁 집경당에서 세상을 떠났다. 세손의 대리청정은 4개월 만에 끝났다. 세손은 임금이 승하한 지 닷새가 되는 3월 10일에 경희궁 숭정문崇政門에서 즉위했다. 이날 12시에 상복을 벗고 면복冕服으로 갈아입고, 영조의 시신을 모신 빈전殯殿인 자정전資政殿 문밖에서 울면서 영의정으로부터 어보(御寶; 옥새)를 받고, 자정문으로 나와 승여乘輿를 타고 숭정문으로 가서 어좌御座에 오른 것이다. 상중에는 임금이 정전正殿의 문밖에서 즉위하는 것이 법도였다. 즉위식이 끝나자 다시 면복을 벗고 상복으로 갈아 입었다. 파란만장한 우여곡절을 거친 끝에 드디어 왕위에 오른 것이다.

영조의 국장은 법도에 따라 5개월장을 치러 이해 7월 27일에 거행되어 동구릉東九陵의 원릉元陵에 안장되었다. 먼저 세상을 떠난 정성왕후 서씨의 능인 홍릉弘陵은 서오릉西五陵에 위치했으므로 합장되지 않았다. 뒤에 정순왕후 김씨가 순조 때 세상을 떠나자 원릉에 합장되었다.

9. 영조 리더십의 특징

52년 동안 장기집권하면서 왕조중흥의 기초를 다진 성군聖君 영조의 리더십을 다시 한 번 정리하면 다음과 같다.

영조의 리더십은 부지런하고, 서민적이며, 백성을 사랑하고, 겸손하고, 검소함이 큰 장점이었다. 이런 특성은 숙종과 숙빈 최씨淑嬪崔氏의 몸에서 태어나 궁 밖의 창의궁彰義宮에서 서민처럼 성장한 데서 체질화된 것으로 보인다. 희빈 장씨 소생인 경종景宗이 6세 연상으로 세자로 책봉되었기 때문에 영조는 궁 밖에서 살게 된 것이다. 그러다가 29세에 왕세제王世弟로 책봉되어 궁으로 들어왔다가 31세에 임금이 되었으니, 오랫동안 야인생활을 보내면서 백성들의 고통을 잘 알고 있었다.

80세가 넘어서도 신하들과 경연을 하면서 학문과 교육을 가까이한 것은 아무나 할 수 있는 일이 아니었다. 그만큼 부지런하고 신하들과 소통이 활발했다는 것을 말해 준다. 영조는 서민적이기 때문에 의식주생활과 각종 궁중행사가 어느 임금보다도 검소했다. 《국혼정례國婚定例》를 만들어 왕실의 혼례행사도 대폭 간소화했다. 국가 재정을 아끼고 백성들로부터 받아들이는 진상품을 대폭 축소시켰다. 생물로 바친 진상품은 궁중에서 풀어 주어 연못에 잉어가 많았다고 한다. 균역법도 백성들의 군역 부담을 줄이기 위해 만든 것이다. 또 서민적이기 때문에 백성들의 경제적 고통뿐 아니라 형벌에서의 억울함을 없애려고 형벌을 완화하고, 《무원록無冤錄》을 편찬했다. 백성들의 소리를 현장에서 직접 듣는 일을 자주 했다. 그래서 신문고申聞

鼓를 부활시키고, 격쟁擊錚과 상언上言을 허용했으며, 서민들을 자주 궁궐로 불러들여 고통을 물었다. 청계천이 토사로 가득 차서 물길이 막히고 악취가 코를 찌르자 자원봉사자들을 모집하여 대대적인 준설공사를 펼쳤다.

소외당한 서얼의 벼슬길을 더 넓게 터 주고, 소외된 서북지역 사람들의 벼슬길도 넓혀 주었다. 탕평정책을 적극적으로 추진한 것도 생명을 아끼기 위함이었다. 만약 어느 한 당파를 전적으로 등용하면 다른 당파 사람들이 틀림없이 저항할 것이므로 숙종 때의 환국정치처럼 선비들이 떼죽음을 당하여 보복에 보복이 끊이지 않는 것을 막기 위함이었다.

특히 영조가 노론의 추대로 임금이 되어 소론정권이 무너지고 노론이 집권하자, 소론 과격파인 박필몽(朴弼夢; 반남박씨), 김일경(金一鏡; 광산김씨), 이진유(李眞儒; 전주이씨), 심유현(沈維賢; 경종비 동생), 정희량(鄭希亮; 초계정씨), 박필현(朴弼賢; 반남박씨) 등은 갑술환국(숙종 20; 1694) 이후 몰락한 이인좌(李麟佐; 전주이씨; 왕손 후예) 같은 남인을 포섭하여 영조를 제거하고 소현세자의 후손인 밀풍군 이탄李坦을 추대하여 다시 집권하고자 무력으로 대대적인 반란을 일으켰다. 그들은 영조가 숙종의 진짜 아들이 아닐 뿐 아니라 경종을 독살했다는 이유를 명분으로 내걸고 세력을 규합하여 영조 4년(1728)에 하삼도 지역에서 무장봉기를 일으켰는데, 이를 무신란戊申亂 또는 이인좌난李麟佐亂이라 한다.

영조는 노론의 추대를 받아 임금이 되었지만 임금을 얕잡아보는 노론을 내심으로는 좋아하지 않았다. 더욱이 자신을 임금으로 만들어 준 것은 노론보다는 경종과 인원왕후 김씨의 도움이 더 컸다고 믿었다. 그런데 세제로 있을 때 경종에게 대비인 인원왕후 김씨와 함께 게장과 생감, 인삼 등을 올렸는데 이것을 먹고 5일 만에 경종이 세상을 떠나자 세상에서는 세제가 경종을 독살했다는 소문이 널리 퍼졌다. 게장과 생감은 궁합이 맞지 않는 음식이기 때문이다. 이 일로 이인좌난의 일부 원인을 제공한 것은 사실이었다.

영조는 즉위 직후 소론의 불만을 무마하기 위해 노론정권을 잠시 후퇴시키고 이항복 후손인 소론 온건파 이광좌(李光佐; 경주이씨)를 영의정으로, 역시 소론 온건파인 조태억(趙泰億; 양주조씨)을 좌의정으로 임명하여 소론 정권을 세우고 있었기에 소론 과격파의 반란을 효과적으로 진압할 수 있었다. 그 뒤 영조 31년(1755)에 소론 과격파 인사들이 다시 반역을 일으켜 진압되었는데, 이를 을해옥사乙亥獄事로 부른다.

이렇게 소론 강경파의 반란이 두 차례나 일어나자 영조는 탕평책의 필요성을 더욱 절감했다. 소론이나 남인이 전주이씨, 반남박씨, 문화유씨, 파평윤씨, 한산이씨, 초계정씨, 광산김씨, 경주이씨, 연안이씨, 청송심씨 등 명문의 후손 가운데 많이 배출된 점도 영조로서는 큰 부담이 되었다. 이들을 배척하면 사회통합이 어려웠기 때문이다. 그래서 당평정책을 통해 소수세력으로 밀려났지만 임금에게 충성을 바치는 소론 온건파와 남인을 등용하여 노론과 섞어 놓음으로써 여러 당파의 공존을 추구한 것이다.

그러나 일부 강경파 노론, 곧 노론 벽파는 탕평을 끈질기게 반대했다. 그럴 경우 영조는 단호하게 당론을 일으키는 자들을 파직하거나 귀양 보냈다가 다시 불러들였다. 소수파인 소론이나 남인이 당론을 일으키지는 않았으므로 처벌받는 쪽은 대부분 노론 쪽이었다. 그래서 겉으로 보기에는 소론과 남인을 우대하고 노론을 억압하는 것으로 보였지만, 내면적으로 보면 벼슬아치의 대부분은 노론이었으므로 노론의 우세한 형세는 그대로 유지되었다. 영조의 탕평정책은 세자에게도 그대로 계승되었는데, 다만 세자는 영조보다 더 과격한 품성을 지녀 노론 벽파는 영조보다도 세자를 더 두려워하여 세자를 죽음으로 몰아넣은 것이다.

영조 대의 정치와 사회가 그 앞 시기인 숙종이나 경종 때와 견주어 한층 안정되어 선비들의 떼죽음이 상대적으로 적어지고, 민란이 일어나지 않으며 반세기 이상 왕조중흥의 꽃을 피울 수 있었던 것은 영조의 집요한 탕평정책과 서민친화적인 정책의 결과였다.

임금은 인자한 은덕과 혜택으로 소민들을 보호해야 하는 법이다.
《서경》에는 백성을 상처를 돌보듯 보살펴야 한다고 했고,
또 갓난아기를 돌보듯 해야 한다고도 했으며,
맹자는 항산이 있어야 항심이 생긴다고 말했다.
그래서 농상을 부지런히 하고, 요역과 부세를 가볍게 해 주어
위로는 부모를 섬기고, 아래로는 처자를 먹여 살릴 수 있게 하여,
나라의 근본인 백성을 튼튼하게 해야 나라가 편안해지는 것이다.

제7장

정조대왕 이야기 1
—끝없이 백성을 사랑한 성군의 길

1. 즉위년(1776)
—사도세자 격상, 정후겸·홍인한 등 역적 처벌, 궁방전 개혁, 준론탕평, 규장각 설치

영조가 세상을 떠난 지 닷새 뒤인 3월 10일, 어좌에 오른 25세의 정조는 바로 이날 경희궁 자정전資政殿 문밖에서 대신들을 불러 보고 다음과 같은 요지의 윤음綸音을 내렸다. 상중喪中이므로 정전正殿 밖에서 정사를 본 것이다.

> 아, 과인은 사도세자의 아들이다. 선대왕께서 종통宗統의 중요함을 위하여 나에게 효장세자孝章世子를 이어받도록 명하셨는데, 옛날 선대왕께 올린 글에서 '근본은 둘로 하지 않는 것'에 관한 나의 뜻을 볼 수 있었을 것이다. 예禮는 엄격해야 하지만, 인정人情도 또한 펴지 않을 수 없다. 제사하는 절차는 대부大夫의 예법을 따라야 하므로 종묘와 같이 할 수는 없다. 혜경궁에게도 공물貢物을 바치는 의절이 있어야 하나 대비(大妃; 정순왕후)와 같게 할 수는 없다. 괴귀怪鬼와 같은 무리들이 이를 빙자하여 추숭追崇하자고 한다면 선대왕의 분부를 따라 형률로서 논죄하겠다.

여기서 정조는 종통상宗統上의 아버지는 효장세자孝章世子이지만, 인정상人情上의 아버지는 자신을 낳아준 사도세자思悼世子라는 것을 분명하게 천명했다. 그러니까 족보상의 아버지와 혈통상의 아버지를 구별하고, 자신의 뿌리는 혈통상의 아버지라는 것을 선언한 것이다. 그래서 뿌리인 아버지와 어머니에 대한 효도사업을 하겠다는 것이다. 다만 효도사업은 임금처럼 할 수는 없다는 것과 이울러 아버지에 대한 추숭追崇은 하지 않겠다고 못 박았다. 여기서 추숭은 세자를 임금으로 추증追贈하는 것인데, 그런 일은 하지 않겠다는 것이다.

정조는 이 약속에 따라 3월 19일에 사도세자 대신 종통상의 아버지인 효장세자만을 진종대왕眞宗大王으로 추숭하여 왕의 위상을 갖도록 함으로써 법적 아버지에 대한 효성도 보여 주었다. 참으로 지혜로운 처분을 내렸다.

그러면 사도세자에 대한 효도사업은 어떻게 진행되었는가? 효장세자를 진종대왕으로 추숭한 다음날이 3월 20일에 사도세자의 시호를 장헌세자莊獻世子로 바꾸고, 무덤인 수은묘垂恩墓를 영우원永祐園으로 격상시켰으며, 사당인 수은묘垂恩廟를 경모궁景慕宮으로 격상시켰다. 세자의 묘墓를 원園으로 격상한 것과 사당을 묘廟에서 궁宮으로 격상시킨 것은 전혀 제도적으로 어긋나는 일이 아니었다. 이렇게 호칭을 격상시키고 나서 4월부터 경모궁을 다시 짓기 시작하여 이해 9월 30일에 공사가 완료되었다. 그 위치는 지금 서울대학교 의과대학 구내에 있었는데, 일제 강점기에 파괴되어 지금은 그 문과 터만 남아 있다.

정조는 아버지의 죽음에 관한 영조의 정치적 처분을 문제 삼지 않았으며, 더욱이 탕평정책과 민국정책民國政策은 충실히 계승했다. 다시 말해 정조는 정치적 명분과 인정상의 명분을 구별하여, 정치적 명분은 영조의 처분을 따르고, 인정상의 명분은 영조의 처분을 따르되 그 위상을 세자의 지위에 맞게 격상시킨 것이다.

그러면 정조는 정부를 어떻게 운영했는가? 3월 19일에 광산김씨 김장생金長生의 후손인 노론 김양택(金陽澤; 1712~1777)을 영의정으로 삼고, 소론 정우량(鄭羽良; 정후겸의 조부, 화완옹주의 시아버지)의 사위이기도 한 소론 김상철(金尙喆; 1712~1791; 강릉김씨)을 영의정에서 좌의정으로 내려 탕평정부를 구성했다. 노론을 수상으로 하여 노소론을 혼합한 탕평정부를 구성한 것이다. 그러나 김양택이 다음 해 세상을 떠나자 김상철을 영의정으로 임명하여 소론을 수상으로 하는 탕평정부를 구성했다.

이보다 앞서 3월 13일에는 시강원 겸사서(정6품)였던 29세의 홍국영(洪國榮; 1748~1781)을 동부승지(정3품 당상관)로 발탁하여 가장 가까운 측근에 배치했다. 이는 그가 시강원 강관講官으로 있으면서 행동이 약삭빨라 세손 정적들의 동정을 정탐하여 정조에게 보고함으로써 정조의 등극을 도운 일등 공신이었으므로 그에 대한 보상을 하는 동시에 임금의 신변을 지키는 데 그의 도움이 필요했기 때문이었다. 하지만 29세의 젊은이에게 당상관의 높은 벼슬을 준 것은 지나치게 파격적인 조치로서, 홍국영을 방자하게 만드는 결과를 가져왔다.

이해 3월 25일에는 그동안 세손을 모함하고 멸시해 온 정후겸(鄭厚謙; 연일정씨)을 유배 보냈다가 뒤에 사약을 내려 죽였으며, 그의 심복인 윤양후(尹養厚; 파평윤씨), 윤태연尹泰淵을 귀양 보냈다가 장형杖刑으로 죽였다. 고모인 화완옹주도 처벌하자는 주장이 있었으나 임금이 따르지 않았다.

3월 27일에는 부승지 정이환(鄭履煥; 연일정씨) 등이 상소하여 홍봉한洪鳳漢의 죄를 논하고 처벌할 것을 주장했다. 그의 죄는 우선 임오화변 때 일물一物, 곧 뒤주를 임금에게 갖다 주었다는 것과 영조가 병이 났을 때 나삼羅蔘을 쓰지 못하게 방해한 것, 대리청정 논의가 일어났을 때 임금 옆에는 장將이 있으면 안 된다고 발언을 한 것을 들었다. 그러나 정이환은 본래 김귀주와 한패인 노론 벽파로서 노론 시파인 홍봉한을 공격한 것이었다. 정조는 '일물'은 홍봉한이 한 것이 아니라고 영조께서 말씀하셨고, 그 나머지 일은 망발이기는 하지만 어머니를 생각하여 처벌할 수 없다고 대답했다. 그는 김귀주를 두둔하다가 귀양 갔었는데 뒤에 사면되었다.

홍봉한은 장헌세자의 죽음을 적극 방조하지도 않았고, 그렇다고 세자를 살리려고 적극 노력하지도 않았으며, 세자가 죽고 난 뒤에는 세자의 후궁 숙빈 임씨의 두 아들인 은언군 이인과 은신군 이진을 적극 보호하여 모역으로 의심받기도 했다. 또 세간에는 홍봉한을 따르는 세력을 북한당(北漢黨; 또는 大北), 정순왕후의 아비인 김한구金漢耉를 따르는 세력을 남한당(南漢黨; 또는 小北)으로 불러 두 외척을 곱지 않은 시선으로 보았는데, 이런 외척세도를 정조는 척결하려는 의지가 강했다.

홍봉한은 영조가 세자를 죽인 것을 뒤늦게 후회하고 세자로 복권시키자, 태도를 바꿔 정순왕후의 오라비 김귀주金龜柱 일당이 세자의 죽음에 관여했다는 요지로 임오화변의 전말을 적은 〈수의편垂義篇〉을 지어 노론 벽파를 공격하는 무기로 삼기도 했다. 그러니 풍산홍씨와 경주김씨 사이가 좋을 리 없었고, 뒷날 정조가 세상을 떠난 뒤에 대왕대비가 된 정순왕후가 혜경궁을 비롯한 풍산홍씨 인물을 구박하게 된 이유가 여기에 있었다.

정조는 외조부인 홍봉한을 내심으로는 좋아하지 않았으나 어머니의 처지를 생각하여 그에 대한 처벌은 내리지 않았다. 그는 정조 2년에 66세를 일기로 세상을 떠났다. 그러나 정조의 대리청정을 반대했던 그의 아우 홍인한洪麟漢은 신하들의 거센 요청을 받아들여 4월 7일 귀양 보냈다가 7월 5일에 정후겸鄭厚謙과 함께 사약을 내려 죽였다. 고금도에서 죽은 홍인한의 나이는 55세, 함경도 경원부에서 죽은 정후겸의 나이는 28세였다. 이로써 외종조부와 고모 아들의 두 외척 세력이 제거되었다.

이해 3월 30일부터 정조는 장헌세자의 죽음에 관여한 사람들에 대한 처벌에 나섰다. 먼저 이날 정승으로서 임금과 사도세자 사이를 이간시켜 세자를 죽음에 이르게 한 노론 벽파 김상로(金尙魯; 1702~1769 ; 청풍김씨)는 이미 죽었지만 그의 관직을 추탈했다. 또 장헌세자의 비행을 탐문하여 임금에게 고자질한 영조의 후궁 숙의 문씨(淑儀文氏; ? ~1776)의 작호를 삭탈하고 궁에서 내쫓았다가 영조의 장례식이 끝난 뒤인 8월 10일에 사약을 내려 죽였다. 그 오라비 문성국文聖國은 노비로 만들었다가 처형했다.

3월 말까지 중죄인에 대한 처벌을 끝낸 정조는 이해 4월부터 민생을 챙기는 정사를 펴기 시작했다. 먼저, 4월 10일에 면세免稅의 혜택을 받고 있는 수만 결의 궁방전宮房田을 개혁하는 정책을 폈다. 임금의 하교를 먼저 들어보자.

> 무릇 나라에 이롭고 백성들에게도 이로운 일이라면 내 살갗인들 어찌 아끼겠는가? 이것은 선왕께서 과인에게 거듭 일러 주시던 것이다. 현재 국가의 용도[경비]도 고갈되고, 백성들의 산업도 다했으니, 민국民國을 생각하면 나도 모르게 한밤중에 침상寢牀을 서성이게 된다. 궁방전에는 법 이외에 더 받는 것도 있고, 세대가 지났는데도 회수하지 않는 것이 있으며, 이미 결수結數가 찼는데도 차지 않은 것처럼 가장한 것이 있어서 국가의 용도와 소민小民에게 손해를 끼치고 있다. 해당 관청에서 조사하여 고하라.

여기에서 정조는 자신의 정치목표가 '민국民國'의 안정에 있음을 천명했는데, 이는 '백성과 나라' 또는 '백성의 나라'를 동시에 의미하는 것이었다. 영조도 생전에 가끔 '민국'을 언급했지만, 정조는 한층 적극적으로 민국을 위한 정사를 폈다. 정조는 민국을 위한 개혁 가운데 세금을 받지 않는 궁방전의 축소와 그 수세收稅를 긴급한 과제의 하나로 여기고 있었다.

궁방전을 개혁하라는 임금의 명을 받은 호조에서 조사하여 아뢰니, 임금이 다시 분부했다. 세대가 다 된 것은 다시 세금을 거두고, 온빈(溫嬪; 선조 후궁), 안빈(安嬪; 효종 후궁), 명선공주(明善公主; 현종 딸), 명혜공주(明惠公主; 현종 딸), 영빈(寧嬪; 숙종 후궁), 귀인(貴人; 숙종 후궁), 명빈(榠嬪; 숙종 후궁), 소의(昭儀; 후궁), 장귀인(張貴人; 후궁) 등의 궁방은 모두 호조에 귀속시키며, 혁파한 궁가宮家가 절수折受했던 노비와 제택第宅도 조사하고, 대빈(大嬪; 장희빈)의 궁방전도 환수하고, 그 나머지 궁방전들도 세금을 받으라고 명했다.

또 8월 22일에는 궁방宮房의 도장(導掌; 관리인)들이 지방에서 세금을 함부로 징수하는 행패를 엄히 처단했다. 이어 9월 1일에는 궁차(宮差; 궁에서 파견한 차사원)가 조세를 징수하는 법을 철폐하고, 호조에서 거두어 궁방에 나누어 주도록 바꿨다. 이렇게 호조에 넘겨준 궁방전의 결수는 수만 결에 이르렀다. 도장이나 궁차들은 궁가宮家의 세력을 빙자하여 묵은 땅에서도 징수하고, 원래 액수보다 더 거두기도 하고, 기름진 땅을 궁방전으로 편입시키는 등 횡포가 많아 소민들의 고통이 크다고 보아 이런 조치를 취한 것이다.

하지만 당장 왕실에 필요한 경비는 내수사內需司를 통한 수입으로 충당했다. 정조는 임금이 받는 내수사의 수입은 일반 신하들이 받는 봉록俸祿과 비슷하다고 하면서 이를 통해 들어오는 재화를 아껴서 저축하여 내탕금內帑金을 만들었다. 정조 5년(1781) 12월 7일, 임금은 신하들에게 말하기를, "근래 저축된 것이 전에 견주어 가득 차서 넘치는 편이다. 홍수, 가뭄과 도적은 반드시 없어지는 것이 아니므로 저축된 것이 좀 더 많아지면 호조에 내주어 부족한 경비를 돕게 하겠다."고 말했다. 그러니까 내탕금을 아껴서 저축했다가 흉년이 들 때 진휼 사업에 쓰겠다고 약속했는데, 실제로 그렇게 했다. 하지만 정조가 내탕금을 많이 저축한 이유는 아버지 효도사업으로 수원 화성을 건설하는 데 필요한 경비를 조달하고자 하는 목적도 아울러 있었다.

정조는 영조의 탕평정책을 계승하면서도 홍인한, 정후겸 등 역적들과 연결된 윤양후(尹養厚; 파평윤씨), 심상운沈翔雲 등 소론 과격파와 홍상간(洪相簡; 홍계희 손자), 민항렬(閔恒烈; 민유중 증손) 등 노론 벽파의 여당與黨들을 더 넓게 제거할 필요를 느꼈다. 그래서 7월 3일에 윤음을 내려 이들의 죄상을 상세하게 밝히고, 이 윤음을 인출하여 중외에 반포하라고 명했다. 7월 22일에는 세손을 온실수溫室樹에 비유하는 흉소를 올린 심상운을 참수했다.

하지만, 임금은 9월 1일에 역적에 대한 처벌은 이미 정당한 재판을 받아 결정된 결안決案을 따라 시행해야 하며, 결안이 아직 만들어지기도 전에 역률逆律을 적용하거나, 이미 처벌받아 죽은 사람을 노적(孥籍; 노비호적)으로 추시하는 일, 또는 이미 결정된 율律보다 더 큰 율을 추가로 시행하는 것을 금지시켰다. 정조의 정책 가운데 억울하게 죄를 입는 사람이 없도록 하는 것은 재위 24년 동안 지속적으로 추진되었다. 이런 정책은 바로 인권人權에 대한 배려이다.

이렇게 역적들에 대한 처벌이 일단 마무리되자 임금은 8월 24일에 역적을 토벌한 것을 중외에 널리 알리는 〈토역교문討逆敎文〉을 반포하고, 이날 이를 책으로 만드는《명의록明義錄》편찬을 결정했다.

먼저, 〈토역교문〉에서는 홍인한과 정후겸, 그리고 그들의 심복이던 민항렬, 홍상간, 이덕사, 이응원, 심상운, 윤약연, 윤태연, 이상로李商輅, 이선해李善海, 홍지해, 서종하徐宗廈, 홍찬해, 이경빈李敬彬, 윤양후 등의 죄악을 밝혔다. 그 가운데 일부는 정조의 등극을 방해한 자들이고, 이응원(李應元; 성주이씨) 같은 자는 장헌세자의 억울한 죽음을 호소하면서 영조를 비난한 자였다. 정조는 자신의 등극을 방해한 자나 영조를 비판하는 자나 모두 역적으로 다루어 이들을 전부 토벌함으로써 정쟁을 격화시키려는 자들은 모두 징벌한다고 밝혔다.

《명의록》 편찬은 좌참찬 황경원(黃景源; 장수황씨; 1709~1787)이 주장하여 임금이 결정한 것인데, 영조가 세제 시절에서 영조 31년에 이르기까지의 모역사건을 정리한 《천의소감闡義昭鑑》의 규례를 따라 역적을 토벌한 과정을 정리하여 책을 만들도록 했다. 정조는 《명의록》 편찬의 참고자료로 자신이 세손 때 쓴 《존현각일기尊賢閣日記》를 이해 12월 26일에 내주었다. 《명의록》은 봉조하 김치인(金致仁; 청풍김씨 金在魯 아들)이 총재를 맡고, 그의 조카 김종수(金鍾秀; 1728~1799)와 유언호(兪彦鎬; 1730~1796) 등이 찬집당상을 맡아서 다음 해 3월 29일에 완료했다.[01] 이들은 노론 청류淸流를 자처하면서 외척정치를 배격하고 정조의 즉위를 도왔으나, 정조의 탕평정책은 반대하여 정조로부터 애증이 교차하는 대우를 받았다.

그런데 역적에 대한 처벌에서 아직 임금이 처벌하지 않고 유보해 두었던 세력이 있었다. 바로 정순왕후의 경주김씨 세력으로 친오라비인 김귀주(金龜柱; 1740~1786)와 육촌 오라비인 김관주(金觀柱; 1743~1806), 그리고 왕후의 숙부인 김한기(金漢耆; 1728~1792) 등이었다. 이들은 정후겸과 손잡고 홍봉한을 비롯한 풍산홍씨 세력을 견제하는데 앞장서 왔는데, 정조는 두 외척 집안의 권력 싸움을 매우 못마땅하게 여겨 왔지만, 할머니 집안사람을 처벌하는 것이 불효로 보일 것을 염려하여 미루어 왔다. 그런데, 정조가 즉위한 뒤에도 이들은 반성을 보이지 않고 잇달아 홍봉한이 역적이라면서 그 처벌을 요구하

01 《명의록》은 모두 3책으로, 권1에는 대리청정기간이던 1775년 11월부터 1776년 6월까지의 기록이 수록되어 있고, 권2에는 1776년 6월부터 1777년 4월까지의 기록을 실었다. 권수卷首에는 《존현각일기》가 수록되었는데, 1775년 2월 5일 부터 1776년 2월 28일까지의 정조의 생활기록이다. 《명의록》은 뒤에 언해되어 《명의록언해》가 편찬되기도 했다.

고 나섰다.

임금은 신하들의 열화와 같은 주장을 받아들여 9월 9일 한성좌윤 김귀주를 흑산도에 귀양 보냈다. 그리고 나서 9월 12일에 이들의 죄상을 밝히면서 영조께서도 일찍이 두 척리(戚里; 풍산홍씨와 경주김씨)의 싸움을 걱정하셨다고 말했다. 정조는 두 외척의 권력투쟁을 쌍방 책임으로 본 것이다. 하지만 할머니의 처지를 고려하여 김귀주를 죽이지는 않았다. 그는 정조 10년에 귀양지에서 향년 47세로 죽었다.

정조는 9월 16일 승지 유언호兪彦鎬와 외척을 배척하는 문제를 논의하면서 이렇게 말했다. "내가 양편 척리를 배척하는 것이 옳다고 할 수도 없고, 옳지 않다고 할 수도 없으니, 지금은 지난날 두려움을 가졌을 때보다도 도리어 못하다 …… 책임을 미룰 곳이 없기 때문이다. 지금의 급선무는 풍속을 바로잡고 염치를 기르는 것이다. 그러기 위해서는 관방官方을 맑고 엄숙하게 해야 한다."고 말했다. 다시 말해 힘으로 억누르는 패도霸道보다는 도덕으로 해결하는 왕도王道의 길을 가겠다는 것인데, 유언호는 이에 대하여 두 가지 방법을 절충하는 것이 좋다고 건의했다.

정조는 해결해야 할 정치적 문제로 척리의 권력투쟁을 해결하는 일뿐 아니라 척리와 연결된 노론과 소론의 체질을 바꿔 임금에게 충성을 바치게 하는 탕평을 이루는 것을 주요 과제로 인식했다. 그런데 노론 벽파와 소론 강경파에 대한 응징이 끝났으므로 이제는 정조를 따르는 나머지 소론 세력들을 길들이는 일에 나섰다.

그래서 9월 22일, 임금은 자신의 탄일誕日을 축하하는 정승들을 만나 보는 자리에서 소론파 대신들을 모두 들어오라고 명했다. 이에 소론파 좌의정 김상철金尙喆이 이를 보류하기를 청했으나, 임금은 이를 거부하고 이렇게 말했다. 요지를 간추리면 다음과 같다.

색목色目의 분쟁은 회니(懷尼; 회덕의 송시열과 이산의 윤증)에서 비롯되었는데, 한 번 바뀌고 두 번 바뀌어서 신임사화(辛壬士禍; 소론의 노론 숙청)에 이르고, 처음에는 동료 사이에서 싸우다가 나중에는 조정에서 싸우고, 충성과 반역으로 나뉘게 되었다. 이른바 노론이 어찌 반드시 모두 현인賢人일까마는 다만 잡은 의리가 충성忠誠이었고, 소론이 어찌 반드시 모두가 악인惡人일까마는 잡은 의리가 반역이었다. 지금은 척리의 권세와 간악함을 모두 제거했으니, 이제 정신을 가다듬어 정치를 도모할 때이다.

저 이광좌李光佐, 최석항崔錫恒, 조태억趙泰億 등 여러 적으로부터 무신년[영조 4년 이인좌난], 을해년[영조 31년 을해옥사]의 반역에 이르기까지 선대왕께서 큰 죄수만 죽이고 사소한 자는 관용으로 포용하여 탕평의 정치를 세워서 대일통大一統의 경지에 살게 했다. 경들 또한 소론인데, 저 소론을 보건대 반드시 나그네처럼 자처하면서 국사를 담당하려 하지 않으니, 그 의도는 굽히지 않는 사감私憾에서 나온 것이다. 선대왕의 탕평정치가 융성하지 않은 것은 아니나, 보좌하는 신하들이 미봉책을 일삼아 정사政事와 인사정책마다 비례하여 배치하고, 교묘하게 균형을 이루어 조정하는 계획을 일삼으니 이 어찌 편당偏黨을 버리고 상대와 나를 없애는 방도이겠는가? 그래서 척리戚里와 권간權奸이 상대를 해치는 무기로 이용되었던 것이다. 좁은 우리나라에서 어떻게 색목으로 사람을 버리겠는가? 경들은 이제부터는 옛날 습관을 버리고 대동大同의 길로 나오라. 경들은 마음에 품은 것을 모두 말하여 속이거나 숨기지 말라.

정조는 노론이나 소론이 모두 선하거나 모두 악한 것만은 아니라고 판단했다. 과거의 행적으로 보면, 노론은 반역을 하지 않았으나 소론은 잇달아 반역에 가담한 풍습에 젖어 있었다. 그래서 지난날 영조가 이룩한 탕평은 기계적으로 숫자만 안배하는 미봉책에 머물러 탕평의 실효를 거두지 못하여 이인좌난과 을해년의 반역사건이 일어났다는 것이다. 정조는 임오화변에도 노소론의 갈등이 있었다는 말은 차마 말하지 않았으나, 아마 마음속으로는 그것도 염두에 두었던 듯하다. 또 정조가 대리청정할 때 홍인한과 정후겸 일당에 소론파가 많이 가담한 것을 직접 체험한 것이 정조의 결심을 굳히게 만들었다. 그래서 정조는 먼저 소론의 반역적 행태를 근본적으로 바꾸는 탕평으로 가겠다는 것이다.

이날 참석한 신하는 좌의정 김상철(金尙喆; 본관 강릉)을 비롯하여 인양군 이경호(李景祜; 전주이씨), 행사직 구윤옥(具允鈺; 능성구씨), 서명선(徐命善; 대구서씨; 서명응의 아우), 호조판서 정홍순(鄭弘淳; 동래정씨; 정태화 후손), 행사직 한광회(韓光會; 청주한씨), 이조판서 이중호李重祜, 행부사직 안집安㙫, 윤득양(尹得養; 해평윤씨), 이재간(李在簡; 용인이씨), 이재협(李在協; 이재간의 형), 행사직 윤동섬(尹東暹; 파평윤씨), 예조판서 정상순(鄭尙淳; 동래정씨), 형조판서 이복원(李福源; 연안이씨 이철보의 아들), 행부사직 이성규(李聖圭; 전주이씨), 정창성(鄭昌聖; 온양정씨), 성천주(成天柱; 창녕성씨), 한성우윤 정창순(鄭昌順; 정창성의 아우), 행부사직 송순명(宋淳明; 여산송씨), 송문재(宋文載; 여산송씨), 김노진(金魯鎭; 강릉김씨), 서회수(徐晦修; 달성서씨), 이조참판 서호수(徐浩修; 서명응 아들), 형조참판 정만순(鄭晩淳; 동래정씨), 행부사직 구익具廙, 정호인(鄭好仁; 연일정씨), 이휘중(李徽中; 전주이씨) 등이었다. 이들은 대부분 소론이었다. 이들 가운데는 정조의 등극을 결정적으로 도와 준 서명선을 비롯하여 정조 때 중용된 인물이 다수 포함되어 있었지만, 일단 소론파를 모두 불러들여 강력한 충성 맹세를 강조한 것이다.

소론에 대한 정조의 비판에 대하여 소론 신하들은 한결같이 정조의 의견에 동의를 표하면서 역적을 두둔해서는 안 된다고 맹서하고, 자신들은 그런 구습에 얽매인 신하가 아니라고 말했다. 그러자 정조는 "내가 말한 것은 그 가운데서 완론緩論과 준론峻論을 논한 것"이라고 설명했다. 여기서 완론은 충성심을 크게 따지지 않는 것을 말하고, 준론은 충성심을 크게 따지는 것을 가리킨다. 영조 대 탕평은 노론과 소론의 숫자를 안배하는데 그치고 그들의 충성심을 크게 문제 삼지 않은 완론탕평을 따랐기 때문에 결과적으로 외척세력의 권력투쟁에 이용당했다고 본 것이다. 따라서 앞으로 탕평은 숫자상의 안배가 아니라 의리와 명분에 충실한 자, 곧 충성심이 강한 자를 등용하는 준론탕평으로 가겠다는 것이다.

그런데 충성심은 탕평정치를 진정으로 따르는 정신적 통일이 있어야 했다. 노론과 소론이 정신적 합의에 도달하지 않으면 언제나 물과 기름처럼 겉돌게 되기 때문이다. 그래서 정조는 탕평이념을 확립하는 데 총력을 기울여 갔다. 그러니까 완론탕평이 물과 기름을 안배하는 정책이라면 준론탕평은 물과 기름을 모두 물로 만들어 융합시키겠다는 뜻을 담고 있는 것이다. 그것이 바로 정조가 추구한 군사君師와 정학正學 운동이었다.

정조는 소론 신하들의 이야기를 모두 들은 뒤에 "오늘은 날이 이미 저물었으니 물러가고, 이제부터는 서로 공경하고 협력하여 함께 대도大道에 나아갈 방도를 생각하라."고 일렀다. 그러고 나서 다음날 다시 다음과 같은 요지의 윤음을 내렸다.

선대왕 50년 탕평의 정치와 교화가 융성하고 지극하지 않은 것은 아니지만, 저 이른바 소론이란 자들은 과연 심지를 한결같이 지키고 정신을 모아서 조금이라도 속이고 은폐한 일이 없었던 것인가? 회니懷尼의 싸움은 학문에 관계되므로 논하지 않겠지만, 신축년~임인년의 일과 을해년의 일은 고질적인 폐단이 되었고, 내가 등극한 이후로는 새로운 역신逆臣이 잇달아 나와 정토征討하느라 여념이 없었으니, 윤양후, 정후겸이 그렇다. 선대왕의 탕평을 신하들이 제대로 체득하지 못하여 조정하는 데만 힘써서 결과적으로는 척리와 권간들이 정치를 혼란시키는 도구로 이용했다. 그래서 탕평당蕩平黨이 옛날 당보다도 심하다는 말이 나왔다.

대저 노론이 지키는 바는 '충성'이라고 하지만 옛날 같지 않아 노론에서도 역적이 나왔다. 노론은 모두 충신忠臣이고 소론은 모두 역론逆論을 한다고 할 수 있는가? 앞으로는 자기 당의 역적을 먼저 공격하여 충역忠逆과 시비是非만을 가려서 왕실과 나라를 보호하는 데 힘써야 한다.

과인은 춘궁春宮에 있을 때부터 깊이 이 폐단을 알았으니, 결코 선악을 혼합하고, 시비를 같이하는 것이 탕평의 결과가 될 수 없다고 생각했다. 대소 신료들은 '노소老少'라는 두 글자를 마음에 두거나 입에서 꺼내지 말고, 먼저 인사정책에서 그 효과를 보이도록 하라.

어제 소론 대신들에게 한 말이 조금 지나쳤다고 생각했는지 이날은 노론까지 싸잡아서 비판하면서 영조 때 소론의 반역이 많았던 것을 거울삼아 충성심이 강하고 의리를 지키는 자를 등용하는 준론탕평峻論蕩平으로 가겠다는 것을 다시 한 번 천명한 것이다. 그러면서 앞으로는 노론이니 소론이니 하는 글자를 마음에 두지도 말 것이며, 입 밖에 내지도 말라고 하면서 인사정책에서부터 실천하라고 일렀다. 정조는 이렇게 소론 신하들을 불러들여 따끔한 훈계를 내렸지만, 내심으로 소론과 남인을 더 신뢰하여 노론을 견제하는 탕평책을 이어갔다. 이 점은 영조와 다름이 없었다.

즉위하던 해 정조가 이룩한 또 하나의 획기적인 변화는 9월 25일에 규장각奎章閣을 설치한 일이었다. 이 기구는 척리정치를 극복하기 위해 정조가 직접 충성스런 신하를 길러 내어 선비정치를 회복하겠다는 목적에서 추진된 것이다. 하지만 내심으로는 탕평노선을 따르는 시파세력을 양성하겠다는 목적이 담겨 있었다. 이미 즉위하던 3월에 작업을 시작하여 6개월 만에 창덕궁 후원 부용지 북쪽 언덕에 주합루宙合樓[02]라는 큰 누각을 세워 아래층에 숙종이 쓴 '규장각'이라는 현판을 옮겨다 걸고, 위층에 '주합루'라는 현판을 직접 써서 걸었다. 또 주합루 서남쪽에 있던 열무정閱武亭을 봉모당奉謨堂으로 이름을 바꾸고, 정남쪽에 열고관閱古觀과 개유와皆有窩, 서쪽에 이안각移安閣, 서북쪽에 서고西庫를 지었다.

주합루 아래층의 규장각에는 정조의 영정影幀과 어제(御製; 정조의 글)와 어필(御筆; 정조의 글씨) 등을 보관하고, 봉모당에는 역대 임금이 쓴 어제와 어필 등을 봉안했으며, 열고관과 개유와에는 중국본을 보관하고, 서고에는 한국본을 보관했다. 이안각은 서책들을 주기적으로 포쇄[책을 햇빛에 말림]하는 곳으로 서향각書香閣[03]으로도 불렸다.

원래 임금의 어제와 어필을 보관하는 집을 따로 세워 규장각奎章閣[04]으로 부르자는 것은 세조 때 제갈량으로 불리던 양성지梁誠之[05]가 처음으로 주장한 것인데, 그는 송나라에 있었던 제도를 모델로 삼았다. 그리하여 세조 9년(1463) 인지당麟趾堂 옆에 규장각을 세웠는데, 숙종이 이를 계승하여 왕실 족보를 관리하던 종정시宗正寺 옆에 별실을 짓고 여기에 '규장각'이란 현판을 직접 써서 걸어 놓고 어제와 어필을 보관했다.

그러나 정조가 세운 규장각은 역대 임금의 어제와 어필을 보관하는 기능에 머물지 않고, 그 위에 여러 가지 학술기능과 교육기능, 그

---

02 주합루는 우주와 합치되는 정치를 하겠다는 의지를 담은 것이다. 우주의 원리는 모든 생명체를 사랑하는 것이다.

03 서향각은 일제강점기에 누에를 기르는 양잠실로 바뀌었다.

04 규장각의 규奎는 원래 하늘의 별 가운데 문장과 학술을 담당하는 별의 이름으로서 임금의 글을 규장으로 부르게 된 것이다.

05 양성지에 대해서는 한영우, 《조선 수성기 제갈량 양성지》(지식산업사, 2008) 참고.

리고 정치기능을 더한 복합적인 국왕 직속의 근시기구였다. 그래서 규장각에 홍문관과 비슷한 제학(提學; 종1~종2품), 직제학(直提學; 종2~정3품 당상), 직각(直閣; 정3품~종6품), 대교(待敎; 정7품~정9품) 등의 관원을 두었는데, 제학과 직제학은 겸임이었다. 세종이 만든 집현전集賢殿이 이와 유사하지만, 집현전보다 한층 많은 기능을 가진 것이 달랐다.

우선 제학은 두 사람을 두어, 앞서 《명의록》 편찬을 임금에게 건의했던 노론 황경원(黃景源; 1709~1787)과 월사 이정귀李廷龜의 6대손이자 소론인 이복원(李福源; 연안이씨; 1719~1792)을 임명하여 탕평을 이루게 하고, 역시 두 사람의 직제학에는 임금의 총신인 홍국영(洪國榮; 1748~1781)과 노론 유언호(兪彦鎬; 1730~1796)를 임명했다. 이렇게 제학과 직제학을 2명씩 둔 것은 탕평을 위한 배려 때문이었다. 하지만 규장각의 직제가 완성된 것은 정조 5년(1781) 이후였다.[06]

15세기 세종이 집현전集賢殿을 세워 유교정치의 꽃을 피웠는데, 3백 년 뒤에 정조가 이를 계승하여 집현전과 유사한 규장각을 통해서 왕조 중흥의 위업을 이룩한 것이다.

2. 정조 원년(1777)
─서얼허통, 자객 궁궐침입, 《명의록》 편찬, 홍국영 권력 강화, 교서관을 규장각에 통합

25세 3월에 즉위한 정조는 이해가 가기 전에 신속하게 일을 처리

---

06 규장각의 기능과 역사에 대해서는 한영우, 《문화정치의 산실 규장각》(지식산업사, 2008)을 참고.

하여 불과 9개월 안에 통치방향과 통치기반을 다져 놓았다. 우선, 생부인 장헌세자의 위상을 높이고, 외척들을 처단했으며, 국가재정과 백성의 고통을 덜기 위해 궁방전宮房田을 과감하게 개혁하고, 노론과 소론 세력을 길들이고자 준론탕평峻論蕩平의 방향을 제시했으며, 대안정치세력을 키우고 유교정치의 꽃을 피우기 위해 규장각奎章閣을 설치한 것이다.

이렇게 민첩하게 일을 추진한 것은 세손 시절에 이미 미래에 대한 구상을 준비했기 때문에 가능한 일이었다. 정조는 자신의 통치방향은 '계지술사繼志述事'라고 표방했다. 큰 틀에서 영조의 정치를 계승하면서 작은 부분에서는 현실에 맞게 고쳐 나가겠다는 뜻이었다. 영조가 추구했던 정치의 큰 틀은 백성의 나라를 지향하는 민국民國 건설과 탕평정책이었으며, 성인군주聖人君主 곧 군사君師가 되기 위해 죽을 때까지 경연에 참석하여 학문을 연마했다. 정조는 그것을 계승하면서 한층 세련되게 가다듬어 영조보다 더 높은 수준의 정치문화를 건설했다.

그러면 26세가 되던 정조 원년(1777)에는 어떤 일을 했을까? 이미 지난해 왕권을 안정시키는 긴급조치를 취했기에, 이해에는 백성의 나라 곧 민국民國을 위한 내정을 개혁하는 일에 전력을 기울이고자 경연을 열어 유교경전과 율곡의 《성학집요聖學輯要》 등을 읽으면서 성리性理에 관한 이론을 토론하고, 《속대전續大典》에 규정된 문무관원에 대한 제술製述과 강경講經을 부활했다. 2월 20일에는 영조 때 신문고申聞鼓를 설치하면서 중지되었던 궐문과 행차 때 백성들이 억울한 일을 호소하는 격쟁擊錚을 부활시키되, 징 대신 북을 치도록 바꾸었다. 이때 글로 써서 올리는 호소문인 상언上言도 허용되었다. 천문, 지리, 의약, 통역 등 잡학雜學의 중요성을 강조하면서 잡과雜科

시험에서 우수한 인재를 뽑으라고 명했다.

여기서 특히 격쟁을 부활시킨 일은 6월 10일에 다시 논의되었는데, 사건사四件事에 관한 격쟁은 억울한 민심을 상달하는 중요한 기회이므로 다시 부활하기로 확정했다. 사건사란 적첩(嫡妾; 적처와 첩)을 분간하는 일, 형벌을 받아 목숨을 잃게 되는 일, 양인良人과 천인賤人을 분간하는 일, 그리고 부자父子를 분별하는 일을 말한다. 사건사가 아닌 것도 상언이 가능했다. 정조는 상언이 올라오면 반드시 형조에 올려 심의하여 판결을 내려 주었다. 이렇게 내린 판결이 정조 재위기간 동안 수천 건에 이르렀다. 백성들과의 소통을 그만큼 존중한 것이다.[07]

이해 이루어진 중요 정책의 하나는 청직淸職과 요직要職에서 소외된 서얼庶蘗들의 출셋길을 열어주고자 3월 21일 새로운 〈절목節目〉을 만들라고 이조와 병조에 명한 것이다. 서얼에게 문과응시를 허용하고 벼슬길을 터 주는 조치는 조선 전기 명종 대 이후로 지속적으로 추진되어 왔는데, 인조 때에는 호조, 형조, 공조의 낭관(5~6품)으로 나갈 수 있는 길을 열어주었다. 6조 가운데 요직에 해당하는 이조, 병조, 예조를 제외한 3조의 낭관은 허용한 것이다. 영조 때는 더욱 그 길을 넓혀 청직淸職으로 알려진 사헌부와 사간원 관원으로 나가는 길도 열어 주고, 지방의 향안鄕案에도 들어가고, 향교나 서원 등에도 입학하는 길을 열어 주었다. 또 무반 급제자에게는 문벌제자들이 나아가는 선전관宣傳官 벼슬도 허용하는 등 적극적인 정책을 취했다. 그러나 뚜렷한 규정을 만들지 않고 그때그때 명령을 내려 시행했기 때문에 법제화되지 못하고 시간이 지날수록 유명무실해졌다. 정조는

---

07 정조 대 격쟁·상언에 대해서는 한상권, 《조선후기 사회와 소원제도》(일조각, 1996) 참고.

이를 보완하여 제도화하기 위해 〈절목節目〉을 만들 필요를 느꼈다. 임금의 하교는 다음과 같다.

우리나라는 명분을 중요하게 여기고 지벌地閥을 숭상하여 [서얼들에게] 요직要職은 허통시켜도 청직淸職은 허통시키지 않는 것으로 작정한 의논이 있다. 지난해 선대왕께서 [서얼들을] 대관(臺官; 사헌부와 사간원)에 통청通淸하게 한 것은 고심 끝에 나온 조처였는데, 구애받는 데가 많아 도리어 유명무실해졌다. 필부匹夫가 원통함을 품어도 하늘의 화기를 손상시키는데, 하물며 허구많은 서류庶類들 가운데 뛰어난 재능을 지닌 선비로서 나라에 쓰임이 될 만한 사람이 어찌 없겠는가? 그런데도 인사를 맡은 전조銓曹에서 침체를 소통시킬 방도가 없으니 바짝 마르고 누런 얼굴로 죽고 말 것이다. 아, 저 서류들도 나의 신자臣子인데 그들이 제자리를 얻지 못하고 포부도 펴지 못하게 한다면 이는 나의 허물이다.

정조의 왕명을 받아 이조에서 〈서얼허통절목〉을 올렸는데, 이를 정유년에 만들었다 하여 〈정유절목丁酉節目〉이라고 부른다. 그 요지는 다음과 같다.

(1) 서얼로서 문과에 급제한 자는 옛날대로 교서관校書館으로, 무과 급제자는 수부청(守部廳; 守門廳)으로 분관分館한다.
(2) 문관은 호조戶曹, 형조刑曹, 공조工曹 등 3조의 참상관(參上官; 3품 당하관~종6품)으로 나갈 수 있다. 해당 관청의 판관(判官; 종5품) 이하 자리는 음관蔭官이나 무관도 구애받지 않는다.
(3) 왕실 제사나 왕실 족보를 관리하는 낭관(5~6품) 자리, 사헌부 감찰(정6품), 의금부 도사(종5품)는 허락하지 않는다.
(4) 문관과 무관의 당하관(정3품 당하관)은 부사(府使; 종3품)를 상한으로 하고, 당상관(정3품 통정대부 이상)은 목사(정3품)를 상한으로 한다.
(5) 문관은 성균관 직강(直講; 정5품), 무관은 중추부로 가는 데 구애받지 않는다.

(6) 오위장(종2품)은 문관, 무관 모두 구애받지 않는다.

(7) 문학과 행의가 뛰어난 자와 재주와 행정 업적이 현저한 자는 규정을 초월하여 발탁한다.

(8) 지방의 향임鄕任은 좌수座首 이외의 자리는 참여시킨다.

이상과 같은 〈절목〉은 서류들에게 청직과 요직의 모든 자리를 허용한 것은 아니지만, 전보다는 한층 벼슬길이 넓어지게 만든 것이다. 6조 가운데 호조, 형조, 공조의 참상관, 사헌부와 사간원, 성균관 직강(정5품), 그리고 수령 가운데 부사(종3품)와 목사(정3품 당상관)도 허용하면서 문학과 행의가 뛰어난 자는 규정을 초월할 수 있는 길을 열어 주었다.

〈정유절목〉이 만들어진 뒤에 일부 인사담당 관리들이 이를 시행하지 않는 것이 발견되자 임금은 이를 엄격히 질책하여 시행을 독려했다. 그러나 성균관, 향교, 서원의 유생들은 앞서 영조 때 반포한 규정에서 서얼들의 성균관, 향교, 서원의 입학을 허용하고, 또 이번 〈절목〉에서 성균관 직강(直講; 정5품)의 벼슬을 허용한 것에 반발하여 서얼의 입학을 막았다. 그러자 정조 2년 8월 2일에 충청, 전라, 경상도의 서얼 유생 3천 2백여 명이 집단적으로 서울에 올라와 보수 유생들의 입학 거부에 항의하는 상소를 올렸다. 정조는 서얼 유생들의 소청을 받아들여 성균관 입학을 허용하는 조치를 취했다.

서얼에 대한 정조의 포용적인 정책을 잘 보여주는 사례는, 정조 3년(1779)에 규장각에 검서관檢書官을 설치한 뒤에 4명의 검서관을 모두 서얼로 임명한 것인데, 유득공柳得恭, 박제가朴齊家, 이덕무李德懋, 서이수徐理修가 바로 그들이다. 뒤에는 서얼 성대중成大中의 아들 성해응成海應도 검서관에 합류했다. 뒤에서 더 설명하겠지만, 이들은 그 뒤에 군수(종4품)와 부사(종3품) 등 지방 수령으로 나가기도 하고 북학파로서 맹활약을 보이기도 했다.

정조 15년(1791)에는 성균관에서 서얼들이 식당에서 남쪽 자리에 따로 앉게 하는 것을 금지시키고 나이순으로 앉도록 명했다. 이밖에도 서얼들을 요직에 임명한 예는 헤아릴 수 없이 많다.[08]

이해 3월 29일에는 정조 즉위년에 시작했던 《명의록》(3책)의 편찬이 완료되었는데, 임금은 감개무량하여 다음과 같은 요지의 비답을 내렸다.

　선왕 말년에 불령不逞한 무리들이 나를 원수처럼 여기고 핍박했으나, 선왕께서 병환으로 조섭 중에 있었기 때문에 아뢰지 않았는데, 선왕이 조섭 중이기에 저들이 더욱 그 틈을 타서 안팎에서 선동할 수 있었다. 그러나 신하인 홍국영洪國榮이 들어와서는 눈물을 삼켰고, 나가서는 피를 토하면서 역적들과 함께 살지 않을 것을 맹세하고 나의 몸을 보호하여 간사한 싹을 꺾었다. 신하인 정민시鄭民始는 노심초사하면서 정성을 다 바쳐 달리하지 않을 것을 죽음으로써 맹세했으며, 서명선徐命善은 한 장의 상소로 임금께 호소하여 위태로움에서 편안한 데로 돌려놓았는데, 이는 모두 백세의 강상綱常을 심고, 천하의 의리를 밝힌 것이다.

여기서 임금은 자신을 위기에서 구해준 세 사람의 신하로서 홍국영(洪國榮; 1748~1781), 정민시(鄭民始; 1745~1800), 서명선(徐命善; 1728~1791)을 들고 그 고마움을 표시하고 있다. 그 가운데 홍국영은 권력을 남용하다가 곧 쫓겨났지만, 정민시와 서명선은 요직을 두루 맡았다. 정민시는 재정관련 일을 주로 맡았고, 서명선은 영의정에까지 올랐다.

08　조선시대 서얼들이 벼슬에 나간 실제상황은 한영우, 《과거, 출세의 사다리》(전 4권 태조~고종 대) (지식산업사, 2013) 참고.

임금의 비답이 내리자 홍국영이 글을 올려 정조를 임금으로 만들어 준 것은 영조의 힘이기도 하지만, 왕대비인 정순왕후 김씨가 정조를 보호해준 공로도 크다고 말했다. 그러자 정조는 그 말에 동의를 표했다.

사실, 정조와 할머니 정순왕후 김씨와의 관계는 그렇게 좋은 관계도 아니고 그렇게 나쁜 관계도 아니었다. 할머니의 친오라비인 김귀주金龜柱와 사촌오라비인 김관주金觀柱 등과는 사이가 매우 나빴지만 그 배후에 정순왕후가 어떤 구실을 했는지는 확실하지 않았다. 또 설사 정순왕후와 사이가 나빴다고 하더라도 할머니를 공격하는 일은 불효에 속하므로 그럴 수도 없는 일이었다. 그래서 정조는 재위 24년 동안 할머니와 가깝지도 않고 멀지도 않은 관계를 끝까지 유지했다.

그러나 정조가 세상을 떠나고 나서 정순왕후가 수렴청정하는 동안 풍산홍씨와 혜경궁에 대한 정순왕후의 태도는 매우 차갑고 공격적이어서 혜경궁이 자살을 생각했으나 뜻을 이루지 못하고, 그대신 《한중록》을 써서 정순왕후에 대한 섭섭함을 세상에 털어 놓았던 것이다. 이렇게 본다면 정순왕후는 정조에 대해서보다는 혜경궁과 풍산홍씨에 대한 감정이 더 좋지 않았던 것으로 보인다. 그리고 그런 감정은 혜경궁도 마찬가지였다.

《명의록》은 뒤에 새로운 역적이 등장하면서 내용이 추가되었다. 그런데 《명의록》은 이렇게 역적을 토벌한 정조의 처분을 정당화하고 의리를 세우는 기준을 만들었지만, 시간이 지날수록 임금의 발목을 잡는 역기능도 없지 않았다. 왜냐하면 역적으로 지목된 사람들을 정조가 너그럽게 용서하고 포용하는 정책을 펴 나가자 노론 벽파들은 《명의록》을 무너뜨린다고 임금을 공격하는 무기로 삼았기 때문이다. 그럴 때마마 임금은 《명의록》을 무너뜨린 것이 아니라 의리에도 권도權道가 있다고 변명하곤 했다. 권도란 때에 맞추어 의리를 부드럽게 바꿀 수 있다는 뜻이다.

이해 6월 11일에는 국가의 재정 부족을 해결하는 문제가 논의되었다. 흉년으로 기민饑民을 구제하는 경비가 늘었고, 군정軍政과 관련하여 인징隣徵, 족징族徵, 황구첨정黃口添丁, 백골징포白骨徵布 등의 부정한 수탈을 억제하다 보니 국가 수입이 줄어들었으며, 산능역山陵役과 중국 사행이 빈번하고, 창덕궁을 수리하고, 경모궁을 새로 짓고, 규장각을 건설하는 등의 토목공사도 재정부족의 한 원인이 되었다.

재정 부족을 타개하는 한 방도로서 중국에 가는 사행使行을 따라가는 사상私商으로부터 모세帽稅를 받는 〈모세사목帽稅事目〉을 다시 만들었다. 연경에 가는 사신들의 경비는 원래 정부에서 4만 냥의 은화銀貨를 지급하여 관모官帽를 사게 하고 남는 돈으로 충당하게 했다. 그런데 은銀이 점점 귀해져서 영조 50년에 이를 폐지하고, 사상私商으로부터 모세帽稅를 받아들였는데, 척수(隻數; 모자의 수량)를 정하지 않고 마음대로 수세한 탓에 세액이 점점 줄어들어 경비를 조달할 수 없게 되었다. 그래서 이를 시정하고자 대략 다음과 같은 〈사목〉을 새로 만들었다.

(1) 모자의 척수를 해마다 1천 척으로 정하여 거두어들이고, 그 가운데 7백 척은 절사(節使; 명절 때 보내는 사신)로 정하고, 3백 척은 정초에 가는 역사曆使로 정한다. 그밖에 별사別使는 2백 척을 넘지 않고, 별자관別咨官의 사행은 1백 척을 넘지 않게 한다.

(2) 매 척의 세액은 돈 40냥으로 정한다. 그러면 1천 척의 세액은 4만 냥이 된다. 4만 냥 가운데 1만 8천 냥은 절사의 비용으로 쓸 은銀을 사는데 쓰고, 5천 냥은 역사의 비용으로 쓰며, 1천 8백 냥은 의주부義州府에 이속시켜 6백 냥은 구인(驅人; 심부름꾼)의 여비로 지출한다. 3천 냥은 역시 의주부에 이속시켜 모세

帽稅의 자본으로 삼는다. 나머지 1만 2천 2백 냥은 사역원에 이속시켜 대여 받은 공화公貨를 도로 갚게 하며, 뜻밖의 사행비용으로 쓴다.

이렇게 정조 원년의 전반기를 내정에 힘을 쏟으며 보내고 나서 후반기에 접어들 무렵에 뜻하지 않은 반역사건이 터졌다. 7월 28일에 궁궐에 무장한 괴한이 회랑의 지붕을 타고 들어와서 정조의 처소인 경희궁 존현각尊賢閣의 지붕에까지 이르러 기와 조각과 모래를 던지는 소동이 일어났다. 이날 밤 정조는 존현각에 앉아 촛불을 켜 놓고 책을 읽고 있었는데, 곁에 있던 내시에게 명하여 병사들이 직숙하는 것을 보고 오라고 일렀기 때문에 주위에 아무도 없었다.

임금은 괴한이 들어온 것을 눈치채고, 내시와 액례掖隸들을 불러 지붕 위를 수색하라고 명하고 도승지로서 궁궐을 지키는 금위대장禁衛大將을 겸하고 있던 홍국영을 불렀다. 홍국영은 숙위하는 군사를 거느리고 궁궐 담장 안팎을 모두 수색했으나 찾지 못했다.

임금은 이 사건을 계기로 경희궁에서 창덕궁으로 이어하는 일을 서둘러서 8월 6일에 창덕궁으로 이어하고 궁궐 수비를 강화했다. 그런데 그로부터 5일 뒤인 8월 11일밤에 경희궁에 침입했던 괴한들이 또다시 창덕궁을 침범했다가 체포되었다. 창덕궁의 서쪽 담장문인 경추문景秋門을 지키고 있던 두 병사가 누워 있는데, 누가 나지막한 소리로 2~3차례 부르는 소리가 났다. 이상해서 대답을 하지 않고 주위를 살펴보니 경추문 북쪽 담장을 넘으려고 하므로 다른 2명의 병사와 합세하여 괴한을 잡은 것이다. 포도청에서 문초해 보니 전흥문(田興文; 본명 田有起)이라는 자였다. 그는 지난번 강용휘姜龍輝와 함께 경희궁을 침범했던 바로 그 사람이었다.

임금이 전흥문을 친국하자 사건의 전말이 모두 드러났다. 이 사건에는 수많은 사람들이 연관되어 매우 복잡하게 얽혀 있었다. 주모자는 노론 벽파로서 장헌세자의 비행을 폭로하는데 관여했다가 이미 죽은 홍계희(洪啓禧; 남양홍씨; 1703~1771)의 손자이자 홍술해洪述海의 아들이고 홍지해洪趾海의 조카인 홍상범洪相範이었다. 홍술해는 죄를 짓고 귀양 가 있었고, 홍지해도 역적으로 몰려 귀양 가 있었다. 홍상범은 친족인 홍계능洪啓能, 홍대섭洪大燮, 홍신덕洪信德, 홍신해洪信海, 홍필해洪弼海, 홍찬해洪纘海, 홍상길洪相吉, 홍상격洪相格 그리고 민홍섭閔弘燮, 이택수李澤遂, 구익원具翼遠 등과 연결되어 있었다.

이밖에 이미 이해 6월에 죽은 혜경궁의 오라비이자 정조의 큰외삼촌인 홍낙인(洪樂仁; 1729~1777)도 한 패였다고 알려져 의정부 참찬의 벼슬이 삭탈되었으며, 혜경궁의 동생이자 정조의 둘째 외삼촌인 전승지 홍낙임(洪樂任; 1741~1801)[09]은 거사 뒤에 장차 끌어들여 대장大將을 삼기로 정해져 있었다. 이들이 정조를 죽이고 나서 사도세자의 후궁 경빈 박씨景嬪朴氏의 아들로서 19세가 된 은전군 이찬(恩全君 李禶; 1759~1777)을 임금으로 추대하려고 여러 사람들을 매수하여 궁궐을 침범한 것이 드러났다. 이찬은 모역죄로 이해 귀양 가서 죽었다.

먼저, 7월 28일에 있었던 경희궁 침입사건과 8월 11일에 있었던

---

09 혜경궁은 5남매 가운데 두 번째로 태어났다. 오라비는 홍낙인(洪樂仁; 1729~1777)으로 이조판서에까지 올랐으나 정조가 즉위한 뒤에 홍국영이 그를 홍인한, 정후겸과 한 패로 몰아 정조가 관직을 삭탈했다. 첫 번째 동생은 홍낙신(洪樂信; 1739~1796)으로 영조 때 벼슬이 승지에까지 올랐으나, 정조가 임금이 된 뒤에 관직을 빼앗고 군직軍職을 주어 녹봉만 받게 했다. 두 번째 동생은 홍낙임(洪樂任; 1741~1801)으로 문과에 급제하여 영조 때 벼슬이 승지를 했으나 정조가 즉위한 뒤에 정후겸 일파와 연계되었다는 혐의를 받았는데, 임금이 용서하고 군직을 주었으며 나중에 품계를 올려 주었다. 그는 천주교 신자로 1801년의 신유사옥 때 귀양 가서 정순왕후에 의해 사사되었다. 혜경궁의 막내 동생은 홍낙윤洪樂倫으로 정조가 즉위한 뒤에 실권이 없는 한직閒職을 주었다. 그는 순조 때 정순왕후의 핍박을 받다가 세상을 떠났다.

창덕궁 침입사건의 전말은 이러하다. 홍상범이 이웃에 사는 호위군 관으로 용맹스러운 강용휘姜龍輝를 포섭하고, 강용휘가 전흥문田興文을 돈으로 매수하여 모의를 합의했다. 두 사람은 7월 28일 대궐 밖의 개장국 집에서 저녁을 먹고 나서 강용휘는 허리에 철편鐵鞭을 차고 전흥문은 칼을 들고서 경희궁 안으로 들어갔는데, 강용휘의 조카인 별감 강계창姜繼昌과 강용휘의 딸인 나인 강월혜姜月惠를 불러 안내를 받아 문안소에서 지붕 위로 올라가 정조가 거처하던 존현각尊賢閣에 이르러서는 모래를 뿌리고 기왓장을 제치면서 도깨비짓을 하여 사람들을 현혹시킨 뒤 임금을 해치려 했다. 그런데 갑자기 대궐 안이 시끄러워지자 두 사람은 뛰어 내려와 보루각報漏閣 뒤 풀숲에 숨어 있다가 날이 새자 도망쳐 나왔다. 그 다음 8월 11일 창덕궁 침입사건은 궁궐에 들어가자마자 체포되어 사건의 전모가 밝혀지게 된 것이다.

그런데 이 사건에 하수인으로 관여된 인물이 매우 많았다. 궁궐의 상궁 고수애高秀愛와 그의 양녀로서 상궁인 고복문高福文도 이 일을 알고 협조했는데, 이들은 정순왕후의 오라비인 김귀주金龜柱와 가까운 사이였다. 이 밖에 궁궐의 열쇠를 관리하던 전 사약司鑰 김수대金壽大와 그의 생질녀로서 나인이 된 김금희金今喜도 돈으로 매수했다. 그리고 홍술해의 아내, 집 종인 최세복崔世福과 감정甘丁 등이 무녀巫女를 시켜 갖가지 방법으로 임금을 저주하기도 했다.

죄인들에 대한 공초가 9월 11일에 모두 끝나고, 반역사건임이 드러나자 조정의 대신들은 은전군 이찬李襸을 체포하여 처단하라고 임금을 다그쳤다. 임금은 처음에 허락하지 않았으나 신하들의 핍박에 못 이겨 체포하여 자진하라고 명했으나 따르지 않자 사약을 내려 죽였다. 이로써 정조의 이복동생 3명 가운데 은신군恩信君 이진李禛이 이미 영조 47년에 귀양 가서 죽은 데 이어 2명이 목숨을 잃었고, 큰

동생 은언군恩彦君 이인李裀만이 아직 살아 있었다.

이번 반역사건은 노론 벽파가 일으켰다는 점에서 소론이 주로 관여했던 종전의 반역과 달랐다. 신하들은 역적들과 가까이 지낸 김귀주金龜柱와 혜경궁의 동생 홍낙임洪樂任도 국문하라고 다그쳤으나, 임금은 할머니의 처지를 생각하여 김귀주는 귀양 보낸 상태로 놔두고, 작은외삼촌인 홍낙임은 임금이 친국한 뒤에 죄가 없음이 밝혀져 석방했다. 그러나 신하들은 정순왕후 오라비는 귀양 보내면서 혜경궁의 동생은 무죄로 석방한 것은 불공정하다고 비판했다.

그런데 《한중록》을 보면, 홍낙임이 정후겸과 친하게 된 것은 풍산홍씨 집안을 보호하기 위해서였다고 변명했다. 혜경궁 자신이 정후겸의 횡포를 막기 위해 남동생을 의도적으로 정후겸과 가까이 지내게 했다는 것이다. 혜경궁의 말이 진실인지 아닌지는 알 수 없으나, 정조는 어머니의 처지를 고려하여 작은외삼촌의 죄를 벗겨 주었다. 그러나 혜경궁 형제들이 모두 아버지 홍봉한의 도움으로 큰 벼슬을 얻어 외척세력을 형성하고, 정조를 적극 도와주지 않은 것에 대한 정조의 반감은 매우 큰 것이 사실이었다.

한편, 이번 8월의 반역사건에 직접 관여하지는 않았으나, 정조가 세손일 시절에 정후겸과 더불어 풍산홍씨 집안을 견제하는 데 앞장섰던 고모 화완옹주(1738~1808)와의 관계는 어떠했는가? 처음에는 정조를 친아들처럼 돌보면서 장차 임금이 되면 권력을 잡으려고 했다가 뜻대로 되지 않자 대리청정을 방해했던 고모는 정조에게 병도 주고 약도 준 인물이었다. 신하들은 화완옹주도 반드시 처벌해야 한다고 임금을 다그쳤으나, 임금은 고모가 영조의 특별한 총애를 받았고, 그의 잘못을 영조가 벌하지 않았다는 이유로 계속 반대하다가 정조 2년 윤6월 21일에 옹주라는 작호를 삭탈하여 정처(鄭妻; 정치달의 아내)로 호칭을 바꾸고, 강화도 교동喬桐으로 귀양 보냈다. 그러나 뒤에는 그를 몰래 서울로 불러들여 살게 하여 신하들과 갈등을 빚었다. 정조의 보호를 받은 정처는 순조 8년까지 살다가 71세로 세상을 떠났다. 정조는 피를 나눈 가까운 혈족은 가능한 한 죽이지 않았다.

이해 9월 24일에 임금은 역적을 토죄한 사실을 중외에 널리 알리는 교지를 내림으로써 이 사건을 마무리했다.

8월의 반역사건을 계기로 궁궐 수비 강화가 절실해지자 이해 11월 15일에 창덕궁 건양문建陽門 동쪽에 숙위소宿衛所를 설치하고, 금위대장 홍국영洪國榮을 숙위대장으로 삼았다. 그런데 숙위대장은 단순히 궁궐 수비만 통합적으로 관할하는 것이 아니었다. 궁궐 밖의 세 영營, 곧 훈련도감, 금위영, 어영청에서도 날마다 사고 유무를 숙위대장에게 보고하도록 했다. 그러므로 숙위대장은 막강한 군사적 힘을 갖게 되었다.

여기에 도승지(정3품 당상관), 홍문관 제학(종2품)을 겸하게 하고, 다음 해 3월 25일에는 규장각 제학의 벼슬까지 내려 실제로 홍국영은 임금에 버금하는 실권자로 등장했다. 이때 홍국영의 나이 겨우 30~31세로서, 젊은 그에게 너무나 큰 권력을 부여한 것은 결과적으로 그를 방자한 인물로 만들고, 정치를 혼란에 빠뜨리고, 홍국영 자신도 몰락하는 길을 걸어가게 만들었다. 25세에 문과에 급제하여 시강원 겸사서(정6품)라는 낮은 관직에 있다가 정조의 신임과 사랑을 받아 5~6년 만에 종2품의 높은 벼슬에 올라 문한과 병권을 동시에 장악하게 된 것은 정조의 신임이 지나쳤다는 것을 의미한다.

이해 12월 21일에는 규장각 제학 서명응(徐命膺; 1716~1787)의 요청을 따라 인쇄 기능을 가진 교서관校書館을 규장각의 외각外閣으로 소속시켜 양자를 통합시키고 규장각 관원이 교서관을 관할하도록 했다. 이 조치는 앞으로 규장각이 서적을 출판하는 기능을 강화하겠다는 의지가 반영된 것으로, 실제로 수많은 서적이 왕명을 받아 교서관에서 출간되었다. 그리고 교서관을 외각으로 부르게 되면서 규장각을 내각內閣으로 불렀다. 서명응은 소론이지만 정조에게 끝까지 충성을 바치고 개혁을 건의한 실무형 관료였다. 정조 11년에 향년 72세로 세상을 떠났다.

이해 12월 29일에는 3년마다 시행되는 전국의 호구수戶口數를 작성하여 임금에게 보고했는데, 이를 표로 만들면 다음과 같다.

	호	인구(명)
한성부	38,593	197,957
팔도	1,676,778	7,040,566
합계	1,715,371	7,238,523

위 표를 보면, 서울은 3만 8,593호에 인구는 19만 7,957명으로 가호당 평균 인구는 5.1명이다. 3년 전과 비교하면 호수는 62호가 증가하고, 인구는 399명이 증가했다.

팔도의 경우는 167만 6,778호에 인구는 704만 566명으로 가호당 평균 인구는 4.2명이다. 이를 3년 전과 비교하면, 호수는 1만 2,279호가 증가하고, 인구는 13만 9,683명이 증가했다.

3년 뒤인 정조 4년부터는 남녀 인구가 추가되고, 팔도 인구가 도별로 통계가 나와 있어 한층 기록이 충실해진 것을 볼 수 있다.

3. 정조 2년(1778)
—《속명의록》편찬, 노비추쇄 혁파, 《흠휼전칙》편찬,
홍국영 여동생을 후궁으로 맞이

　정조가 27세 되던 정조 2년에는 어떤 일이 벌어졌는가? 우선, 이 해 1월 1일에는 관례에 따라 팔도와 양도(兩都; 개성부과 강화부)의 관찰 사와 수령에게 권농勸農을 장려하는 윤음을 내렸다. 이런 윤음은 영 조 때에도 내려졌지만, 정조의 윤음은 거의 해마다 내려지고, 그 내 용이 매우 절실하고 백성에 대한 깊은 사랑이 담긴 것이 달랐다. 윤 음에서는 맨 먼저 자신이 임금이 된 지 3년이 되었으나 뚜렷한 업적 이 없음을 스스로 고백하면서 이렇게 말했다.

　　임금은 인자한 은덕과 혜택으로 소민小民들을 보호해야 하는 법이다. 《서 경》에는 "백성을 상처를 돌보듯 보살펴야 한다[視民如傷]"고 했고, 또 "갓난아기 [赤子]를 돌보듯 해야 한다"고도 했으며, 맹자는 "항산恒産이 있어야 항심恒心 이 생긴다"고 말했다. 그래서 농상農桑을 부지런히 하고, 요역과 부세를 가볍게 해 주어 위로는 부모를 섬기고, 아래로는 처자를 먹여 살릴 수 있게 하여, 나라의 근본인 백성을 튼튼하게 해야 나라가 편안해지는 것이다.

　정조는 '백성을 상처를 돌보듯 보살피고' '백성을 어린아이처럼 돌 보아야 한다'는 생각에서 이렇게 농업과 농민의 생활 안정을 최우선 으로 삼았지만, 서울의 공인貢人이나 시인(市人; 시전상인) 등 상인商人 에 대해서도 항상 고통을 덜어주는 일에 큰 관심을 두었다. 그래서 매년 정초에는 종묘에 참배하고 돌아오는 길에 종로에서 공인과 시 인을 만나보고 고통이 무엇인가를 물어보는 것이 관례가 되었다. 그러니까 농민과 상인을 똑같이 보살피는 정치를 폈다. 이런 일도 영조의 정책을 그대로 계승한 것이다.

이해 1월 6일에는 지난해 8월에 있었던 반역 토벌의 내용을 《명의록》에 추가하기 위해 《속명의록續明義錄》을 편찬하고, 이를 한문과 언문으로 동시에 발간하여 전국에 선포하기로 결정했는데, 이해 2월 27일에 편찬이 끝났다. 정조 대에는 백성들이 꼭 알아야 할 중요한 서책은 언문으로 발간하는 일을 계속했다.

정조는 백성의 인권을 보호하기 위해 형벌의 공정함이 중요하다고 여겨 이해 1월 12일 《흠휼전칙欽恤典則》을 편찬했다. 임금은 지난해 여름에 형벌제도를 개선하는 일에 대하여 다음과 같이 하교한 일이 있었다.

내가 일찍이 송나라 고사故事를 보니, 시조 조광윤趙匡胤은 중등 정도의 임금이었으나 옥중의 죄수들이 몸이 여위어 죽게 될 것을 염려하여 장리(長吏; 수령)가 죄수들을 돌보게 했고, 한여름에는 5일 만에 한 번씩 옥방을 청소하고, 기구를 닦고, 가난한 자에게는 먹을 것을 주고, 아픈 자에게는 약을 주고, 소소한 죄인은 즉시 결단하여 내보냈다. 송나라가 수백 년 동안 기업基業이 이어진 것은 여기에 기초한 것이다. 우리 열성조들께서도 흠휼欽恤하셨던 훌륭한 덕은 우리나라가 이어받아 내려 온 심법心法이다. 지금 더운 계절에 삼복三伏을 만났는데, 죄수들 모습이 머리를 산발한 귀신처럼 되어 짐승처럼 보인다. 형구刑具는 죄의 경중에 따라 크기가 달라야 한다. 옥사獄事를 결단하는 것은 법제대로 해야 한다.

임금은 이렇게 지난해 옥사의 개선을 주문하면서 《대명률》, 《경국대전》, 《속대전》 등 여러 책을 참고하여 형구刑具의 크기를 다시 정하여 새로운 전칙을 만들라고 명했었는데, 정조 2년에 책이 이루어져서 활자로 인쇄하고, 놋쇠로 자[尺]를 만들어 전국에 배포했다. 이로써 형구의 크기가 통일되었다.

이해 2월 6일에는 내관(內官; 내시)을 추쇄관推刷官으로 내보내 도망간 관노비官奴婢를 조사해서 붙들어오는 제도를 혁파했다. 원래 이 제도는 죽은 사람을 노비안奴婢案에서 삭제하고, 새로 출생한 노비를 등록하기 위함이었는데, 추쇄관들이 비리를 저질러 양민도 노비안에 넣고, 내수사 노비는 추쇄에서 면제해 주는 등 폐해가 많아졌다. 그래서 정조는 영조 31년 당시의 〈절목〉에 따라 비총(比摠; 총수를 정함)하여 거행하도록 했다. 그 결과 그동안 1천 명 내지 6백~7백 명이 늘어난 내수사 노비를 영조 31년 당시의 수치로 환원하고, 도망자, 죽은 자, 노약자는 제외시켜 노비안을 새로 만들었다. 또 내수사에서는 노비안을 만들지 말고, 해당 읍에서 해마다 내수사 노비안을 만들어 내수사와 형조에 보고하며, 노비의 비총은 관찰사가 각 읍의 형편에 따라 달리 정하고, 노비의 신공身貢은 4냥씩을 징수하고 그 이상의 징수는 금한다는 것 등이었다. 이번 관노비 개선안은 특히 내수사內需司의 횡포를 억제하는 데 초점을 둔 것이 특징이다.

이해 4월 25일에는 혜경궁이 입는 적의翟衣의 색깔을 흑색에서 천청색(天靑色; 하늘빛 청색; 黑靑色)으로 바꾸었다. 그 이유는 이렇다. 흑색은 아무런 뜻이 없고, 동조東朝인 할머니의 적의 색깔은 본래 청색靑色이었으나 자색紫色으로 바꾸었으므로, 혜경궁의 적의를 천청색으로 하는 것이 격에 맞는다고 했다.

이해 5월 2일, 임금의 나이가 30세에 가까운데 왕비 효의왕후 김씨에게 병이 있어 후사를 얻기 어려워지자 할머니 정순왕후가 언문 교서를 내려 빈어(嬪御; 후궁)를 택하라고 명했다. 다만 정조는 궁녀를 후궁으로 삼는 것은 원래 좋아하지 않으니 사족士族 가운데서 택하라고 명했다. 숙종이 궁녀를 장희빈으로 맞이했다가 크게 낭패를 본 일이 있고, 또 아버지도 여러 궁녀 사이에서 자식을 낳아 역모사건으로 끝맺음이 좋지 않았던 것을 거울삼아 사족 여자를 후궁으로 맞이하기로 한 것이다.

정조는 할머니의 분부를 따라 13세에서 16세에 이르는 처자에게 금혼령을 내리라고 명했다. 그 결과 6월 20일에 부사과 홍낙춘(洪樂春; 풍산홍씨)의 13세 된 딸을 빈으로 간택하여 6월 27일에 가례嘉禮를 올렸다. 이가 원빈元嬪으로서 가례를 통해 후궁을 맞이한 것은 이것이 처음이다. 그런데 원빈(元嬪; 1766~1779)은 바로 홍국영의 여동생이었다.

원빈의 간택은 형식상으로는 정순왕후의 교지로 이루어진 것이지만, 사실은 홍국영이 여동생을 후궁으로 들여보내 아들을 낳아 세자가 되면 자신이 권력을 장악할 수 있다는 야망에서 생긴 일이었다. 왕비 효의왕후 김씨가 아직 나이가 26세로서 젊고 특별한 병도 없으므로 후사를 크게 걱정할 일이 아니었음에도 홍국영이 임금을 움직였다고 사람들은 믿었다. 그러나 원빈은 다음 해 5월에 갑작스럽게 세상을 떠났는데, 홍국영은 왕비 김씨가 원빈을 죽게 했다고 의심했다. 하지만 원빈이 살아 있던 1년 동안 홍국영은 후궁의 오라비로서 그 위상이 더욱 높아졌고, 그의 횡포도 극에 이르렀다.

정조는 지난해 반역사건을 진정시켜 왕권이 어느 정도 안정되었으므로 앞으로는 백성의 나라, 곧 민국民國을 위한 정치개혁을 본격적으로 추진하기로 결심했다. 이해 6월 4일, 창덕궁 인정문에 나아가 신하들의 조참朝參을 받는 자리에서 정책 과제를 네 가지로 압축하여 신하들 앞에 선포했다. 임금이 이렇게 정책 과제를 총괄하여 신하들 앞에 선포한 것은 처음이다. 하나는 민산民産으로 백성의 경제생활을 안정시키는 개혁이고, 둘은 인재人材로서 좋은 인재를 교육하고 선발하여 국정을 맡기는 개혁이며, 셋은 융정戎政으로 군사제도와 국방에 관한 개혁이고, 넷은 재용財用으로 국가재정을 안정시키는 개혁이다.

첫째, 민산과 관련하여 토지 소유의 불균등을 개탄하고, 상업과 수공업, 어업, 임업, 궁방전, 군역 등의 문제를 광범위하게 거론하면서 그 시정의 필요성을 지적했다.

둘째, 인재와 관련해서는 학교에서 인재를 제대로 키우지 못하여 경서經書를 모르고 문사文詞만 숭상하는 인재를 만들고 있으며, 과거제도가 문란하여 좋은 인재를 뽑지 못하고, 인사정책도 청현직淸顯職을 문벌이 차지하고 있다고 개탄했다.

셋째, 융정은 왜란 이후로 훈련도감과 여러 영營들을 설치하여 제도가 혼란스럽고 재정낭비가 심하며, 군사훈련 방법도 옛날의 병서兵書는 모두 치워 버리고 척계광의 《기효신서》에만 의존하고 있고, 국가재정의 절반을 양병養兵에 쏟아붓고 있다. 그래서 통어영統禦營을 진무영鎭撫營에 합치고, 남한산성을 지키는 수어청守禦廳을 북한산성을 지키는 총융청摠戎廳에 합쳐 경기도의 병마兵馬를 관장하는 것이 좋다고 말했다.

넷째, 재용은 수입을 헤아려 지출해야 하는데, 지금은 수입은 줄고 지출이 늘어나 국고가 고갈되고, 용관冗官과 용병冗兵이 먹는 것이 국고의 7~8할을 차지하고 있다. 환곡은 백성의 고통만 크게 만들고, 균역법均役法도 취지는 좋으나 신포身布가 줄어든 대신 기타 잡세가 많아져 백성들의 고통이 더 커졌다.

정조는 이상 네 가지 문제점을 요약하면서, "지금 나라가 중병에 걸린 모양이다. 그러니 이를 경장更張하는 것이 옳은가 인순因循하는 것이 옳은가" 하고 묻고 신하들의 의견을 두루 개진하라고 일렀다. 신하들은 여러 가지 의견을 제시했는데, 대체로 근본적인 개혁 곧 경장에는 반대하고 그저 운영을 잘하면 된다는 대답이 대부분이었다. 임금은 그 가운데 취할 만한 의견은 받아들였다. 특히, 토목공사가 많아 지출이 크다는 지적에 대해서는 임금이 마땅히 유의하겠다고 약속했다. 임금의 시정時政에 대한 선포가 내린 뒤로 대신들이 잇달아 상소하여 시정을 논했는데, 임금이 제안했던 병영兵營을 합치는 문제는 찬성과 반대가 엇갈려 결론을 내리지 못했다.

윤6월 18일에는 우참찬 김종수(金鍾秀; 1728~1799; 청풍김씨)를 만나 시폐時弊를 논하다가 김종수가 임금에게 건의하기를 "전하의 학문이 고명하여 경연經筵에서 신하들로부터 도움을 받을 것이 없겠지만, 그래도 신하들의 의견을 듣는 것이 천려일득(千慮一得; 여러 의견을 듣다 보면 하나쯤은 좋은 의견이 있다)의 도움이 될 것입니다."라고 건의했다. 김종수는 정조가 세손으로 있을 때 시강원에서 가르쳐 주었던 스승으로서 정조가 임금이 된 뒤에 경연을 하지 않는 것을 나무란 것이다.

김종수와 비슷한 지적은 정조가 임금이 된 직후부터 언관들이 늘 제기해 왔다. 그런데 경연을 열어도 실제로는 신하들이 경전을 해석하고 설명하는 것이 아니라 임금이 오히려 주도권을 쥐고 경전을 설명했다. 그래서 신하들은 임금이 너무 학문이 밝아 오만하고 신하들을 얕잡아 본다고 지적하면서, 경전만 읽는 것이 경연이 아니고, 정치에 대한 신하들의 의견을 듣는 기회도 되므로 성실하게 임하라고 주문했다. 이날 김종수의 지적도 이와 비슷한데, 임금은 다음과 같은 요지의 답변을 했다.

경연이 자못 형식에 치우쳐 군주의 덕[君德]에 크게 도움이 되지 않는다. 또

요사이 신하들은 편안한 것을 좋아하여 매사를 혹시라도 자주 하게 되면 피곤하게 여긴다. 또 나는 성미가 평탄하고 솔직하여 가볍게 보여 신하들에게 의표(儀表; 모범)가 되기에 부족하다. 그래서 대신들을 만날 때에는 떠들썩하여 예모禮貌를 잃고, 홀笏을 똑바로 들지 않고 기둥을 두들기는 버릇이 있다. 한갓 경연의 체모만 손상시킨다. 또 내가 폐단을 하나씩 고쳐 가려 하면 신하들은 "경장更張한다"고 하면서 싫어하고, 아무 일을 하지 않기를 바란다. 그래서 헛되이 정신만 허비하고 하나도 효과를 보지 못하고 있다.

정조는 경연이 형식에 치우쳐서 별로 정사에 도움이 되지 않는다고 거부반응을 보였다. 학문이 워낙 뛰어나 경연에서 신하들로부터 배우려는 것이 아니라 오히려 신하들을 가르치려고 하는데 열중하고, 정사에 대해서도 개혁을 주문하지만 신하들은 경장이라고 싫어하여 임금은 그런 신하들을 거친 말로 꾸짖기도 하고 면박을 주기도 했다. 정조는 개인적으로 송나라 왕안석王安石의 청묘법靑苗法의 취지가 좋다고 보았다. 다만 기일을 정해 놓고 급속하게 추진한 방법이 잘못되었다고 평가했다. 그러니까 정조는 왕안석의 개혁과 비슷한 개혁을 추진하고 싶었으나 신하들이 반대하여 뜻을 이루지 못하는 것을 안타까워했다.

하지만 지나치게 똑똑하고 개혁적인 임금이 신하들의 처지에서는 매우 불편하고 거리감을 느끼게 하는 요인이 되었던 것이다. 이런 행태는 정조의 치세 24년 동안 계속 이어져서, 간혹 경연을 형식적으로 열기는 했으나 신하들이 요구하는 만큼 자주 열지는 않았다. 정조는 24년 동안 재위하면서 경연을 소홀히 한 것에 대해 뒤에는 조금 색다른 이유를 들었다. 바로 경연에 대한 공포증이라는 것이다. 옛날에 영조가 장헌세자를 죽일 무렵에 경연을 자주 하면서 아버지(사도세자)를 곤란하게 만든 것이 악몽으로 작용하여 경연에 대한 공포증이 생겼다고 말했다. 이에 대해서는 뒤에서 자세히 설명하겠다.

이해 12월 4일에 외할아버지 봉조하 홍봉한(洪鳳漢; 1713~1778)이 향년 66세로 세상을 떠났다. 그런데 《정조실록》의 졸기卒記를 보면 매우 부정적인 평가를 내리고 있다. 정순왕후가 수렴청정하고 노론 벽파가 집권하던 순조 초년에 편찬된 데 이유가 있을 테지만 일반적인 여론이기도 했다. 그 요지는 이렇다.

홍봉한은 영조 37년에 정승이 되어 영의정에 이르렀는데, 작은 그릇이 갑자기 귀하게 되었으므로 10년 동안 정권을 잡고 있으면서 나라를 좀먹고 백성을 병들게 했으며, 착한 사람들을 미워하여 은밀히 중상당한 사람들이 많았다. 아들 셋과 동생 둘이 모두 조정에 포열하여 권병을 농락하여 마구 휘둘렀는데, 권세의 기염이 대단하여 감히 따지는 사람이 없었다. 임오화변 때 뭇 신하들은 간담이 무너져 내려 어찌할 바를 몰랐는데, 홍봉한이 앞장서서 말하기를, "신은 오로지 성궁(聖躬; 임금)만 알 뿐입니다."라고 말했다. 얼마 안 되어 다시 정승이 되어 방자한 짓을 마구 했다. 그 뒤 또 [사도세자를] 추숭追崇하여 종묘에 모신다는 말을 가지고 세손의 서연書筵을 놀라게 했는데, 이는 스스로 죄를 지은 것을 알고 임금의 뜻을 엿보아 살피려는 것이었다. 영조 47년에 은언군 이인李䄄과 은신군 이진李禛의 일로 파면되어 서인庶人이 되었으나 용서하고 벼슬에서 물러나게 했는데, 이에 이르러 죽었다.

임금은 홍봉한의 장례식에 조문하려고 했으나 신하들의 반대로 하지 않았다. 외조부에 대한 정조의 감정이 별로 좋지 않았다는 것을 알 수 있다. 하지만 《한중록》에서는 정조가 외조부를 매우 존경했다고 기록하여 《실록》과는 다르다. 아마도 아버지의 명예를 실추시키지 않으려는 효심에서 그렇게 쓴 것으로 보인다.

정조는 백성들의 부담과 고통을 줄이는 정책을 지속적으로 추진했다. 8월 4일에는 전시殿試에 응시하는 유생의 점심을 서울의 공인貢人들이 공급하던 것을 없애고, 12월 21일에는 왕실과 관청에 얼음을 공급하는 한강변의 빙정氷丁들이 1백 리나 떨어진 곳에서 얼음을 채취하는 고통을 줄이기 위해 6~7월에는 반으로, 4·5·8월에는 3분의 2를 줄이라고 명했으며, 빙고氷庫에 소속된 빙정의 수도 2만 명에서 1만 5천 명으로 줄이라고 명했다.

4. 정조 3년(1779)
—홍국영의 반역과 몰락, 서명선을 영의정으로

정조 3년(1779)은 임금의 나이 28세로 집권 4년 차에 해당한다. 이 해에도 1월 1일을 맞이하여 예년과 마찬가지로 권농윤음을 팔도와 양도(兩都; 개성부와 강화부)의 관찰사와 수령들에게 내렸는데, 그 내용이 매우 간절했다. 그 요지는 이렇다.

…… 전세田稅는 정공正供만을 받아들인다고 하지만 농민의 항아리에 비축한 곡식은 겨울의 적곡(糶穀; 환곡)으로 바닥이 나고, 보리는 수확도 하기 전에 세금 독촉이 그치지 않고 매질이 뒤따르고 있다. 말이 여기에 미치니 맛있는 음식도 달갑지 않다. 나라의 지방관들은 과연 나의 이런 마음을 본받아서 진념하고 있는가?
신포(身布; 군역세)는 군역을 진 장정에게 부과하는 것이지만, 온 나라에 베 짜는 소리가 그쳤는데도 황구첨정(黃口添丁; 어린아이에게 부과)과 백골징포(白骨徵布; 죽은 사람에게 부과)가 잇따르기 때문에 따뜻한 겨울에도 춥다고 울부짖고, 베를 짰지만 입을 옷이 없다. 그런데도 고을의 아전들은 기한을 넘기지 말라고 독촉하고 있다. 말이 여기에 미치니 비단옷을 입은들 무엇이 편하겠는가? 모든 수령들은 이런 나의 마음을 본받아 돌보아 구휼하고 있는가?

창고의 환곡還穀은 백성들을 위하여 설치한 것인데, 장부만 헛되이 가지고 있을 뿐이어서 식량이 부족하다는 탄식뿐이고, 농업은 곡식을 생산하는 근원인데 봄에 갈고 가을에 거두는 것을 살피지 않았으니, 부족한 것을 도와주는 혜택이 있었다는 말을 듣지 못했다. 이제 여러 도에서 기근을 알려 와서 이를 진휼하는 일이 급하기 때문에 세금을 깎아 주고 식량을 대여해 주는 일을 내가 아끼지 않고 있다. 모든 수령들은 나의 이런 마음을 알아서 굶는 사람들을 구해 주고 있는가?

임금은 백성들의 고통과 부담인 전세田稅, 군역세軍役稅, 환곡, 진휼 등에 대하여 지방관들이 마음을 다하여 백성을 도와주기를 간절히 부탁하고 있다. 더욱이 흉년 때문에 굶어 죽는 사람들에 대한 진휼은 정조가 아낌없이 도와주고 있었다. 예를 들어 이해 1월부터 5월까지 전국에 나누어 준 진휼곡은 90만 명에 16만 7천여 석에 이르렀는데, 이는 1년 전세 수입이 10만 석이라는 점을 고려하면 매우 큰 혜택을 베푼 것이다.

이해 2월 4월에는 서울 사람으로 결혼을 하지 못하고 있는 만혼자晚婚者들에게 혼수를 지급해 주었다. 이런 일은 그 뒤에도 수시로 이루어졌다. 결혼이 늦으면 인구증가에 지장이 있기 때문에 이런 정책을 썼다.

3월 7일에는 임금이 규장각에 나아가서 제학 서명응徐命膺을 비롯한 각신閣臣들을 만나 보고 규장각 활동이 시작된 데 대한 축하 전문을 받고, 3월 16일에는 자신이 쓴 글인 어제御製를 편찬하여 올리라고 명하기도 했다. 그 뒤 3월 27일에는 4명의 검서관檢書官을 서류庶類 가운데서 선발하여 임명했다. 검서관은 일종의 사서司書에 해당하는데, 책을 편찬하는 일도 수행했다. 32세의 유득공(柳得恭; 문화유씨; 1748~1807), 30세의 박제가(朴齊家; 밀양박씨; 1750~1805), 31세의 서이수(徐理修; 달성서씨; 1749~1802), 39세의 이덕무(李德懋; 전주이씨; 1741~1793) 등 젊고 재주 있는 북학파 서류들을 과감하게 발탁했다.

유득공은 뒤에 《발해고渤海考》(1784)를 편찬하여 역사가로서도 명성을 떨쳤다. 박제가는 뒤에 규장각에서 왕명으로 《무예도보통지武藝圖譜通志》를 편찬한 인물이기도 하며, 시장 경제를 강조한 대표적 북학파로 명성을 떨쳤고, 청나라의 기술 문화 도입을 주장한 《북학의北學議》를 저술하기도 했다. 이덕무는 규장각의 수많은 편찬 사업에 참여하고, 자신이 직접 지은 저서도 많아 뒷날 《청장관전서靑莊館全書》로 간행되기도 했다. 이로써 정조 즉위년에 만들었으나 아직 본격적인 활동을 하지 못하고 있던 규장각이 검서관의 임명으로 제 기능을 서서히 찾아가기 시작했다.

정조는 검서관 출신 북학파들의 이용후생 사상은 받아들였으나, 그들이 청나라 패관소품을 즐기는 문장은 받아들이지 않고, 뒤에 문체반정文體反正을 일으킬 때 유득공, 박제가를 박지원朴趾源과 함께 묶어 스스로 반성하는 자송문自訟文을 쓰게 하여 바로잡았다.

4월 24일에는 날씨가 더우므로 옥에 있는 죄수들의 목에 씌운 칼[枷]을 벗겨주라고 명하고, 5월 1일에는 임금의 왕릉 참배 행차 때 경기도에서 많은 비용을 부담하는 것을 시정하여 부담을 대폭 줄이고, 이를 법으로 만들라고 명했다. 정조 17년에 《원행정례園幸定例》라는 책이 그래서 편찬된 것이다.

이해 5월 7일에는 홍국영의 여동생으로 지난해 6월에 정조의 후궁으로 들어왔던 원빈元嬪이 1년 만에 14세로 세상을 떠났다. 홍국영은 누이동생이 죽은 것을 왕비 김씨의 허물로 지목하여 공공연히 협박하고 다녔는데 임금이 그것을 알고도 참고 있었다.

홍국영은 자신의 권세를 유지하고자 새로운 음모를 꾸몄다. 사도세자 후궁 숙빈 임씨가 낳은 은언군 이인李裀의 장남으로 11세 된 상계군 이담(上溪君 李湛; 1769~1786)을 원빈의 양자로 삼아 완풍군完豊君으로 봉했다. 14세로 죽은 누이에게 11세 된 이담을 양아들로 삼았으니, 어미와 아들의 나이 차이가 세 살밖에 되지 않았다. 어이없는 짓이다. 그런데도 홍국영은 이담을 생질이라고 부르면서 장차 왕위를 계승시키기 위해 송시열의 후손으로 이조참판 겸 경연관으로 조정에 들어온 송덕상宋德相을 시켜 정조에게 이담을 후계자로 추천하게 했다. 정조의 핏줄이 아닌 이복 조카를 후계자로 만들려는 것은 반역에 해당하는 일이었다.

홍국영의 방자함을 알고 있던 정조는 그를 제거할 필요성을 느꼈으나 그의 공로를 고려하여 명예롭게 조용히 물러나는 길을 열어주었다. 그리하여 5월 24일에 우선 도승지에서 해직시키고, 홍국영을 따로 만나 그의 죄악을 알려 주며 스스로 모든 직책을 버리고 떠나라고 일렀다. 그래서 홍국영이 9월 26일 스스로 사직하는 상소를 올리자 임금이 이를 허락했다.

이로써 32세의 홍국영은 4년 세도를 끝내고 재야로 은퇴했다. 처음에는 강원도 횡성으로 보냈다가 뒤에는 더 멀리 강릉으로 내보냈다. 임금은 그에게 봉조하奉朝賀의 명예직을 주고, 주기적으로 음식을 내려 주었다.[10] 이 사건이 일어나기 이전에 이미 그에게 6백 결의 토지를 지급하고, 궁궐 부근에 크고 화려한 집을 지어 주어 그는 은

---

10 임금은 홍국영에게 달마다 쌀 2석, 콩 2석, 돼지고기 6근, 닭 4마리를 지급하라고 명하고, 봄, 가을과 세시歲時에는 쌀 10석, 콩 2석, 민어 10마리, 조기 10다발, 소금 6석을 보내라고 명했다.

퇴한 뒤에도 호사스런 생활을 했다.

정조 3년 9월 26일에 홍국영이 갑자기 사직소를 올리고 물러날 때 대신들은 영문을 몰라 당황해하면서 사직을 만류하라고 임금에게 청했다. 임금이 홍국영의 죄를 선포하지 않고 두 사람이 은밀하게 담판하여 이루어진 일이기에 사람들이 영문을 모르는 것은 당연했다. 이런 상황에서 신하들이 홍국영의 사직을 만류하지 않으면 장차 홍국영의 보복을 받을지도 모른다고 우려했다. 그만큼 신하들은 홍국영을 두려워했다.

홍국영이 세상을 떠난 것은 쫓겨난 지 2년 뒤인 정조 5년(1781) 4월 5일이었다. 향년 34세였다. 그의 죽음 소식을 들은 정조는 대신에게 이렇게 말했다.

이 사람이 이런 죄에 빠진 것은 참으로 사려가 바르지 못한 탓이다. 그가 공을 세운 것이 어떠하며, 내가 의지한 것이 어떠했는가? 처음에 나라와 휴척을 함께 한다는 생각에서 지위가 무겁지 않으면 위엄이 서지 않기에 권병(權柄; 권력의 칼자루)을 임시로 맡겼던 것인데, 그가 조심하고 두려워하며 스스로 삼가는 방도를 생각하지 않고서 오로지 총애만을 믿고 위복威福을 멋대로 사용하여 끝내는 지극한 죄를 짓게 된 것이다. 돌이켜 생각하건대 이는 내 허물이었으니 이제 와서 스스로 반성할 겨를이 없다. 무슨 말을 할 수 있겠는가? 9월 이전의 죄는 논하지 않더라도 9월 이후의 죄에 대해서는 더욱 할 말이 없다. 그런데 한 중신重臣의 차자箚子에 그의 죄가 남김없이 드러났으니, 공의公議는 숨기기 어렵다는 것을 알 수 있다.

정조는 홍국영이 사려 깊지 못해 큰 죄를 지었지만, 죄를 짓게 된 모든 원인이 자신에게 있다고 자책하면서 착잡한 심정을 나타내고 있다. 사실, 홍국영을 불행하게 만든 책임은 정조에게 있었다. 30세도 안 된 철부지 젊은이에게 과도한 권력을 넘겨준 것이 바로 그것이다. 세손 시절에 그에게 진 빚을 갚는다는 의리는 이해할 수 있으나, 경험과 경륜이 모두 미숙한 그를 지나치게 믿고 의지한 것은 정조의 큰 실책이었다. 하지만 그런 실수를 거울삼아서 정조는 한층 성숙한 임금으로 거듭났다.

《정조실록》에는 홍국영의 인물됨을 이렇게 저었다.

홍국영은 본디 학문이 없고, 행검行檢이 없으면서 성질도 가볍고 사나워서 무리에 끼지 못했다. 임금이 동궁에서 외롭고 위태롭게 지낼 때 그를 데려다가 시강원 사서(司書; 정6품)로 두었는데, 언동이 약삭빨라 홍인한, 홍상간 같은 역적들의 동향을 신속히 보고하여 임금이 그를 총애했다. 정조가 임금이 된 뒤에는 정권과 군권을 모두 쥐고 마음대로 휘둘러 아무도 그의 뜻을 어기지 못했다.

그 누이가 빈嬪이 된 뒤로는 더욱 방자하고 무모하여 왕비의 허물을 함부로 떠들고 다니면서 협박하고, 그 누이가 죽은 뒤에는 앞장서서 말하기를, "저사(儲嗣; 임금의 후사)를 넓히는 일은 다시 할 수 없다."고 하면서 드디어 역적 이인의 아들 이담을 후사로 삼고자 송덕상을 부추겨 임금의 마음을 움직이려고 했다. 역적모의가 빨라지고 재앙이 날로 다가오니 임금이 결단을 내렸다. 그래도 끝까지 제 몸을 보전하고, 또 무슨 짓을 할지 몰라 밖에 선포하여 알리지 않고 조용히 함께 말하여 그 죄를 낱낱이 들어서 떠나게 했다.

그가 숙위소에 있을 때 의녀醫女와 침선비針線婢를 두고서 어지럽고 더러운 짓을 자행했고, 거처하는 곳이 임금의 처소와 담 하나가 막혔을 뿐인데 군사를 부르고 대답하는 것이 마치 개인 집 같았으며, 방 안에는 늘 다리가 높은 평상을 놓고 맨발로 두 다리를 뻗고 앉았는데 재상과 판서들이 평상 아래에 가서 절했고, 평소에 말하는 것이 다 길거리의 천한 사람들이 하는 상스럽고 더러운 말투로서, 나이 많은 어른들을 꾸짖어 욕하고 공경公卿을 능멸하여 이때부터 3백 년 동안 이어져 온 진신搢紳과 사대부들의 풍습이 하루아침에 땅을 쓴 듯이 없어졌다고 한다.

이 기록을 보면, 홍국영은 권세만 부린 것이 아니라 사람 됨됨이도 다듬어진 인간이 아니라는 것이 드러난다. 그런데 혜경궁의 《한중록》을 보면, 홍국영이 풍산홍씨 집안의 친척이기 때문에 그의 사람됨을 더욱 자세히 전하고 있다.

홍국영은 25세 가을에 문과에 급제했다. 본래 어릴 적부터 그 됨됨이를 알 수 없었고, 제 아비 홍낙춘洪樂春은 미친 병이 있었다. 가르칠 것도 없이 제 스스로 미친 듯 망령되고 허랑방탕했다. 술과 여색을 탐하고 행실이 이루 말할 수가 없었다. 그래서 제 집에서도 용납되지 못하니, 세상에서도 버린 바 되었다. 동궁과는 나이도 비슷한 데다가 얼굴이 곱고 재치가 있어 민첩하니 벌써 세상에 난리가 난 것 같았다. 동궁은 요놈을 강직한 인물로 알고 깊이 사귄 뒤 이르지 않는 곳이 없었다. 등과 뒤 예문관 한림(翰林; 史官)을 하며 궁궐에 오래 있었다. 동궁이 세손으로 있을 때 하인과 시강원 스승을 만나는 것 외에는 정승과 내시만 보았을 뿐이니, 그자들이 학문을 닦고 연구하기나 하지 무슨 말을 했겠는가? 하물며 조정의 일이나 궁궐 밖의 이야기를 한마디라도 주고받았겠는가?

동궁이 재미없고 답답해하시다가 홍국영을 만나 여쭙지 않은 말이 없었다. 신통하고 귀하게 여겨서 이전에 사귀던 내시들과는 점점 멀어지고 홍국영이만 제일로 여겼다. 비유하자면 사나이가 첩에 혹한 모양이었다. 홍국영이는 제가 미워하거나 원한이 있거나 저를 나무라는 사람이 있으면 동궁[정조]을 비방한다며 헐뜯었다. 세손이 등극한 뒤에는 7~8개월 만에 관직이 올라 도승지(정3품 당상관)와 수어사를 하고, 숙위대장으로 궁궐에 있게 했다. 그러자 제가 있는 곳을 숙위소宿衛所라고 했으며, 오군문대장, 오영도총숙위 겸 훈련대장이었다.

제 마음대로 사람을 무수히 죽이는 가운데 내 집안이 선두로 화를 입었다. 내 중부[홍인한]가 꾸짖은 일에 원망을 품었고, 홍국영의 백부인 홍낙순洪樂純은 내 중부와는 원수 같아서 항상 죽이고 싶다고 했다. 4년 동안 신의도 절도도 없이 제멋대로 날뛴 일들이 천백 가지이니, 궐내에서 의녀醫女를 데리고 제 집 사람같이 지내고, 약방제조를 하며 임금의 진지를 차리는데 제 밥상도 수라상처럼 차려 똑같이 먹었으며, 임금님 앞에서 버릇없이 구는 것과 대신 이하를 능욕하기는 헤아릴 수 없이 많았다.

처음에는 홍국영이가 작은 그릇이라서 버릇이 없을지언정 큰일을 저지르리라고는 미처 생각지 못했다. 그런데 김종수란 것이 정조 즉위년 5월에 비로소 들어와 홍국영의 양아들이 되어 천만 가지 흉악한 변괴를 다 꾸몄다. 김종수는 바로 내 오촌 고모의 아들이다. 아버지가 김종수 형제들을 꾸짖어 가르치셨는데, 그것을 유감으로 여기고 어미의 사촌을 죽이려고 했다. 그런데 김종수가 홍국영과 한마음이 되어 원수를 갚았다.

중전이 26세로서 아이를 낳지 못하자 홍국영은 자전(慈殿; 정순왕후)의 교지를 받아 겨우 13세 된 누이를 후궁[원빈]으로 들이니, 그 아이가 언제 커서 대를 잇겠는가? 그런데 정조 3년에 원빈元嬪이 죽었다. 홍국영은 원빈이 죽은 것이 곤전[왕비]의 탓이라고 돌렸다. 홍국영은 은언군 인祵의 아들 담湛을 죽은 누이의 양자로 삼아 정조의 아들처럼 만들고, 제 조카로 만들었다. 정조가 그의 말에 속았다.

나는 임금에게 말했다. "이게 무슨 일이며, 어찌된 뜻입니까? 생각을 해 보십시오. 마누라가 늙었습니까? 아니면 병환이 있습니까? 스스로 아들을 못 낳는다 판단하시니, 이 무슨 일이오?" 하면서 내가 만나면 울고 서러워하니 임금이 차차 그놈에게 속은 것을 깨닫는 듯했다. 드디어 정조 3년 9월에 홍국영이 관직을 내놓게 했다. 관직을 내놓은 뒤 하는 행동이 해괴망측하여 강릉으로 쫓았는데 그곳에서 죽었다.

홍국영이 혜경궁의 작은아버지인 홍인한을 죽이려 했기 때문에 혜경궁은 홍국영에 대하여 정조보다도 더 나쁜 감정을 가지고 있는 것이 윗글에 보인다. 홍국영을 내쫓는 데 혜경궁이 막후에서 한 몫을 한 것을 알 수 있다.

홍국영이 쫓겨나기 이전인 이해 8월 3~11일에 임금은 효종대왕의 능인 여주의 영릉寧陵에 참배하러 행차를 떠났는데, 가는 길에 남한산성南漢山城에 들러 그곳의 군사현황과 유적들을 자세히 시찰했다. 남한산성은 호란의 유적지인데, 효종이 호란의 수치를 씻고자 북벌을 준비했던 임금이었기 때문이다. 정조는 이곳에서 영의정 김상철金尙喆 등과 효종의 북벌에 관한 이야기를 나누면서, 지금 오랑캐[청나라]에 복수를 할 수는 없지만 《춘추》의 존왕양이尊王攘夷의 정신으로 대보단大報壇에 대한 제사가 중요하다고 말했다. 정조가 만년에 존왕양이 사상을 담은 《존주휘편尊周彙編》을 편찬하게 한 이유가 여기에 있었다.

남한산성을 지키는 수어청守禦廳의 군사 현황에 대하여 수어사 서명응徐命膺과도 대화를 나누었다. 현재 군사는 1만 5천여 명이고, 민간인은 약 4천 3백여 명이며, 수어청에 소속된 둔전屯田은 전국에 걸쳐 29개 처가 되고, 창고에 비축한 군량은 약 5만 7천여 석이라고 했다. 이곳에 남아 있는 문화유적으로는 온조가 쌓았다고 전해지는 석성石城, 온조의 위패를 모신 사당[忠烈祠], 김상헌과 삼학사三學士의 위패를 모신 현절사顯節祠가 있어 이곳에도 참배했다. 임금은 서명응에게 남한산성에 관한 책을 편찬하라고 명했는데, 이것이 뒤에《남한지》로 편찬되었다.

자신을 임금으로 만들어주는 데 공이 많은 홍국영을 명예롭게 축출한 뒤에 임금은 또 한 사람의 은인인 52세의 서명선(徐命善; 1728~1791)을 9월 28일 좌의정에 제수했다. 서명선은 서명응의 동생이다. 그런데 그동안 영의정을 맡아 왔던 소론 김상철(金尙喆; 1712~1791)이 사직하자 바로 다음날 서명선을 영의정에 임명하고, 홍국영의 백부인 홍낙순(洪樂純; 1723~?)을 우의정에서 좌의정으로 임명했다. 52세의 서명선이 영의정에 오른 것은 매우 파격적이다. 또 홍낙순을 좌의정에 임명한 것은 홍국영에 대한 처벌이 혹여나 토사구팽兎死狗烹이라는 인상을 주지 않을까 고심한 결과인 듯하다. 영의정을 두 사람의 소론에게 잇달아 맡긴 것은 당시의 탕평이 소론 우위로 운영되었다는 것을 말해 준다.

12월 3일에는 영의정 서명선, 쫓겨난 봉조하 홍국영, 부사직 정민시鄭民始를 편전으로 불러 만났는데, 다음 해에도 똑같이 했다. 일등공신 3인방에 대한 옛 정의를 생각하여 연말에 한 번씩 모임을 갖기로 한 것이다. 그러나 그것은 홍국영이 죽고 나서 계속 이어지지 못했다.

이해부터 해마다 호조의 양향청糧餉廳, 선혜청宣惠廳, 상진청常賑廳, 균역청均役廳, 병조의 훈련도감, 금위영, 어영청, 수어청, 총융청 등 중앙의 여러 관청과 다섯 병영兵營에서 보유하고 있는 국가의 재정상황을 회계장부[會簿]로 만들어 임금에게 보고하기 시작했는데, 이런 일은 처음 있는 일이었다. 정조가 매년 나라의 재정상황을 알고자 이런 조치를 내린 것이다. 다만 다음 해 1월 15일에 지난해의 회부를 보고하는 것을 관례로 삼았다. 그러니까 정조 3년의 회부는 정조 4년 1월 15일에 보고한 내용이다.

다만, 당시 국가의 재정 제도는 모든 재화를 중앙 관청이나 병영에서만 보유하고 있는 것이 아니라, 대동미大同米나 환곡還穀, 노비신포奴婢身布, 은결隱結이나 여결餘結을 다시 기경起耕할 때 생기는 수입, 그리고 선무군관選武軍官에게서 받는 군포軍布 등은 모두 각 도道와 각 군현에 귀속시켜서 관리했고, 정조 8년부터는 균역법으로 거두는 어세漁稅, 염세鹽稅, 선세船稅도 균역청에서 관리하다가 도道에 넘겨주었으므로 중앙에서 보유하고 있는 물화보다 지방이 관할하고 있는 재화가 훨씬 더 많았다.

또 왕실재산인 내수사內需司의 재화나 임금이 사적으로 보유하고 있는 내탕內帑도 회부에는 제외되어 있었다. 따라서 중앙 각사와 다섯 병영의 회부는 국가의 전 재화를 망라한 것은 아니다. 각 도에서 보유하고 있는 상진곡常賑穀 등은 정확한 수치를 알 수 없으나 각 도마다 수십만 석 또는 1백만 석이 비축되어 있었으므로 전국적으로 보면 수백만 석이 되었다.

이상과 같은 재정구조를 염두에 두고 이해의 회계부를 소개하면 다음과 같다.

황금黃金	119냥
은자銀子	45만 3,378냥
전문錢文	159만 7,489냥
면포[무명]	4,255동同 22필
저포[모시]	7동 27필
베[布]	936동 35필
쌀	22만 1,657석
전미[좁쌀]	1만 1,129석
콩[太]	4만 9,846석
겉곡식[皮雜穀; 皮各穀]	4,466석

이 수치를 다음 해 것과 비교하면, 중앙 관청과 병영의 재정상황의 변화를 알 수 있는데, 이런 기록을 남겼다는 것이 정조 시대의 새로운 변화이다. 행정을 한층 꼼꼼하게 운영하면서 정확한 기록을 남기는 징치가 전개된 것이다.

여기서 황금黃金의 보유량이 119냥으로서 은자銀子 약 45만 냥에 견주어 형편없이 적은 것이 의아스럽지만, 그 용도는 임금의 어보(御寶; 옥새)인 금보金寶를 만들거나 용포龍袍의 수繡를 놓는 데 주로 사용되므로 거의 쓸데가 없는 물건이기 때문이다. 만약 신라 시대처럼 왕관이나 몸의 장신구 등을 모두 금으로 만들었다면 이토록 황금 보유량이 적지는 않았을 것이다. 그러나 조선 시대에는 왕실에서 사치를 추방했기 때문에 금을 거의 사용하지 않았고 농민들이 광산에 모여드는 것을 염려하여 금광을 허용하지도 않았다. 그러나 뒤에는 황금을 중국과의 무역에서 은화銀貨로 바꾸어 사용하면서 황금의 수요가 늘어나고, 국가에서 금광 개발을 허용하기도 하여 황금 보유량이 점차 늘어났다.

은자銀子가 45만 냥이나 되는 것은 중국과의 사행使行과 교역에서 은을 사용했기 때문이다. 하지만 국내에서는 은광銀鑛 개발을 억제하여 주로 일본에서 수입하여 사용했다.

전문(錢文; 상평통보)은 실용 화폐로서 약 160만 냥을 보유하고 있었는데, 만약 돈이 은닉되어 돈의 품귀현상[錢荒]이 일어나면 수시로 서울 또는 지방에서 돈을 주조하게 하여 유통시켰다. 참고로, 쌀 1석 [섬] 값이 3~5냥임을 고려하면 160만 냥은 쌀 30~50만 석을 사들일 수 있는 금액이다. 또 1년의 전세 수입이 약 10만 석임을 고려하면 약 3~5년치의 식량을 사들일 수 있는 금액이기도 하다.

옷감 가운데에서는 면포가 가장 많아 약 4천 2백 동이다. 1동은 50 필에 해당하므로 약 21만 필이 된다. 1필은 한 사람의 옷 한 벌을 만드는 데 소요되는 재료이다. 모시는 7동에 지나지 않는다. 이는 왕실에서 모시를 사치품으로 인정하여 입지 않고 평상복으로 면포 옷을 입은 결과이다. 베는 936동으로 주로 왕실 장례용 옷이기에 보유량이 면포만큼 많을 필요가 없었다.

쌀 보유량은 22만 석인데, 주로 벼슬아치들의 녹봉과 군량미로 지출되었다. 지방의 감영監營과 군현에 보관되어 있는 환곡還穀을 비롯한 비축미는 수백만 석에 이르렀지만, 이것은 지방에 있으므로 중앙의 회계부에에는 기록되지 않았다. 흉년이 들었을 때에는 주로 지방의 비축미를 주로 활용하여 진휼미로 사용했다.

지방 팔도에서 보유하고 있는 곡식이 얼마나 되는가를 알려주는 자료가 있다. 정조 7년(1783) 7월 6일에 병조참판 유의양柳義養이 임금에게 올린 상소문을 보면, 10년 전의 원회계부元會計簿에는 쌀이 296만 8,644석이고, 피잡곡皮雜穀이 528만 9,961석이라고 한다. 이를 합하면 약 825만 8,605석이 팔도에 분치되어 있다는 것이다. 그런데 임금은 말하기를, 유의양이 말한 것은 10년 전 상황이고 지금 곡부穀簿에는 2백만여 석이라고 하면서 그 수량을 다시 조사해 보라고 말했다.

여기서 10년 전의 8백만 석과 현재의 2백만 석에 상당한 차이가 있는 것을 감안하더라도, 중앙 관청에서 보유하고 있는 수량과 팔도에 분치되어 있는 수량과는 현저한 차이가 있는 것은 분명하다.

5. 정조 4년(1780)
─홍국영 잔당과 노론의 서명응·서명선 형제 공격, 화빈 윤씨를 후궁으로

정조 4년(1680)에 임금은 29세가 되었다. 이해는 권력에서 밀려난 홍국영 잔당이 새로이 권력을 장악한 서명응徐命膺과 서명선徐命善 형제를 공격하는 일로 새해가 열렸다.

지난해 12월 27일에 대사헌 이보행(李普行; 용인이씨)이 차자를 올려 서명선徐命善의 형이자 홍문관 대제학으로 있던 서명응徐命膺이 역적 홍계능(洪啓能; 홍계희의 친족)의 당여라고 하면서 공격하고 나섰다. 서명응은 정조가 세손 때 시강원에서 가르침을 준 스승으로서 그의 사람됨을 잘 알고 있는 터인데 그가 공격을 받자 임금은 비답하기를, "홍계능의 역적질은 서명응의 아우[서명선]가 상소한 뒤에 있었으니, 어찌 그가 원수의 당여가 될 수가 있는가?"라고 하면서 물리쳤다. 그래서 정조 3년은 무사히 넘어갔다.

하지만 해가 지난 정조 4년(1780) 1월 8일에 홍문관 부제학 이의필(李義弼; 광평대군 후손)이 다시 상소하여 서명응이 홍계능의 당여라고 또 비판하고 나서고, 이어 사헌부 장령 윤필병(尹弼秉; 파평윤씨), 사헌부 지평 한만유(韓晩裕; 청주한씨), 홍문관 부교리 심환지(沈煥之; 청송심씨) 등이 잇달아 서명응 형제와 서명응의 아들 서형수徐瀅修까지 싸잡아 공격하고 나섰다. 임금은 서명응 형제 집안을 공격하는 자들의 배후에 홍국영의 백부인 좌의정 홍낙순洪樂純이 있다고 여겼다. 그래서 1월 8일 좌의정 홍낙순의 관직을 삭탈하고 도성 밖으로 축출하면서 이렇게 교지를 내렸다.

옛부터 훈귀(勳貴; 공신과 권귀)의 집은 엎어지지 않으면 자빠져 능히 끝까지 목숨을 보전하는 일이 드물다. 홍낙순은 정승이 되어 다섯 달 동안에 위세를 사방에 펴서 나라를 어지럽히고 의리를 무너뜨리고 있다. 시험 삼아 한두 가지 일을 말해 보면, 그 조카[홍국영]가 관직에서 떠난 것을 보고는 새로 좌의정이 되자 급히 나와 임금에게 감사하는 예를 보이고, 마치 조카를 물리치고 대신 들어선 것처럼 했다. 감히 심복을 비밀리에 부리고, 응견(鷹犬; 사냥개와 사냥매)을 널리 벌여 두고서 공훈이 있는 수상[서명선]을 침욕하고, 그 형에게도 헐뜯는 글이 승정원에 날로 쌓이니, 어찌 그리도 부끄럽기 짝이 없는 것이 심한가? "이 사람은 전에 어느 역적과 친했으니 역적이다"고 하여 은연중 역적을 토벌한 집을 역적질을 함께한 죄로 돌리니, 천하에 어찌 이런 일이 있겠는가?

임금은 홍낙순의 행동을 원색적으로 비난했다. 홍낙순이 이렇게 서명응과 서명선 형제 집안을 역적으로 몰고 간 것은 서명선을 내쫓아 영의정 자리를 차지하려는 야망이 있었기 때문이었다. 또 홍국영은 노론 벽파에 속하는 홍낙순과는 노선이 달랐지만 자신이 물러날 때 다른 대신들은 모두 홍국영이 무서워서 만류하는 청을 올렸는데, 영의정 서명선만은 단 한 마디도 만류하는 청을 올리지 않은 것을 매우 원망하여 그를 몰아내려 했다. 그뿐 아니라 홍국영은 홍문관 대제학 서명응을 몰아내고 그 자리에 앉고자 했으나 서명응이 응하지 않은 것을 분하게 여겼다. 이 두 가지 원한이 얽혀서 서명응 형제를 내쫓고자 이보행 등을 시켜 상소를 올리게 했던 것이다. 그런데 임금이 이를 알고 단호하게 홍낙순을 내쫓았다.

정조는 1월 12일 홍국영에게도 섭섭한 뜻을 표하는 글을 보냈다.

> 《명의록》을 지은 지 두어 해도 지나지 않아 대의大義가 어지러워지고, 큰 둑이 거의 무너져서 화를 당하는 것이 모두 다른 사람의 집에 있지 않고 일찍이 나를 선처善處하게 한 사람의 형제와 숙질 사이에 있으니, 평지풍파가 어디에서 일어났겠는가? 처음에는 내가 변변치 못한 데서 일어났고, 마침내는 내가 평범한 데서 일어났으니 누구의 허물이겠는가?

임금은 서명선 집안을 배후에서 공격한 홍국영에게 이렇게 유감을 표하고 나서 2월 26일 홍국영을 시골로 내려 보내라고 명하여 멀리 강릉江陵으로 가게 했다. 신하들은 홍국영을 귀양 보내거나 처단해야 한다고 상소했으나 임금은 끝까지 처벌하지는 않았다. 강릉으로 간 홍국영은 다음 해 세상을 떠났는데, 죽은 이유는 알 수 없다. 공신이 권력을 휘두르다가 역적으로 죽는 일은 역사에 수많은 사례가 있는

데 홍국영은 그러한 역사의 교훈을 배우지 못한 철부지 풍운아에 지나지 않았다.

홍낙순이 쫓겨난 뒤로 삼정승이 바뀌었다. 영의정 서명선은 영중추부사로 내려오고, 소론 김상철金尙喆이 다시 영의정에 올랐으며, 서명선과 가까운 인물인 이은(李溵; 덕수이씨; 1722~1781)이 좌의정, 노론 이휘지(李徽之; 전주이씨; 1715~1785)가 우의정에 올랐다. 그러나 5월 15일, 서명선을 다시 좌의정으로 돌아오게 하여 그에 대한 임금의 신뢰가 여전히 크다는 것을 보여주었다.

정조의 용인술을 보면, 자신이 신임하는 소론이나 남인 정승이 노론의 공격을 받으면 당론을 일으킨 노론을 파직하여 도성 밖으로 내쫓고, 동시에 비판받은 정승도 일단 잠시 물러나 한직閑職에 있게 한 뒤에 다시 불러와 정승을 맡기는 방식을 취했다. 뒷날 채제공을 정승으로 등용할 때에도 똑같은 방식을 취했다.

홍국영과 홍낙순이 풍산홍씨로서 혈통으로는 정조의 외갓집과 가까운 외척임에도 임금을 배신한 데 실망한 정조는 대안세력을 키우려고 창설한 규장각에 적극적인 관심과 정성을 쏟기 시작했다.

이해 3월 4일에는 규장각 각신의 집무소인 이문원摛文院에 가서 하룻밤을 묵고, 이날 남인 채제공(蔡濟恭; 1720~1799)과 노론 벽파 김종수(金鍾秀; 1728~1793)를 규장각 제학提學으로 임명하여 각신도 탕평인사를 구성했다. 직제학에는 노론 유언호(俞彦鎬; 1730~1796)를 임명했다. 이들은 모두 겸직이었다.

채제공은 영조 때부터 임금의 사랑을 크게 받았던 인물로서 비록 당색은 남인이지만 임금에게 충성을 바치고 개혁적인 행정실무를 유능하게 처리한다는 평가를 받아 영조가 매우 아끼던 신하였다. 정조도 세손 때부터 시강원 우빈객右賓客으로 가까이 지냈으며, 정조 원년에는 그를 규장각 제학으로 겸직시켰다가 이번에 또 두 번째로 제학에 임명한 것이다. 노론에 속하는 김종수와 유언호도 세손 때 시강원 강원으로 학문을 가르친 인물들이었으며 유언호는 규장각 설립 직후에도 직제학을 겸했던 경력이 있었다. 하지만 임금은 김종수와 유언호의 학문은 높이 평가했지만 당파적 배타성이 심하고 고집이 강해 인간적으로는 신임하지 않았다. 그래서 재위 기간 여러 차례 관직을 삭탈하기를 반복했다.

임금은 6월 6일, 채제공 대신 유언호를 제학으로 올리고, 그 대신 6월 7일 서명응의 아들 서호수(徐浩修; 1736~1799)를 직제학으로, 8월에는 김상철의 아들 김우진金宇鎭과 서명응의 친족 서정수徐鼎修를 직각直閣으로 임명하여 규장각의 실무를 소론파에게 맡겼다. 특히 서명응 후손과 친족들을 각신으로 임명하여 우대했다.

임금이 집권한 지 4년이 지나도록 후사를 얻지 못하자 정순왕후는 새로운 후궁을 맞이하라고 명했다. 왕비의 환후가 약으로 고칠 수 있는 병이 아니어서 출산의 희망이 없다는 것은 궁중에서 다 아는 사실이니, 빈의 간택이 불가피하다는 것이었다. 임금은 지난해 5월에 원빈 홍씨가 죽은 사실을 떠올리면서 난처한 입장을 취했으나 자전의 명을 거역할 수 없어 명을 받들기로 했다. 그리하여 이해 3월 10일에 판관(종5품) 윤창윤(尹昌胤; 남원윤씨)의 딸을 두 번째 후궁으로 책봉하여 화빈(和嬪; 1765~1824)으로 부르고, 3월 12일에 가례를 올렸다. 화빈은 당시 16세였다. 화빈 윤씨는 그 뒤 딸 하나를 낳았으나 곧 잃었고, 그 뒤에는 자식을 낳지 못하다가 순조 22년(1822)에 세상을 떠나 정조의 후사를 잇는 데 실패했다.

정조 6년(1782) 9월에 28세 된 궁녀 성씨[뒤의 宜嬪; 1753~1786]가 임금의 승은을 입어 문효세자文孝世子를 낳았으나 곧 죽고, 의빈 성씨도 정조 10년에 향년 34세로 세상을 떠났다. 그러다가 네 번째 빈嬪으로 가례를 치르고 들어온 수빈 박씨(綏嬪朴氏; 1770~1822)가 정조 14년(1790) 6월에 세자[순조]를 출산하여 드디어 후사를 잇게 되었다. 그러나 세자가 11세 되던 해 정조가 세상을 떠나 정순왕후의 수렴청정이 이루어지고, 노론 벽파가 집권하면서 정조의 정치철학이 정상적으로 계승되지 못하고 말았던 것이다.

그러면 정조 4년 말 현재 국가재정은 어떠했을까? 다음 해 1월 15일에 올린 회계장부를 보면, 호조의 각 관청과 병조의 여러 병영에서 보유하고 있는 재산현황은 다음과 같다. 괄호 속의 수치는 지난해 수치다.

황금黃金	118냥 [119냥]
은자銀子	44만 1,215냥 [45만 3,378냥]
전문錢文	117만 6,299냥 [159만 7,489냥]
면포[무명]	4,653동 30필 [4,255동 22필]
저포[모시]	7동 17필 [7동 27필]
포[삼베]	642동 16필 [936동 35필]
쌀	31만 9,467석 [22만 1,657석]
전미[좁쌀]	2만 1,528석 [1만 1,129석]
콩	5만 5,421석 [4만 9,846석]
겉곡식[피잡곡]	4,807석 [4,466석]

전년도와 비교하면 황금은 1냥이 적은데, 이는 1년 동안 1냥만 소비했다는 뜻이니, 왕실에서 얼마나 금을 사용하지 않았는지 알 수 있다. 은자도 큰 변동이 없고, 전문[돈]이 40만 냥 정도 줄었으며, 쌀이 10만 석 정도 늘고, 면포가 4백 동 정도 늘고, 보리와 콩이 각각 1만

석 정도 늘었다.

전문錢文 보유량은 약 110만 냥으로, 쌀을 약 20~30만 석을 살 수 있는 금액이다. 쌀 보유량이 30만 석 정도인데, 1년 전세 수입이 약 10만 석이므로 3년치 전세를 저축한 셈이다. 면포는 4천 6백여 동, 곧 23만 필 정도를 보유하고 있었다.

한편, 정조 시대 들어와서 새로운 변화의 하나는 3년마다 전국의 호수와 인구를 한성부와 도별로 파악하고, 남자 인구와 여자 인구를 기록하여 연말에 기록으로 남긴 것이다. 그 전에는 도별 통계가 없이 한성부와 팔도 전체의 인구만을 기록해 왔을 뿐이고, 남자 인구와 여자 인구를 따로 기록하지 않았던 것이 정조 대에 와서 한층 정밀해졌다.

그러면 정조 4년 12월 현재 당시 전국의 호수戶數와 인구는 어떠한가? 이를 표로 만들면 다음과 같다.

	호戶	남자 인구(명)	여자 인구(명)	인구(명)
한성부	38,742	96,849	104,221	201,070
경기도	154,118	313,072	301,374	614,446
강원도	83,842	169,444	173,360	342,804
황해도	135,685	298,602	256,814	555,416
충청도	217,885	417,314	434,065	851,379
전라도	316,438	563,817	634,674	1,198,491
경상도	361,483	707,186	864,264	1,571,050
평안도	293,034	615,537	651,923	1,267,460
함경도	113,323	316,215	309,342	625,557
총 수	1,714,550	3,498,036	3,730,040	7,228,076
정조 원년	1,715,371			7,238,523

정조 원년(1777)의 전국 호구 수는 171만 5,371호戶에 인구는 723

만 8,523명으로서 3년 전인 영조 50년(1774)에 견주어 인구가 약 14만 명이 증가했고, 6년 전에 견주어 보면 22만 2,173명이 늘었다. 정조 원년의 한성부 호수는 3만 8,593호에 인구는 19만 7,957명이므로, 3년 전보다 499명이 증가하고, 6년 전에 견주어 1,738명이 늘었다. 가호당 평균 가족 수는 약 4.5명이다.

한편, 정조 4년(1780)의 수치는 전국 171만 4,550호에 인구는 722만 8,076명으로 3년 전보다 인구가 1만여 명이 줄어들었다. 다만 한성부의 경우는 3만 8,742호에 인구가 20만 1,070명으로, 3년 전에 비해 3,113명이 늘었고, 6년 전에 비해 4,512명이 늘었다. 서울 인구가 증가한 것은 한성부의 도시화가 꾸준히 진전되고 있다는 뜻이다.

남녀의 인구비율은 여자가 남자보다 약 23만 명이 더 많다. 다만 지방에 따라 남자 인구가 더 많은 지역도 있는데, 경기도, 황해도, 함경도가 그렇다. 여자 인구가 가장 많은 지역은 전라도와 경상도이다. 이런 현상은 계속적으로 이어지고 있다. 남쪽 해안 지역에 여자가 특별히 많은 것은 제주도가 그러하듯이 어업과 태풍으로 말미암은 피해로 남자 희생자가 많은 것과 관련이 있는 듯하다.

하지만, 국가에서 파악하고 있는 호구는 실제의 호구를 모두 반영하고 있는 것은 아니다. 호적에 누락된 호구가 매우 많기 때문이다. 우선 공노비 인구가 누락되며, 남의 집에 세 들어 사는 협호挾戶는 호적에 오르지 않는다. 양민 이상의 인구도 군역을 피하고자 고의로 호적을 누락하기도 했다. 호적 인구와 실제 인구가 다르다는 것은, 흉년이 들어 굶주리는 백성을 구제할 때 파악되는 인구가 호적에 등록되어 있는 인구보다 훨씬 많은 데서 알 수 있다. 그러므로 정조 초에 파악되고 있는 인구는 약 722~723만 명이지만 실제 인구는 1천만이 훨씬 넘을 것으로 추측된다.

6. 정조 5년(1781)
— 규장각제도 정비, 제1차 초계문신,
《규장총목》,《내각일력》,《어정팔자백선》,《일성록》편찬,
어진 제작, 역대 시조능 수리

정조가 집권한 지 6년 차가 되는 정조 5년(1781)은 30세 된 임금이
처음으로 자신의 정치적 꿈을 왕성하게 펼치기 시작한 해였다. 그동
안 계속적으로 일어난 역적을 소탕하는 데 집중하느라 즉위 초에 만
들어 놓고도 제대로 운영을 하지 못하고 있던 규장각을 재정비하는
사업이 이해부터 본격적으로 시작되었다.

먼저, 1월 2일에 전 규장각 제학이었다가 물러났던 노론 김종수(金
鍾秀; 1728~1799)를 다시 제학에 임명하여 남인 채제공(蔡濟恭; 1720~
1799)과 함께 제학의 직임을 맡게 했다. 김종수는 청풍김씨로서 원래
청류淸流를 자처하는 노론 벽파에 속했으나 정조가 즉위한 뒤에 시파
로 전향한 인물로서, 정조의 심복 신하는 아니었지만 정조가 세손 때
가르침을 받은 스승의 한 사람이고,《명의록》편찬에 참여했으며, 학
문이 높기에 노론을 포용하는 기둥으로 삼아 그를 기용한 것이다. 그
러나 그는 남인 채제공을 등용하는 정조의 탕평정책을 매우 못마땅
하게 여겨 여러 차례 정조의 미움을 받아 관직에서 쫓겨났다가 돌아
오곤 했다. 정조는 김종수의 이런 성향을 미리 알고 그의 독주를 막
고자 대항마로서 채제공을 활용하고 있었던 것이다. 채제공에 대한
임금의 신뢰가 만만치 않음을 보여주고 있다.

1월 13일에는 노론 심염조(沈念祖; 1734~1783)를 규장각 직제학으로
임명했는데, 소론 서명응의 아들 서호수(徐浩修; 1736~1799)와 정조의
심복이던 정민시(鄭民始; 1745~1800)도 뒤에 직제학으로 참여했다. 그

리하여 노론과 소론이 안배된 체제를 갖추면서 2월에 들어가서 규장각의 직제를 세밀하게 정비했다.

한편, 1월 6일에는 지난해 홍낙순 일파의 공격을 받아 일시적으로 물러났던 서명선(徐命善; 1728~1791)을 다시 영의정에 임명했다. 서명선은 소론이지만 정조를 임금으로 만드는 데 가장 공로가 많은 세 사람 가운데 한 사람이었으므로 그에게 의정부 수상을 맡긴 것이다. 앞서 소론 김상철金尙喆이 영의정을 맡은 일도 있었으니, 정조가 소론을 노론보다 더 신뢰하고 있었음을 알 수 있다.

해마다 정초에 임금이 백성을 위하여 관례적으로 행하는 행사는 전국의 관찰사와 유수留守 그리고 수령들에게 권농勸農의 중요성을 훈계하는 윤음을 내리는 것과, 서울의 양대 상인세력인 공인(貢人; 공납청부업자)와 시인(市人; 市廛商人)의 고통을 물어서 풀어 주는 일이었다. 1월 1일에 권농윤음을 내렸고, 1월 15일에는 공인과 시인의 고통을 풀어 주라는 교지를 내렸다.

공인과 시인들에게 가장 고통을 주는 일로 임금은 세 가지를 들었다. 하나는 불법적으로 가게를 차리고 장사하는 난전亂廛이고, 둘은 중도아中都兒로 불리는 중간 도매상의 횡포이고, 셋은 도고都賈로 불리는 독점 상인들의 횡포였다. 이들에 대한 단속을 철저히 하여 물가가 오르고 시인의 이익을 침해하는 폐단을 제거하라고 일렀다. 그런데 난전이나 중도아, 도고 등을 하는 사람들 가운데에는 군문軍門에 있는 사졸士卒들이 많다고 지적하고 각 군문과 호위청에서 이들을 엄히 다스리라고 명했다.

그러나 난전에 대한 금지 정책은 정조 15년(1791)에 이르러 채제공의 건의로 폐지하여 상업 정책의 큰 변화를 가져왔다. 시전 상인의 독점권을 없애고 자유 상업을 허용하는 통공정책通共政策으로 바꾸었기 때문이다. 따라서 정조의 경제정책은 채제공이 정승이 된 뒤로 그 성향이 시장 경제 쪽으로 많이 바뀌어 갔다.

이해에 들어와서 임금은 규장각을 적극적으로 운영하는 일에 박차를 가하기 시작했다. 이해 2월 13일, 임금은 드디어 김종수, 유언호, 서명응, 정민시 등 규장각 각신閣臣들에게 명하여 각규閣規를 제정하라고 하교했고, 이들은 학술기능, 교육기능, 정치기능 등을 망라한 세밀한 각규를 만들어 올렸다. 이 각규는 뒤에 다시 수정되어 정조 8년(1784)에 편찬된《규장각지奎章閣志》에 상세히 수록되었다.

크게 보면 규장각은 홍문관과 예문관의 학술, 자문 및 문한 기능을 합치고, 승정원의 비서기능을 보태고, 여기에 젊은 문신관료의 재교육기능을 추가한 독특한 근시기구로 운영되었다. 세종의 집현전集賢殿과 유사하면서도 그보다 더욱 기능이 강력해진 문화정치의 산실이 되었다.

임금은 또 서명선의 형 서명응徐命膺에게 명하여 규장각 서고書庫인 열고관閱古觀과 개유와皆有窩에 소장되어 있는 중국 책과 서고西庫에 보관되어 있는 한국 책을 조사하여 목록을 만들라고 일렀다. 그러나 그 뒤 그의 아들로서 각신이 된 서호수(徐浩修; 1736~1799)가 대신이 일을 맡아 이해 6월 29일《규장총목奎章摁目》을 완성했다.[11]

정조는 즉위하던 해 중국에서 5천여 권에 달하는 방대한 백과사전

---

11 《정조실록》 정조 5년 6월 29일자 기사를 보면,《규장총목》은 원래 경서류經書類 9권, 사서류史書類 8권, 자서류子書類 15권, 집서류集書類 2권이고, 열고관서목 6권, 서서서목西序書目 2권으로 되어 있었다고 한다. 여기서 서서서목은 한국본 목록이다. 그런데 현재 이 책은 남아 있지 않고, 중국본의 서목만 담은 《규장총목》(4권 3책)이 남아 있는데 대략 2만 책에 이른다. 이밖에 정조 14년에 편찬된 한국본 서목인《서서서목첨록西序書目籤錄》이 지금 전하고 있는데, 약 2만 7천여 책이 수록되어 있다. 위 둘을 합치면 대략 4만여 책이 된다.《서서서목》은 원래 1만여 권이었는데, 뒤에 책이 늘어나서 2만 7천여 권이 되었다.

인《고금도서집성古今圖書集成》을 사 오기도 하고, 또 구매할 책의 도서목록인《방서록訪書錄》을 만들어 체계적으로 구매하기도 하여 희귀한 중국 도서들을 대량으로 사들였다. 또 이미 없어진 책을 새로 인쇄하기도 하여 3만 권 이상의 장서가 모아졌으므로 이를 목록으로 만들 필요가 있었던 것이다. 《규장총목》이 편찬된 뒤에도 도서 수집이 계속되어 정조 대 규장각에 수집된 중국 및 한국 서적은 대략 4만여 권에 이르렀으니, 그 규모가 방대함을 알 수 있다.

또 규장각에서 이루어진 업무를 매일 기록하여 일기日記를 쓰라고 명하고, 이를 《내각일력內閣日曆》이라고 부르게 했다. 일기는 대교待敎가 작성하고, 직각直閣이 수정한 다음, 서얼 출신의 검서관檢書官이 필사筆寫하도록 했다. 《내각일력》은 현재 서울대학교 규장각에 보관되어 있는데, 모두 1,245책이다.

2월 17일에는 당장 규장각의 교육기능을 수행하기 위해 의정부로 하여금 문신의 참상(參上; 4~6품), 참하(參下; 7~9품) 가운데 연소한 자를 선발하여 명단을 올리라고 명하자, 의정부에서 20명의 문신을 뽑아서 올렸는데, 모두 40세 이하였다. 이들을 '강제문신講製文臣' 또는 '초계문신抄啓文臣'이라고 불렀다. 그리고 다음날인 2월 18일에는 초계문신의 재교육과정인〈초계문신강제절목抄啓文臣講製節目〉을 올렸다. 이날 임금은 무신武臣의 재능을 시험하는 강시講試에 임금이 친림하는 의절儀節도 만들라고 명하여 무신도 문신과 마찬가지로 재교육시켜 정예화를 추진했다.

이어 2월 29일에는 제1직제학인 정민시鄭民始에게 명하여 외각인 교서관校書館의 업무를 격상시켜 홍문관이나 예문관과 격을 나란히 하는 기구로 만들라고 일렀다. 그리하여 정조 시대 교서관의 출판 사업은 역사에서 가장 왕성하고 빛나는 업적을 냈다. 교서관 출판 사업에 필요한 경비는 평안도의 주자가鑄字價로 받는 쌀을 사용하다가 정조 5년에는 황해도의 소미(小米; 조) 가운데 1만 석의 모곡耗穀을 가져다가 썼다.

　3월 10일에는 각신들의 집무소인 이문원摛文院을 궁궐 후원에서 임금과 거리가 가까운 창덕궁 홍문관 옆에 있던 도총부都摠府 건물로 옮겼다. 도총부는 창경궁으로 옮겼다. 이문원은 일제 강점기에 헐렸던 것을 몇 년 전에 중건하여 창덕궁 돈화문을 들어가면 바로 맞은편 북쪽에 자리잡고 있다.

　또 3월 10일에는 강화도 행궁에 보관되어 있는 어제(御製; 임금의 글)와 어필(御筆; 임금의 글씨), 왕실 족보, 옥인(玉印; 옥으로 만든 도장), 옥책(玉冊; 옥으로 만든 임명장), 죽책(竹冊; 대나무로 만든 임명장), 교명敎命; 임금의 명령) 그리고 일반 도서들에 대한 관리를 규장각에 맡기고, 이름을 외규장각外奎章閣으로 불렀다. 그러다가 외규장각을 따로 지어 다음해 2월 14일에 완공했다. 이곳에 봉안되어 있던 책들은 매우 귀중한 왕실도서로서 뒤에는 6천여 권에 달했는데, 1866년 병인양요 때 아깝게도 모두 불타고, 198종의 의궤儀軌만이 약탈당하여 프랑스로 갔다가 이명박 정부 시절에 대여 형식으로 돌려받았다.

　3월 18일에는 임금이 새로 옮긴 이문원에 처음으로 나아가서 원임 및 시임 각신들 20여 명을 모아 놓고 밤새워 회강會講을 가졌다. 또 이날 그동안 각규閣規를 만드는 데 수고한 시임時任 각신인 김종수, 유언호, 정민시, 심염조, 서정수(徐鼎修; 徐命全 아들), 정동준(鄭東浚; 동래정씨)에게는 화살통을 하사하고, 원임元任 각신으로 수고한 서호수(徐浩修; 서명응 아들), 정지검(鄭志儉; 동래정씨), 김우진(金宇鎭; 김상철 아들), 서영보(徐榮輔; 徐有臣 아들) 등에게는 1백 개 또는 50개의 화살을 하사하여 격려했다.

다음 해인 정조 6년 1월에는 규장각 직제학 정민시의 건의를 따라 평안도 곽산郭山 등 네 고을에서 새로 개척한 땅으로 아직 양전量田하지 않은 땅을 규장각에 소속시켜 운영재원으로 만들었다. 국고를 쓰지 않고 새로운 재원을 만든 것도 현명한 조치로 볼 수 있다.

이제 《규장각지》에 실려 있는 규장각제도의 큰 골격을 소개하면 다음과 같다.

(1) 조직

규장각에 소속된 벼슬아치는 크게 세 부류가 있다. 첫째는 각신閣臣, 둘째는 잡직雜職, 셋째는 이속吏屬이다.

각신 가운데 가장 높은 벼슬은 제학(提學; 1~2품)인데 2명을 두었다. 제1제학은 제2제학보다 품계가 높다. 이렇게 두 명의 제학을 둔 것에는 당색이 다른 사람을 안배하려는 뜻이 있었다. 대체로 홍문관이나 예문관의 제학 이상의 벼슬을 했던 사람에게 겸직시켰다. 제학 다음은 직제학(直提學; 2~3품)인데, 역시 2명을 겸직으로 둠으로써 당색의 안배를 고려했다. 실제로 제학과 직제학에 임명된 사람을 살펴보면 당색 안배가 절묘하게 배려되어 있다. 정조의 탕평은 기계적인 안배에 치중했던 완론탕평이 아니라 어디까지나 의리에 충실한 인재를 등용하는 준론탕평이라는 것이 영조 시대와 다른 점이었음은 말할 것도 없다.

직제학 다음은 직각(直閣; 參上官)[12]으로 1명을 두었는데 전임자가 추천한 사람 가운데 제학과 직제학이 모여 권점(圈點; 동그라미)을 찍

---

12 참상관은 정3품 당하관 이하, 종6품 이상의 관원을 말한다.

어 선발했다. 매달 20일 동안 교대로 숙직할 의무가 있다.[13] 여기서 숙직하는 장소는 각신들의 근무처인 이문원摛文院을 말한다. 직각 다음에는 대교(待敎; 參下官)[14]가 있는데 1명으로 겸직이 가능하며, 예문관의 한림(翰林; 史官; 7~9품)[15]과 승정원 주서(注書; 7품)를 거친 사람 가운데 선발했다. 주로《내각일력》을 작성하는 일을 맡았으며, 매달 30일 동안 교대로 숙직할 의무가 있었다. 대교의 선발도 직각의 선발과 같았다.

각신 가운데 결원이 생기면 전임자가 임시로 와서 일을 맡아 보았는데, 이들을 검교檢校라고 불렀다.

다음에 잡직雜職[16]에도 여러 종류가 있었다. 주합루를 지키는 각감閣監, 왕명을 전달하는 사권司券, 책을 검사하고《내각일력》을 필사하며, 때로는 책을 편찬하기도 하고, 문신들을 시험볼 때 잔심부름을 맡은 검서관檢書官이 있는데 모두 서얼 출신이 맡았으며 인원은 4명이다. 이덕무李德懋, 유득공柳得恭, 박제가朴齊家, 서이수徐理修, 성해응成海應 등 쟁쟁한 서얼 출신 학자들이 검서관으로 임명되었다. 검서관 아래에는 영첨領籤, 검율檢律, 사자관寫字官, 감서監書, 화원畵員 등이 잡직으로 소속되어 있었다. 영첨, 사자관, 감서 등은 주로 문서를 교정보고 필사했으며, 검율은 법률을 따지는 일을 맡았고, 화원은

---

13 규장각의 숙직은 직각과 대교의 의무였으나, 뒤에는 직제학에게도 숙직의 의무를 부과했다.

14 참하관은 7품에서 9품에 이르는 벼슬아치를 말한다.

15 한림은 예문관의 봉교奉敎(정7품), 대교待敎(정8품), 검열檢閱(정9품)에 대한 별칭이다. 이들은 국무회의에 참석하여 임금과 신하의 언행을 즉석에서 기록하여 사초史草를 작성하는 사관史官의 임무를 띠었으므로, 한림을 사관으로도 부른다.

16《경국대전》을 보면 규장각의 잡직도 문반이나 무반과 다른 별도의 관직체계를 가지고 있으며, 9~5품까지의 품계가 있었다.

필요한 그림을 그리는 일을 했다.

잡직 아래에는 아전급에 해당하는 이속吏屬들이 있었는데, 각신들의 행정 실무를 도와주는 일을 맡았다.

(2) 각신의 직책

규장각 각신이 맡고 있는 직책은 다양하게 많았다. 우선 이들은 겸직이 가능하기 때문에 실제로는 직책이 매우 넓었다. 그런데 시간이 지날수록 각신들의 직책은 더욱 커졌다.

각신의 직책 가운데 중요한 일은 경연관經筵官을 겸임한 것이었다. 경연은 본래 홍문관弘文館과 승정원 소관이지만, 여기에 각신이 함께 참여하도록 한 것이다. 그래서 임금은 이문원에 나아가 경연을 자주 열었는데, 주로 임금이 경전을 설명하여, 신하들로부터 배우는 경연이 아니라 신하들을 가르치는 경연으로 모습이 바뀌었다.

또 규장각 제학은 성균관 시험 때 홍문관 및 예문관의 대제학과 함께 고시관考試官으로 참석할 수 있게 했으며, 직제학 이하 각신은 사책史冊을 보관하고 편찬하는 춘추관春秋館의 직책도 겸하게 했다.

그밖에 연소한 문신들을 재교육시키는 일과 왕명에 따라 필요한 서책을 편찬하는 일을 맡았으므로 각신들은 임금과 함께 젊은 엘리트 문신들을 장악하는 실질적인 힘을 지녔다.

더욱이 각신들은 일반 신하와 다른 각별한 예우를 받았다. 예를 들어 각신이 이문원에 출입할 때에는 붉은 옷을 입은 아전이 금패金牌를 들고 길을 인도하며, 이문원에는 선생[전임관]이 아니면 대신이나 홍문관이나 예문관의 대제학이라도 출입할 수가 없고, 손님이 오더라도 각신은 자리에서 일어나지 않았다. 또 지방에 출장갈 때에도 특별히 우대했다. 그밖에 지금의 성동구 옥수동에 있는 제안대군齊安

大君의 별장이던 유하정流霞亭을 규장각에 소속시켜 각신들이 철마다 가서 놀 수도 있고 글을 읽을 수도 있게 했다. 이는 옛날 동호東湖에 설치했던 독서당讀書堂 제도와 비슷했다.

이렇게 각신들은 여러 가지 권력을 겸하고 특별한 예우까지 받고 있었으므로 각신을 겸하고 있지 않은 관료들과는 권력과 권위의 차이가 나타날 수밖에 없었다. 결과적으로 각신의 기능이 커지면서 홍문관, 예문관, 춘추관, 승정원, 일반 행정 관료들의 기능이 축소되는 결과를 가져왔다.

하지만, 임금의 처지로 보면 가장 총애하고 신뢰하는 각신들이 정책 자문기능과 비서기능, 행정직을 겸하게 됨으로써 국정수행이 한층 수월해져서 왕권이 안정되고 강화되었다. 그러나 왕권강화를 곱지 않게 보는 신하들의 시각에서 보면 규장각은 마치 임금의 사적인 정치기구로 보이고, 각신들은 임금의 사적인 신하들로 보였으며, 《경국대전》에 규정된 통치체제를 무너뜨리는 것으로도 비쳤다. 그래서 시간이 지날수록 임금의 정책 추진력과 업적은 폭발적으로 커졌지만, 각신들이 차츰 특권층처럼 되어 가고 이를 시기하는 신하들은 규장각 자체에 대한 비판의 시선을 보내게 되었다. 규장각은 점점 양날의 칼처럼 긍정적인 기능과 부정적인 기능을 함께 드러내 보이게 되었지만, 정조가 재위 24년이라는 길지 않은 통치기간에 52년을 재위한 영조보다도 더 큰 문화적 업적을 낸 것은 규장각의 힘이었다. 그와 달리, 정조가 49세의 짧은 생애를 마치게 된 것도 지나치게 일을 너무 조급하게 많이 한 데서 온 부작용이었다고 볼 수 있다.

(3) 초계문신제도[17]

규장각의 기능 가운데 40세 이하의 연소하고 우수한 자를 선발하여 재교육시키는 초계문신제도는 빛나는 편찬사업과 더불어 규장각 사업의 두 개의 기둥을 이루고 있었다. 초계문신에 관한 규정은 〈강제절목講製節目〉으로 불렸는데, 《규장각지》에 실려 있다. 여기에는 초계문신을 선발하는 방법[抄啓], 경서經書에 대한 시험[試講], 문장력에 대한 시험[試製], 임금이 강제講製에 친림하는 방법, 지방에 있는 자가 왕명에 따라 글을 지어 바치는 방법, 그리고 상벌에 대한 방법 등이 규정되어 있다.

먼저 문신을 선발하는 방법을 보면, 37세 또는 40세 이하의 문신으로서 승문원, 홍문관, 예문관, 춘추관, 성균관, 교서관, 규장각 등 이른바 관각館閣에 들어간 정3품 당하관堂下官 이하의 벼슬아치들 가운데서 의정부가 몇십 명 또는 몇 명을 선발하여 임금에게 올렸고, 이들에게 규장각에서 경서經書나 문장력 등을 정기적으로 시험하여 우수한 자는 승진시키고 성적이 부진한 자는 벌을 내렸다. 그리고 나서 40세가 되면 교육을 면제시켰다. 따라서 이들은 정조 시대의 가장 우수한 엘리트 벼슬아치로 볼 수 있다.

교육과 시험은 각신이 주관하기도 하고, 임금이 직접 참석하기도 하며, 시험 문제와 성적은 임금이 최종적으로 결정했다. 경서와 문장력을 시험하는 과목은 대체로 과거시험과 비슷하여 경서는 사서삼경[논어, 맹자, 중용, 대학, 시경, 서경, 주역]을, 문장력은 논論, 책策, 표表, 배율排律, 서序, 기記 등을 대상으로 하는데, 뒤에는 시험 과목이 조금 바뀌기도 했다.

---

17 초계문신제도에 대해서는 정옥자, 《조선후기 문화운동사》(일조각, 1998) 참고.

그러면 이미 과거시험에 급제하여 벼슬아치가 된 관원에게 왜 이런 재교육을 시켰는가? 여기에는 형식에 흐르고 온갖 부정으로 얼룩진 과거시험에 대한 불신도 있지만, 그보다는 나라를 병들게 하고 있는 왕실 외척의 횡포와 고질적인 당쟁의 악습을 구제하기 위해서 순정純正 주자학으로 무장된 새로운 대안세력을 임금이 직접 키워 이상적인 유교정치를 구현하고자 하는 정조의 야심적인 프로젝트였다고 볼 수 있다.

이해 의정부에서 제1차 초계문신으로 추천한 20명의 명단은 다음과 같다. 서정수(徐鼎修; 대구서씨; 33세), 이시수(李時秀; 연안이씨 정승 이복원 아들; 37세), 홍이건(洪履健; 남양홍씨; 37세), 이익운(李益運; 연안이씨 판서 李徵大 아들; 34세), 이종섭(李宗燮; 연안이씨; 34세), 이동직(李東稷; 전주이씨 李種徽 아들; 33세), 이현묵(李懸默; 전주이씨; 34세), 박종정(朴宗正; 반남박씨; 27세), 서용보(徐龍輔; 대구서씨; 부원군 서종제 현손; 25세), 정동준(鄭東浚; 동래정씨; 29세), 이집두(李集斗; 경주이씨; 38세), 김재찬(金載瓚; 연안김씨 영의정 金熤 아들; 36세), 이조승(李祖承; 연안이씨; 28세), 오태현(吳泰賢; 해주오씨 吳命恒 손자; 33세), 조흥진(趙興鎭; 풍양조씨; 34세), 이석하(李錫夏; ?), 홍인호(洪仁浩; 풍산홍씨 참판 홍수보 아들; 29세), 조윤대(曹允大; 창녕조씨; 34세), 이노춘(李魯春; 덕수이씨; 30세), 김희채(金熙采; 청풍김씨; 38세). 이들은 모두 40세 이하의 연소한 관료들이다.

이상 20명의 집안을 보면 연안이씨가 4명으로 가장 많고, 전주이씨 2명, 대구서씨 2명, 그밖에 남양홍씨, 풍산홍씨, 반남박씨, 동래정씨, 경주이씨, 연안김씨, 풍양조씨, 해주오씨, 창녕조씨, 덕수이씨, 청풍김씨가 각각 1명씩이다. 명문집안의 후예임을 알 수 있다. 당색으로 보면, 연안이씨 후예들이 대부분 소론에 속하고, 대구서씨 후예들도 소론이 많다. 전주이씨 이동직도 소론파 역사가인 이종휘李種徽의 아들이고, 해주오씨 오태현도 할아버지 오명항이 소론이다. 그러나 김재찬은 김제남의 후손으로 노론에 속하고, 김희채도 노론 계열이다. 풍산홍씨 홍인호, 풍양조씨 조흥진 등도 노론 계열로 보인다.

이렇게 전체적으로 탕평을 보이고 있으면서도 소론이 더 많은 것은 당시 영의정이 소론 서명선徐命善인 것과 관계가 큰 것으로 보인다. 대체로 당시 영의정의 당색에 따라 초계문신의 당색이 달라지고 있음을 알 수 있다.

정조 재위기간 초계문신으로 선발된 사람은 10회에 걸쳐 모두 138명에 이르렀는데, 이들이 치른 시험 회수는 대략 160여 회에 이르렀다. 그 가운데 기라성 같은 인재들이 배출되어 정조 시대와 그 이후 시대의 문풍을 빛나게 만들었다. 다산 정약용丁若鏞, 풍석 서유구徐有榘, 척재 이서구李書九, 연천 홍석주洪奭周, 남공철南公轍 같은 학자가 그런 부류이다.

정조는 초계문신의 글 가운데 우수한 시문을 뽑아 정조 17년(1793)에 《규화명선奎華名選》이라는 책자를 만들고, 문체반정文體反正 이후로는 패관소설류의 저속한 문체나 천주학天主學 등 이단 사상을 비판하고 육경고문六經古文의 순정한 문체의 모범이 되는 글을 모아 정조 19년(1795)에 《정시문선正始文選》을 책으로 엮어냈다.[18]

정조의 학술문화정책은 정치의 안정과 풍속을 정화시키는 데는 크게 기여했으나, 자유분방한 문학, 사상, 예술의 발전을 저해했다는 점에서는 비판을 받기도 한다. 하지만, 정학正學에 배치되는 여러 가지 이단적인 조류에 대하여 정조는 폭압적인 방법으로 탄압하는 것

---

18 《규화명선》과 《정시문정》에 관한 자세한 내용은 정옥자, 앞의 책 참고.

은 반대했으며, 어디까지나 정학을 확산시킴으로써 이단의 확산을 감소시키는 길을 택했다는 점에서 끝까지 문화군주의 정체성을 잃지는 않았다.

규장각 각신의 집무소인 이문원을 3월 10일 도총부 건물로 정했음은 앞에서 이미 설명한 바 있는데, 이를 기념하여 3월 18일 임금은 이문원에 나아가 새로 정한 각규閣規에 따라 각신과 경연관이 모두 합석한 회강會講을 처음으로 열었다. 교재는 주자朱子가 친구인 여조겸呂祖謙과 함께 주돈이(周敦頤; 廉溪), 정호(程顥; 明道), 정이(程頤; 伊川), 장재(張載; 橫渠) 등 네 현인의 격언을 모아 편찬한《근사록近思錄》을 택했는데, 이날 입시한 각신은 제학 김종수(金鍾秀; 청풍김씨)와 유언호(俞彦鎬; 기계유씨), 직제학 정민시(鄭民始; 온양정씨)와 심염조沈念祖, 직각 서정수徐鼎修, 대교 정동준(鄭東浚; 동래정씨), 그리고 원임 제학 이휘지(李徽之; 전주이씨 좌의정 이관명 아들), 황경원(黃景源; 장수황씨), 이복원(李福源; 연안이씨 이철보 아들), 서명응徐命膺, 원임 직제학 서호수(徐浩修; 서명응 아들), 원임 직각 정지검(鄭志儉; 동래정씨 정광필 후손), 김희(金憙; 연안김씨 김안로 아들), 김우진(金宇鎭; 강릉김씨 영의정 김상철 아들), 원임 대교 서용보(徐龍輔; 판서 徐有寧 아들) 등 15명이었다. 이밖에 경연관들이 참석했다.

영첨領籤이 책상과 책을 내오자 승지가 받아서 꿇어앉아 올렸다. 검서관檢書官이 각신에게 책을 주고 청강聽講을 명하자 서명선(徐命善; 영경연사), 정상순(鄭尙淳; 동래정씨; 지경연사), 김익(金熤; 연안김씨 김제남 5대손), 이명식(李命植; 연안이씨; 동지경연사), 정창성(鄭昌聖; 온양정씨), 박천형(朴天衡; 밀양박씨; 시강관), 이시수(李時秀; 이복원 아들; 시독관), 이정운(李鼎運; 연안이씨), 이겸빈(李謙彬; 덕수이씨), 유맹양(柳孟養; 전주유씨), 조정진(趙鼎鎭; 풍양조씨; 검토관), 박천행(朴天行; 밀양박씨), 권이강權以綱,

홍문영(洪文泳; 남양홍씨) 등 경연관들이 전殿 안으로 들어왔다. 원래의 경연관과 각신들이 합동으로 여는 첫 경연이 된 것이다.

임금은 이날의 경연이 단순히 경전의 뜻을 토론하는 것만이 아니라 시정時政에 대해서도 하고 싶은 말을 모두 하도록 하여 밤을 지새워 아침까지 계속하겠다고 말했다. 임금은 이어 《근사록》에 담긴 뜻을 간단히 설명하고 나서, 무극이태극無極而太極, 미발이발未發已發, 음양오행陰陽五行, 이기理氣 등 성리性理에 대한 문제를 가지고 신하들의 의견을 묻고, 스스로 답을 내렸다.

이날의 모임은 성리학의 토론장이 되었는데, 시간이 지날수록 신하들은 임금의 해박한 지식에 탄복하면서 대답을 하지 못했다. 임금은 저녁을 먹고 나서 다시 토론하자고 제의하여 그렇게 했다. 임금은 신하들에게 음식을 내리고 술잔도 나누고 나서 다시 모이라고 명했다.

이번에는 신독愼獨, 본연지성本然之性과 기질지성氣質之性, 그리고 사단칠정四端七情에 관한 문제를 토론했는데, 퇴계와 율곡의 학설까지 논의되었다. 임금이나 신하들은 명확하게 퇴계와 율곡의 학설 가운데 어느 것이 맞느냐에 대해서는 단언을 하지 않았으나 대체로 이理와 기氣를 하나로 보는 율곡의 설에 동의하는 분위기를 보였다.

임금은 이문원에서 토론을 마치고 다시 가마를 타고 홍문관弘文館으로 가서 또 경연을 계속했다. 이번에는 진덕수(眞德秀; 西山)가 편찬한 《심경心經》을 교재로 삼아 토론했다. 다만 원임 각신들은 내보내고 시임 각신들만 참석하게 했는데, 주제는 바로 '중中'에 대한 해석이었다. 역시 임금이 주로 설명하고 신하들은 임금의 설명에 동의를 표하면서 배우는 형국이었다. 마치 성리학의 대가가 문도들을 앞혀놓고 강의하는 것 같았다. 아마 조선 역사에서 이런 모습의 경연은 한 번도 없었을 것이다. 정조가 즉위한 뒤에도 이렇게 심층적으로 성리학을 경연에서 토론한 것은 처음 있는 일이었다.

그러면 왜 임금은 밤을 새 가면서 각신과 경연관들을 모아 놓고 수백 년 동안 중국과 조선의 학자들이 논쟁을 벌여 온 성리학의 까다로운 주제를 놓고 토론을 벌인 것인가? 임금의 심중을 정확히 알기는 어렵지만 두 가지 뜻이 있을 듯하다. 하나는 자신의 학문적 우월성을 보여주면서 신하들을 심리적으로 제압하여 복종시키려는 뜻이 있었을 것이다. 그래야 임금이 추구하는 군사君師의 위상을 확립하게 되고, 그 권위를 바탕으로 황극탕평皇極蕩平이 가능할 것이다. 또 하나는 이제 재정비한 규장각을 통해서 수준높은 우문정치右文政治를 펴나가겠다는 선포라고 볼 수 있다. 그럼으로써 신하들 사이에 일어나고 있는 규장각 설치에 대한 비판을 잠재우는 효과를 기대했을 것이다. 규장각 설치는 쓸데없는 용관冗官 하나를 만들었다는 시각이 만만치 않았고, 앞으로 그런 비판은 더욱 거세질 것을 임금은 예상하고 있었다.

규장각 각규에 따라 2월에 초계문신 20명을 선발했음은 앞에서 이미 설명했는데, 이들에 대한 시험이 4월 22일부터 시행되어 이해 말까지 22회나 실시하고, 대부분 임금이 직접 나와서 시험 문제를 내고 채점했다. 이를 친시親試라고 한다.

윤5월 27일에는 그동안 친시를 통해 가장 우수한 성적을 거둔 이조승(李祖承; 연안이씨 이귀 후손)에게 임금이 상을 내렸다. 이어 6월 6일에는 아직 실직이 없는 초계문신에게 군직軍職을 주어 녹봉을 받게 했다.

이해 6월 13일에는 《어정팔자백선御定八子百選》이 완성되었다. 이 책은 중국 당송시대의 팔대 문장가인 한유韓愈의 글 30편, 유종원柳宗元의 글 15편, 구양수歐陽脩의 글 15편, 소순蘇洵의 글 5편, 소식蘇軾의 글 20편, 소철蘇轍의 글 5편, 증공曾鞏의 글 3편, 왕안석王安石의 글 7편 등 모두 1백 편을 임금이 직접 뽑아 편집한 것으로 이를 인쇄하여 전국에 배포했다.

7월 5일에 임금은 율곡 선생의 글을 손수 편찬하는 일이 끝난 것을 기념하여 파주의 자운서원紫雲書院과 해주의 소현서원紹賢書院에 승지를 보내 제사를 올리게 했다. 그러면서 하교하기를, "나는 어려서부터 문성공[율곡]의 학문을 독실히 사모하여 세상에 드문 분이라는 생각이 대단했는데, 옛사람이 이른바 아침저녁으로 만난다는 말이 곧 실제의 말이었다."고 하면서 어려서부터 율곡 선생의 학문에 깊이 빠져 있음을 시인했다. 정조가 신하들과 경연할 때 성리학에 관해 설명한 말들을 잘 분석해 보면 율곡의 《성학집요》의 영향이 컸음을 보여 준다. 실제로 영조도 그러했지만 정조도 경연에서 자주 《성학집요》를 강론했다.

그런데 이날 임금은 퇴계의 도산서원陶山書院에도 제사하고, 나아가 봉사손奉祀孫을 복직시켜 등용하라고 명했다. 학문적으로는 율곡의 영향이 크지만 남인의 우상인 퇴계도 존경하는 마음을 가져 두 현인을 동등하게 대접하려고 한 것이다. 바로 탕평을 위해서다.

이해 7월 6일에는 《영종실록》이 완성되고, 아울러 《경종실록》 수정본도 이날 끝났다. 또 이틀 뒤인 7월 8일에는 이미 편찬된 《국조보감國朝寶鑑》 가운데 누락된 정종定宗, 단종, 세조, 예종, 성종, 중종, 인종, 명종, 인조, 효종, 현종, 경종 등 12조의 보감을 편찬하라고 명하고, 이어 7월 11일에는 영조의 보감도 7권으로 찬술하라고 명했다. 이 사업은 다음 해 끝났다.

8월 11일에는 예조정랑(정5품)으로 있던 이가환(李家煥; 1742~1801)을 특별히 사헌부 지평(持平; 정5품)에 임명했는데, 그는 남인 실학자 성호星湖 이익李瀷의 후손으로 학문도 높았지만 천주교 신자이기도 했다. 당색이 남인이고 천주교 신자라는 이유로 뒤에는 노론으로부터 비난을 많이 받았으나 임금은 그의 재주를 아껴 보호해 주었다. 그동안 탕평정책은 주로 노론과 소론의 등용에 치중했으나, 임금은 남인 중에도 재주 있는 사람은 등용하기 시작한 것이다. 사실 정조가 가장 신임한 신하는 남인 채제공蔡濟恭이었다는 것도 주목할 만하다. 또 뒷날 수원에 화성華城을 건설한 것은 17세기 남인 학자 유형원柳馨遠의 《반계수록磻溪隨錄》에서 아이디어를 얻은 것이기도 했다.

정조는 기록의 중요성을 누구보다도 중요시한 임금이었다. 그래서 이미 세손 때부터 일기를 쓰기 시작했는데, 이해 8월 19일에 규장각 각신을 불러 보고 《일성록日省錄》 편찬에 관해 다음과 같은 하교를 내렸다.

나는 일기日記에 대하여 일찍이 버릇된 것이 있다. 아무리 바쁘고 번거로운 일이 있어도 반드시 잠자리에 들기 전에 기록하여 하루에 세 번 반성한다는 뜻을 붙여 왔다. 성찰하기 위한 것일 뿐 아니라 나의 정신력을 살펴보고자 지금까지 폐기하지 않고 있는데, 헛된 말을 기록했다고 말할 수는 없다. 장차 이를 후세에 전하려면 범례凡例를 만들기가 매우 어렵다. 만약 이를 잘 만들지 못하면 《승정원일기》와 다를 것이 없으니, 어떻게 하면 되겠는가?

임금이 세손 때부터 써오던 일기[존현각일기]를 임금이 된 뒤에도 계속 쓰고 있는데, 이제 《승정원일기》와 달리 각신들에게 이를 교정하게 하고 편찬하여 후세에 남기고 싶다고 하면서 그들의 의견을 물은 것이다. 각신 심염조沈念祖는 "제목은 《일성록日省錄》, 《월계록月計錄》이라 하고, 이를 합편하여 제목을 《일월통편日月通編》이라고 하면 좋을 것 같습니다."고 답했다. 그러자 임금은 "옛날에도 《일월록》, 《편년록》 등의 제목이 있었으니, 답습해서 쓸 수 없다."고 말하면서 임금이 《일성록日省錄》으로 결정했다. 공자의 제자 증자曾子가 하루에 세 번 자기 몸을 살폈는데, 정조가 이를 본받아 하루에 세 번 반성한다는 뜻을 담아 《일성록》이라 부르게 된 것이다.

그 뒤로 《일성록》은 각신들이 계속 교정하는 작업을 맡았는데, 각신 심염조沈念祖는 범례凡例를 살피게 하고, 병조참판 정창성鄭昌聖은 권卷에 따라 기록한 것을 읽어 아뢰도록 했다. 그러니까 신하들이 고친 것을 임금이 다시 확인하는 방법을 따른 것이다.

이해 12월 7일에 임금은 교정하는 신하들을 만나 보고 또 이렇게 말했다.

> 나는 어릴 때부터 선대왕께서 날마다 공부를 부과하여 한 책을 다 읽고 나서 다른 책을 읽게 되면 이미 읽은 책을 복습하여 그 뜻을 찾게 했으므로, 설명하고 읽은 것에 모두 번수番數를 매겨 저절로 정식程式이 되었다. 그리하여 아무리 일이 많은 때라도 폐기한 적이 없었다.

이 말의 뜻은 어느 날 어떤 책의 어느 부분을 읽었는지를 일일이 기록해 두었다는 말인데, 예를 들어 《논어》를 읽었다면 《실록》이나 《승정원일기》에는 《논어》를 읽었다고 기록되어 있지만, 《일성록》에서는 《논어》의 어느 장章을 읽었다고 기록하고 있다. 그러니까 《일성록》은 임금의 언동을 가장 자세하게 기록한 책이다.

여기서 임금이 8세에 세손으로 책봉된 뒤부터 쓰기 시작했다는 일기는 세손의 서재인 경희궁 존현각尊賢閣에서 썼기 때문에 《존현각일기》라고 불렀다. 그런데 정조는 자신이 태어난 영조 28년(1752)에서부터 《존현각일기》를 쓰기 시작한 때까지의 기록도 《일성록》에 담기 위해 승정원 주서注書가 기록해 둔 《기거주(起居注; 堂后日記라고도 함)》

에 들어 있는 기록을 뽑아 넣게 했다.

그리고 정조가 즉위한 이후부터 정조 8년(1784)까지의 《일성록》은 《존현각일기》와 《기거주》를 함께 참고하여 날짜별로 통합하여 기록하게 했는데, 형식은 강綱과 목目을 나누어 큰 사건은 강綱을 만들어 먼저 쓰고, 그 다음에 세부적인 일은 목目을 만들어 기록하는 방식을 취했다. 그러니까 강목체綱目體를 따른 것이다.

그 다음 정조 9년(1785) 이후부터는 이 방식을 그대로 이어서 편집하되, 규장각 각신閣臣으로서 당직을 맡은 자가 일을 맡도록 했다. 그리하여 정조 24년(1800)까지 이루어진 《일성록》은 모두 675책이나 되었다. 이 분량은 《정조실록》(56책)이나 《승정원일기》의 정조 시대 분량(96책)보다 월등하게 더 많다. 《일성록》은 정조가 탄생한 1752년부터 정조가 즉위할 때까지의 25년 동안의 기록이 추가되어 있기 때문에 《실록》이나 《승정원일기》보다 포괄하는 시간이 더 많은 것은 사실이지만, 그렇더라도 압도적으로 양이 많다. 그만큼 더 많은 정보를 담고 있는 것이다. 《일성록》은 1910년 8월에 나라가 망할 때까지 계승되었는데, 지금 유네스코 세계기록문화유산으로 등록되어 있다.

영조는 10년마다 어진을 그리게 했는데, 정조도 이를 본받아 30세 되는 이해부터 10년을 단위로 자신의 어진을 그리게 하여 규장각에 봉안했다. 그러니까 평생 두 번에 걸쳐 어진을 그린 셈이다. 그러나 유감스럽게도 정조의 어진은 지금 남아 있지 않다.

8월 26일에 임금은 도화서 화사畵師 한종유韓宗裕, 신한평(申漢枰; 1726~?),[19] 김홍도(金弘道; 1745~?)에게 각기 1본씩 모사하라고 명했다. 당시 김홍도의 나이는 37세였다. 이어 8월 28일에는 호조참판 표암

---

19 신한평은 혜원蕙園 신윤복(申潤福; 1758~?)의 아버지다.

豹菴 강세황(姜世晃; 1713~1791)을 창덕궁 후원의 희우정喜雨亭으로 불러 만나 보고 어진 1본을 모사하라고 명했으나, 강세황은 눈이 어두워 직접 모사하지는 못하고 화사들이 그린 어진의 미흡한 점을 곁에서 도와주겠다고 말했다. 당시 강세황의 나이는 69세였다.

원래 어진을 모사할 때에는 임시관청인 어진도사도감御眞圖寫都監을 설치하여 일을 거행하는 것이 관례였으나 정조는 일을 번거롭게 하지 않기 위해 도감을 설치하지 않고 책임자도 정하지 않고 직접 화사에게 명하여 그리게 한 것이다.

화사들이 모사한 어진의 초본初本이 9월 1일에 완성되자 임금은 후원의 영화당暎花堂에 나아가 각신과 대신들을 불러 보여 주었다.

9월 3일에 임금은 왕실 족보와 역대 임금의 어진을 모신 선원전璿源殿에 가서 참배를 올리고 나서 시원임 각신과 대신, 승지, 호조참판 강세, 그리고 화사들을 불러들여 영조 49년에 그린 영조의 어진을 살펴보게 하고 나서, "이 어진을 다시 이모移摹하려 하는데, 초본(綃本; 비단 바탕)이 조금 변했으니 유의토록 하라."고 명했다. 그러니까 영조의 어진을 다시 그리겠다는 것이다. 그리고 나서 이날 임금은 희우정에 나아가 익선관에 곤룡포를 갖추고 앉아 화사 김홍도에게 어진의 초본初本을 그리라고 명했다. 초본이 완성되자 다음날인 9월 4일에 영화당에 나아가 여러 신하들에게 보여 주었다.

어진이 완성되자 9월 16일 주합루 옆의 서향각書香閣으로 나아가 글씨를 잘 쓰는 윤동섬(尹東暹; 파평윤씨; 1710~1795)과 조윤형(曺允亨; 창녕조씨; 1725~1799)에게 어진의 표제標題를 쓰게 했다. 각신 정민시鄭民始 등이 꿇어앉아 어진이 든 궤짝을 받들고 자물쇠로 연 다음 어진을 펼쳤다. 윤동섬이 손을 씻고 나아가 '춘추 삼십 세 어진 즉조 5년 신축 구월 일 도사春秋三十歲御眞卽祚五年辛丑九月日圖寫'라고 썼다. 정민시 등이 어진을 어좌 위에 올려놓으니, 신하들이 네 번 절했다. 음악이 연주되었다가 그치니 신하들이 계단으로 올라가서 어진을 우러러보고 말했다. "어진을 가까이서 우러르니 더욱 핍진(逼眞; 진짜에 가깝다)함을 깨닫겠습니다." 그 다음 조윤형이 예서체隷書體로 '춘추 삼십세'라고 표제를 썼다. 표제를 마치자 이날 주합루宙合樓에 봉안했다.

임금은 10월 7일에 이르러 첫 추위가 심해지자 의금부와 형조에서 감금하고 있는 죄수 가운데 죄가 가벼운 자는 석방하라고 명하고, 의금부의 무거운 죄인에게도 공석(空石; 빈 가마니)과 유의(襦衣; 따뜻한 속옷)를 지급하라고 명했다. 정조의 정치 가운데 죄수의 인권에 대한 보호 정책은 중요한 비중을 차지하고 있었는데, 날씨가 너무 춥거나 더울 때 죄수를 석방하는 일도 그 하나였다. 이런 일은 그 뒤에도 계속되었다.

정조는 하늘에 제사 지내는 제천례祭天禮에 대해서 큰 관심을 가지고 있었다. 세조 때 일시적으로 거행했으나 천자가 아니면 거행할 수 없다는 여론에 따라 폐지된 제천례祭天禮에 깊은 관심을 가지고, 이해 11월 10일에 봉조하 서명응徐命膺에게 다음과 같이 말했다.

> 세조조에 교천례(郊天禮; 교외에서 거행한 제천례)를 행했는데, 이는 큰 절문節文이다. 경은 천자天子의 예이기 때문에 기록해 두는 것이 부당하다고 말했다. 우리 조종祖宗이 명나라 조정에 대해서는 만력(萬曆; 왜란 때 황제인 神宗)을 전후하여 구별을 두고 있고, 또 국초 이래 조祖와 종宗을 칭했어도 명나라에서 금하지 않았다. 교천례는 조종조의 고사故事에 관계되는 것이니, 경 등은 잘 헤아려 빼거나 보태거나 하여 편집할 것이요 피할 필요는 없다.

정조는 우리나라가 비록 중국의 제후국이지만 천자가 하는 의식이나 제도를 모두 피할 필요가 없다고 보았다. 제천례도 그 가운데 하나로 보고 이를 잘 기록해두고 검토하라고 일렀다. 비단 제천례만이 아니라 뒷날 정조는 수원 화성華城을 건설하면서 한성과 화성을 묶어 중국의 황도皇都 체제로 격상시켰는데, 이에 대해서는 뒤에 다시 설명할 것이다.

정조는 우리나라 역대 시조의 능을 보호하는 일에도 깊은 관심을 가졌다. 이해 12월 6일에는 단군檀君, 기자箕子, 신라 시조[박혁거세], 고구려 시조[동명왕], 백제 시조[온조], 고려 시조[왕건]를 모신 왕릉王陵을 모두 수리하는 절차를 만들라고 명했다. 이런 조치는 단군조선부터 시작된 우리나라 역사의 정통성을 재확인하는 사업이라는 점에서 정조의 자주적 역사의식이 얼마나 철저했는지를 말해 준다.

당시 단군릉은 평안도 강동江東에 있다고 전해지고 있었는데, 진짜인지 가짜인지 명확하지 않다고 여겨 수리만 하라고 명하고 제사는 지내지 않았다. 기자릉과 고구려 시조[동명왕] 능은 평양에 있었고, 백제 시조릉은 어디에 있었는지 알 수 없으나, 아마 지금의 서울 석촌동 백제 고분을 가리키는 듯하다. 어쨌든 당시에 온조릉이 있었다는 것은 주목할 일이다.

이제 이해를 마감하면서, 눈을 돌려 이해 말 정부 각 기관과 여러 군영에서 보유하고 있는 재산의 현황을 알아보기로 하자. 이해의 수치를 1년 전 및 2년 전과 비교하여 표를 만들면 다음과 같다.

	정조 3년	정조 4년	정조 5년
황금	119냥	118냥	358냥
은자	45만 3,378냥	44만 1,215냥	43만 1,555냥
전문	159만 7,489냥	117만 6,299냥	128만 1,896냥
면포	4,255동 22필	4,653동 30필	5,332동 35필
모시	7동 27필	7동 17필	7동 27필
삼베	936동 35필	642동 16필	893동 40필
쌀	22만 1,657석	31만 9,467석	37만 7,452석
좁쌀	1만 1,129석	2만 1,528석	2만 2,698석
콩	4만 9,846석	5만 5,421석	5만 9,139석
겉곡식	4,466석	4,807석	4,941석

위 표를 보면, 옛날보다 크게 늘어난 것은 황금으로, 전보다 3배 가량 증가한 358냥에 이르렀다. 황금은 외국에서 수입하는 것이 아니므로 금광을 통해 얻었다는 것을 의미한다. 금광을 원칙적으로 국가에서 허용하지 않는데도 이렇게 늘었다는 것은 임시로 금광 개발을 허용했다는 뜻이다. 장차 영조와 정성왕후 서씨를 비롯하여 정순왕후나 아버지 등에게 존호尊號를 바치게 될 경우 황금으로 만든 어보御寶가 필요하다는 것을 예견하여 준비한 것으로 보인다. 황금은 사치품으로 실용성이 없고, 또 왕실에서도 거의 사용하지 않았지만, 왕실의 어보나 곤룡포의 황금 자수를 위해서 최소한의 황금은 보유할 필요가 있었다.

쌀, 좁쌀, 콩 같은 식량은 조금 불어난 것을 알 수 있다. 나머지는 큰 변동이 없다. 그밖에 옷감이나 곡식의 수치가 늘어난 것은 생산량이 늘었다기보다는 지출이 줄어들었다고 볼 수 있다. 다만, 이 수치에는 왕실이 보유하고 있는 내탕[내수사]의 재산과 지방 군현에서 보유하고 있는 환곡 등의 수량은 제외되어 있는데, 임금은 내탕이 많이 늘었다고 밝히고 있다. 내탕이 많아진 것은 생활을 검소하게 하여 왕실 비용을 대폭 줄인 결과였다. 정조는 할아버지의 검소한 생활을 본받아 의식주가 매우 소탈한 생활을 하여 신하들의 놀라움을 샀다.

7. 정조 6년(1782)
―이택징의 규장각 비판, 노론이 채제공 비판, 문효세자 출생,《국조보감》완성, 윤증·윤선거 부자의 관작 회복

임금이 31세에 접어든 정조 6년(1782)은 당파 사이 권력 갈등이 나타나기 시작한 해였다.

1월 초부터 노론이 남인 병조판서 채제공蔡濟恭을 공격하여 처벌하라는 상소로 임금의 마음을 상하게 했다. 정조 즉위년에 정후겸, 홍인한 등 역적들을 붙잡아 공초할 때 채제공이 마치 자신들의 여당인 것처럼 말한 것을 이유로 그를 처벌해야 한다고 들고 일어난 것이다. 지난해 노론 이조참판 김문순(金文淳; 안동김씨 김창집 후손)이 채제공을 비판한 일이 있었는데 새해 들어와서 우의정 이휘지(李徽之; 전주이씨 노론 이관명 아들), 교리 김재찬(金載瓚; 연안김씨 김제남 후손), 좌의정 홍낙성(洪樂性; 풍산홍씨 노론 홍상한 아들), 대사헌 이갑(李岬; 연안이씨), 그리고 소론파 영의정 서명선徐命善까지 가세했다. 그러니 의정부 삼정승이 모두 채제공 비판에 가담한 것이다.

임금은 채제공의 죄는 이미 옛날에 모두 씻어 주었는데, 지금 와서 이 문제를 들고 나오는 것은 이해할 수 없다고 하면서 당색을 따지는 일이 옳지 못하다고 거부했다. 그러나 세 정승의 의견을 존중하

여 일시적으로 그의 직책을 해직했다가 다시 10월 15일에 한성판윤
漢城判尹을 제수하고, 11월 19일에는 판의금부사(判義禁府事; 종1품)로
임명했다. 노론이 채제공을 갑자기 공격한 것은 그가 병조판서로서
군권을 갖게 된 것을 우려한 것에서 비롯했다. 그래서 임금은 그에게
실권이 약한 자리를 준 것이다.

지난해부터 시작된 초계문신抄啓文臣에 대한 시험도 1월부터 시작
되어 이해 18회에 걸쳐 시행되었다. 지난해만큼 자주 갖지는 않았다.
시험에서 우수한 성적을 거둔 38세의 부사과(종6품) 이시수李時秀를
봉상시정(정3품 당하관)에 제수했다가 이어 통정대부(정3품 당상관)
의 품계를 내렸다. 이시수는 연안이씨 이정귀李廷龜의 후손이자 이복
원李福源의 아들로서 당색은 소론에 속했으나, 임금은 그의 재주를
아껴 파격적인 승진을 시켜 주었다.

초계문신뿐 아니라 일반 문신들의 학문을 높이기 위한 전경문신專
經文臣에 대한 전강殿講도 지난해부터 실시되었는데, 이해에도 계속
이어졌다. 전경문신이란 37세 이상 41세 이하의 문신과 성균관 유생
가운데 매년 3~4명을 선발하여 임금 앞에서 오로지 사서오경[사서
삼경과 예기, 춘추] 가운데 본인이 원하는 경서만을 시험하여 성적이
우수한 자를 승진시키고, 유생의 경우는 그 성적을 과거시험에 가산
하는 제도였다. 다만 전경문신의 전강은 1년에 4번만 시행하여 초계
문신처럼 자주 시행하지는 않았다.

또 무신의 병법兵法에 대한 지식을 높이기 위하여 병서兵書를 시험
하는 전경무신에 대한 전강도 지난해부터 시작되어 이해에도 계속되
었다. 전경무신도 40세 이하인 자 20명을 선발하여 무경칠서武經七書
가운데 《오자吳子》를 제외한 육서에서 응시자가 원하는 병서를 시험
하는 제도인데, 역시 1년에 4번 시행했다. 그러니까 문신과 무신을

모두 망라한 재교육이 실시된 것이다. 그리고 문신과 무신에 대한 활쏘기도 수시로 시행하여 상을 내려 주었다. 이렇게 문무 벼슬아치들을 끊임없이 재교육시키느라 임금이 얼마나 고달팠겠는가?

이해 3월 24일에는 규장각 제학 김종수金鍾秀가 스스로《역대명신주의요략歷代名臣奏議要略》8권을 편찬하여 임금에게 올렸다. 이 책은 중국 역대 명신들이 임금에게 올린 상주문上奏文 가운데 우수한 것을 뽑아 편집한 것인데, 임금은 자신도 이 책을 좋아한다면서 김종수를 격려하고 이 책을 인쇄하라고 명하고, 나아가 우리나라 명신들의 주의奏議도 책으로 만들라고 명했다. 왕명을 받은 김종수는 다음 해 10월 20일《국조명신주의國朝名臣奏議》3편을 임금에게 올려 칭찬을 받았다.

규장각이 본격적으로 운영되기 시작하자 이를 우려하는 신하들의 목소리가 나왔다. 그 첫 번째 비판자는 사헌부 장령(정4품) 이택징(李澤徵; 간성이씨; 1715~1782)이었다. 그는 24세에 문과에 급제했으나 집안이 한미하여 68세가 되도록 정4품에 머물러 있었는데, 이해 2월 25일에 임금에게 15조에 달하는 시정개혁안을 올려 임금의 칭찬을 받아 정3품 당상관으로 올라갔으며, 뒤이어 공조참의(정3품 당상관)에 제수되었다. 하지만 그의 나이로 보면 출세가 늦은 셈이다.

그런데 그는 5월 26일 응지상소應旨上疏[20]를 올리면서 규장각은 임금의 사각私閣이고, 각신은 임금의 사신私臣이라고 비판했다. 그 이유로 각신에 대한 대우가 지나쳐서 죄가 있어도 감옥에 가두지 않고, 초계문신이 지방으로 갈 때에는 역마驛馬를 타게 하고, 각신이 임금을 만날 때는 승정원을 거치지 않고《조보朝報》에도 실리지 않으며, 각신들과 음식을 들면서 국고를 낭비하고 있는 것 등을 지적했다.

---

20 임금이 신하와 백성들의 말을 구하는 구언교지求言教旨를 내릴 때 이에 응하여 올리는 상소를 응지상소라고 한다.

이택징의 상소를 읽은 임금은, "혹 그런 것도 있고, 혹 그렇지 않은 것도 있다."고 비답을 내렸는데, 이조참의로 각신을 겸하고 있는 심염조沈念祖가 상소하여 이택징의 상소가 사실과 다른 점이 많다고 지적했다. 예를 들어 각신들이 승정원을 거치지 않고 임금을 만난다든가, 규장각이 천하고 비루한 재화를 경영한다든가 하는 등의 말은 사실과 다르다는 것이다.

이택징은 자신의 상소에서 사실을 잘못 알고 올려 죄를 지었다고 하면서 죄를 내려 달라는 상소를 두 번에 걸쳐 올렸다. 임금은 그래도 그를 용서하려 했으나 언관들이 들고 일어나 그의 상소 가운데 "영조 대의 교목세가喬木世家들이 반은 잘려나가고, 반은 참벌斬伐되었다"고 한 것과 중전中殿과 대비大妃를 비방한 것 등을 들어 이택징을 엄벌하라고 주장하여 마침내 7월 22일 죽음을 내렸다.

임금은 규장각에 대하여 다른 신하들도 이택징과 비슷한 오해를 가졌을 것으로 보고, 이를 이해시키기 위해 규장각을 설치한 뜻을 다섯 가지 조목으로 나누어 대신들에게 일러 주었다.

첫째로, 규장각은 외관상으로는 당唐, 송宋, 명明의 전례典禮를 모방했을 뿐 아니라 우리나라 세조 때 양성지梁誠之가 건의하여 설치한 규장각, 그리고 가까이는 숙종 대 만든 규장각을 계승한 것이기도 하지만, 그보다도 본심은 따로 있다고 말했다. 곧 척리(戚里; 외척)와 환관들의 횡포를 뼈저리게 경험하고 이를 척결하여 사대부정치를 회복하기 위해 만든 것이다. 원래 임금과 가까이 있는 기구로 승정원과 홍문관 등이 있지만, 승정원은 인원이 제한되고 각기 맡은 일이 있으며, 자주 교체되어 불안하다. 또 홍문관은 쉽게 들어가고 숫자도 많으며, 신진들이 이곳을 거쳐야 승진되며, 규장각이 할 수 있는 일을 홍문관이 대신하기도 어렵다. 그런데 규장각은 경사經史를 토론하고,

민생과 정치, 역대의 치란治亂을 자유로이 의논할 수 있어 보필에 큰 도움이 된다. 그래서 규장각을 설치한 것이다.

둘째로, 규장각은 사대부들의 명절名節과 문학을 권면하고 바로잡아 보려는 뜻이 있다.

셋째로, 규장각은 임금이 근신近臣과 친신親臣을 가지려는 것인데, 옛날의 집현전集賢殿이 바로 그런 기관으로서 임금이 신하들과 친구처럼 놀기도 하고 음식을 나누기도 하면서 신하들의 자字와 호號를 부르기도 했다. 그래도 나는 규장각을 금원禁苑에서 홍문관 옆으로 옮겨 와 집현전과 모습이 다르게 만들었다.

넷째로, 유신들을 예禮로서 대우한 것은 영조 때에도 야대夜對가 늦게 끝나면 그랬으며, 반드시 음식을 하사하여 모두들 술에 잔뜩 취하여 돌아가게 했다. 그러나 나는 경비를 줄이기 위해 각신을 만날 때 술이나 음식을 내린 일이 없다.

다섯째, 각신을 차등을 두어 6명을 두고, 검교檢校를 설치하고, 제학은 아무리 대관이라도 겸직을 허용하고, 직제학, 직각, 대교는 반드시 색목(色目; 黨色)을 고려하여 모두가 벼슬할 수 있도록 했다. 앞으로 시간이 지나면 많은 인재들이 배출될 것이므로 폐쇄적인 기관으로 볼 필요가 없다. 또 앞으로 척리戚里의 정치로 돌아가지는 않을 것이다.

규장각을 만든 취지를 이렇게 자세히 다시 천명한 뒤로 이택징과 같은 비판은 더 이상 일어나지 않았다. 하지만, 규장각 각신이 되지 못한 일반 신하들이 볼 때에는 특권층으로 보였을 것이다. 실제로 시간이 지날수록 각신들은 특권층으로 변하여 지탄을 받는 일이 많았고, 임금도 만년에는 이 점을 개탄했다.

정조는 소외된 계층과 소외된 지역 사람들에 대한 인재 등용에 비상한 관심을 두었다. 소외된 계층 가운데 가장 큰 문제는 서얼로서 이미 정조 원년에 서얼의 벼슬길을 넓혀주는 〈정유절목〉을 만든 바 있었지만, 그것이 제대로 지켜지지 않는 것을 걱정하여 이해 6월 10일 명을 내려 서얼통청에 대한 실행을 인사를 맡은 전조銓曹에 엄히 신칙했다.

또 이날 소외된 지역 가운데 하나인 영남의 인재에 대한 등용을 강조했다. 영남 남인은 숙종 대 남인이 실각하고 노론이 집권하면서 계속 소외되어 왔는데, 이곳이 '인재의 부고府庫'요 '추로지향(鄒魯之鄕; 유학자가 많이 배출된 지역)'임을 강조하면서 이 지역 인재들에게도 요직에 등용하는 길을 열어 주라고 촉구했다. 그러니까 당파에 대한 탕평이 지역에 대한 탕평으로 이어진 것이다.

또 소외된 지역으로 평안도 지역을 들었다. 이 지역은 기자箕子의 도성都城으로서 백성과 물자가 풍성하고, 방어의 요지로서 이곳 사람들은 문과 급제자도 많은데 사헌부나 사간원 등 대직臺職에 오른 사람이 적은 것을 걱정하고, 이 지역 무사들 또한 무과에 급제해도 좋은 자리를 얻지 못한다고 걱정했다. 그리하여 평안도 인재의 벼슬길을 열어 주고자 도과道科를 따로 시행하라고 명했는데, 10월 5일 드디어 평안도 도과가 시행되어 6명의 급제자를 선출했다. 그리고 나서 10월 22일에는 도과 급제자들을 대동강에 유람시키고, 아울러 평양의 전경全景과 평안도 지도를 각각 그려서 병풍을 만들어 올리라고 명했다. 이어 11월 28일에는 도과의 시험관試驗官과 문과, 무과에 응시한 선비들을 창덕궁 영화당으로 불러오고, 장원 급제한 사람을 이조吏曹와 삼영三營의 장신將臣으로 등용하라고 명하고, 이어 유가遊街를 시켜 주었다.

평안도에 대한 배려는 영조 대에도 있었는데, 정조가 그 정책을 계속 이어간 것이다. 실제로 정조 대에 문과 급제자를 가장 많이 배출한 도道는 팔도 가운데 평안도였으며, 순조 대에도 1등을 했다가 헌종과 철종 대에는 2등으로 밀려났다. 그러다가 고종 대에는 압도적인 차이로 다시 1등에 올랐다. 이런 수치의 차이는 이 지방을 임금이 배려한 시대와 홀대한 시대의 차이를 그대로 반영하고 있다.[21]

다만, 급제자가 많은 것과는 달리 벼슬을 얻는 기회는 팔도 가운데 평안도가 제일 낮았다. 이것이 이 지역의 가장 큰 문제점이었다. 그래서 정조가 벼슬길을 열어 주라고 독려한 것이다. 순조 때 평안도에서 홍경래난洪景來亂이 일어난 것은 세도가들이 이런 정책을 후퇴시킨 데서 연유한 것이다.

이해 9월 7일에는 왕실에 경사가 일어났다. 혜경궁의 궁녀였다가 정조의 승은을 입은 29세의 의빈 성씨[宜嬪成氏: 1753~1786]가 첫 왕자를 낳은 것이다. 의빈은 정조의 후궁 가운데 유일한 궁녀 출신이다. 아마도 혜경궁이 주선한 것으로 보인다. 왕자는 3살 때 세자[文孝世子]로 책봉되었으나, 애석하게도 정조 10년(1786) 5월 11일에 홍역을 앓다가 6세로 요절하고, 어미 의빈 성씨도 같은 해 9월에 둘째 아이 출산을 앞두고 34세로 세상을 떠났다. 문효세자는 지금 용산구 효창원孝昌園에 안장되었으나, 일제 강점기에 고양시 서삼릉西三陵 구역으로 이장되었다. 정조에게 큰 슬픔을 안겨 준 사건이다. 정조는 이상하게도 자식 복이 없었다.

이해 11월 24일에는 역대 임금의 업적을 정리한 《국조보감》이 완성되어 임금이 창덕궁 춘당대에 나아가 직접 받아 11월 26일에 종묘와 영녕전에 가서 《국조보감》을 올리고, 이 책을 만든 85명의 신하들

---

21 한영우, 《과거, 출세의 사다리》(전4권)(지식산업사, 2013) 참고.

에게 이 책을 선물로 하사했다. 11월 27일에는 김상철, 서명응, 이복원 등 수십 명에게 상을 내렸다.[22]

이해를 마감하는 12월에 들어오자 임금은 《국조보감》이 간행된 경사를 맞이하여 죄인들에게 은전을 베푸는 조치를 취했다. 12월 3일에는 감옥에 있거나 귀양 가 있는 죄인 3,137명을 풀어 주고, 소론의 영수였던 윤증尹拯, 윤선거尹宣擧 부자의 관작을 회복시켜 주라고 명했다. 그리고 12월 6일에는 강화도 교동喬桐에 유배 중인 고모 정처(鄭妻; 화완옹주)를 육지로 나오라고 명하여 다음 해 1월 6일에 섬에서 나왔다. 그러나 집에 가시울타리를 쳐서 출입을 제한했다.

12월 29일에는 자전(慈殿; 할머니 정순왕후)의 마음을 위로하고 싶다고 말하면서 자전의 숙부인 김한기金漢耆에게는 지중추부사를 제수하고, 작은숙부인 김한로金漢老에게는 서반 군직軍職을 주라고 명했다. 그러나 이는 실권을 가진 직책은 아니었다. 또 혜경궁의 조카 홍수영(洪守榮; 홍낙인 아들)에게는 수령을 제수하여 아버지 홍봉한의 제사를 받들게 하라고 명했다. 정조가 오랜만에 대사면을 단행한 것이다.

이해 말 정부의 각 관청과 각 병영兵營에서 보유하고 있는 물자의 회계부會計簿는 다음과 같다. 괄호 안의 수치는 지난해 수치다.

황금	357냥 [358냥]
은자	43만 4,140냥 [43만 1,555냥]
전문	136만 2,588냥 [128만 1,896냥]
면포	6,568동 [5,332동 35필]
모시	7동 28필 [7동 27필]

---

22 《국조보감》을 편찬하여 종묘에 올린 사실은 《국조보감감인청의궤國朝寶鑑監印廳儀軌》로 기록되었는데, 이 책에 대해서는 한영우, 《조선왕조 의궤》(일지사, 2005) 377~385쪽 참고.

삼베	1,022필 [893동 40필]
쌀	38만 5,780석 [37만 7,452석]
좁쌀	3만 463석 [2만 2,698석]
콩	5만 7,490석 [5만 9,139석]
겉곡식	3,207석 [4,941석]

이해의 수치를 지난해와 비교하면 전문[동전]이 약 80만 냥 늘어나고, 면포가 약 1천 2백 동이 늘어났으며, 삼베가 약 1백여 동, 좁쌀이 약 8천 석 정도 늘어났을 뿐 다른 것은 거의 변동이 없는 것을 알 수 있다. 하지만 내수사의 물자와 상평창과 지방의 군현이 보유하고 있는 환곡이나 대동미 등은 빠져 있으므로 국가의 전체 물화를 기록한 것은 아니다.

정조는 할아버지 영조를 닮아 의식주 생활을 매우 검소하게 꾸려 음식은 하루에 두 끼 정도만 먹고, 반찬은 두서너 가지에 지나지 않았으며, 진귀한 음식의 진상을 중지시켰다. 평상시 옷은 무명옷을 입었으며, 한번 지은 옷을 여러 번 빨아 입었다. 거처하는 집도 겨우 비를 가릴 정도로 검소하여 신하들이 보고 놀라움을 금치 못했다. 이렇게 절약한 결과 내수사의 수입을 거의 쓰지 않고 해마다 별도의 내탕고에 저축해 두었는데, 그것은 한재나 수재를 당했을 때 기근을 구제하는 밑천을 만들기 위함이라고 말했다. 실제로 임금은 기근이 생기면 수시로 내탕금을 하사했다. 하지만, 내탕금을 가장 많이 지출한 것은 수원 정조 13년(1789)에 장헌세자의 무덤을 수원으로 천장하면서 시작된 화성건설과 화성행차였다. 그러니까 아버지를 위한 효도 사업에 내탕금을 가장 많이 지출한 것이다. 그 대신 국고國庫를 쓰지 않은 것은 정조가 얼마나 현명한 임금인지를 보여 준다.

8. 정조 7년 (1783)

—아버지 존호 가상, 제2차 초계문신,
언행록《일득록》편찬,《자휼전칙》반포

정조 7년(1783)은 임금의 나이 32세 되는 해이다. 지난해 세자[문효세자]를 얻은 기쁨을 나누기 위해 아버지 장헌세자[속칭 경모궁]를 비롯하여 왕실의 어른인 자전(慈殿; 할머니 정순왕후), 어머니인 자궁(慈宮; 혜경궁)에게 높은 휘호徽號 곧 존호尊號를 올리는 행사를 거행했다. 그리하여 영의정 서명선徐命善을 존호도감尊號都監의 도제조로 임명하고, 3월 8일에 아버지에게는 선덕돈경宣德敦慶,[23] 할머니에게는 혜휘惠徽, 혜경궁에게는 자희慈禧라는 존호를 올리기로 정하고, 3월 18일에 가장 먼저 할머니에게 창경궁 명정전에서 옥책玉冊과 옥보玉寶[21]를 올린 뒤에 할머니가 거처하는 경복전景福殿으로 가서 치사致詞를 올렸다.

이어 4월 1일에는 아버지 사당인 경모궁(景慕宮; 지금 서울대 의대 구내)에 가서 존호가 담긴 죽책竹冊과 옥인玉印을 올렸다. 이어 이날 명정전에 가서 어머니 혜경궁에게도 죽책과 옥인을 올리고, 어머니가 거처하는 자경전慈慶殿에 가서 치사致詞와 표리(表裏; 옷감)을 올렸다. 이 행사가 끝난 뒤에 그 행사과정을《상호도감의궤上號都監儀軌》로 만들었다.[25] 참고로, 임금은 원자에게 비단옷을 입히지 않고 무명옷을

---

23 처음에는 존호를 '수덕돈경'으로 정했다가 뒤에 '선덕돈경'으로 바꾸었다.

24 옥책은 옥으로 만든 임명장을 말하고, 옥보는 옥으로 만든 도장을 말한다.

25 정조 7년에 정순왕후, 장헌세자, 혜경궁에게 존호를 올린 일은 의궤儀軌로 자세히 기록했는데, 이 책에 대해서는 한영우,《조선왕조 의궤》(일지사, 2005) 385~387쪽 참고.

입혔다.

이해 4월 24일에는 제2차로 초계문신抄啓文臣 17명을 의정부에서 선발했다. 그 명단은 이도겸(李度謙; 연안이씨), 이현도(李顯道; 전주이씨), 조제로(趙濟魯; 양주조씨), 이면긍(李勉兢; 전주이씨), 김계락(金啓洛; 강릉김씨 판서 金華鎭 아들), 김희조(金熙朝; 청풍김씨 판서 金翊休 아들), 이곤수(李崑秀; 연안이씨 판서 李性源 아들), 윤행임(尹行任; 남원윤씨), 성종인(成種仁; 창녕성씨), 이돈(李暾; 덕수이씨), 이익진(李翼晉; 전주이씨), 심진현(沈晉賢; 청송심씨), 서형수(徐瀅修; 대구서씨; 金元行 문인), 이유수(李儒修; 전주이씨), 강세륜(姜世綸; 진주강씨; 상주 사람)이 그들이다. 전주이씨가 4명으로 가장 많지만 직계 집안은 그다지 좋지 않다. 연안이씨가 2명으로 그 다음인데 대개 소론에 속한다. 나머지도 집안이 좋은 명문이지만, 강세륜은 집안이 한미하다.

이어 4월 24일에는 정조 5년에 초계문신으로 선발되어 재교육을 받아 왔던 이익운李益運, 이종섭李宗燮, 이동직李東稷, 이현묵李顯默, 홍인호洪仁浩, 이석하李錫夏, 이조승李祖承, 이노춘李魯春, 조윤대曹允大 등 9명의 연한이 찼으므로 초계문신에서 제외시켰다.

이해 초계문신에 대한 친시親試는 9회에 그쳤는데, 정조 5년에 22회, 정조 6년에 18회의 시험을 거행한 것과 견주면 지난해의 절반으로 줄어든 것이다. 제2차 초계문신을 4월에 늦게 선발한 이유도 있겠지만, 이해에는 큰 기근이 일어나 그 대책을 강구하는 데 여념이 없었던 것과도 관련이 있는 듯하다.

지난해에도 3도에 기근이 일어나 그 뒷수습을 춘궁기인 정초부터 시행했는데, 임금은 내탕금을 내어 굶주리는 백성을 구제하는 데 보탰다. 그러나 이해에는 지난해보다도 기근이 더 심하여 경상도와 황해도를 제외한 6도의 농사를 망쳤다. 그래서 이해 가을에는 기민을 진휼하는 일로 온 조정이 정신이 없었다. 임금은 각 도에 윤음을 내려 기민들을 위로하면서 각종 부담을 탕감하거나 중지시키는 조치를 취하고, 경상도나 황해도의 곡식을 옮겨 구휼하기도 했으며, 공명첩空名帖을 수백 통씩 발행하여 수백 석 이상의 쌀을 바치는 자에게는 실직이 아닌 벼슬을 내리는 등 온갖 방법을 동원했다.

이해 6월 2일에는 이미 1월에 사직한 영의정 서명선의 자리에 동래정씨 정광필鄭光弼과 정유길鄭惟吉의 후손이자 노론 시파인 정존겸(鄭存謙; 1722~1794)을 임명하고, 소론 시파 이복원(李福源; 연안이씨; 1719~1792)을 좌의정에 임명했다. 이복원은 연안이씨 이정귀의 6대손이자 판서 이철보李喆輔의 아들이다. 노론을 수상으로 하는 탕평정부를 구성한 것이다.

7월 12일 영의정 정존겸은 신문고申聞鼓를 대궐에 설치한 이상 임금이 궁 밖으로 거둥할 때 징을 치고 상언하는 격쟁擊錚을 금지하자고 임금에게 청하자 임금은 이를 거절했다. 격쟁을 막으면 아랫사람들의 사정을 상달할 수가 없고, 또 전부터 있던 고유한 법이기 때문이라고 말했다. 정조는 궁 밖으로 행차를 떠날 때마다 격쟁하여 올린 상언을 모아 판결을 내려 처리해 주었는데, 매번 거둥할 때마다 반드시 수백 건의 상언을 판결하여 내렸다. 백성들과 소통하여 민원民怨을 경청하고 해결하기 위함이었다.

7월 18일에는 대사헌 홍양호(洪良浩; 풍산홍씨; 1724~1802)가 중국에 사행을 다녀와서 느꼈다면서 이용후생利用厚生에 필요한 6가지 사항을 건의했다. (1) 수레 이용, (2) 벽돌 사용, (3) 당나귀와 양의 사육, (4) 구리그릇 엄단, (5) 모자帽子의 혁파, (6) 외국어 학습 등이다.

먼저 수레는 다섯 가지 용도가 있다고 하면서 사람이 타고 다니는 승차乘車, 싸울 때 쓰는 융차戎車, 짐을 싣는 대차大車, 농가에서 쓰는 역차役車, 물을 대는 수차水車를 들었다. 그러면서 우리나라는 길이 험악하고, 소와 말이 희소하여 어렵다는 의견을 모두 모두 반박했다. 중국의 경우 남방의 촉도蜀道는 우리나라보다도 길이 험하지만 수레를 사용했는데, 우리도 고갯길이나 교량은 국가에서 닦고, 평지는 백성들이 닦게 하면 된다고 말했다. 또 소와 말은 우리나라가 키우기 좋은 여건을 가지고 있음에도 목축을 소홀히 하기 때문에 귀하다고 했다.

다음에 벽돌로 성을 만들면 원숭이도 미끄러워 올라가지 못하고, 흙이 많으므로 왕궁이나 민가에서도 벽돌로 집이나 담장 등을 만드는 것이 필요하다고 했다. 그렇게 되면 목재가 절약되고, 화재도 줄어든다고 말했다. 굽는 방법도 태우는 것이 아니라 햇볕에 말리는 것이므로 비용이 적다고 했다.

제사 고기로 소 대신 양을 사용하고, 수레를 끌 때 당나귀가 힘이 세서 머슴처럼 부리기에 좋으므로 당나귀와 양을 많이 길러야 한다.

구리는 돈이나 악기樂器 또는 제기祭器를 만드는 데 필요한 것인데, 일본에서 비싸게 사 온 구리로 그릇을 만드는 것은 문제가 있다. 중국이나 일본은 구리로 그릇을 만들지 않는다. 그릇은 흙이나 나무, 대나무, 또는 옥으로 만드는 것이 좋다. 쇠도 무기나 농기구 외에는 사용하지 않는 것이 좋다.

우리나라는 모자 위에 또 관冠을 쓰는 등 모자에 들어가는 비용이 어마어마하게 많다. 그런데 털모자는 모두 은銀을 주고 중국에서 수입하여 쓰기 때문에 은의 유출이 매우 심하다. 은은 일본에서 들여와서 중국에 수출하고 있으므로 매우 귀한데, 모자를 혁파하지 않는 이유는 모자세帽子稅 수입이 크기 때문이다. 그러나 모자세 수입은 다른 방법으로 변통하는 것이 좋다.

마지막으로 외국어 학습의 필요성도 홍양호가 사행으로 다녀오면서 느낀 것으로, 정사나 부사, 서장관 등 사신은 말할 것도 없고 역관譯官들조차도 중국어가 짧아서 의사소통이 제대로 되고 있지 않다고 지적했다. 이런 상태로는 외교적 업무를 제대로 수행할 수 없고, 만약 중대한 사건이 일어났을 경우에는 일이 더욱 어려워질 것이라고 걱정했다.

임금은 홍양호의 건의를 조정에 넘겨 의논하라고 한 결과, 정부에서는 대부분 수용하자고 주장했다. 다만 구리그릇 폐지는 소란이 생길 우려가 있고, 모자 무역의 폐지는 모자 세금으로 사행의 비용을 충당하므로 대안을 찾을 때까지는 그대로 두는 것이 좋다고 말했다.

홍양호와 비슷한 주장은 이미 전부터 많은 북학파 지식인들이 말해 온 것이고, 정조도 사신들의 어학 실력이 부족한 것을 개탄하면서 외국어 교육의 중요성을 누차 강조한 바 있었다. 그래서 정조는 그의 주장을 상당 부분 실천에 옮겼다. 예를 들어 정조가 뒷날 수원에 화성華城을 건설하면서 성곽의 윗부분을 최초로 벽돌로 쌓고, 돌을 실어 나르는 기구로서 유형차遊衡車를 만들어 이용한 것들이 그것이다. 또 궁궐의 담장이나 굴뚝에도 벽돌이 사용되고, 벽돌로 지은 집도 궁 안에 많이 생겼다.

홍양호는 문장이 뛰어나 홍문관과 예문관 대제학을 맡았을 뿐 아니라 우리나라 역사에도 깊은 관심을 가져 《해동명장전海東名將傳》, 《흥왕조승興王肇乘》, 《고려대사기高麗大事記》, 《북새기략北塞記略》 등의 명저를 내기도 했다. 또 일본에 가는 통신사에게 부탁하여 벚나무를 들여와 우이동牛耳洞에 심어 벚꽃동산을 만들었으며, 호를 이계耳溪라고 했다. 그의 손자 홍경모(洪敬謨; 1774~1851)도 역사학자로 이름을 떨쳤다.

이해 8월 16일에 규장각 직제학 정지검(鄭志儉; 동래정씨)과 서유방 (徐有防; 서효수 아들)은 임금에게 차자를 올려 임금이 경연에 나와서 행한 언행을 각신이 기록하여 책자를 만들자고 건의하여 임금의 동의를 얻었다. 경연의 언행은 예문관 사관史官과 승정원 주서注書들이 기록하여 정사正史로도 남지만, 그와는 별도로 내용을 분류하여 기록하자는 것이었다. 먼저 두 사람이 건의한 내용부터 소개하면 이렇다.

전하의 성학聖學은 하늘과 사람의 이치를 관통하고, 예지睿知는 고금의 일에 환하시어 이기理氣와 성명性命의 근원, 치란治亂과 성패成敗의 이유, 예악, 형정, 문물, 도수度數의 자세한 내용 등을 정밀하게 분석하여 본말을 꿰뚫지 않은 것이 없으니, 시행하는 조치에 나타나고 내린 말씀에 밝혀진 것이 이미 백왕百王들보다 탁월하여 해와 달처럼 환하고 운한(雲漢; 은하수)처럼 높습니다. 신들이 각자 기록하지 못하고 있으니, 오래될수록 잊어버리게 될 것은 사세의 필연이고, 설령 사사로이 기록하더라도 모아서 일통一統된 것을 만들어 영원히 전하여 보일 수는 없을 것이니, 이는 어찌 두려운 일이 아니겠습니까? 공자, 맹자, 정자, 주자의 말은 뭇 제자들이 각기 들은 바를 기록하여 놓았기 때문에 후세 사람들이 성인聖人들의 대전大全을 볼 수 있게 된 것입니다. 기주(記注; 注書)의 체제는 행동은 기록하기 쉽지만 말을 기록하기는 어렵고, 한가할 때의 정미精微한 말은 기록하기 어려운 법인데, 이런 것들까지 기록해 놓지 않는다면 후세 사람들을 가르치고 인도하는 데 소루함이 있을 것입니다. 신들이 규장각에 있으면서 승정원이 춘추를 겸임하는 것과 비슷한 처지에 있고 보면, 그날 들은 성상의 말씀을 기록하는 것이 직책일 것입니다.

이제부터라도 시작하여, 시임 및 원임 각신들이 연석筵席에 나와 있을 때의 모든 전교傳敎와 비망備忘 등 정사正史가 기록하는 것 이외에 의리義理, 경사經史, 치법治法, 정모政謨에 관해 언급하시는 성상의 말씀을 각기 전심하여 똑똑히 들어 두었다가, 물러나오면 조심스럽게 기록해 두고, 연말이 되면 모여서 서로 기록을 증정證正하여 중복된 것은 삭제하고 부문部門으로 구별하며, 편집하기를 《정관정요貞觀政要》와 《주자어류朱子語類》의 차례대로 모방해서 본각에 간수하기를 해마다 상례로 한다면, 다른 관직을 침해하는 혐의도 없고, 보유補遺하는 효과가 있게 되리라 여깁니다. 정사正史를 도와서 후세에 전해지게 하는 방도에 조금이나마 도움이 없지 않을 것입니다.

위 차자를 보면, 정조의 언행은 공자孔子, 맹자孟子, 정자程子, 주자朱子에 비견되는 성현聖賢의 학문을 지니고 있으므로, 이들의 언행을 제자들이 기록하여 경전經傳을 만들었듯이 정조의 언행을 신하들이 기록하여 후세에 전하겠다는 것이다. 그렇게 되면 《주자어류》나 당태종의 《정관정요》와 비슷한 책이 될 수 있을 것이라고 했다. 또 이런 기록이 사관이 적은 사초史草나 승정원 주서注書가 기록한 《승정원일기》 등 정사正史와 다른 점은, 공식적인 국무회의에서의 기록뿐 아니라, 사석에서 은밀하게 나눈 언행까지도 기록한다는 점과 또 내용을 주제별로 나누어 편집한다는 점이다. 그래서 이 책은 정사를 보완할 수 있다고 보았다.

실제로 이때부터 정조의 언행에 대한 기록은 실행에 옮겨져 정조 말년에 《일득록日得錄》[26]이라는 이름으로 출간되었는데, 그 내용을 보면 12가지 주제로 분류되어 있다. 임금은 권력으로 나라를 다스리는 '군주'이지만 동시에 학문적으로도 만인을 가르칠 수 있는 '스승'을 겸비한 임금, 곧 '군사君師'의 위상을 지녀야만 중국 고대의 성인군주聖人君主와 같은 존재가 될 수 있다는 것이 유교에서 요구하는 이상적인 군주상君主像이다. 그런 점에서 《일득록》은 정조가 '성인군주'

---

26 《일득록》에는 먼저 서문이 있고, 이어 본론이 성심省心, 처기處己, 학문學問, 독서讀書, 처사處事, 사절士節, 시폐時弊, 절용節用, 애민愛民, 정사政事, 형정刑政, 훈어訓語 등 12주제로 나뉘어져 있다. 《일득록》의 자세한 내용에 대해서는 정옥자, 《(정조의 수상록) 일득록 연구》(일지사, 2000) 참고.

곧 '군사'의 위상을 지녔다는 것을 증명할 수 있는 중요한 책이라고 볼 수 있다.

영조도 자신을 '군사'로 자처하고, 이를 실행하기 위해 죽는 날까지 경연에 참석하여 학문에 열을 쏟았으며, 자신이 직접 여러 권의 책도 저술했다. 하지만 영조의 학문 수준은 정조에 견주면 훨씬 미치지 못하여 확고한 '군사'의 위상을 신하들로부터 획득하지는 못했다. 그러나 어려서부터 공부벌레처럼 학문에 열을 쏟았던 정조는 드디어 '군사'의 위상을 당당히 내세울 수 있게 되었고, 신하들부터도 '군사'로 인정받는 임금으로 우뚝 서게 된 것이다.

정조는 재위 22년(1798)에는 '군사'의 지위에서 한 걸음 더 나아가 '만천명월주인옹萬川明月主人翁'이라는 호號를 스스로 만들어 이를 게판에 써서 창덕궁 후원의 존덕정尊德亭에 걸어 놓기도 했다. "모든 강물을 비추고 있는 달은 중천에 떠 있는 한 개의 달이다."라는 말이다. 정조는 또 자신을 모든 별의 중심이 되는 북극성北極星에 비유하기도 했다. 이런 표현은 신하들로부터 자신의 학문과 의리가 표준으로 인정받고 있다는 자신감에서 생긴 것이다. 이 점에 대해서는 뒤에 다시 설명하겠다.

이해 9월 5일에는 강원도 원주, 횡성, 충청도 제천, 영동 지방에 출몰한 곰을 잡은 포수에게 상을 내렸다. 조선 시대 호랑이에게 물려 죽는 호환虎患은 헤아릴 수 없이 많았고, 서울의 궁궐에까지 들어오는 일이 비일비재했지만 곰이 출몰하는 일은 흔하지 않았는데, 백두대간 부근에서는 곰이 서식하고 있었다는 것이 흥미롭다.

가을이 오자 6도의 흉년으로 기민을 진휼하는 일에 온 정성을 쏟았음을 앞에서 설명했지만, 임금의 마음을 더욱 아프게 한 것은 길거리에 버려진 어린아이들이었다. 어른들은 그래도 남의 집 일을 해주거나 하여 생계를 꾸릴 수 있는 가능성이 있지만, 보호자가 없는 어린이들은 국가가 보호하지 않으면 모두 죽게 되어 있다고 믿었기 때문이다. 그래서 이해 11월 5일에 고아들을 구휼하는 방책을 만들어 《자휼전칙字恤典則》이라고 부르고, 이를 전국에 반포하고 윤음을 내렸다. 먼저, 윤음의 요지는 다음과 같다.

흉년이 들어 굶주리는 해에 우리 민생들 가운데 부황이 들어 넘어지는 사람들 어느 누구라도 왕정王政이 구제해 주어야 할 사람이 아니겠느냐마는 그 가운데에도 가장 불쌍한 사람은 어린아이들이다. 장정은 남의 고용인이 되어 물을 길어 주고 나무라도 해 주며 그래도 살아갈 수 있지만 어린아이들은 제 힘으로 할 수 없으니 의지할 데가 없다. 길가에 버려진 아이들은 부모가 없어서 그 지경이 되었을 것이고, 부모가 있다 하더라도 추위와 배고픔이 절실해지자 길거리에 내다 놓으면 누군가 구휼해 주기를 바랐을 것이다. 혹시 착한 사람이 거두어 주면 다행이지만 그렇지 못하면 아무 죄도 없이 죽게 될 것이다.

윤음에 이어 구체적인 구휼 방법이 〈사목事目〉으로 제시되어 있는데, 대략 다음과 같다.

(1) 구걸하는 아이는 10세까지, 길가에 버려진 아이는 세 살을 한도로 하여 진휼청에서 거두어 기르는데, 구걸하는 아이는 흉년에만 가을까지 기르고, 버려진 아이는 흉년과 풍년을 가리지 말고 절목대로 구휼하라.

(2) 구걸하는 아이는 토우(土宇; 흙집)를 따로 지어 기른 뒤에 부모와 친척, 주인을 찾아서 내준다. 10세에서 7세까지는 하루에 쌀 7홉, 장 2홉, 미역 두 잎을 지급하고, 6~4세는 쌀 5홉, 장 1홉, 미역 1잎씩 지급한다.

(3) 버려진 아이는 진휼청에서 거두어 기르되, 혹시 구걸하는 여인 가운데 젖이 나오는 이가 있으면 아이를 맡기고, 하루에 쌀 1되, 장 3홉, 미역 3잎씩 준다. 혹시 수양하는 사람이 있으면 아이를 맡기고, 하루에 쌀 1되, 장 2홉, 미역 2잎씩 준다.

(4) 구걸하는 아이나 버려진 아이를 입양하는 이가 있으면 자녀가 되거나 노비가 되는 것을 허가한다.

(5) 아이에 죽을 먹이거나 젖을 먹이는 것을 관官에서 관찰하여 월말마다 살찌고 말랐는지를 살펴보고, 게으른지 부지런한지를 조사한다.

(6) 진휼청에서 옷을 만들어 주고, 유모에게도 옷을 준다.

임금은 이런 윤음과 〈사목〉을 전국에 내리면서 이를 지키지 않는 수령은 관찰사가 중앙에 보고하여 처벌하라고 경고하기도 했다.

그러면, 실제로 몇 명이나 되는 어린아이들이 보호를 받았을까? 다음 해 윤3월 29일자 《실록》을 보면 서울과 지방에서 거두어 양육한 버려진 아이들은 모두 436명이었는데, 그 가운데 서울 아이는 71명이었다고 한다.

이해 12월 24일에는 이미 영조 때 죽은 박성원(朴聖源; 밀양박씨; 1697~1757)이 찬술한 《예의유집禮疑類輯》을 임금이 명하여 교서관에서 활자로 인출하여 널리 반포했다. 박성원은 성리학자 이재李縡의 문인으로 정조가 세손 시절에 강서원 유선(諭善; 2~3품)으로 열심히 세손을 가르친 스승이었는데, 정조는 그를 매우 존경해 오다가 그가 편찬한 《예의유집》을 출판한 것이다. 이 책은 우리나라 여러 선인들의 예설禮說을 주제별로 정리한 책으로 《주자가례》를 따르지 않은 것도 적지 않았다. 학술적 가치가 높은 책이다.

정조는 다음 해 2월 2일에도 박성원이 지은 《돈효록敦孝錄》(57권 23책)을 경상도 관찰사 이병모李秉模에게 명하여 인쇄 간행하여 바치게 했다. 이 책은 옛 사람의 언행 가운데서 효에 관한 교훈과 고사를 모아서 분류하여 편집한 책인데, 정조의 서문이 들어 있다.

그러면 이해 말 각 중앙 관청과 각 병영兵營에서 보유한 자산資産

은 어떠한가? 이를 일람표를 만들면 다음과 같다. 괄호 안의 수치는
지난해 수치다.

황금	354냥 [357냥]
은자	43만 3,600냥 [43만 4,140냥]
전문	145만 6,814냥 [136만 2,588냥]
면포	6,420동 [6,568동]
모시	7동 27필 [7동 28필]
삼베	1,014동 22필 [1,022필]
쌀	33만 9,129석 [38만 5,780석]
좁쌀	1만 511석 [3만 463석]
콩	5만 3,288석 [5만 7,490석]
겉곡식	2,163석 [3,207석]

위 수치를 지난해와 비교하면 황금과 은자는 대동소이하다. 황금
이 3냥이 준 것은 세자 출생을 기념하여 웃어른들에게 존호를 올리
면서 금보金寶를 제작하는 데 소용된 것으로 보인다. 전문[돈]은 전해
보다 10만 냥 정도 늘어났고, 쌀은 5만 석이 줄었고, 좁쌀은 2만 석
이 줄었으며, 피곡도 1천 석 정도 줄었다. 이렇게 식량이 준 것은 흉
년으로 진휼로 나간 식량이 많은 결과로 보인다. 그 나머지는 큰 변
동이 없다.

한편 이해 12월 29일에는 3년마다 행하는 전국의 호구 통계를 발
표했다. 이를 표로 만들어 보면 다음과 같다.

	호	남자 인구(명)	여자 인구(명)	인구(명)
서울	42,281	102,741	104,524	207,265
경기	156,446	324,307	304,092	628,399
강원	84,121	171,349	173,842	345,191
황해	146,166	299,593	258,265	557,847
충청	219,265	420,951	437,243	858,194
전라	318,040	568,685	640,532	1,209,217
경상	363,264	719,095	862,094	1,581,189
평안	297,273	635,211	643,370	1,278,581
함경	116,901	330,506	320,535	651,041
총 수	173 3,757	356 3,685	375 3,239	731 6,924

위 표를 보면 서울의 인구는 20만 7,265명으로 3년 전보다 5천여 명이 늘어나고, 전국의 인구는 731만 6,924명으로 3년 전과 비교하여 10만 명이 늘었다. 팔도 가운데 인구가 가장 많은 도는 경상도이고, 그 다음이 평안도와 전라도이다. 가호당 평균 인구는 4.2명으로 예년과 비슷하다.

남자와 여자의 인구를 비교해 보면 남자가 356만 3,685명이고, 여자가 375만 3,239명으로, 여자가 18만 9,554명이 더 많다. 여자 인구가 더 많은 현상은 언제나 똑같다. 그런데 지역에 따라 남녀의 비율이 다르다. 황해도, 경기도, 함경도는 남자가 더 많고, 나머지 지역은 여자가 더 많다. 여자 인구가 가장 많은 지역은 경상도로 여자 인구가 14만 3천 명 정도가 더 많다. 전라도는 여자 인구가 7만 2천 명 정도 더 많다. 경상도와 전라도가 왜 여자 인구가 가장 많은지는 알수 없다. 그러나 이 지역은 태풍과 홍수 피해가 다른 지역보다 많고, 어업에 종사하는 남자들의 사망률이 높은 것과 관계가 있어 보이나 확단할 수 없다.

9. 정조 8년(1784)

―진휼 사업, 제3차 초계문신,《규장각지》완성,
  어염선세를 지방에 이관, 문효세자 책봉,
  김상철과 서명선의 갈등, 칙사가 오다

정조 8년(1784)은 임금 나이 33세로 집권 9년 차에 접어들고, 영조
가 즉위한 지 회갑이 되는 해이기도 했다. 의정부의 삼정승은 영의정
에 노론 정존겸(鄭存謙; 동래정씨; 1722~1794), 좌의정에 소론이며 규장
각 제학 출신인 이복원李福源, 우의정에 노론 김익(金熤; 연안김씨 김제
남 후손; 1723~1790)을 임명하여 노론을 수상으로 하는 탕평정부를 그
대로 이어갔다. 세 정승 가운데 정조가 가장 신임한 사람은 소론 좌
의정 이복원이었다.

이해에는 1월부터 초계문신抄啓文臣에 대한 친시親試를 시행하여
연말까지 17회를 거행했는데, 이는 지난해에 견주어 두 배나 왕성한
활동을 보인 것이다. 11월 9일에는 의정부에서 제3차 초계문신[講製
文臣]으로 이서구(李書九; 전주이씨; 1754~1825), 정동관(鄭東觀; 동래정씨;
1762~1809), 한치응(韓致應; 청주한씨 한백겸 후손; 1760~1824), 한상신(韓商
新; 청주한씨; 1758~?), 이형달(李亨達; 전주이씨; 1753~?), 홍의호(洪義浩;
풍산홍씨; 1758~?), 한흥유(韓興裕; 청주한씨; 1749~?) 등 7인을 추천했다.
이들 가운데 이서구는 노론이다. 한치응은 한백겸의 후손으로 남인
이며 북학파에 속했다. 청주한씨가 3명으로 가장 많은데, 무슨 이유
인지 알 수 없다.

임금은 신하들이 침묵을 지키고 간쟁諫諍하지 않는 것을 염려하여
임금과 관원들의 과실을 직언하라고 명했다. 이번만이 아니라 정조
는 수시로 언관들이 침묵을 지키고 있는 것을 질책하는 일이 많았다.

이렇게 언로를 넓게 열었지만, 다만 당론黨論에 관한 언론만은 단호하게 물리치고 벌을 내렸다.

왕명에 따라 정승들과 언관들이 잇따라 상소를 올렸는데, 좌의정 이복원李福源은 사람의 혈맥과 같은 언로를 넓게 열되, 임금을 따르기만 일삼는 자를 오히려 멀리하라고 아뢰었다. 대사간 서유방徐有防은 관료들이 너무 자주 바뀌어 관원은 나그네 같고, 아전은 주인 같은 세상이 되었다고 지적했다. 이런 지적은 그동안 신하들이 누누이 지적해 온 것인데, 지방 수령의 잦은 교체로 행정을 아전들이 맡게 될 뿐 아니라 환송하는 데 들어가는 비용이 만만찮다는 지적이 많았다. 그러나 이 문제가 해결되지 못하고 있는 것은 신진 인사들의 벼슬길을 터 주기 위해 수령직을 가장 많이 제수하기 때문이었다.

사간 임제원(林濟遠; 나주임씨)은 임금의 잘못을 대략 다음과 같이 지적했다.

> 전하의 고명한 학문은 천고千古를 두루 꿰고, 만 가지 이치를 포괄하여 명물도수(名物度數; 사물의 이름과 수치)와 부서기회(簿書期會; 문서정리) 등 자질구레한 일까지도 모두 통찰하시니, 너무 뛰어나고 부지런하여 잔달한데 이르고, 영단英斷이 너무 빨라 겉으로 드러내는 것을 면치 못하며, 만기萬機의 번거로운 일을 혼자 운영하여 정신을 수양하지 못하고, 큰 줄기만을 단속하는 의리에 어그러집니다. 또 신하들은 여러 번 당화黨禍를 겪어 몸조심하고 두려워하여 아첨하고 약삭빠르게 처신하는 버릇만 생겼습니다.

정조가 너무 영특하고 아는 것이 많아서 크고 작은 모든 일을 혼자 결정하고, 또 자신의 영특함을 겉으로 드러내는 경향이 있기 때문에 신하들이 할 일이 적어지고 임금의 심신만 피곤해지고 있다는 것이다. 또 그동안 역적으로 몰려 죽거나 처벌받은 사람이 많아 신하들이 몸조심하고 아첨하는 버릇만 생겼다는 것이다. 이런 지적도 그동안 여러 신하들이 누누이 지적해 온 것이지만, 임금은 그 잘못을 항상 인정하면서도 고치지 않고 있었다. 실제로 박학하고 영특함이 정조의 장점이기에 그런 능력 때문에 엄청난 업적을 냈지만, 오히려 그 때문에 신하들을 얕보고, 또 신하들도 임금을 멀리하게 되는 것이 큰 단점이었다.

홍문관 부교리 임도호(林道浩; 나주임씨)도 임제원과 비슷한 지적을 했다. 임금이 너무 뛰어나고 부지런하여 수양이 부족하고, 말씀과 명령이 너무 장황하게 자신을 드러내어 함양涵養이 부족하다고 했다.

사헌부 지평 정만시(鄭萬始; 온양정씨; 정민시 친족)도 상소했다. 역적을 토벌하라고 청하면 윤허를 받을 수 없고, 정부에 관해 말하면 받아들여지지 않아, 말하도록 유도하고서도 그 말을 채택하지 않으니 말하는 자가 날로 적어진다고 비판했다. 이런 비판도 전부터 신하들이 해 오던 말들이다.

실제로 임금이 신하들의 언론 가운데 가장 싫어하는 것은 당론과 더불어 역적을 토벌하라는 말이었다. 그 토벌대상은 정처(鄭妻; 고모)나 정순왕후 집안, 또는 풍산홍씨 집안사람들이거나, 아니면 반대당 사람들을 역적으로 몰아 축출하려는 저의를 가진 것들이었다. 그러나 임금은 이미 귀양 가 있는 외척을 되도록 죄를 가볍게 풀어 주려는 정책을 취하고, 더욱이 반대당을 역적으로 몰아 당쟁을 격화시키려는 상소를 올린 자들은 가차 없이 삭직하거나 귀양 보냈다. 바로 이 점이 신하들에게는 불만이었다.

사실, 임금이 신하들에게 직언을 하라고 독촉하는 것은 정치에 도움이 되는 말을 듣기 위해서보다는 언로가 막혀 있다는 불평을 막기 위함이었다. 신하들이 올린 정책 건의는 정조의 처지에서 보면 별로 도움이 되는 것도 새로운 것도 없었다. 거의 대부분 상투적인 말을 되풀이하고 있을 뿐 신선한 정책대안이 없기 때문이었다. 그래도 임금은 매양 상소에 대하여 내용이 절실하여 도움이 된다는 말로 비답을 내려주었다. 하지만 신하들이 임금의 정책을 비판하기보다는 충실히 집행을 잘하면 정치가 좋아질 것이라는 것이 정조가 내심 바라는 바였다.

이해 2월 7일 새벽에 지진地震이 일어났다. 그때는 지진을 정치를 잘못하여 하늘이 노하여 내리는 징벌로 인식하고 있었으므로, 임금이 정치의 잘못을 지적하는 말을 신하들에게 구하는 구언求言의 교지를 내리는 것이 오랜 관례였다. 이번의 지진도 별 피해는 없었지만 구언의 교지에 따라 많은 신하들이 상소를 올렸다.

먼저 이날 홍문관이 연명으로 차자를 올렸는데, 그 내용으로 임금이 직언을 구해도 쓸데없는 내용의 상소만 올리고 있는 이유는 임금의 마음이 성실誠實, 공정公正, 조심操心, 절검節儉하지 못하고 겉치레에 흐르고 있기 때문이라고 말했다. 그래도 임금은, "나의 몸과 마음에 약이 되는 말"이라고 격려하고, "다시 뜻을 더하여 깊이 살피겠다."고 다짐했다.

2월 8일에는 영의정 정존겸鄭存謙이 차자를 올렸는데, 주자朱子가 말한 '몸과 마음을 수습하고, 정신을 보호하여 아낀다收拾心身保惜精神'는 여덟 글자를 가지고 임금에게 건의했다. 임금은 "이 여덟 글자를 좌우에 써두고 보고 살피는 데 도움이 되게 하겠다."고 긍정적으로 답했다. 주자가 말한 여덟 글자는 뜻이 다소 어렵게 들리지만 쉽게 풀이하면 '쓸데없는 욕심을 버리고 몸과 마음을 항상 순수하게 지니라'는 말이다. 임금이 비록 영의정의 상소를 존중하는 답변을 했지만, 정신을 수습하라는 말도 정조에게는 별로 도움이 되는 말은 아니었다.

좌의정 이복원李福源도 차자를 올려, 임금의 학문이 높아 모든 이치를 꿰뚫어 알고 있지만, 정치가 잘 되기를 바라는 마음이 너무 조급하고, 법을 만드는 것도 너무 상세하며, 겉으로 꾸미는 것이 너무 지나쳐서 실속보다 겉치레에 가깝고, 은혜가 너무 깊어서 넘치는 폐단이 있다고 했다. 또 벼슬을 주고 바꾸는 것이 너무 잦아 업적을 평가할 겨를이 없고, 자질구레한 문서 정리가 너무 많아서 갈피를 잡을 수 없는 데다, 명령이 시급하여 이해를 살필 겨를이 없으며, 모든 것을 분명히 하고 독려하는 뜻은 많지만 후덕厚德하고 통이 크지 못하여 하루하루 하는 일은 넘치지만 1년 동안 한 일은 항상 모자란다고 말했다.

이복원의 차자에 대하여 임금은 역시 여덟 가지 지적한 것을 잘 살피겠다고 답했다.

한편 우의정 김익金熤은 임금의 학문이 한갓 아는 데 그치고 행하지 못하는 것이 흠이라고 지적하면서, 알아도 행하지 못하는 것은 사의私意가 끼어 있기 때문이고, 행하지 못하면 알지 못하는 것과 같으며, 직언을 구하기를 겉치레로 하고 성실誠實로 구하지 않기 때문에 직언이 들어오지 않는다고 말했다. 임금은 우의정의 지적에도 동의를 표하면서 유의하겠다고 답했다.

2월 25일에는 영의정 정존겸의 건의를 받아들여 균역청에서 신포身布를 줄이는 대신 받아오던 어세漁稅, 염세鹽稅, 선세船稅 등 3세를 각 도와 군현에 넘겨주는 조치를 취했다. 정조는 이런 조치가 균역법을 파괴하는 것이 아니라 다만 그 주관처를 바꾸는 것에 지나지 않는다고 말했다.

같은 날 임금은 전 평안도 관찰사 이성원(李性源; 이복원의 족제)을 만나 관서지방의 폐단을 물었다. 이성원이 평안도의 각 고을에서는 지금 금金을 캐는데 남의 산지山地와 밭두둑을 침범하여 무너뜨리고, 농민들이 농토를 버리고 금광으로 들어가 농업에 지장을 주고 있다고 보고하자, 임금은 금광뿐 아니라 동광銅鑛이나 은광銀鑛도 마찬가지로 엄금해야 한다고 말했다. 요즘 관념으로 생각하면 광산이 중요한 산업의 일부이지만, 당시로서는 농업을 일차산업으로 중시했기 때문에 광업을 금지하는 정책을 썼던 것이다. 그래서 화폐를 만드는 데 필요한 동을 국내에서 발굴하기도 했지만 일본에서 사 오는 경우가 많았다. 중국 무역에 필요한 은도 일본을 통해서 사들였다. 금의 경우는 더욱 수요가 없었다.

하지만 국가의 금압에도 불구하고 평안도에서는 광업으로 부를 모은 부자들이 많이 생겨나 평안도가 전국에서 가장 부유한 지방으로 발전하고, 인구도 급속히 늘어나서 19세기에는 팔도 가운데 인구가 가장 많은 지방으로 떠올랐다. 정조 시대 평안도 문과 급제자가 팔도 가운데 1위를 차지하게 된 것도 이런 경제력이 뒷받침하고 있었다.

그러면 이해 농업사정은 어떠했는가? 해마다 정도의 차이는 있지만 흉년이 없는 해가 없으므로 임금이 춘궁기에 힘쓰는 것은 기민饑民을 진휼하는 일이었다. 그래서 해마다 1월부터 5월까지는 진휼 사업이 없는 해가 없었다.

우선, 서울의 가난한 사람들을 진휼하기 위해 1월 중순에서 윤3월 말에 이르는 동안 가난한 사람은 평민이든 양반이든 가리지 않고 쌀과 좁쌀을 무료로 나누어 주었으며, 또 싼 값으로 쌀을 판매하기도 하여 춘궁기를 넘기도록 했다. 윤3월 29일 한성부의 보고를 보면, 무료로 나누어 준 쌀은 677호에 323석이고, 싼 값으로 쌀을 판매한 수량은 2만 2,589호에 1만 4,784석에 이르렀다고 했다. 또 환과고독鰥

寡孤獨 곧 홀아비, 과부, 고아, 독거노인에게 무료로 나누어 준 쌀은 123호에 쌀 36석이었다.

한편, 서울의 공납청부업자인 공인貢人과 시전상인인 시인市人의 생계도 매우 중요한 과제였다. 그래서 임금이 공인과 시인을 궁궐로 불러 폐막弊瘼을 물어보는 것은 영조 대 이후 임금의 연례행사처럼 되었다. 정조도 그들의 고통을 덜어주기 위해 3월 20일 공인과 시인을 창덕궁 선정문宣政門 앞에 불러와서 고통을 물어보고 화폐유통의 편부를 물으면서 이렇게 말했다.

전황錢荒은 어떻게 해야 구제할 수 있고, 물가는 어떻게 해야 공평하게 할 수 있고, 가대(假貸; 너그럽게 빌려줌)하는 일은 어떻게 해야 온편하며, 염부(斂敷; 거두고 펴줌)하는 방법은 어떻게 해야 하겠는가? 숨김없이 모두 말하라.

임금의 말을 들은 시민들이 말했다. 우선 임금이 서울 시민들에게 곡식을 연달아 싸게 팔아 굶어 죽지 않게 한 것에 감사를 드리면서 "만약 10만 냥을 국가에서 빌려준다면 억조 백성이 살아갈 방도가 될 것입니다."고 말했다. 말하자면 10만 냥이 있으면 전황을 해결할 수 있다는 것이다. 그러자 임금은 내수사의 돈 1만 냥, 금위영의 돈 2천 냥, 어영청의 돈 3만 8천 냥, 총융청의 돈 1만 4천 냥, 수어청의 돈 6천 냥, 합계 7만 냥을 시인市人들에게 대여해 주고, 금위영의 돈 1만 8천 냥은 공인貢人에게 대여해 주라고 명했다.

이밖에 서울의 군병軍兵과 성균관의 전복(典僕; 奴僕)도 서울의 백성이므로 훈련도감의 돈 1만 냥을 훈련도감의 군병에게 대여해 주고, 금위영의 돈 1만 냥을 금위영 군병에게, 어영청의 돈 2천 냥은 어영청 군병에게, 수어청의 돈 4천 냥은 성균관 전복들에게 대여하고, 아울러 진휼청의 돈 4만 3천 냥을 합하면 15만 7천 냥이 되는데 이자利子와 구전口錢을 일체 받지 말고 골고루 나누어 주어 밑천을 삼게 하라고 명했다. 임금의 말을 들은 시민들은 감격하여 몇백 번 절을 하고 머리를 조아렸다.

한편, 1월부터 시작한 춘궁기 굶주린 백성들에 대한 진휼 사업은 6월에 끝났다. 우선, 1월 14일에 임금은 경기도와 충청도의 기민에 대한 진휼에 나섰는데, 시범적으로 내탕금을 내어 하사했다. 경기도에는 돈 2천 민[냥]과 후추 1백 근, 단목丹木[27] 3백 근을 하사하고, 충청도에는 돈 3천 민[냥], 후추 1백 근, 단목 2백 근을 하사했다. 흉년에 임금이 내탕을 내놓는 것은 해마다 관례적으로 이루어졌는데, 왕은 내탕을 비축하는 목적이 진휼에 있다고 말했다. 하지만 뒷날 수원에 화성華城을 건설하고, 정조 19년(1795)에 대규모 화성행차에 소비된 비용의 상당 부분이 내탕금으로 이루어진 것을 보면, 정조가 내탕금을 비축한 목적은 진휼만은 아니었음을 알 수 있다.

임금의 내탕금은 액수가 적어 상징성은 크지만 크게 도움이 되지는 않았다. 진휼곡의 대부분은 창고가 넉넉한 지방의 쌀을 옮겨 지급하거나 공명첩空名帖을 받고 헌납한 개인의 곡식을 활용하거나 하는 방법으로 조달되었다.

이해 5월 현재 서울과 지방의 기민들에 지급된 진휼곡은 서울이 11만 6천 330명에게 쌀 1만 5천여 석, 지방이 약 377만 명에게 쌀 2백만여 석으로, 이를 모두 합치면 약 380만 명에게 쌀 202만여 석이 지급되었다. 평안도 지역은 진휼에서 제외되었다. 이 수치로 보면 전체 인구의 절반에게 진휼곡이 돌아갔으며, 1인당 받은 쌀은 평균 약

---

27 단목은 속이 붉은 나무로 활을 만드는 데 사용하고, 그 속은 한약재로 이용되었다. 일본에 많다.

0.55석에 해당한다. 진휼곡으로 나간 202만여 석은 중앙관청과 병영이 보유하고 있던 쌀 33만 석보다 월등하게 많은 것으로, 대부분 지방에서 보유하고 있던 쌀이었다는 것을 알 수 있다.

6월 1일에는 규장각의 직제를 설명한 《규장각지奎章閣志》가 완성되었다. 그동안 수고한 원임제학 이복원, 이휘지, 황경원, 서명응, 그리고 현임 제학 김종수가 각기 발문을 썼는데, 교서관에 명하여 간행하여 올리라고 일렀다.

7월 2일에는 세 살 된 원자[문효세자]를 세자로 책봉하기로 결정하고 8월 2일에 창덕궁 중희당重熙堂에서 책봉식을 거행하고, 이날 책봉을 요청하는 사신을 중국에 보냈다.

이보다 앞서 7월 7일에는 세자 책봉을 기념하고, 영조 즉위 회갑을 기념하여 영조, 영조비 정성왕후 서씨, 정순왕후 김씨, 아버지 경모궁[장헌세자], 어머니 혜경궁 등 다섯 분에게 올릴 존호尊號를 결정했다. 영조에게는 '배명수통경력홍휴配命垂統景曆弘休'[28]를, 정성왕후 서씨에게는 '소헌昭獻'을 추상追上하고, 정순왕후 김씨에게는 '익열翼烈'을 가상加上하고, 아버지 경모궁에게는 '홍인경지弘仁景祉'를 추상하고, 어머니 혜경궁에게는 '정선貞宣'을 가상하기로 정했다. 돌아가신 분에게는 추상追上, 살아 있는 분에게는 가상加上이라는 용어를 썼다.

먼저 9월 12～13일에 임금이 종묘에 가서 영조와 정성왕후에게 존호가 담긴 옥책玉冊과 금보(金寶; 금으로 만든 도장)를 올리고, 9월 17일에는 창경궁 명정전에 나아가 정순왕후에게 존호가 담긴 옥책과 금보金寶를 올렸으며, 같은 날 경모궁景慕宮에 가서 아버지 장헌세자莊

---

28 처음에는 영조에게 올리는 존호를 '입경정기배명응도立經正紀配命凝道'로 정했다가 뒤에 문제가 생겨 바꾼 것이다.

獻世子에게 존호가 담긴 죽책竹冊과 옥인玉印을 봉안했으며, 다음날 어머니 혜경궁에게 존호가 담긴 죽책과 옥인玉印을 올렸다. 이로써 영조는 여섯 번째 존호를 받고, 장헌세자는 세 번째 존호를 받았다. 이 일을 마치고 나서 《상호도감의궤上號都監儀軌》를 편찬했다.[29]

이와 더불어 경모궁의 제사규범을 의궤로 만들었는데, 10월 13일에 완성되었다. 이 책이 《경모궁의궤》이다.[30]

임금은 할머니 정순왕후에게 존호尊號를 올리는 마당에 할머니의 오라버니로서 흑산도에 귀양중인 김귀주金龜柱를 그대로 둘 수 없어 8월 3일 육지로 옮기라고 명하고, 또 어머니 혜경궁에게 존호를 올리면서 외조부인 홍봉한洪鳳漢에게도 무심할 수 없어 8월 3일에 '익정翼靖'이라는 시호를 내렸다.

이해 10월 11일에 임금은 영의정에 정존겸 대신 서명선徐命善을 다시 임명하고, 좌의정에 이복원 대신 중국을 다녀온 홍낙성洪樂性을 다시 임명했다. 소론을 수상으로 하는 탕평정부가 세워진 것이다. 서명선에 대한 신뢰가 얼마나 큰지를 보여 준다.

10월 23일에는 비변사에서 그동안 누누이 문제로 지적되어 왔던 전국의 각 관청에 소속된 시노비寺奴婢가 도망하는 폐단에 대한 각 도 관찰사의 의견을 수합하여 임금에게 보고했다. 시노비를 평민으로 만들어도 신포身布를 받으므로 해로울 것이 없다는 의견과, 노비에게 보인保人을 붙여 대신 신포를 바치게 하자는 의견, 그리고 도망한 노비를 색출하여 신포의 감축을 막자는 주장 등이 엇갈렸다. 비변사는 전대로 시노비를 그대로 유지하면서 도망자를 색출하면 신포

29 《상호도감의궤》에 대해서는 한영우, 《조선왕조 의궤》(일지사, 2005) 387~389쪽 참고.

30 《경모궁의궤》에 대해서는 한영우, 위의 책, 395~401쪽 참고.

액수가 줄지 않을 것이라고 결론을 내렸다.

임금은 즉위 초에 시노비 도망자를 중앙에서 추쇄관을 파견하여 색출하는 것을 금지하고 지방 수령들이 그 일을 맡도록 고쳤는데, 수령들이 아무 일도 하지 않고 있다가 도망자가 많아 신포가 줄어드는 것을 걱정하고 있다고 질책하고 앞으로 수령들이 엄격히 거행하라고 명했다. 참고로, 시노비는 순조 원년(1801)에 수만 명이 혁파되었다.

이해 3월 이후로 그동안 잠잠했던 당쟁이 다시 일어날 조짐이 보였다. 임금이 총애하여 세 번이나 영의정을 맡은 서명선徐命善을 비판하는 무리들이 일어난 것이다. 세상에서는 소론 시파로서 영의정을 지낸 김상철金尙喆과 역시 소론 시파로서 임금의 총신인 서명선徐命善의 두 집안이 갈등을 벌인다고 생각하고 있었다. 강릉김씨 김상철이 동쪽에 살아 동촌(東村; 東派)이라고 부르고, 달성서씨 서명선이 남쪽에 살아 남촌(南村; 南派)으로 불렀다. 동촌에 속하는 강릉김씨 인물은 김상철, 김상집金尙集, 김우진(金宇鎭; 김상철 아들), 김화진金華鎭, 김계락(金啓洛; 김화진 아들) 등이고, 남촌에 속하는 인사는 서명선, 서명응, 서형수(서명응 아들), 서이수(서얼) 등이었다.

두 사람의 사이가 벌어진 것은, 임금이 교동에 유배 중이던 화완옹주를 육지로 나와 살게 할 때 옹주의 시아버지 정우량鄭羽良의 사위였던 김상철이 "이는 성덕盛德의 일입니다."고 찬성한 데 대하여 서명선이 불쾌하게 여긴 것에서 비롯되었다고 한다. 그래서 서명선 집안 벼슬아치들이 김상철 집안 벼슬아치들을 견제하고 나서 두 집안의 사이가 나빠졌다는 것이다.

그러다가 일이 터진 것은 3월 27일에 김상철파에 속하는 사간 이복휘(李福徽; 전주이씨)가 상소하여 홍문관에 신분이 낮은 자들이 추천된 것을 비판하고, 이어 윤3월 6일에 다시 서명응徐命膺의 아들 서형수徐瀅修가 역적 홍계능洪啓能을 아비처럼 섬겼다고 비판하는 상소를 올렸다. 임금은 이복휘의 배후에 김상철과 서명선 두 집안의 갈등이 있음을 알고 4월 4일에 두 사람을 불러 화해할 것을 종용했는데, 주로 서명선 측에서 김상철 집안사람들을 견제하는 일을 나무랐다. 이복휘가 다음 해 3월 7일에도 똑같은 상소를 올려 서명응과 서형수 부자가 역적 홍계능과 친했다고 공격하고 나서자 임금은 그의 벼슬을 영구히 삭제해 버렸다.

그 뒤 윤근수尹根壽의 후손으로 정언으로 있던 윤득부(尹得孚; 해평 윤씨)가 또 서명선의 횡포를 비판하고 나서자 신하들은 그를 처벌하라고 요구하고, 아울러 윤득부가 채제공과 더불어 서명선을 비판했다고 하면서 채제공도 처벌하라고 들고 일어났다. 임금은 윤득부를 멀리 귀양 보내고 채제공의 벼슬을 삭탈했다. 정조는 비판하는 사람과 비판받는 사람을 동시에 관직에서 물러나게 했다가 다시 등용하는 방법을 쓰곤 했다.

그러나 권력투쟁은 가라앉지 않았다. 이해 7월에 영의정을 지낸 노론 김양택(金陽澤; 광산김씨)의 아들로서 이조참판이던 김하재(金夏材; 1745~1784)가 입에 담을 수 없는 심한 말로 임금을 비판하는 글을 승지에게 넘겨준 사건이 일어났다. 임금이 그를 체포하여 공초를 받았는데, 그는 소론 역적인 김일경(金一鏡; 광산김씨)을 위해 죽겠다고 하면서 저항하여 결국 7월 28일 능지처참의 벌을 받고 죽었다. 아버지 김양택이 김장생의 후손으로서 노론파에 속하고 정조의 스승 가운데 한 사람이었음에도 그 아들 김하재가 김일경을 두둔한 것은 이상한 일이어서 사람들은 그가 정신병에 걸렸다고 보았는데, 그 자신은 높은 벼슬을 주지 않는 것에 불만을 가졌다고 말했다. 당시 그의 나이는 40세로서 이조참판(종2품)에 오른 것은 결코 낮은 벼슬이 아님에도 불만을 가졌으니 정신병으로 의심받을 소지가 없는 것이 아니었다. 하지만 김일경이 당파는 다르지만 같은 광산김씨이므로 그 점에서 그를 좋아했는지도 모른다.

정조는 이렇게 권력투쟁을 벌이는 세력이 잇달아 나오는데도, 믿고 있는 대신들이 조용히 있는 것이 매우 불만스러웠다. 그래서 임금은 8월 20일에 규장각 원임제학으로 일찍이 《명의록》을 편찬한 김종수金鍾秀를 불러 탕평에 힘써줄 것을 당부하고 9월 17일에 이조판서를 맡겼다. 말하자면 탕평인사를 해 달라는 부탁이었다. 김종수는 우선 노론 심환지沈煥之를 종부시정宗簿寺正에 임명하고, 곧 이어 그를 세자시강원 겸문학, 다시 필선弼善으로 삼았다. 김종수와 심환지는 성향이 비슷한 노론 청류였다.

그런데 심환지는 11월 21일에 임금에게 상소하여 서명응徐命膺을 비판하고, 나아가 서명응의 아우인 서명선徐命善을 비판하고 싶었으나 그의 공로를 참작하여 참았다고 말했다. 말하자면 서명선을 놀리는 듯한 발언을 했다.

임금은 심환지의 상소에 불쾌감을 표시하고 나서 12월 3일에 이조판서 김종수를 불러 질책했다. 그동안 이노춘, 김하재, 윤득부 등이 들고 일어나 서명선을 공격하고 임금을 능욕했음에도 김종수가 한마디도 말하지 않은 것을 이해할 수 없다고 말하고, 또 이조판서가 된 뒤로 임명한 유악주兪岳柱, 심환지 등이 나서서 날뛰고 있으니, 이는 그대들이 시킨 것이 아니냐고 따졌다.

다음날인 12월 4일, 임금은 작심하고 대신들을 불러 통렬하게 말했다. 역적 김하재를 비롯하여 윤득부, 이노춘, 심이지 같은 무리들이 잇달아 나타나고 있는데도 이를 규탄하는 대신들이 없음을 힐책하고 나서 다음과 같이 하교했다.

오늘날 조정이 있는가, 없는가? 임금이 욕을 당하면 신하가 죽는다는 것을 오늘날 조정에 요구하기는 어렵겠지만, 윤리는 끊어지고 강상은 무너졌다. 역적 김하재가 나타난 이후로 누가 과연 자리를 박차고 일어나 피를 머금고 끝까지 살펴서 사실을 구명했던가?

임금은 12월 12일, 노론 당색을 드러내어 임금의 기대를 저버린 김종수를 삭탈관직함으로써 대신들에게 경종을 울리고 이해를 마쳤다.

이해 12월 3일에는 청나라에서 칙사勅使가 세자의 책봉을 허락하는 칙서를 가지고 와서 임금이 모화관慕華館에 가서 그를 영접했다. 이어서 창덕궁 인정전 뜰로 돌아와서 황제의 조서詔書와 칙서勅書를 받는 예를 행하고, 인정전 안에서 칙사를 접견하고 다례茶禮를 행했다. 이어 연례宴禮를 행했는데 일곱 차례에 걸쳐 술잔을 권했고, 술잔을 권할 때마다 음악과 정재呈才를 연출했다. 연회가 파하자 인정문 밖에까지 그를 전송했다.

이날 세자는 창덕궁 중희당에서 중국 황제[건륭황제]의 승낙을 받은 것에 대한 신하들의 하례를 받는데, 임금도 이 자리에 참석하여 직접 지켜보았다.

다음날인 12월 4일에 임금은 칙사가 묵고 있는 태평관太平館에 가서 칙사를 대접했다. 태평관의 위치는 지금의 조선호텔 자리이다. 임금이 상칙사上勅使의 나이를 먼저 묻자 상칙사는 60세, 부칙사副勅使는 57세라고 대답했다. 임금은 상칙사와 부칙사의 벼슬을 또 물으니, 상칙사는 1품관으로 황제의 시위侍衛를 맡고 있고, 부칙사는 14번째 황자의 사부師傅를 맡고 있으면서 한림원과 내각에 출입하고 있다고 대답했다. 다례를 행하고 나서 임금이 또 물었다. "상칙사는 무슨 학문을 잘하십니까? 부칙사는 내각에 계신다니 문장이 우수할 듯합니다.” 하니, 상칙사가 “저는 문학에는 능하지 못하지만 그림에는 취미가 있습니다.”라고 대답했고, 부칙사는 “글씨는 잘 못 쓰지만 사한詞翰은 언제나 황상皇上과 더불어 화답하곤 합니다. 삼가 마땅히 졸렬하지만 정성을 표하겠습니다.”고 대답했다.

임금은 대신을 보내어 말하기를, “작년에는 삼가 황상의 시詩를 받고 글씨를 받는 은전을 입었습니다. 이미 모각摹刻하여 여러 대인大人들이 구경하는 데 대비하여 쌓아두고 있습니다. 지금 가져오고 있으니 여러 대인들도 공손히 지영례祗迎禮를 해야 할 것입니다.” 하니 칙사들이 섬돌로 내려가서 경건히 맞이한 다음 손으로 쓸어 만지면서 말했다. “각법刻法이 매우 정밀하여 황상의 친필과 다름이 없습니다. 그 가운데 국왕의 이름이 있어서 가져가기가 미안하지만, 이것은 돌아가서 황상께 바치지 않을 수 없습니다.”고 받아 놓았다. 다례가 끝나자 임금이 환궁했다.

12월 5일 부칙사가 7언 율시七言律詩 두 수首를 올렸는데, 그 시는 다음과 같다.

> 기자箕子가 어진 교화를 베푼 오랜 역사의 나라에
> 제후의 도리 잘 지켜 오면서 들리는 정사政事 더욱 새로워라
> 국경에 들어서자 수려한 산천 눈에 안기고
> 며칠 동안 나그넷길에 따뜻한 정 봄기운 완연하네
> 올바른 예절 앞세우니 옛 풍속 남아 있고
> 널리 퍼진 글공부는 학문의 길도 순수하도다
> 하늘에서 주는 복 오늘따라 거듭되니
> 영원한 나라 운수에 끊임없는 경사 흘러들더라
>
> 달빛 밝은 사신 길, 황제의 지시 받들고 나와

연회를 베풀 때마다 그윽한 술 향기에 취한다네
많은 선비들 봉황새인 양 나라의 문화 찬란하고
번성한 자손은 기린이런가, 왕업의 운수 끝이 없어라
먼 나라 사신 위해 연회 상도 넘쳐나는데
황제의 글과 글씨 모사한 솜씨 정교하여라
떠나는 길 머리 돌려 송악산 바라보니
얼마나 큰 영광인가 동쪽 나라 임금을 뵈었다네

이 시에는 조선의 오랜 역사와 높은 문화에 대한 칭송이 담겨 있다.

그러면, 이해 정부 각 관청과 각 병영에서 보유하고 있는 재물은 어떠했는가? 관례에 따라 다음 해 1월 15일에 전해의 회계장부를 임금에게 보고했는데, 그 내용은 다음과 같다. 괄호 안의 수치는 지난해인 정조 7년의 수치다.

황금	335냥	[354냥]
은자	42만 6,063냥	[43만 3,600냥]
전문	105만 7,696냥	[145만 6,814냥]
면포	6,192동 7필	[6,420동]
모시	7동 27필	[7동 27필]
삼베	758동 39필	[1,014동 22필]
쌀	27만 5,653석	[33만 9,129석]
좁쌀	8,756석	[1만 511석]
콩	4만 4,748석	[5만 3,288석]
겉곡식	2,583석	[2,163석]

위 수치를 지난해와 비교하면 모시만 작년도와 똑같고, 나머지는 모두 지난해보다 수치가 줄었다. 지출이 그만큼 많아졌다는 뜻이다.

예를 들어 황금이 19냥 줄어든 것은 영조와 정성왕후, 그리고 정순왕후에게 존호를 바치면서 3개의 금보金寶를 만들었기 때문으로 보인다, 또 은자가 7천 5백 냥 줄어든 것은 청나라 칙사가 다녀갈 때 2천냥 이상의 노자路資를 주고, 또 중국에 여러 차례 사행을 보낸 것이 원인이었다.

전문, 곧 돈이 약 40만 냥 줄어든 것과 쌀, 좁쌀, 콩 등이 준 것은 지난해 큰 흉년이 들어 보조금과 진휼곡으로 나갔기 때문일 것이다. 하지만 정조 8년에는 다행히 풍년이 들어 지출이 대폭 줄었다.

10. 정조 9년 (1785)
—사신 파견. 김하재 일당의 역모사건, 장용위 설치,
《궁원의》,《송자대전》,《대전통편》,《병학통》,
《갱장록속편》간행, 화폐 주조

정조 9년(1785)은 정조의 나이 34세로 장년기를 맞이했다. 지난해에는 다행히 풍년이 들어 이해 춘궁기에는 진휼 사업을 하지 않았다.

정초의 두 행사를 위하여 지난해 가을에 청나라에 두 번에 걸쳐 사신을 보냈다. 북경까지 가는 데 약 3개월이 소요되었기 때문이다. 첫 번째 사신은 정조 9년에 건륭황제乾隆皇帝가 황제에 오른 지 50주년이 되는 해이므로 이를 축하하는 사절로서 정사 이휘지李徽之와 부사 강세황姜世晃을 보냈다. 이들은 이미 지난해 서울에서 출발하여 12월 8일에 북경에 도착했고, 그날부터 금년 1월 말까지 거의 매일 거행되는 각종 의식과 연회에 참석했다가 돌아왔다. 황제가 조선 국왕과 사신들에게 상賞으로 내려준 선물이 어마어마하게 많았다. 조선에서 바친 공물貢物의 수량과는 비교가 되지 않는 양이었다.

황제가 상으로 하사한 물품은 가지각색의 비단이 가장 많았고, 그밖에 온갖 붓이나 먹 등 문방구, 카페트, 각종 종이, 그리고 시詩도 포함되었다. 이때 조선 임금에게 내린 하사품만 하더라도 비단만 131필에 이르렀는데, 이번의 경우는 특별히 하사품이 많았지만 사신이 갈 때마다 적지 않은 수량의 선물을 받았다. 그러니 경제적 실리로 따진다면 중국 사행은 조선 측이 받는 이득이 월등하게 많았다.

황제는 중국의 만수절(萬壽節; 황제의 생일)이나 원조절(元朝節; 정월 초하루) 또는 동지절(冬至節; 동짓날)과 같은 큰 행사 때를 제외한 주하(奏賀; 축하글을 보내는 사신), 주사(奏謝; 감사글을 보내는 사신), 진주(陳奏; 奏文을 보내는 사신)와 같은 실무적인 일로 사신을 보낼 때에는 공물을 바치지 말라고 하유했다. 너무 많이 보내면 보관하고 계산하기도 어려울 뿐 아니라, 황제가 후厚하게 주고 박薄하게 받는 것이 속국屬國을 어여삐 여기는 뜻이기 때문이니 허례허식을 따를 필요가 없다고 당부했다.

황제는 예의禮義가 바른 나라인 조선 측이 표하는 예禮 그 자체를 가상하게 여기고, 언제나 외국 사신 가운데 조선 사신에게는 최상의 대접을 하는 것이 관례였다. 섬라[태국]나 베트남 등에서 온 사신은 조선 사신보다 항상 아래로 대접받았다.

새해를 축하하는 사신을 보낸 데 이어, 지난해 세자를 책봉하는 조서詔書를 가지고 온 칙사에 대한 감사의 뜻으로 정조는 다시 사은사謝恩使로 정사 박명원(朴明源; 화평옹주의 남편)과 부사 윤승열(尹承烈; 해평윤씨)을 북경으로 보냈다. 이들은 이해 1월 28일에 북경에 도착하여 국자감國子監에서 황제를 만나는 의식을 치르고 4월에 돌아왔다.

공식행사가 끝난 뒤에 박명원 일행은 지난해 조선에 왔던 두 칙사의 집을 찾아가서 폐백幣帛을 주고 감사의 뜻을 전했다. 그런데 이때 상칙사上勅使 서명西明은 글을 몰라 필담筆談을 나누지 못했으나 글을 아는 부칙사副勅使 아숙阿肅과는 필담을 나누었는데, 그 내용을 이해 2월 14일에 별단別單을 만들어 장계狀啓로 보내왔다. 이를 소개하면 대략 다음과 같다.

부칙사가 말하기를, "조선 국왕은 우아하고 단정하며, 시상(詩想; 시를 짓는 재주)이 높고 신묘神妙하여 존경하고 흠모하고 있던 차에 직접 뵙고 왕의 훌륭한 글을 읽었는데, 저는 서생書生의 우활한 태도를 면치 못했습니다. 황상皇上의 명령을 받고 그 글을 베껴서 들여보냈더니 황상께서 읽어 보고는 매우 칭찬했습니다."고 말했습니다.

부칙사는 이어서 우두머리 역관譯官을 보고 말하기를, "국왕의 시문은 비단 황상께서 칭찬할 뿐 아니라 여러 황자皇子와 군기대신軍機大臣들도 베껴다가 보고서 칭송하지 않는 자가 없었습니다."고 했습니다. 황제는 또 부칙사에게 말하기를, "너는 조선 국왕의 시詩와 문장文章을 보았는가? 너의 졸렬한 시는 반드시 웃음거리가 되었을 것이다."고 했습니다.

부칙사 아숙과 아주 절친한 사람과 필담을 나누었는데, 그가 아숙에게 들은 말을 이렇게 전했습니다. "조선에서의 접대가 일반 관례를 훨씬 넘어섰으며, 문화가 아주 발달하고, 예절이 아주 밝아서 사람들로 하여금 공경한 마음을 일으키게 했는데, 평소에 '소중화小中華'로 일컫는 것이 빈말이 아니었다고 높이 칭찬했습니다."고 말했습니다.

또 아숙의 제자와도 필담을 나누었는데, 그 제자는 이렇게 말했습니다. "스승께서 북경으로 돌아온 뒤에 가서 만났더니, '조선은 동방예의東方禮義의 훌륭한 나라로서 손님 접대가 매우 후하다.'고 하면서 극구 칭찬했습니다."고 말했습니다.

황제가 칙사에게 "조선 국왕이 노자路資를 얼마나 주었느냐?"고 묻자 상칙사 서명西明은 "은銀 1천 냥을 주었습니다."고 대답했고, 부칙사 아숙은 "노자 5백 냥에다 몰래 5백 냥을 더 주었으며, 토산물인 명주, 베, 가죽, 각종 종이, 붓과 먹, 부채, 담뱃대, 화문석 등의 물건도 보통 때보다 많았는데, 모두 계산하면 대략 은 2천 냥어치가 됩니다. 또 작별할 때 몰래 각각 2백 냥씩 주었습니다."라고 말했습니다.

황제는 또 이런 말도 했습니다. "조선은 문물文物의 나라인데, 국왕도 너희들과 학문을 강론한 일이 있는가?"고 물으니, 이숙이 대답하기를, "왕이 신에게 글을 짓게 하여 하는 수 없이 칠언 율시七言律詩 두 수를 지었더니, 왕이 그 자리에서 운韻에 화답하여 시詩 4장章을 지었습니다. 시를 짓는 재주가 민첩하여 학문이 깊다는 것을 잘 알 수 있었습니다."라고 대답했습니다.

이상이 조선 사신이 부칙사 아숙과 나눈 필담의 내용이다. 칙사들이 조선에 와서 느낀 것은 예절이 바르고 학문이 높다는 것으로 '소중화'라는 소문이 거짓이 아니라는 것이다. 특히 임금 정조의 학문이 높은 것에 놀라움을 표시했다. 건륭황제가 칙사에게 말하기를 "네가 쓴 시가 조선에서 웃음거리가 되었을 것이다."라는 말도 재미있다. 황제도 조선이 문물이 높은 '동방예의지국'이라는 것을 잘 알고 있었던 것이다.

청나라 역사에서 가장 문물이 발달한 시대가 바로 건륭 시대(1735~1796)이고, 조선왕조의 문물이 절정에 오른 때가 또한 영조~정조 시대(1724~1800)이니, 두 나라가 같은 시기에 중흥기를 맞이한 것은 우연한 일이 아닐 것이다. 청나라 문물을 배우자는 북학北學이 이 시기에 발생한 것도 이유가 있다. 정조가 열심히 사신을 파견한 것도 청나라의 문물을 배우자는 뜻이 없지 않았다.

하지만 정조나 북학자들이 바라보는 청나라의 문물은 주로 이용후생利用厚生과 관계되는 물질·기술 문화이지 도덕을 존중하는 고급스런 성리학의 인문 문화는 아니었다. 오히려 고급스런 성리학 문화는 조선이 청나라보다 앞섰다는 자부심을 잃지 않았다. 그리고 그런 점은 청나라의 황제나 지식인들도 잘 알고 있었다. 그래서 조선 사신을 그토록 우대했던 것이고, 칙사들도 그 점을 잘 알고 조선에 와서 저자세로 임했던 것이다.

정조가 지난해 청나라 칙사를 만났을 때 칙사의 학문에 대해 묻고, 또 시를 지어 보라고 명하고 나서 자신이 즉석에서 답시答詩를 지은 것도 따지고 보면 청나라 인문 문화에 대한 우리의 우월감을 보이려는 뜻이 있었을 것이다.

청나라에 갔던 사은사謝恩使 일행은 4월 19일 무렵에 귀국했는데, 서장관書狀官 이정운(李鼎運; 연안이씨)이 11개 항목의 별단別單을 임금에게 올렸다. 별단은 곧 귀국 보고서인데, 그 가운데 당시 청나라가 추진하고 있던 중국 역대 전적典籍의 총서叢書인《사고전서四庫全書》의 사부(四部; 經史子集)를 필사하는 일을 지난해 끝마쳐서 문연각文淵閣, 문원각文源閣, 문진각文津閣, 문조각文潮閣 등에 나누어 보관했는데, 부部마다 3만 6천 권이나 되며, 그 가운데 뛰어난 글을 뽑아 인쇄에 넘긴 것을 보고했다. 그밖에 중요한 서책의 진행과정도 아울러 보고했다. 예를 들면, 거란의 역사를 서술한《성경통지盛京統志》는 성경관盛經館, 숭모관崇謨館의 각 관에 보관했으며, 청나라 역사를 기록한《만주원류고滿洲源流考》와《일하구문고日下舊聞考》,《거란국지契丹國志》,《명당계이왕본말明唐桂二王本末》,《하원기략河源記略》,《난주기략蘭州記略》등의 책은 지금 완성되었고,《삼속통三續通》,《청조통전淸朝通典》,《통지通志》,《통고通考》는 아직 끝나지 않았으며,《직관표職官表》,《몽고왕공표蒙古王公表》,《전삼류도리표傳三流道里表》는 이제 방금 일을 시작했고,《대청일통지大淸一統志》,《통감집람通鑑輯覽》은 다시 교정하도록 했다고 보고했다.

이러한 서책에 관한 정보는 정조가 특명으로 임무를 부여한 것이다. 사실, 정조는 《사고전서》를 구입하려고 즉위 초부터 마음먹었으나 아직 일이 끝나지 않아 부득이 그 대신 그보다 먼저 출판된 《고금도서집성古今圖書集成》을 즉위하던 해에 사 오게 했었다.

조선의 대청외교는 얼핏 보면 모순되는 듯이 보이기도 한다. 사대事大의 예를 그토록 정성으로 보이면서도 다른 한편으로는 대보단(大報壇; 皇壇)에 대한 제사를 열심히 지내면서 왜란 때 보여 준 명나라의 은혜를 잊지 않고 있는 것, 존왕양이尊王攘夷 사상을 존중하면서 중국 문화의 정통성이 청나라에 있지 않고 우리나라에 있다고 믿는 것 등이 그렇다. 하지만, 내면을 들여다보면 결코 모순되지 않는다. 도덕적인 인문 문화와 이용후생의 실용 문화를 구별하여 보기 때문이다. 정조가 청나라에서 들어오는 세속적인 대중문화를 그토록 싫어하고 문체반정文體反正을 일으켜 막으려고 한 이유도 여기에 있었다. 다시 말해 청나라는 실용적인 이용후생 문화의 선진국일 뿐이지 도덕적인 인문 문화의 선진국은 아니라고 본 것이다.

그러면 다시 눈을 국내로 돌려 보자.

이해 2월 17일에 임금은 서얼庶孽에 대한 벼슬길 소통을 다시 한 번 이조와 병조에 다그치는 교지를 내렸다.

서류庶類를 벼슬길에 소통시키는 일은 정유년[정조 원년]의 <절목>이 있는데, 아직도 준행하지 않고 있으니 조정에서 신용을 잃은 것이 크다. 문신 가운데 3조(三曹; 예조, 형조, 공조)의 낭관(郞官; 5~6품)을 지낸 사람은 겨우 한두 사람에 그치고, 음관蔭官 가운데 판관(判官; 종5품)은 전혀 임명되거나 의망(擬望; 후보자 추천)되었다는 말을 듣지 못했다. 앞으로 한결같이 정유년의 <절목>에 의거하여 명확히 실시하도록 하라.

이미 정조 원년에 〈정유절목〉을 만들었음에도 인사를 담당한 이조나 병조에서 제대로 실행하지 않고 있는 것을 질책하고 있다.

2월 29일에는 전 이조판서 김종수金鍾秀가 김하재(金夏材; 광산김씨 김양택 아들) 당여들이 일으킨 역모사건을 고발하여 옥사獄事가 터졌다. 지난해 김하재 등이 임금을 심하게 능욕했는데도 신하들이 아무말도 하지 않고, 더구나 김종수가 이조판서를 하는 동안 그의 추천으로 등용된 심환지, 유악주 등이 임금의 총신인 서명선 등을 공격한일에 대해 임금은 심한 배신감을 느껴 그의 판서직을 거두고 성 밖으로 내쫓았다. 그런데 이번에는 그가 김하재 당여들이 일으킨 모역사건을 훈련대장 구선복具善復을 통해서 임금에게 알린 것이다.

임금은 성 밖으로 쫓겨났던 김종수를 다시 불러 규장각 제학으로 임명하고, 그에게 말했다.

> 내가 경을 저버린 것이 아니라, 경이 나를 저버렸다. 경의 본심을 세상 사람들이 어찌 다 용서하고 헤아리겠는가? 지난 임인년[정조 6년]에 내가 한마음으로 경을 곡진히 보호했는데, 경이 어찌 다 이것을 알겠는가? 아까 대략 훈련대장 구선복의 말을 들었는데, 이 일은 어떻게 된 것인가?

김종수가 이 사건을 알게 된 내막을 임금에게 설명하자, 혐의자들이 모두 체포되어 재판을 받고 4월달에 사형을 당했다. 이 사건의 주모자는 김하재의 조카인 김두공金斗恭, 홍국영洪國榮의 종제從弟이자 홍낙순洪樂純의 아들인 홍복영洪福榮 등이 주동이 되어 경상도 하동河東을 소굴로 정하고, 김귀주金龜柱의 여당인 이율李瑮, 적석산赤石山의 신선을 자처하던 문양해文洋海, 함경도 유생으로 도원수로 추천되어

1만 명의 군사를 모으려 한 주형채朱炯采 등을 끌어들여 이해 봄에 군사를 일으키려 했다는 것이다. 그러니까 이들은 이미 처벌받은 죄인들의 친족으로, 벼슬길이 막힌 사람들이 뭉쳐 모역을 시도한 것이다.

모역사건이 일단락되자 임금은 이해 5월 22일에 《일성록》 편찬에 관하여 각신閣臣들에게 다음과 같이 하교했다.

> 《일성록》을 제작하는 뜻이 어찌 부질없는 것이겠는가? 근래의 기주(記注; 승정원 주서의 기록)는 틀린 것이 많고, 모두 본뜻을 잃고 있다. 경서經書의 뜻에 대한 토론이나 시정時政에 대한 문답에서 근신(近臣; 각신)들의 이해가 신진(新進; 승정원 주서)들보다 낮다고 생각한다. 나의 뜻은 이것을 반성하는 자료로 삼으려는 것이고, 또 기록하면서 여러 각료의 말과 뜻을 볼 수도 있다. 만약 지나치게 칭송하는 데 힘쓰고, 과장만 하려고 하면 다만 덕행德行만을 서술한 글이 될 것이니, 어찌 내가 《일성록》을 편찬하는 본뜻이겠는가? 뒤에 이 책을 보는 사람들이 "지금은 어떻게 해야 하나?"를 말하고, 각료들은 또 "어떻게 해야 할까?"를 말하게 될 것이니, 이런 뜻을 각신들은 알아야 할 것이다.

다시 말해 《일성록》은 임금의 하루 일과를 매일 기록한다는 점에서 《승정원일기》와 비슷한 점이 있지만, 기록하는 사람들의 수준이 《일성록》과 《승정원일기》는 다르다는 것이다. 곧 《일성록》은 수준 높은 각신들이 기록하기 때문에 경서經書에 대한 토론이나 정치에 대한 문답을 제대로 기록하지만, 《승정원일기》는 나이 어리고 학문이 낮은 승정원의 주서(注書; 정7품)들이 기록하기 때문에 기록이 부정확하다는 것이다. 그래서 《일성록》을 각신이 편찬해야 하지만, 그렇다고 지나치게 임금의 잘한 일만 기록하면 반성하는 뜻이 없어지므로 그렇게 만들지 말라고 당부한 것이다.

정조는 이해 7월 30일에도 각신과 승지, 홍문관 관원 등에게 《일성록》을 편성하라고 명했다. 임금이 《일성록》에 관심이 얼마나 컸는지를 알 수 있다. 그동안 여러 차례 편찬 방법을 각신들에게 지시한 바 있는데, 이번에는 승지 및 홍문관원까지 포함하여 지시했다.

정조는 잇단 모역사건에 대비하여 궁궐의 수비를 강화할 필요를 느끼고 정조 6년(1782)에 무과급제자로서 무예청武藝廳 별감別監으로 있다가 장교將校를 지낸 30명을 뽑아서 창경궁 명정전 서쪽 월랑月廊에 주둔시켜 궁궐을 숙위하도록 하고, 이들을 출신청出身廳이라고 불렀다. 그러나 출신청이라는 호칭이 실제와 맞지 않아 신하들의 의견을 받아들여 이해 7월 2일에 장용위壯勇衛로 바꾸고 20명을 증원했다. 그 뒤 해마다 인원을 늘려 가다가 서울에 주둔하는 부대를 장용영 내영內營, 수원부에 주둔한 부대를 장용영 외영外營으로 불렀다. 이에 대해서는 뒤에 다시 설명할 것이다.

젊은 유신들을 재교육시키는 초계문신에 대한 친시親試는 그동안 경서經書에만 치중해 왔으나, 문신들도 무武를 알아야 하고, 또 정신 훈련에도 도움이 된다고 보아 이해 7월 21일에 친시할 때 활쏘기도 시험하는 시사試射를 겸하도록 규정을 바꾸었다. 정조는 활쏘기에도 뛰어난 재주를 지니고 있었는데, 임금이 초계문신들과 활쏘기를 함께 즐기려는 뜻도 있었던 것으로 보인다.

정조는 즉위한 뒤로 아버지에 대한 효심이 극진하여 사당인 경모궁景慕宮 시설을 계속적으로 보완하고, 무덤인 영우원永祐園에 대한 시설과 관리도 크게 개선했는데, 이해 8월 9일에 《궁원의宮園儀》를 완성하여 경모궁에 봉안했다. 이 책은 장헌세자의 사당인 경모궁과 영우원에서의 제사의식 절차를 수록한 책으로, 제1책에서는 제사에 관한 의식절차를 그림으로 설명하고, 제2책에서는 전례典禮의 절차를 설명했으며, 제3책에는 궁宮과 원園에 관한 임금의 전교傳敎를 수록했고, 끝에는 총재 이복원李福源의 발문을 실었다. 이 책은 원래 정조 즉위년에 이미 편찬했으나, 뒤에 의식이 많이 바뀌어 내용을 증수增修하여 이해에 완성한 것이다. 정조의 효심이 담긴 책이다.

정조는 노론의 정신적 지주인 송시열宋時烈에 대한 지방 유생들의 간절한 소청을 받아들여 그를 추앙하는 사업을 벌였다. 8월 27일에는 송시열이 사약을 받고 죽은 정읍井邑의 고암서원考巖書院에 권상하權尙夏를 보내 제사를 지내 주고, 9월 5일에는 여주驪州에 그의 사당을 짓게 하고, 대노사大老祠라는 편액을 직접 써서 하사하고, 제문을 지어 보내기도 했다. 또 정조 11년(1787)에는 기왕에 나왔던 송시열의 문집을 보완하여 《송자대전宋子大全》이라는 이름으로 출판해 주었다. 우리나라 유학자에게 임금이 '자子'라는 존칭을 부여한 것은 이것이 처음이다. 《송자대전》은 《주자대전朱子大全》을 모방하여 체재를 만들었는데, 215권 102책의 방대한 분량이다.

이보다 앞서 실학자인 성호 이익李瀷이 이황李滉을 존경하여 이황의 어록語錄을 편집하여 《이자수어李子粹語》라고 불러 이황에게 '이자李子'라는 존칭을 붙인 일이 있었으나, 임금이 이황에게 그런 호칭을 붙인 일은 없었다. 노론이 득세하던 시절에 남인의 정신적 지주인 그에게 그런 존칭을 붙이기는 어려웠을 것이다.

정조는 어느 임금보다도 경연經筵을 소홀히 한 임금이었다. 신하들과 경서經書를 읽고 토론하는 경연이 정조에게는 별로 도움이 되지 않는다고 여겼기 때문이다. 그러나 그것만이 이유는 아니었다. 영조 때 경험한 경연 때문에 아버지가 죽게 된 것으로 여겨 경연 자체에 대한 공포감이 있기 때문이라고 신하들에게 피력하기도 했다. 장헌세자는 경연을 할 때마다 임금에게 질책을 당하고, 정조 자신은 경연에 참석할 때마다 칭찬을 받아 결과적으로 경연은 아버지의 죽음을 연상하는 일이 되어 버린 것이다.

임금이 위와 같은 이유로 경연을 멀리하고, 그대신 초계문신의 친시나 전경문신제도를 도입하여 계속적으로 힘써 왔지만, 신하들의 처지에서 보면 이런 행태는 임금의 오만으로 비쳤고, 또 경연이 단순히 학문을 토론하는 데 그치는 것이 아니라 일상적인 정사를 함께 논의하는 자리이기 때문에 경연을 소홀히 해서는 안 된다고 끊임없이 요청했다.

정조는 신하들의 요청을 형식적으로라도 수용할 필요가 있다고 믿어 즉위 이후 가끔 경연을 열어 왔다. 그러나 신하들은 경연이 지나치게 형식에 흐르고 있다고 비판하면서 적극적인 경연 참여를 요청했다. 이해에도 신하들의 소청에 따라 8월 28일, 9월 18일, 9월 30일에 경연을 열었는데, 원칙적으로 하루에 세 번 경연을 가져야 한다는 관례에서 본다면 너무나 소홀한 것이다. 80세가 넘어서도 경연을 빈번하게 열었던 영조와 비교하면 크게 대조를 이루었다.

조선왕조의 통치법전인 《경국대전》은 시대의 변화에 따라 제도가 여러 차례 바뀌면서 그 내용을 계속적으로 수정·보완하는 법전이 나왔는데, 가까이는 영조 대에 《속대전續大典》이 나왔으나, 정조가 즉위한 뒤로 규장각이 설치되는 등 새로운 제도가 나타나자 이를 반영하여 김치인(金致仁; 청풍김씨 金在魯 아들) 등에게 명하여 《속대전》을 보완하게 했는데, 이해 9월 11일에 《대전통편大典通編》이 완성되었다. 이 책은 다음 해 1월부터 준용되었다.

정조는 병서兵書에 대한 조예와 관심이 컸다. 군사훈련에 필요한 병서가 조선 전기 세조와 성종 때 《진법(陣法; 일명 兵將圖說)》이라는 이름으로 편찬된 일이 있으나, 왜란 때 명나라 척계광戚繼光의 《기효신서紀效新書》가 들어온 뒤로 군사편제도 달라지고 병법도 변하자,

이에 부응하여 선조 31년(1598)에 한교(韓嶠; 한명회 후손으로 서자)도《기효신서》를 요약하고 주해하여《무예제보武藝諸譜》를 만들고, 뒤이어 함경도순찰사 한효순(韓孝純; 1543~1621)[31]은 선조 36년(1603)에《기효신서》를 참고한 병서인《진설陣說》과 신무기 대포와 조총鳥銃 등에 관한 제작 및 이용방법을 설명한《신기비결神器秘訣》을 저술했다. 숙종 때 공충도 병마사 최숙崔橚은 작자 불명의《병학지남兵學指南》을 수정 보완했다.

선조 말년에 한효순 등은 왕명으로 다시《진법》[병장도설]과《진설》을 합하여 새로운《진법》[병장도설]을 편찬했는데, 영조 18년(1742)에 이를 보완하여《속병장도설續兵將圖說》을 출간했다.

그런데《병장도설》과《병학지남》등이 병용되면서 서울의 군영軍營과 지방에서의 군사훈련이 서로 맞지 않아 혼란을 일으키자 정조는 즉위 직후 여러 장신將臣들에게 명하여 통일된 군사훈련을 위한 병서를 만들라고 일렀다. 이에 무신 장지항(張志恒; 인동장씨)이 편찬하고 서명선徐命善이 교열하고, 윤행임(尹行任; 남원윤씨)이 인쇄를 감독하여《병학통兵學通》이라는 새로운 병서를 이해 9월 11일에 출간했다.

《병학통》은 지금까지 여러 병서들을 집대성한 책으로 볼 수 있다. 임금은《병학통》이 나오자 이해 9월 29일에 서울 여러 군영의 군사훈련과 남한산성의 야간 군사훈련, 그리고 통영統營의 수군 훈련에 모두 이 책을 따라 시행하라고 명했다. 하지만《병학통》이 나온 뒤에도 정조 15년 6월 10일에는《병학지남》을 새로 인쇄하여 장용영의 지방 무사들에게 내려보내 공부하게 했다는 기록이 보여《병학지남》은 그 뒤에도 계속 이용된 것을 알 수 있다.

---

31 한효순의 생애와 업적에 대해서는 한영우,《나라에 사람이 있구나―월탄 한효순 이야기》(지식산업사, 2016) 참고.

한편, 정조는 왜란 이후로 우리나라의 전통적인 무예를 총정리하고 여기에 중국과 일본에서 들어온 새로운 무예를 보완하였다. 선조 때 한교韓嶠가 지은 《무예제보武藝諸譜》를 비롯하여 아버지 장헌세자가 지은 《무예신보武藝新譜》에 실린 18기 등에 마상무예 6기를 첨가하여, 총 24기를 정조 14년(1790)에 《무예도보통지武藝圖譜通志》로 편찬했다. 정조는 이 책을 한글로 언해한 책도 발간하여 무식한 병사들도 쉽게 익힐 수 있도록 배려했다. 이에 대해서는 뒤에서 자세히 설명하겠다.

이해 나라 안에 돈이 품귀하여 유통되지 못하는 이른바 전황錢荒이 심각한 상황에 이르자 신하들이 화폐를 시급히 주조해야 한다고 소청했다. 이에 임금은 10월 7일 67만 냥을 주조하라고 명했다. 그러자 비변사는 10월 14일에 주전鑄錢에 필요한 물량과 그 비용을 보고했다. 주전이 필요한 기관은 훈련도감, 금위영, 어영청 등 세 군사기관과 호조, 상평청인데, 이 다섯 기관에서 주전 재료로 사들인 구리의 수량과 비용은 다음과 같다.

훈련도감	왜동倭銅	17,650근	15,002냥
	상동常銅	8,260근	5,286냥
			─합계 20,288냥
금위영	상동	6,296근	4,030냥
어영청	왜동	10,418근	8,855냥
	상동	8,125근	5,200냥
			─합계 14,055냥
호조	왜동	45,761근	38,897냥
	상동	4,687근	2,999냥
			─합계 41,897냥

상평창	왜척동倭尺銅	48,057근	37,484냥
	왜숙동倭熟銅	6,473근	5,502냥

－합계 42,986냥

이상 다섯 기관에서 왜동倭銅 12만 8,360근과 국내산 상동常銅 2만 7,368근을 사들이는 데 든 비용을 모두 합하면 12만 3,258냥에 이른다고 했다.

위 다섯 기관에서 필요한 돈의 수량은 다음과 같다.

훈련도감	5천 냥
금위영	6만 3천 냥
어영청	5만 냥
호조	3만 2천 냥
병조	4만 냥
균역청	35만 냥

－합계 55만 냥

그러니까 돈을 주조하는 데 들어갈 비용 약 12만 냥과 다섯 기관에서 필요로 하는 돈 55만 냥을 합하여 67만 냥을 주조한 것이다. 위 수치를 보면 가장 많은 돈을 가져간 곳은 균역청이지만, 군영 가운데서는 금위영이 가장 많다. 임금은 이번에 주전하는 목적이 이익을 취하려는 데 있는 것이 아니고, 공가公家와 사가私家에서 화폐를 유통하기 위함이라고 말했다.

그런데 다음 해 11월 11일의 기록을 보면, 임금이 영의정 김치인金致仁의 요청을 따라 1백만 냥을 주조하라고 명했으며, 그때 이미 주조하고 있었다고 한다. 그러니까 처음에 비변사에서 요청한 67만 냥보다 더 늘어난 1백만 냥으로 결정하여 주전을 시작하여 다음 해까지 이어지고 있었음을 알 수 있다. 이 수치는 현재 국가가 보유하고 있는 돈의 액수와 거의 비슷하다.

이해 10월 중순에 천둥번개가 치자 홍문관원이 연명으로 차자를 올려 정치가 잘못된 점을 장황하게 지적하고 나섰는데, 임금은 너그러운 비답을 내렸다. 오늘날의 시각에서 보면 천둥번개가 치는 것이 정치와 아무런 관계가 없지만, 조선 시대에는 그것이 하늘이 노하여 경고를 내리는 것이라고 여겨 정치를 반성하는 상소가 봇물처럼 일어나고 임금이 전전긍긍하면서 음식을 줄이고 정치를 쇄신하는 것이 관례였다. 천둥번개뿐 아니라 홍수, 가뭄, 지진, 일식 등 모든 자연 이변이 모두 정치의 잘못으로 일어난다고 믿어 그때마다 비판상소가 일어나고 정승들이 인책하는 사직상소를 올리는 파동이 일어났다. 과학으로 보면 어이가 없는 일이지만, 정치를 반성하는 데는 큰 도움을 주었다.

신하들이 올린 상소 가운데 대표적인 것을 한 가지 소개하면 사헌부 지평 한상신(韓尙新; 신평한씨)이 11월 24일에 올린 글이다. 그 요지는 다음과 같다.

전하께서 타고난 자질은 뛰어나시나 함축含蓄이 조금 흠이 있고, 성학聖學은 고명하시나 실천에 조금 소홀하시며, 시책은 관용이 부족하고, 사령(辭令; 글과 명령)은 혹 겉치레에 가깝고, 치밀한 정사政事는 연못 속 물고기를 살피는 탄식이 없지 않고, 예성叡聖의 자질은 뭇 신하를 낮추어 보는 실책이 없지 않습니다.

5일마다 열리는 빈대賓對는 여러 사람의 말을 듣기 위함인데, 한두 가지 아룀이 있어도 잔단 사무를 벗어나지 못하고, 한 가지 병폐도 시정되는 것을 보지 못했으며, 하루에 세 번 여는 경연經筵은 정지되는 날이 많고, 위에서 성심으로 묻는 일도 없으며, 아래에서 아뢰는 것도 없습니다. 사람의 임용任用은 오직 지벌

地閥과 문장文章을 가지고 올리거나 내치니, 한미한 족속은 뛰어난 재주가 있어도 펼 수가 없습니다.

흉년에 굶주린 자를 구제하고 군포軍布를 반으로 경감하고 있지만, 인징과 족징의 폐단은 여전하며, 언로言路를 여는 것은 임금의 실책을 바로잡기 위함인데 말이 임금에게 관계되면 감히 말하지 못하고, 일이 경상卿相에 관계되면 주저하면서 말을 하지 않습니다.

절약과 검소를 숭상함은 재용을 넉넉히 하려는 것인데, 고관과 무변武弁들은 기교한 장식을 다투고, 시정의 천인들도 모두 비단옷을 입고 있으며, 집과 마차가 극도로 화려하고 사치스럽고, 거친 옷과 솜옷으로는 문밖에 나가기를 부끄럽게 여기니, 전하께서는 몸소 검소를 실천하는 교화가 미진하지 않은가 두렵습니다. 그동안 난역이 거듭 발생하고 있는 것은 화의 근원을 뿌리 뽑지 못하여 그리된 것입니다.

한상신의 상소를 보면 정조의 정치가 엉망인 듯 보이지만, 실은 과장된 면이 있고, 또 어떤 것은 임금의 책임이라기보다는 신하들의 책임인 것이 있다. 예를 들면 대신들을 만나 정사를 논의하는 빈대賓對는 임금이 기피하는 것이 아니라 오히려 대신들이 기피하여 불참하는 경우가 많아 임금이 불참자들에게 벌을 내리기도 했다. 하지만 앞부분에서 지적한 것들은 사실에 맞는 것으로 보인다. 곧 사령이 지나치게 겉치레에 흐른다거나, 경연을 하지 않는 경우가 많다는 말은 사실이다. 하지만 그 책임도 따지고 보면, 신하들이 임금을 앞지르는 건의를 하지 못한 데에도 원인이 있는 것이다.

임금은 한상신의 상소를 읽고 나서 칭찬을 아끼지 않았다. 듣기 싫은 이야기도 칭찬하면서 격려하는 것이 바로 정조다운 모습이었다.

10월 19일, 임금은 창덕궁 후원에 있는 진장각珍藏閣의 보물들을 다른 곳으로 옮기라고 명했다. 진장각은 중국 황제가 쓴 글씨와 그림, 그리고 우리나라 역대 임금의 글과 글씨를 보관하던 집인데, 지은 지 오래되어 퇴락하여 비바람을 가리기 어려워졌으므로 이곳에 보관되어 있는 어제, 어필 등을 다른 곳으로 옮기라는 것이었다. 순조 때 그린《동궐도東闕圖》를 보면 진장각이 연경당演慶堂으로 표시되어 있는데, 뒤에 퇴락한 진장각을 헐고 순조 때 효명세자가 그 자리에 연경당을 새로 지었기 때문에 진장각의 모습은 보이지 않는 것이다. 이 연경당의 모습도 오늘날의 모습과는 다른데 고종 무렵에 다시 지은 것으로 보인다.[32]

10월 21일에 임금은《갱장록羹墻錄》(4책)의 속편을 편찬하라고 명했다. 이 책은 영조 때 편찬한 것으로 태조에서 경종에 이르는 기간의 각 왕대의 치법治法과 정규政規를 서술한 것인데, 경종 이후의 사실이 누락되었으므로 그 속편을 만들라는 것이다. 이날 임금은 각신을 지낸 이복원李福源을 총책임자로 정하고, 조준趙璇, 정창성鄭昌聖, 서호수徐浩修, 서용보徐龍輔, 이가환李家煥을 실무자로 임명했다. 여기에 남인 이가환이 들어 있는 것이 눈에 띤다. 그러나 11월 2일에 찬집당상으로 홍양호, 김상집, 윤시동을 추가로 선정했다. 이렇게 해서 만들어진《갱장록》속편은 8권 4책으로, 20부로 구성되어 있다.[33]

---

32 연경당에 대해서는 한영우,《조선의 집 동궐에 들다》(효형출판사, 2006) 참고.

33 《갱장록》은 모두 8권인데, 제1권에서는 왕조개국의 경과와 천문기기, 지지地誌를 서술했고, 제2권에서는 왕실의 가계와 친족에 대하여 서술했으며, 제3권은 학문과 언로, 제4권은 인재등용과 백성을 위한 생업 권장, 제5권은 각종 제사와 제도 정비, 제6권은 문치주의 실현과 이단배척, 사병私兵의 제약과 외치外治, 제7권은 풍속순화와 군국에 대한 공功의 권장, 제8권은 구휼, 형정, 경제 정책 등을 수록했다. '갱장'이란 말은 요 임금이 죽은 뒤에 순 임금이 3년 동안 사모하여, 앉았을 때는 요 임금이 담장에서 보이고, 밥 먹을 때에는 요 임금이 국에서 보였다는 데서 유래한 말로서, '갱羹'은 국, '장墻'은 담장을 말한다. '갱장'은 조상을 경모하고 추모한다는 뜻이다.

정조는 죄수의 인권에 대하여 비상한 관심을 가졌는데, 억울하게 죄를 입는 사람이 없게 하고, 또 죄를 입은 사람이라도 인권을 최대로 보장해야 한다고 믿어 형정刑政을 바로잡는 데 심혈을 기울였다. 사형수에 대한 심의를 세 번에 걸쳐 시행하게 하고, 임금이 직접 옥안獄案을 검토하여 결정했다. 또 감옥에 있는 죄수 가운데 죄가 가벼운 사람은 날씨가 너무 덥거나 추울 때에는 석방시키고, 감옥 안의 시설을 개선하여 물을 먹는 시설을 설치하고, 옷을 따뜻하게 입히고, 바닥에 가마니를 깔아 춥지 않게 배려했다. 그러기 위해서는 죄수의 명단을 정확하게 기록하는 것이 필요하다고 믿어 죄수의 명단인《수도안囚徒案》을 날마다 정확하게 기록하도록 했다.

그런데 이해 10월 27일, 임금이 날씨가 추워지자 죄가 가벼운 죄수를 풀어주려고 《수도안》을 보았는데, 죄수의 명단을 숨기고 기록하지 않은 것을 보고 크게 질책했다. 매일매일 죄수를 기록하는 법을 따르지 않는 승지나 전옥서 관원을 중벌로 다스리라고 명했다.

이해 12월 12일에는 규장각 각신들이 모여 1제학과 2제학의 두 사람이 어떻게 각신을 포폄할 것인지에 대한 법식法式을 정했다. 이날 참석자는 제학 김종수金鍾秀와 오재순(吳載純; 해주오씨 吳斗寅의 증손), 검교 직제학 정민시(鄭民始; 온양정씨), 직제학 박우원(朴祐源; 반남박씨), 검교 직각 이병모(李秉模; 덕수이씨 李端夏 후손), 대교 이곤수(李崑秀; 연안이씨 판서 李性源 아들) 등이었는데, 이날 정해진 법식은 이렇다. 두 명의 제학은 직급의 차이가 없으므로 1제학이 유고하면 2제학이 포폄할 수 있다. 검교는 임시직이므로 포폄에 참여하지 않는다고 정했다.

이해 규장각 초계문신에 대한 친시는 8차례 거행되어 지난해에 견주어 줄어들었다.

그러면, 이해 말에 호조 소속의 양향청糧餉廳, 상진청常賑廳, 균역청均役廳과 병조 소속의 훈련도감, 금위영, 어영청, 총융청에서 보유하고 있던 재물財物의 회계부는 어떠했던가? 이 수치를 지난해와 비교하기 위해 괄호 안에 지난해 수치를 병기하면 다음과 같다.

황금	330냥	[335냥]
은자	41만 5,400냥	[42만 6,063냥]
전문	121만 8,200냥	[105만 7,696냥]
명주	93동	[기록 누락]
면포	6,993동	[6,192동 7필]
모시	56동	[7동 27필]
삼베	1,462동	[758동 39필]
쌀	34만 60석	[27만 5,653석]
좁쌀	9,400석	[8,756석]
콩	4만 7,800석	[4만 4,748석]
겉곡식	–	[2,583석]

위 표를 보면 황금은 5냥이 줄어들었는데, 이는 1년 동안 5냥을 소비했다는 뜻이다. 왕실에서 금을 거의 사용하지 않았다는 것을 말해 준다. 은자는 약 1만 냥이 줄어들었는데 큰 변화는 아니다. 전문 즉 돈은 약 11만 냥이 늘었는데, 이는 돈을 주조한 결과일 것이다.

옷감 가운데 가장 고급 옷감인 명주가 처음으로 보인다. 수량은 93동이다. 면포는 약 8백 동이 늘고, 모시는 지난해 7동 27필이던 것이 이해에는 56동으로 늘어 약 9배가 많다. 삼베도 약 2배로 늘었는데, 옷감이 이렇게 전반적으로 늘어난 것은 생산이 크게 증가된 덕분으로 보인다. 그렇지만 모시 보유량이 9배로 늘어난 것은 모시 생산을 특별히 장려한 결과로 보인다. 2년 뒤에 정조가 수빈 박씨를 후궁으로 맞아들이고자 가례를 치를 때 혼수품으로 비단을 쓰지 못하게 하고 그대신 모시를 사용했다.

쌀은 약 7만 5천 석이 늘고, 좁쌀은 약 1천 석이 늘었으며, 콩은 약 3천 석이 늘고, 겉곡식은 기록이 없어 비교할 수 없다. 이렇게 각종 옷감과 식량이 늘어난 것은 이해 풍년이 든 데 원인이 있는 듯하다.

11. 정조 10년(1786)
—관왕묘 악장 창작, 문효세자 죽음, 조문칙사가 오다,
단군릉 보호, 제4차 초계문신, 구선복 일당 반역,
이복동생 이인을 강화도로 보내다

정조 10년(1786)에 임금의 나이 35세에 이르렀다. 정조 8년과 정조 9년에 연이어 농사가 잘되어 정조 10년에도 춘궁기에 굶주린 백성을 위한 진휼 사업은 거의 없었다. 그런데 1월 1일에 일식日食이 일어나자 자연재난으로 여겨 더욱 민생을 돌보는 정사를 폈다. 오늘날의 관점에서 보면 일식은 하늘이 노해서 생기는 이변이 아니지만, 당시에는 이것도 천재지변으로 간주하여 조정에서 정치를 반성하는 일이 벌어진 것이다.

우선 재난의 책임이 일차적으로 임금에게 있으므로 임금의 잘못을 지적하는 상소가 잇달아 올라왔다. 먼저 규장각의 최고 직임을 가진 제학 오재순(吳載純; 1727~1792; 노론)이 1월 22일 차자를 올렸다. 그 요지는 임금이 자신의 총명함을 믿고 국정 전반을 장악하고, 위로는 대신은 말할 것도 없고 모든 신하들을 경멸하고 조이고 있어서 신하들

의 능동적이고 자발적인 참여가 막혀 있다는 것이다. 이런 지적은 즉위 이후로 여러 신하들이 한결같이 지적해 온 것이지만 오재순의 지적은 지나친 점이 없지 않다. 대체로 노론은 임금을 얕잡아 보는 경향이 강했는데, 오재순의 경우도 그러했다. 그래도 정조 임금은 이를 가납했다.

홍문관 수찬 성종인成種仁이 같은 날 올린 상소도 비슷했다. 그밖에 의관醫官, 역관譯官 등 잡직 관원들까지 포함하여 3백여 명의 관원들이 상소를 올렸으나 정사에 직접 도움이 되는 건의는 거의 없었다.

신하들의 눈으로 보면 임금이 너무 영특하여 독주하기 때문에 정치가 잘 안된다고 말하지만, 임금의 처지에서 보면 지난 11년 동안 임금을 앞서가는 창의적인 정책건의를 신하들로부터 들어본 일이 거의 없었다. 당쟁과 민생을 안정시키고 문화적 업적을 적지 않게 이룩한 것은 대부분 임금 자신의 생각과 명령으로 성취한 것이기에 신하들에 대한 불신이 클 수밖에 없었던 것도 사실이었다. 그래도 임금은 자연재난이 있을 때나 평상시에나 언관들이 침묵을 지키고 있는 것을 질책하면서 간쟁을 유도했다.

정조는 우선 민생을 살피는 일환으로 전국에서 100세 이상 된 노인들에게 수직壽職을 내렸는데, 실직實職이 아닌 영직影職으로 동지중추부사(종2품)의 품계를 내리고 쌀과 고기를 내려 조정에서 노인을 우대하는 뜻을 보여 주었다. 지방에서 올린 명단을 보면, 100세 이상 노인은 개성에 3명, 평안도에 16명, 함경도에 5명, 강원도에 15명, 기타 지역 6명으로 모두 45명에 이르렀다. 서울 이북 지역 사람들이 특히 장수하고 있음을 알 수 있다. 유아사망률이 높아 평균수명은 낮았지만, 100세 이상 장수하는 사람도 적지 않았음을 알 수 있다.

정조는 음악에 일가견을 가진 임금으로서 각종 국가제사 음악을 대대적으로 정비했다. 서울에는 동東, 서西, 남南 세 군데에 관왕묘(關王廟; 關羽 사당)가 있어 주기적으로 제사를 올렸는데, 제사 음악이 없는 것을 바로잡고자 일찍이 임금이 직접 악장樂章을 지었다. 이해 2월 2일에 그 악장을 연주하는 것을 규식規式으로 삼고, 2월 4일 처음으로 관왕묘에서 그 악장을 연주하기 시작했다. 《삼국지》에 나오는 관우關羽를 숭배하는 사상은 왜란 때 중국에서 들어왔는데, 상무尙武 정신을 키우기 위해 국가에서 제사를 했다.

정조는 관왕묘 음악뿐 아니라 당시의 모든 제사 음악이 예禮와 일치해야 한다는 이른바 예악일치禮樂一致라는 음악 본래의 기능에 맞지 않게 되어 있다고 보고, 고례古禮를 회복하는 정책에 맞추어 음악도 순정한 고악古樂을 부흥시키기 위해 노력했다. 중국의 여러 악서樂書를 참고하고, 우리나라 역대의 악장樂章을 정리하여 새로운 음악이론서인 《악통樂通》[34]을 정조 15년(1791)에 직접 편찬했다. 당시 신하 가운데에는 정조의 스승이었던 서명응徐命膺이 가장 음악에 밝아 이미 영조 때 우리나라 역대의 악장을 모은 《국조악장國朝樂章》을 짓고, 정조 즉위 뒤에는 왕명으로 정조 4년에 《시악화성詩樂和聲》, 정조 5년에 《국조시악國朝詩樂》 등을 지었지만, 정조의 음악이론과는 약간 차이가 있었다. 정조의 음악정책은 경박한 문체를 순정한 고체古體로 바꾸려는 문체반정文體反正과 짝하는 고대 음악의 순수성을 부활하려는 것이었다.[35]

정조는 민생 복지의 일환으로서 이해 2월 4일에는 나이가 많아도 결혼하지 못한 사람들과 기한이 지나도 장례를 치르지 못하는 어려

---

34 《악통》은 모두 6편으로 구성되었는데, 악률樂律, 악조樂調, 악기樂器, 악보樂譜, 악현樂懸, 악무樂舞 등이다.

35 정조의 음악정책에 대해서는 송지원, 《정조의 음악정책》(태학사, 2013) 참고.

운 사람들을 전국적으로 조사하여 보고하라고 명하고, 무덤이 오래되어 해골이 드러난 곳도 전국적으로 조사하여 묻어 주라고 명했다. 4월 13일에 진휼청賑恤廳에서는 해골을 묻어 준 곳과 오래된 고총古冢의 숫자가 37만에 이르렀다고 보고했다. 이 고총들은 대부분 후손들이 몰락하여 돌보지 않은 것들인데, 이렇게 많은 고총을 국가가 돌보는 정책을 추구한 것이다.

정조는 우리나라에 평화적인 임무를 띠고 사신으로 오거나 또는 바다에서 표류해 온 외국인에 대해서는 국적을 가리지 않고 성심으로 잘 대접하는 정책을 취했다. 이런 인도주의적인 정책은 전부터 내려오던 한결같은 정책으로서 '예의지국'이라는 호칭이 그래서 생겨난 것이다. 그런데 이해 2월 12일, 흑산도 앞바다에 표류한 외국인을 그곳 별장別將이 쫓아내자 임금은 별장을 귀양 보내고 수령을 파직시켰다. 임금은, "먼 곳의 사람을 따뜻하게 대하는 것이 이웃나라를 사귀는 도리인데, 만 번 죽음을 겪고 살아남은 목숨을 도리어 쫓아 보냈으니 저들이 우리나라를 어떻게 생각하겠는가?"고 질책하고, 외국인을 추자도楸子島에 정박시켜 잘 대접하여 돌려보냈다. 그 외국인이 어느 나라 사람인지는 알려지지 않았다.

2월 24일에는 노론 규장각 제학 오재순을 해직시키고 소론 이천보李天輔의 사위 조준(趙璇; 풍양조씨)을 제학으로 임명하고, 정대용(鄭大容; 동래정씨)을 직각으로 삼았다. 이어 7월에는 이정귀의 후손으로 소론에 속하는 이복원李福源의 동생 이성원李性源을 제학으로 삼아 노론 출신 제학 김종수金鍾秀와 짝을 이루게 하고, 덕수이씨 이단하李端夏 후손 노론 이병모李秉模를 직제학으로, 초계문신 출신 윤행임(尹行任; 남원윤씨)을 대교로 삼았다.

그 뒤 8월 14일에는 규장각 각신들의 청을 받아들여 서얼들로 구성된 검서檢書를 선발하는 규정을 엄하게 바꾸었다. 검서의 임무가 화려하고 직소直所가 매우 엄하므로 재주를 시험 볼 때 시詩는 10운 율韻律을 사용하고, 문文은 논論 1통을 사용하고, 경서經書는 삼경 가운데 자기가 원하는 것을 하고, 역사는 《한서漢書》와 《후한서》 가운데 하나를 택하도록 했다. 또 글씨는 작은 해서楷書와 중간 해서도 함께 시험 보도록 했다.

이해 4월에 홍역紅疫이 크게 유행했다. 4월 20일에 임금은 홍역의 치료 방법에 어둡고 제때에 치료하지 못해 목숨을 잃는 사람이 많은 것을 걱정하여 특히 가난한 사람들을 치료하는 데 힘쓰라고 명하고, 왕실에서 쓰던 안신원安神元 3만 7천 알을 한성부에 내려 보냈다. 이날 전의감典醫監과 혜민서惠民署에서는 왕명에 따라 홍역을 치료하는 10개 항의 〈절목節目〉을 올렸는데, 사족과 천민을 가리지 않고 가난한 자에게 우선적으로 약을 지급하라는 내용이 담겼다. 그리고 임금은 홍역이 중운(中運; 天氣와 地氣 사이에서 기를 교류시킴)의 객기客氣로 생기는 병이므로 전국에서 운기運氣에 밝은 의술인을 찾아보라고 명하기도 했다.

그런데 홍역에 대한 대책을 강구하던 차에 뜻밖에도 다섯 살 된 왕세자[문효세자]가 홍역에 걸려 5월 3일에 의약청을 설치하고 치료에 들어갔다. 이틀 뒤에 세자의 피부에 열이 가시고 붉은 반점斑點도 깨끗하게 사라졌다. 임금은 기뻐서 5월 6일에 전국에 세금과 요역을 탕감해 주는 명을 내렸다. 그런데 5월 7일에 세자의 남은 열을 내리기 위해 안신환安神丸 반 알과 금은화金銀花, 조매鳥梅를 달여서 먹였는데, 5월 10일에 병이 갑자기 악화되어 5월 11일에 세상을 떠났다. 장례는 3개월장을 치러 윤7월 19일 효창원孝昌園에 안장했다. 효창원은 지금의 용산구 청파동에 있었다. 시호를 문효文孝로 정하고, 사당을 '문희묘文禧廟'로 불렀다.

문효세자가 죽은 지 2개월 뒤인 9월 14일에는 세자의 생모인 의빈 성씨宜嬪成氏마저 두 번째 출산을 얼마 앞두고 세상을 떠났다. 혜경궁을 시중하던 궁녀로서 유일하게 정조의 승은을 입어 아들을 낳고 후 궁에까지 올랐으나 34세의 나이로 죽었다. 그의 무덤은 아들 효창원의 왼쪽 산등성이에 정했다. 일제 강점기인 1944년에 모자의 무덤은 모두 고양 서삼릉西三陵으로 이장되고, 효창원은 시민을 위한 효창공원으로 바뀌었다.

세자를 홍역으로 잃은 정조는 홍역에 대한 예방과 치료에 더욱 힘을 기울여 전국 각지에서 홍역치료법을 담은 처방서들을 수집하게 하고, 신하들로 하여금 깊이 연구하게 했다. 그 결과 5월 28일에는 경상도 관찰사가 칠곡사람 박상돈朴尙敦이 지은《진역방疹疫方》을, 충청도 관찰사가 진천사람 남기복南紀復이 지은《진역방疹疫方》을 각각 올렸는데, 그 가운데 박상돈이 지은 책을 한문과 언문을 섞어 번역하여 팔도에 반포했다. 정조 22년(1798)에 정약용丁若鏞이 종두법種痘法을 설명한《마과회통痲科會通》을 짓게 된 것도 정조의 정책을 따른 것이었다.

왕실의 경비를 조달하는 기관인 내수사內需司에 대해서는 전부터 백성들을 괴롭히는 폐단이 많아 폐지해야 된다는 여론이 높았는데, 이해 7월 16일에도 내수사 문제가 다시 논의되었다. 이에 대해 정조는 이렇게 말했다.

앞서 간 철인[先正] 이 문성공[율곡]이 내수사를 혁파하자고 주장했는데, 이는 정상적인 논의이지만 또한 혁파하지 못할 점이 있다. 일단 혁파하면 모든 경비를 호조가 책임져야 하는데, 호조가 감당할 수 있겠는가? 내수사는 본래 정해진 전결田結이 없고 호조에서 떼어 준 것이다. 내수사를 혁파하더라도 호조에 별로 도움이 없고, 경비만 갑자기 불어날 것이므로 오히려 방납防納의 폐단만 생길 것이다. 내수사는 결코 임금의 사적인 재물이 아니다. 내가 한결같이 저축해 왔더니 근래에는 조금 여유가 생겼는데, 애초부터 사적인 재물로 보지 않았기 때문이다. 그 보휼고(補恤庫; 內帑)는 오로지 예기치 못한 수재水災나 한재旱災를 대비하기 위한 것이다.

왕위에 오른 뒤로 4~5년은 모두 옛날의 빚을 갚았고, 그 뒤 여러 차례 흉년이 들었을 때 많이 사용했는데, 이제 다시 조금 수습되었다. 비록 선현先賢이 논했더라도 사유재산이나 사사로운 용도로 명목을 붙여 꼭 혁파할 필요는 없을 것이다. 다만 내수사 노비를 추쇄하는 폐단은 금해야 하므로 단연코 혁파했다.

내수사에 대한 정조의 생각은 내수사의 혁파보다는 내수사의 재물을 공적公的으로 사용하여 흉년에 진휼하는데 사용하고, 노비 추쇄의 폐단만은 반드시 시정하여 부작용을 없애야 한다는 것이다. 그리고 그동안 내수사를 통한 저축이 쌓여 흉년의 진휼에 사용했으며, 사적으로 재물을 쓰지 않았기 때문에 지금은 저축이 많이 쌓여가고 있다고 말했다. 정조는 뒷날 수원에 화성華城을 건설하고 아버지 무덤에 행차할 때 쓰는 비용을 내탕에서 많이 지출하고, 또 정리곡整理穀이라는 일종의 기금을 만들어 진휼 사업에 쓰도록 했는데, 이 점에 대해서는 뒤에 다시 설명할 것이다.

정조는 이해 7월에 의정부 세 정승을 새로 구성했는데, 영의정에 노론 정존겸鄭存謙, 좌의정에 소론 이복원(李福源; 연안이씨), 우의정에 노론 김익(金熤; 연안김씨)을 임명했다가, 10월에 영의정을 노론 김재로(金在魯; 청풍김씨)의 아들 김치인金致仁으로 바꾸었다. 그러니까 이번에는 소론 수상을 노론 수상으로 바꾼 것이다.

이해 윤7월 22일에 나주에 유배 중이던 김귀주金龜柱가 47세 나이로 죽었는데, 그는 바로 대비인 정순왕후 김씨의 오라비이다. 임금은 그가 비록 자신의 집권을 방해한 중죄인이지만 할머니 정순왕후의 마음을 위로하고자 대신들의 반대를 무릅쓰고 그가 죽은 뒤 죄명을 씻어 주었다. 신하들은 《명의록》을 무너뜨리는 처사라고 극구 반대했지만, 임금은 인정人情도 중요하다고 말했다.

이해 8월 9일, 임금은 승지 서형수(徐瀅修; 서명응의 아들)의 건의를 받아들여 평안도 강동江東에 있는 단군檀君의 묘소를 수리하고, 무덤을 지키는 수호守戶를 두었다. 서형수는 단군에 대해 이렇게 말했다.

> 단군은 우리 동방에서 처음으로 나온 성인聖人으로, 머리를 땋고 모자를 쓰는 제도를 만들었다고 합니다. 임금과 신하, 윗사람과 아랫사람의 분수, 음식과 거처의 예절을 모두 단군이 창시했다면, 단군은 세상이 끝나도록 잊지 못할 은택을 내렸으니 모든 것을 극도로 갖추어 높이 받들어야 할 것입니다. 신이 강동에 벼슬할 때 보았는데, 고을 서쪽 3리쯤 되는 곳에 둘레가 410척[약 13.5미터]쯤 되는 무덤이 있는데 옛 노인들이 단군의 묘소라고 전하며, 유형원柳馨遠의 《여지지輿地志》에도 기록되어 있으니, 그것이 진실인지 거짓인지를 따지기에 앞서 황폐하게 놔둘 수는 없는 것입니다. 만약 단군이 아사달阿斯達 산에 들어가 신神이 되었으므로 묘소가 있을 수 없다고 이의를 제기한다면 중국의 황제黃帝는 교산喬山에 신발이 있고, 공동산崆峒山에 무덤이 있다는 고사도 있습니다. 더구나 평양에 단군사당(檀君祠堂; 崇靈殿)이 있는데, 이 묘소만 전장典章에서 빠진 것은 하나의 흠결입니다.

서형수는 단군묘의 진위는 알 수 없지만, 단군이 최초의 성인聖人이므로 그 무덤을 폐허로 남겨두는 것은 곤란하고, 더욱이 평양에 단군사당인 숭령전崇靈殿까지 있어 국가에서 제사까지 지내고 있으니, 그 무덤을 보호할 필요가 있다고 주장했다. 서형수의 주장을 들은 정조는 이렇게 명을 내렸다.

비록 믿을 만한 증거는 없으나 고을의 노인들이 가리키는 곳이 있다면 병졸을 두어 수호하거나 돌을 세워 사실을 기록하는 등 근거할 수 있는 사례가 많다. 더구나 《읍지》에 사적事蹟이 자세하게 기록되어 있는데도 비석을 세우지도 않았고 수호하는 사람까지 없으니 매우 흠결된 일이다. 연대가 멀고 믿을 만한 문헌도 없어 제사는 지내지 못하더라도 땔나무를 하거나 짐승을 기르는 일은 금지해야 한다. 관찰사가 순행할 때 직접 살펴보고 무덤 근처의 백성을 수호守戶로 정하고, 그 고을 수령이 1년에 두 번 직접 살피도록 하는 것을 규정으로 삼으라.

정조는 단군 무덤의 진위를 알 수 없으므로 제사를 지내기는 곤란하지만, 그 무덤을 보호해야 한다고 생각하여 비석을 세우고, 수호守戶를 두게 하며, 수령이 1년에 두 번씩 직접 살피라고 명하고, 이를 법규로 만들게 했다.

참고로, 강동의 단군묘는 북한에서 유물을 발굴하고 1994년에 재건했는데, 높이가 22미터, 너비가 50미터에 이르는 거대한 화강석 피라미드를 만들었다. 그러나 정조 당시 둘레가 13.5미터 정도에 지나지 않던 흙무덤을 이렇게 거대한 돌 피라미드로 만든 것은 역사를 왜곡하는 일이다. 학자들은 이 무덤이 고구려 왕릉일 가능성이 크다고 보고 있다. 오히려 정조가 택한 방법이 가장 합리적이다.

이해 9월 3일에는 문효세자의 죽음을 애도하는 청나라의 조문칙사弔問勅使가 와서 9월 6일에 돌아갔다. 청나라는 앞서 세자를 임명할 때도 칙사를 보냈는데, 세자가 죽자 또 칙사를 보내 왔다. 청나라도 조선에 대한 예의를 정성으로 하고 있음을 알 수 있다.

9월 7일에 임금이 남인 채제공蔡濟恭을 평안도 병마절도사로 삼았는데, 영의정 정존겸(鄭存謙; 노론), 좌의정 이복원(李福源; 소론), 우의정 김익(金熤; 노론) 등 삼정승과 전 영의정 서명선(徐命善; 소론), 비변사 당상 구선복(具善復; 소론) 등까지 잇달아 가세하여 반대하고 나섰다. 남인을 배척하는 일에는 노론과 소론이 뜻을 같이했다. 그런데 이해 초에도 임금이 채제공을 도총관都摠管 후보로 올린 것이 문제가 되었고, 몇 년 전에는 그를 병조판서로 임명한 것이 문제가 되자 임금이 교체한 일이 있었는데, 이번에 또 그에게 군권을 주는 것에 대해 노론과 소론계 신하들이 반대하고 나섰다.

임금은 채제공의 죄라고 반대자들이 내건 세 가지 이유를 비판했다. 하나는 정조 즉위년 봄의 역적 옥사에 관련되었다는 것이고, 두 번째는 흉악한 말을 했다는 것이며, 세 번째는 홍국영과 연결되었다는 말인데, 모두가 증거가 없는 거짓으로 당색이 달라 배척한 것에 지나지 않는다고 말했다. 반대하는 신하들도 임금의 반박에 뚜렷한 반증을 대지 못했다. 정조는 탕평을 이루기 위해서는 노론과 소론뿐 아니라 남인도 포용해야 한다는 신념으로 영조도 아꼈던 채제공을 끝까지 보호하고 나서 그를 반대하는 홍문관 관원들을 사판仕版에서 삭제하는 강경정책을 썼다. 심지어 영의정을 지낸 소론 김상철金尙喆의 아들 이조참의 김우진金宇鎭도 사판에서 삭제하는 벌을 내리고, 영의정 정존겸도 면직시키고 그대신 노론 벽파 김재로金在魯의 아들 김치인(金致仁; 청풍김씨)을 영의정으로 삼았다.

이렇게 채제공을 아낀 이유는 탕평의 목적도 있지만, 개혁의지가 강하고, 행정실무에 밝으며, 충성심이 강한 그를 깊이 신뢰했기 때문이었다. 더욱이 장헌세자가 죽을 때 도승지를 지내면서 세자의 죽음을 내심 안타까워하고 있었던 채제공과 더불어 아버지의 추숭사업을 추진하려는 원대한 목표도 있었기 때문이었다. 이 점은 뒤에 다시 설명하겠다.

이해 11월 1일에 의정부는 제4차 초계문신抄啓文臣으로 정만석(鄭晚錫; 온양정씨), 송상준(宋祥濬; 은진송씨), 김조순(金祖淳; 안동김씨), 홍낙정(洪樂貞; 풍산홍씨), 장석윤(張錫胤; 덕수장씨), 이상황(李相璜; 효령대군 후손) 등 6인을 뽑아 올렸다. 이들은 대부분 노론에 속했다. 영의정이 노론이므로 그렇게 된 것이다.

12월 1일에 대비 정순왕후 김씨가 갑자기 음식을 끊고 탕약을 거부하면서 언문으로 영의정 김치인에게 교지를 내렸다. 정조의 이복동생인 은언군 이인(恩彦君 李䄄; 1754~1801)의 맏아들 상계군 이담(上溪君 李湛; 1769~1786)이 죽었는데, 그가 역적임을 성토하라는 내용이었다. 홍국영이 득세할 때 13세 된 동생 원빈元嬪을 정조의 후궁으로 만들었는데, 원빈이 죽자 홍국영은 이인의 아들 이담을 원빈의 양자로 삼아 완풍군完豊君으로 봉하고 장차 왕위를 계승시키려는 음모를 꾸몄다. 그러다가 홍국영이 몰락하자, 정조는 이담을 강화도로 내보냈는데, 이담이 정조 10년 11월 20일에 방 안에서 약을 먹고 죽었다. 나이 18세였다. 정조는 이담이 모역의 주동자가 아니고, 홍국영이 어린 그를 이용했을 뿐 아니라 그의 죽음이 석연치 않았기 때문에 그의 장례를 후하게 치러주었다.

정순왕후의 언교를 받은 김치인은 12월 2일 임금에게 청하기를, 이담이 역적인데도 그를 후하게 장례해 준 임금의 처사는 잘못이며, 또 그를 임금으로 만들려고 했던 역적 홍국영과 그의 심복인 송덕상(宋德相; 은진송씨)이 이미 죽었지만 그의 관작을 박탈하고, 나아가 홍국영의 무리였던 김우진金宇鎭은 벼슬을 이미 삭탈했지만 다시 불러서 엄중하게 문초하라고 다그쳤다.

그러나 임금은 이번 자전慈殿의 언문 언교가 천만 뜻밖에 나온 것으로 보고, 이번에 그가 다른 병도 없이 갑자기 죽어 의심쩍은 점이 많기 때문에 혹시라도 비명에 죽었을까 염려하여 여러 번 그의 아비 [은언군 이인]에게 죽은 이유를 물어보았다. 그러면서 "나의 서제庶弟를 보존해야 한다. 천리天理나 인정으로 비추어 볼 때 그렇다."고 말했다. 그러니까 조카가 비록 비명에 죽었지만 그 아비인 이복동생 이인만은 지켜주고 싶었던 것이다.

정조는 조카가 갑자기 약을 먹고 죽은 것이 혹시 타살이 아닌지 의심하고 있었고, 또 갑자기 할머니의 언교가 나온 것도 뜻밖이라고 여겼다. 정순왕후가 그토록 이담과 그 추종자들의 죄를 성토하라고 촉구하는 이유는 임금을 보호하기 위해 역적을 철저하게 응징해야 한다는 것인데, 정말로 그것이 정순왕후의 본심인지, 아니면 다른 목적이 있는지는 알 수 없다. 정순왕후의 오라비 김귀주金龜柱 일파가 정조 대신 이담을 임금으로 추대하려다가 역적으로 몰렸던 일이 있었으므로, 정순왕후가 친정을 보호하고자 의식적으로 이인과 이담 부자를 임금과 격리시키려고 애쓴 것으로 보인다.

어쨌든 이 사건은 이담의 외조부인 송낙휴宋樂休가 그의 죽음을 고발하여 세상에 알려지게 되었다.

자전의 언교가 있고, 또 영의정 김치인이 역적을 추국하라는 요청도 있어, 임금은 12월 6일부터 추국청推鞫廳을 열고 고발자인 송낙휴宋樂休, 그의 양자인 구이겸具以謙, 구이겸의 아비 구선복具善復, 구이겸의 육촌 구명겸具明謙, 이담이 혼인할 때 혼수를 도와 준 김우진(金宇鎭; 김상철 아들), 그리고 독약을 갖다 준 궁비宮婢 등을 잡아다 문초했다. 그 결과 김상철, 김우진 부자가 이담과 생사를 같이하는 사이임이 밝혀지고, 구이겸, 구선복, 구명겸 등이 군사를 일으켜 이담을 추대하는 반정反正을 도모했으며, 송낙휴가 독약을 이담에게 보낸 사실 등이 밝혀졌다. 그러니까 송낙휴가 소론 구선복 일당의 모역이 두려워 독약을 보내 이담을 죽이고, 모역사건을 고발한 것이다.

추국을 통해 구선복 일당의 반정 음모사실이 드러나자 12월 9일 구명겸을 죽여 남문 밖에 머리를 매달고, 구선복을 능지처참했으며, 9월 10일에는 김우진을 제주도에 위리안치하고, 9월 11일에는 구이 겸의 사형을 확정하고 다음 해 1월 9일에 참수했다.

이담 모역사건은 그 아비 은언군 이인李䄄에게 불똥이 튀어 이인을 처벌하라는 여론이 비등했다. 그러자 임금은 12월 28일에 이인을 보호하기 위해 처자를 거느리고 강화도로 보내 살게 했다. 사실 이 담 자신이 임금이 되려고 모역한 것이 아니고, 처음에는 김귀주 일파가, 두 번째는 홍국영이, 세 번째는 구선복 일당이 임금으로 추대하려는 역모를 꾸몄기 때문에 그는 죄도 없이 죽은 것이다. 그래서 정 조는 이인을 위해 신하들 모르게 민가 몇 채를 사서 하나의 집으로 만들어 편안히 지내게 했다. 그리고 나서 가끔 이인을 서울에 불러 들여 군사훈련을 핑계대고 신하들이 모르게 만나고 돌려보내는 일을 반복했다.

그러나 정조가 이인을 만날 때마다 정순왕후는 정조가 역적을 불러들여 만나고 있다고 대신들에게 알려 신하들은 임금이 역적을 만나서는 안 된다고 맹렬히 반대했다. 그러나 임금은 옛 성인聖人도 때때로 권도權道를 썼다고 하면서 정당화했다. 임금은 아버지의 혈육 가운데 오직 하나 살아남은 이복동생을 역적으로 몰아 강화도로 쫓아낸 것에 대해 인정상 미안한 마음을 가지고 있었다.

주목할 일은 뒷날 임금이 된 철종哲宗이 바로 이인의 서자이자 둘째 아들인 전계군 이광(全溪君 李㼅; 1785~1841)의 아들로서 이인의 집에서 태어났다는 것이다. 철종을 강화도령으로 부른 이유가 여기에 있다. 이광은 이담의 서제庶弟로서 이담이 죽을 당시 나이는 2세였다. 정조의 혈통이 순조와 헌종에서 끝났기 때문에 이복동생인 이인의 손자가 대통을 잇게 되었다.

철종 다음의 임금인 고종高宗은 이인의 아우인 은신군 이진李禛의 증손자이므로 사도세자의 후궁 소생이 두 번에 걸쳐 왕위를 이어간 것이다. 만약 정조가 이복동생을 보호해 주지 않았다면 장헌세자의 혈통은 완전히 끊어졌을지도 모른다.

역적으로 처단된 69세의 구선복(具善復; 1718~1786)은 소론으로 장헌세자를 능욕하고, 정조의 대리청정을 방해한 인물로서 정조의 미움을 받았으나, 그가 영조 때 이후로 오랫동안 군권을 장악하고 있어 정조도 그를 쉽게 제거하지 못하고 그에게 병조판서, 어영대장, 훈련대장, 여러 판서직을 주었다. 그러나 그를 신임하지 않고 있다가 이번 사건을 계기로 완전히 제거한 것이다. 정조는 그 뒤 구선복의 죄를 회고하면서 "살점을 씹어 먹고 가죽을 벗겨 깔고 자도 시원치 않았던 사람"이라고까지 극언했다. 그럼에도 10년 동안 그를 살려둔 것은 "사세가 어쩔 수 없는 점이 있었기 때문"이라고 했다.

결국 이 사건은 소론 과격파가 저지른 것으로 드러났고, 노론 벽파에 속하는 정순왕후와 김치인 등이 그들을 제거하는 데 공을 세운 셈이었다. 임금은 할머니가 반역자를 처단하는 데 공을 세운 것을 인정하여 다음 해 1월 8일에 '명선明宣'이라는 존호尊號를 또 올렸다. 정순왕후는 임금을 보호하면서 다른 한편으로는 친정을 보호하고 소론을 제거하기 위해 이 모역사건을 엄중하게 처벌하도록 임금을 압박했던 것이다.

이해에는 어쩐 일인지 정부 각 기관과 군영에서 보유하고 있는 재물의 회계부 기록이 없어 알 수 없다. 그 대신 3년마다 조사하는 전국의 민호民戶와 인구통계를 한성부가 12월 30일에 임금에게 보고했는데, 이를 소개하면 다음과 같다.

	호	남자 인구(명)	여자 인구(명)	인구(명)
서울	42,786	97,350	98,381	195,731
경기	157,054	326,410	307,988	634,403
강원	81,090	163,757	162,822	326,579
황해	136,545	302,536	260,670	563,206
충청	220,713	424,293	438,644	862,937
전라	318,930	573,884	641,375	1,215,259
경상	364,342	721,612	863,419	1,585,031
평안	299,523	632,316	654,489	1,286,805
함경	119,608	333,351	327,663	661,014
총 수	1,740,592	3,576,514	3,754,451	7,330,965

이해의 전국 호구戶口는 174만 592호에 인구는 733만 965명으로, 3년 전인 정조 7년에 견주어 인구가 1만 4,031명이 늘었고, 서울 인구는 1만 1,534명이 줄었다. 서울 인구가 줄어든 것은 아마도 정조 10년에 서울에서 크게 유행한 홍역의 영향이 아닌가 짐작된다.

위 수치로 가호당 평균 인구를 살펴보면 4.21명이고, 남자 인구가 여자 인구보다 17만 7,937명이 적다. 남자의 사망률이 높아서 여자 인구가 더 많았다. 지역별로 보면 경상도와 전라도가 여자 인구의 비율이 가장 높다. 그 반면 경기, 강원, 황해, 함경도는 남자인구가 여자 인구보다 더 많아 지역별로 차이가 있다.

다만, 언제나 그렇듯이 국가에서 파악하고 있는 호적상의 인구는 실제 인구와는 큰 차이가 있다는 점을 고려할 필요가 있다. 실제 인구는 어림잡아 1천만 명이 넘었을 것으로 추측된다.

12. 정조 11년(1787)
—수빈 박씨 가례, 제5차 초계문신,
《문원보불》, 《어제춘저록》 등 간행

정조 11년(1787)에 임금의 나이는 36세로 접어들었다. 지난해 평안도와 황해도를 제외한 6도에서 흉년이 들어 1월부터 굶주리는 사람들에 대한 진휼을 시작하여 5월 21일에 마쳤다. 영남과 호남의 기민이 약 250만 명으로 가장 많았으며, 두 도에 지급된 식량은 약 17만 석으로 1인당 평균 6.8승(升; 되)의 식량을 받았다. 전국 기민의 총수는 350만 8,003명이고, 그들에게 지급된 식량은 모두 22만 3,053석이었다. 그러니까 전 인구의 약 절반이 굶주리고, 1인당 평균 6승의 식량이 지급된 셈이다. 그러나 기민 가운데에는 호적에 오르지 못한 사람들이 상당수 포함되어 있다는 것을 고려해야 한다.

정조의 후계자로 책봉되었던 문효세자가 지난해 죽었으므로, 후계자를 다시 얻기 위해서는 후궁의 간택이 시급해졌다. 이에 정순왕후의 명을 받아 후궁 간택에 들어가 이해 1월 7일에 재간택하고, 2월 8일에 삼간택하여 사복시 주부(종6품) 반남박씨 박준원朴準源의 딸로 결정하고, 2월 12일에 가례를 거행했다. 정조는 신분이 천한 궁녀보다는 사족 집안의 여자를 후궁으로 삼기를 원했기 때문에 정식 혼사를 통해 후궁을 맞아들였다. 원빈 홍씨元嬪洪氏, 화빈 윤씨和嬪尹氏, 의빈 성씨宜嬪成氏에 이어 네 번째 후궁에 해당한다.

임금은 가례에 소용되는 비단을 명주와 모시로 대신하고, 모든 비용을 정조 4년 원빈과 가례를 치를 때의 3분의 1을 감하라고 명했다. 이때 가례를 치른 후궁이 수빈 박씨(綏嬪朴氏; 1770~1822)로서 3년 뒤에 순조를 낳았는데, 가례 당시 18세였다. 지난해 죽은 의빈 성씨는 궁녀로서 승은을 입어 빈이 되었으므로 가례를 치르지 않았다. 수빈 박씨는 마음씨가 착하고 예의가 발라 아기를 갖지 못한 왕비를 항상 위로해 주어 현빈賢嬪이라는 말을 들었다. 그가 살던 거처는 가순궁嘉順宮으로 불렸으며, 순조 22년(1822)에 53세로 세상을 떠난 뒤에 휘경원徽慶園에 안장되었다. 지금 남양주시 진전읍에 자리잡고 있다.

이해 1월 26일에는 제5차 초계문신抄啓文臣을 의정부에서 선발하여 올렸다. 그 명단은 유경(柳畊; 진주유씨), 윤영희(尹永僖; 파평윤씨), 윤광안(尹光顔; 파평윤씨), 이희관(李羲觀; 한산이씨), 신서(申溆; 고령신씨) 등 5인이었다. 그 가운데 이희관은 노론이고, 윤영희는 남인이고, 윤광안은 소론이며, 유경은 집안이 한미했다.

이해 4월 5일에 우의정 유언호(兪彦鎬; 兪拓基의 아들)는 임금과 차대하는 자리에서 쓴소리를 올렸다. 그는 정조가 세손 때 가르침을 받았던 스승으로서 《명의록》을 편찬하고, 규장각의 각신을 지내기도 했는데, 정승이 되자 바른 말을 했다. 그 요지는 이렇다. 임금은 너무 자신의 총명만을 믿고 모든 정사를 혼자서 처리하고 있기 때문에 건강에도 해로울 뿐 아니라, 임금이 오히려 대신大臣의 일을 하므로, 대신은 신료의 일을 하게 되고, 신료는 아전의 일을 하고 있다는 것이다. 그리고 예로부터 총명하고 슬기로운 임금은 이런 병통이 있다고 지적하고, 그 이유로 일을 너무 쉽게 보고 빨리 효과를 보려는 조바심 때문이라고 말했다.

임금은 유언호의 지적이 옳다고 동의를 표했다. 그러면서 신하들의 고식적인 태도를 개혁하려고 하다 보니 그렇게 되었다고 변명했다. 정조는 이렇게 다그치지 않으면 신하들이 나태하고 안일에 빠져 정치가 더욱 나빠진다고 여겼기 때문에 말로는 신하들의 충고를 옳다고 인정하면서도 죽을 때까지 고치지 않았다. 신하들은 임금이 지나치게 장부정리와 날짜 결정[簿書期會] 같은 자질구레한 일에 매달린다고 비판했지만, 정조 때 기록문화가 크게 발전하여 기념비적인 저서 출판이 폭발적으로 증가하고, 숫자에 대한 관념이 발달하게 된 것은 임금이 주먹구구식 행정을 막고 부서기회와 같은 잔다란 일들을 세밀하게 챙겼기 때문에 가능했다. 말하자면 행정을 한층 과학적으로 발전시킨 것이다.

이해 4월부터 임금은 백성들의 고통을 심층적으로 알아보기 위해 충청도, 평안도, 황해도, 경상도 같은 지역에 암행어사를 파견했는데, 이들이 올린 보고서, 곧 〈별단別單〉 가운데 중요한 사항을 소개하면 다음과 같다.

먼저 평안도 암행어사 이곤수(李崑秀; 연안이씨 李性源 아들)는 이 지역의 폐단으로 매향賣鄕과 민고民庫, 부민도감富民都監을 들었다. '매향'이란 수령이 부자들로부터 돈을 받고 지방 자치기관인 향청(鄕廳; 유향소)의 임원인 좌수座首 · 별감別監 등 향임鄕任, 또는 장교將校 등 군임軍任, 풍헌관風憲官인 면임(面任; 面長)을 시켜 주거나, 향청 임원의 명단인 향안鄕案, 향교 유생의 명단인 교안校案 등에 이름을 올려주는 것이다. 이런 것을 받으면 군역이 면제되는 특권이 있고, 또 지방에서 호족이나 양반으로 행세할 수 있었다. 매향은 전국적인 현상이었지만 더욱이 부자들이 많으면서 출셋길이 막혀 있던 평안도 지역이 가장 심했다.

매향의 값은 많으면 1백 냥이 넘고 적어도 수십 냥에 이르는데, 자원해서 하는 일이기 때문에 원망이나 비방이 없어서 일이 잘 드러나지 않지만, 군역 인구가 줄어드는 것이 가장 큰 문제였다.

다음에 민고民庫란 백성들이 세금을 납부하기 위해 여러 사람들이 향약鄕約이나 계契를 조직하여 돈이나 곡식을 모아 놓고, 이를 기금으로 하여 이자를 받기도 하고 땅을 사서 지대地代를 받기도 했던 일종의 민간 재단 또는 민간 은행이었다. 수령이 주도하여 민고를 만들고, 그 수익으로 관청의 여러 비용을 충당하기도 했다. 그래서 처음에는 관과 민에게 모두 도움을 주었으나, 시간이 흐르면서 수령이 과도하게 지출하거나 횡령하여 기금이 부족해지자 이를 메우려고 농민들을 수탈하기도 하고 부자들을 강제로 끌어들여 민고의 책임[도감]을 지우기도 했는데, 이를 부민도감富民都監이라고 불렀다. 부민富民들이 일단 도감을 맡으면 민고의 부족분을 모두 메워야 했기 때문에 파산하는 자가 속출했다.

민고의 폐단 또한 전국적인 현상이었지만 평안도의 경우가 가장 심했다. 이곤수는 이 점을 지적하면서 허위장부를 모두 없애고 감영監營의 비용을 줄여 달라고 요청했다. 정조는 5월 4일에 전국적으로 매향賣鄕하는 수령들을 7년 동안 금고시켜 벼슬을 주지 말라고 명했다. 그러나 민고의 부족을 메꾸려는 매향의 풍습은 없어지지 않았다.

정조 14년(1790) 4월 15일의 기록을 보면, 평안도 정주定州에서는 목사 오대익吳大益이 민고의 부족을 메우고자 384명[또는 364명]을 향안鄕案에 등록시켜 주고, 그 대가로 4만 6,849냥을 예전禮錢으로 받아들여 옛날 빚을 갚기도 하고, 문루門樓와 장대將臺를 보수하기도 했다고 한다. 향안에 올려 주는 사람은 크게 다섯 종류가 있다. 한산閑散을 모집하여 올려주는 통청通淸, 서얼들을 모집하여 올려주는 승록昇錄, 다른 고을에서 이사 온 사람들을 올려주는 이록移錄, 조상을 이어 넣어주는 계록繼錄, 향청鄕廳에서 공문서를 작성해 준 사람을 올려준 사람들이 그것이다.

이렇게 매향한 수령은 벼슬을 삭탈하는 것이 원칙이지만, 오대익의 경우는 사실을 조사해본 결과 사사로이 쓴 돈은 얼마 되지 않고, 대부분 공적으로 쓴 돈으로 밝혀져 처벌을 받지 않았다.

정조는 세손으로 있을 때부터 국초 이래 관각(館閣; 홍문관, 예문관 등)에서 왕명으로 발표된 애책문(哀冊文; 죽은 왕실사람을 애도하는 글), 교명문(敎命文; 임명장), 죽책문(竹冊文; 대나무에 쓴 임명장), 국서(國書; 외교문서) 등 모든 글을 모아다가 편집하여 책으로 만들었다. 이를 정조 9년(1785)에 규장각 대교 이곤수에게 명하여 교정校正하고, 원임 제학 서명응徐命膺이 고정考訂하게 하여, 정조 11년 5월 22일에 이르러 임인자壬寅字로 출간했는데 그 이름을 《문원보불文苑黼黻》이라고 했다. 인쇄는 정창순鄭昌順, 이덕무李德懋, 유득공柳得恭 등이 감독했다. 이 책은 총 40권의 방대한 분량으로서 내용을 20편으로 분류하여 수록했다. 임금은 이 책을 규장각과 예문관의 여러 신하들에게 나누어 주었다. '보불'이란 임금의 옷에 수를 놓아 만든 문양을 말하는데, 신하들이 임금을 대신하여 쓴 글을 가리킨다.

규장각에서 《문원보불》을 간행한 데 이어 이해 8월 29일에는 《어제춘저록御製春邸錄》 4권을 비롯하여 정조가 10년 동안 쓴 글들을 모아 60권으로 간행했다. 이 책에는 정조가 세손 때 쓴 글 이외에도 시詩, 서문序文, 기문記文, 발문跋文, 명문銘文, 행록行錄, 행장行狀, 제문祭文, 책문策文, 강의講義 26권, 윤음綸音, 전교傳敎, 비망기備忘記, 비답批答, 판부判付, 수서手書, 심리록審理錄 10권 등이 수록되었다.

정조가 이 책을 만들게 된 것은 영조가 10년마다 한 번씩 어제를 책으로 엮은 격식을 따른 것이다. 임금은 이 책을 편차하는데 참여한 검교제학 오재순吳載純, 직제학 서호수徐浩修, 이병모李秉模 등에게 품계를 가자加資하고, 원임제학 서명응과 채제공은 영조 때에도 편차하고, 이번에도 편차를 맡은 공로를 치하하여 먹을 것을 집으로 보냈다.

이해 9월 20일 영의정 김치인은 여러 도道에서 아직 받아들이지 않은 옛 환곡還穀 수량이 208만여 석이나 된다고 보고하고, 그 가운데 30만 석을 곡식이 잘된 이때에 거두어들이자고 건의했다. 그런데 12월 15일에 평안도 관찰사 이명식(李命植; 연안이씨)이 보고한 것을 보면, 평안도의 환곡이 쌀 1백만 석이라고 하므로, 팔도의 환곡을 합하면 적어도 5백만 석은 넘을 것이다. 앞서 김치인이 말한 208만 석은 아직 받아들이지 않은 환곡을 말하는 것이므로 실제 보유하고 있는 환곡의 총량은 아니다.

환곡은 중앙 정부의 회계부에는 오르지 않는다. 그래서 해마다 보고하는 회계부의 곡식은 대략 30~40만 석에 지나지 않는다. 이것은 주로 문무 벼슬아치들과 군사들의 식량으로 지출되는데, 대략 1년에 10만 석 정도가 소요되었다.

그러면 이해 호조의 선혜청과 병조의 5군영에서 보유한 재물은 어떠한가? 이를 표로 만들어 보면 다음과 같다. 지난해 회계부가 빠졌으므로, 괄호 안에 재작년[정조 9년]의 수치를 적어 비교해 보자.

황금	3백여 냥 [330냥]
은자	41만 냥 [41만 냥]
전문	138만 냥 [121만 8천 2백 냥]
명주	90동 [93동]
면포	3천 동 [6,993동]
모시	50동 [56동]
삼베	1천 3백 동 [1,462동]
쌀	26만 8천 석 [34만 60석]
좁쌀	1만 1천 석 [9천 4백 석]
콩	4만 7천 석 [4만 7천 8백석]

이해의 수치를 재작년과 비교하면 전반적으로 큰 차이가 없는데, 황금이 약 30냥 줄고, 각종 옷감과 곡식이 줄어든 것이 눈에 띈다. 황금이 줄어든 것은 지난해 구선복 일당의 모역사건을 진압한 뒤에 정순왕후에게 존호를 올리면서 금보를 만드는 데 소비된 것으로 보인다. 곡식이 줄어든 것은 지난해의 흉년으로 그리된 것으로 보인다. 그리고 옷감이 준 것은 지난해의 흉년 탓도 있겠으나 수빈 박씨와 가례를 치르면서 소비된 것으로 보인다.

13. 정조 12년(1788)
―채제공을 정승으로 기용, 여성 체발금지령

정조 12년(1788)에 임금의 나이 37세에 이르렀다. 지난해에 약간 풍년이 들어 이해 춘궁기에는 굶주리는 사람들에 대한 진휼 사업이 크게 시행되지 않았다.

1월 2일에 임금은 지난해에 이어 전국의 70세 이상 노인에게 명예직인 영직影職을 내려주었는데, 모두 440명에 이르렀다. 그리고 100세 노인에게는 쌀과 고기를 더 주었다. 경로사상을 보여준 것이다.

1월 8일에는 숙종의 후궁으로서 증조할머니인 숙빈 최씨淑嬪崔氏 사당인 육상궁毓祥宮과, 영조의 후궁 정빈 이씨 사당인 연호궁延祜宮 등에 참배하고 돌아오는 길에 관례에 따라 종로 거리에서 공인(貢人; 공납청부업자)과 시민(市民; 시전 상인)을 불러 고통을 물었다. 임금은 시전市廛 이외에 난전亂廛을 벌이고 장사하는 자유 상인을 엄금하라고 거듭 명했다. 그러나 정조 15년(1791)에는 정책을 바꿔 난전을 금하는 정책을 폐지하여 자유 상업을 허용했는데, 이를 신해통공辛亥通共으로 부른다. 이 점은 뒤에 다시 설명할 것이다.

1월 12일은 명나라 태조가 즉위했던 날인데, 이를 기념하여 왜란 때 원병을 보내준 중국 명나라 신종황제와 명나라의 마지막 황제인 의종의 위패를 모신 대보단大報壇[36]에 가서 제사했으며, 조선에 귀화한 명나라 사람들의 자손들을 만나 보고, 그들을 장관將官이나 수령에 임명하라고 명했다. 특히 이여송李如松의 후손 이광우李光遇를 수령으로 임명했다.

1월 19일에는 대신들과 만난 자리에서 서얼庶孼로서 문과에 급제한 자들이 궁핍하게 살고 있으니 이들에게 수령을 주기 위해 문신 벼슬자리를 더 늘리라고 명했다. 전국의 수령은 모두 332과窠인데, 그 가운데 무신 자리가 90과, 문음 자리가 179과이고, 문신 자리는 43과에 불과했다. 서얼로서 문과에 급제한 자는 문신 자리가 너무 적어 기회가 적었기 때문에 임금이 그런 명령을 내린 것이다. 전국의 수령 자리를 332개로 정한 것은 1년 365일을 기준으로 만든 것으로, 임금이 하루에 한 군현을 다스리면 1년 만에 전국을 모두 다스린다는 가정 아래 만들어진 것이다.

이해에 들어오자 한동안 잠잠했던 당론黨論이 다시 거세게 일어났다. 1월 당시 의정부의 세 정승은 영의정에 김치인(金致仁; 청풍김씨 金在魯 아들), 좌의정에 이재협(李在協; 용인이씨 좌의정 李普赫 손자), 우의정에 유언호(兪彦鎬; 기계유씨)였는데 모두 노론이었다. 노론이 의정부를

---

36 대보단은 창덕궁 후원에 있었다. 지금은 헐리고 없으며, 그 자리에 선원전이 세워졌다.

장악하자 탕평인사를 하지 않아 물의를 일으켰다.

1월 23일, 사헌부 장령 오익환(吳翼煥; 보성오씨)이 상소하여 시정의 문제점을 지적했다. 먼저 3년마다 시행되는 식년문과의 응시자가 1만 명에 이르는데, 점수를 매기는 것은 며칠 안에 끝나므로 이는 집안이 좋은 응시자를 봐준 결과라고 비판했다. 33명을 선발하는 식년시의 응시자가 1만 명에 이른다는 것은 경쟁률이 얼마나 높은지를 말해 준다.

또 오익환은 당黨을 제거한다면서 한쪽 편[노론] 사람만 채용하여, 그 사람들 가운데 또 완론[시파]과 준론[벽파]이 갈라졌다고도 비판했다. 이어 아침에 체직된 자가 저녁에 다시 임명되고, 어제 파직된 자가 오늘 기용되고, 대신과 같은 중책의 자리도 면책하자마자 이내 기용되는 것이 상습이 되었다고 비판했다.

4월 23일에는 소론에 속하는 홍문관 교리 정만시(鄭萬始; 온양정씨)가 상소하여 노론 시파時派와 노론 벽파辟派에 대하여 비판했다. 정만시는 정조의 총신인 정민시鄭民始와 가까운 친족이다. 노론이 시파와 벽파로 나뉘어진 것은 대체로 홍국영 사건이 일어난 정조 4년 이후로서, 정조의 탕평책을 따르는 이명식李命植, 서유린徐有隣 등을 시파로 부르고, 탕평책을 반대하는 김종수金鍾秀와 심환지沈煥之 등을 벽파로 불렀다. 그리하여 시파와 벽파의 갈등이 갈수록 커졌다.

정조는 이렇게 노론을 비판한 오익환과 정만시의 상소에 대하여 노론 정승들이 책임을 느끼지 않고 아무 말도 하지 않는 것에 대하여 불쾌하게 여겨 좌의정 이재협과 우의정 유언호를 해임시키고, 좌의정에 소론 이성원(李性源; 연안이씨), 우의정에 남인 채제공蔡濟恭을 임명했다. 노론이 그토록 반대해 온 채제공을 기어코 정승으로 올려 탕평정부를 다시 구성한 것이다. 노론파 영의정 김치인은 3월 13일에 면직시켰다가 한 달 뒤인 4월 13일에 복직시켰다. 그리고 당론黨論에 관한 언관들의 상소를 막기 위해 당론을 거론한 언관들을 모두 파직 시키고 금법을 만들라고 명했다. 앞에서도 설명했듯 정조는 당론이 일어나면 비판한 언관과 비판받은 대신 모두를 일단 파면시켰다가 다시 기용하는 정책을 펴 왔다.

임금은 7월 20일, 노론 벽파로 알려진 김종수金鍾秀를 불러 영의정 김치인金致仁을 보좌하여 탕평을 도울 것을 간곡하게 부탁했다. 이번 에 임금이 특별히 부탁한 것은 소론 이성원이 좌의정에 임명되고, 남 인 채제공蔡濟恭이 우의정으로 임명된 것을 배척하지 말라는 뜻이 담 긴 것이다. 김종수는 정조가 세손 때 학문을 가르치면서 오랜 인연 을 맺어 온 사이이고, 《명의록》 편찬에도 참여하여 정조의 즉위를 도 와준 사이였으나, 당론에 관해서는 탕평을 지지하지 않았다고 설명 한 바 있다. 김치인도 노론 벽파에 속하는 김재로金在魯의 아들로서 15년 동안 내쳤다가 다시 기용했다. 김종수와 김치인이 마음을 바꿔 탕평을 도와주기를 간곡하게 부탁한 것인데 오히려 당론이 격화되는 것을 보고 임금은 몹시 실망했다.

정조가 소론 이성원과 남인 채제공을 정승으로 발탁한 것은 다음 해부터 시작할 예정인 장헌세자를 위한 추숭사업을 본격화하기 위한 포석이었다. 노론 벽파는 장헌세자를 좋아하지 않거나, 세자를 죽음 으로 몰고 간 세력들이기 때문이었다.

5월에 이르러 재난이 일어났다. 북방 지역에 우박이 내리고, 서울 에서는 유행병이 발생하여 병자가 1천 8백여 명에 이르렀다. 임금은 이들을 위해 7백여 개의 움막을 지어 거주시키고 그 구휼에 최선을 다하라고 명했다. 이런 재난이 정치를 잘못한 결과로 받아들이고 민 생을 위한 조처를 취했다.

우선, 공납貢納의 어려움을 덜어 주고자 봄에 강릉 지역의 꿩을 잡아 진상하는 엽치군獵雉軍을 철폐시키고, 경기도의 엽치군도 행패가 많아 중지시켰다. 그러나 멧돼지를 공납으로 바치는 것은 허락했다. 또 9월 30일에는 제주도에서 바치는 공물 가운데 복어鰒魚나 오징어 등은 수량을 대폭 줄이라고 명했다. 그전에는 전복全鰒 공납을 중지시킨 일도 있었다.

6월 12일에 경상도 함양 출신으로 통례원 우통례右通禮인 우정규 (禹禎圭; 1718~?)가 《경제야언經濟野言》이라는 책자를 만들어 임금에게 바쳤다. 이 책에는 32개항에 걸친 개혁안을 담았는데, 주로 세금에 관한 것과 광산鑛山과 주전鑄錢, 국방, 서북사람에 대한 대책 등이었다. 임금은 이 책을 보고 가상하게 여겨 묘당에서 의논하게 했는데, 비변사는 책의 내용이 쓸데없고 난잡한 말들이 많다고 하여 채택하지 않았다. 다만 여자들이 머리에 얹는 체발(髢發; 트레머리; 다리로 불리는 가발)을 없애라는 건의만은 매우 중요하다고 말했다.

원래 트레머리는 원나라에서 들어온 풍속으로 왕비만이 할 수 있었다. 조선 후기에는 그 풍속이 사대부와 평민, 기생들에게까지 퍼졌는데 그 값이 엄청나게 비싸서 사회적인 문제가 되었다. 그래서 10월 3일에 임금은 대신들에게 이에 대한 의견을 물었다. 우의정 채제공은 체발의 폐단이 심각함을 이렇게 말했다.

지극히 가난한 유생의 집이라도 60~70냥의 돈이 아니면 살 수가 없고, 만약 모양을 갖추려고 하면 수백 냥의 돈을 들이지 않을 수 없기 때문에 땅과 집을 팔아야 할 형편입니다. 이 때문에 아들을 둔 자가 며느리를 보아도 체발을 마련하지 못해 시집온 지 6~7년이 넘도록 시부모 뵙는 예를 행하지 못하여 인륜을 폐하는데 이런 사람들이 헤아릴 수 없이 많습니다. 이런 막대한 폐단에 대하여 분명하신 명을 내리지 않으시고 버려두는 듯이 하는 것은 유독 무슨 까닭입니까?

트레머리를 사려고 집과 땅을 팔아야 할 정도이고, 트레머리를 구하지 못해 시집온 며느리가 6~7년 동안이나 시부모에게 인사를 드리지 못했다는 것이니, 그 폐단이 어떤지를 알 수 있다. 채제공의 말을 들은 임금은 이렇게 말했다.

우상의 말이 정확할 뿐 아니라, 그 뜻이 선대왕[영조]의 뜻을 밝히고 계승하자는 데 있다. 그때 홍인한洪麟漢이 감히 "궁중의 모양"이라는 말을 만들어 내어 위로는 임금을 침범하고, 아래로는 사람들의 입을 막았다. 그리하여 경연에 참석한 신하들이 감히 이의를 제기하지 못하여 금령禁令이 마침내 폐지되었다. 홍인한은 체발의 모양을 키워 격식을 사치스럽게 하고 그 묶음을 높게 하는 것을 본래의 기벽이라 하며, 그 딸과 며느리의 체발에 걸핏하면 천금의 재물을 허비하기까지 했기 때문에 사치를 없애고 체발을 버리라는 금령을 마음속으로 항상 불평하다가 마침내 이렇게 저지하는 행동을 한 것이다.

영조는 일찍기 체발금지령을 내렸었는데, 트레머리를 좋아하는 홍인한이 반대하여 금령이 폐지되었다는 것이다. 임금은 바로 영조의 뜻을 계승하여 이날 체발금지령을 회복시켰다. 정조는 또 이런 유시를 내리기도 했다.

선대왕께서 만드신 법 가운데 위대한 것은 다섯 가지이니, 균역법, 청계천을 준설한 것[濬川], 금주禁酒, 호혼(互婚; 양인과 노비가 혼인했을 때 그 자식을 양인으로 만들어 줌), 그리고 체발 금지다. 앞의 두 가지는 시행되었으나, 뒤의 세 가지는 시행되다가 중지되었다. 체발 금지는 반드시 시행되어야 한다. 처음에는 머리털을 한데 묶는 장식이었던 것이 문득 머리를 중하게 여기는 장식이 되어 서로 앞다투어 과시하기 위해 크게 만드므로 그 값이 더욱 치솟아 사치스러운 자는 가산家産이 기우는 것도 돌보지 않고, 가난한 자는 거의 인륜을 폐하는 데까지 이르렀다. 묘당[정부]은 금지하는 제도와 대용물의 형식을 <절목>을 만들어 올리라. 부녀자의 장식이 정치와 무관하다고 하지 말라. 나의 정성어린 고심은 선대 왕의 뜻을 밝히고 성대한 공적을 계승하는 데 있을 뿐이다. 앞으로는 사치에서 검소로 들어가고, 문명으로 야만을 변화시킬 수 있을 것이니, 서울과 지방의 신하와 서민들은 각자 자세히 듣고 국법을 범하지 말라.

임금의 명을 받들어 비변사는 다음과 같은 일곱 가지 〈절목〉을 만들어 올렸다.

　(1) 사족의 처妻와 첩妾, 여염의 부녀자들이 체발을 머리에 얹는 것과 밑머리를 땋아 머리에 얹는 것을 일체 금지한다.

　(2) 낭자머리, 새앙머리는 처녀의 제도여서 사용할 수 없으므로, 머리를 땋아 뒤에 쪽을 찌는 것으로 대용하고, 머리에 쓰는 것은 족두리를 사용하되 무명으로 만든 것이나 얇게 깎은 대나무로 만든 것이나 모두 검은 천으로 겉을 싼다.

　(3) 족두리에 칠보七寶 따위로 장식한다면 사치가 되살아나는 것이므로 머리 장식에 금金, 옥玉, 조개구슬, 진주를 일체 금지한다.

　(4) 어유미(於由味; 어여머리)와 거두미(巨頭味; 큰머리)는 궁중의 명부(命婦; 궁녀)들이 항시 착용하는 것이나 일반 백성들이 혼인할 때 착용하는 것은 막지 않는다.

　(5) 혼인할 때 착용하는 칠보 족두리를 세 놓거나 세 내는 것도 금지한다.

　(6) 상민常民이나 공사公私 노비의 여자들이 밑머리를 땋아 올리는 것은 허락하고, 체발은 엄금한다. 궁방의 무수리, 의녀醫女, 침선비針線婢, 관청과 군영의 기녀妓女들은 밑머리를 땋아 머리 위에 얹고, 그 위에 가리마를 덮어 등위를 구별한다. 다만, 의녀醫女는 종전대로 비단으로 만든 모자를 사용하고 그밖의 여자들은 삼승포(三升布; 삼승 무명)를 사용한다.

　(7) 서울은 동짓날을 기한으로 정하고, 지방은 동짓날에 관문을 보낸 뒤 20일을 기한으로 정한다. 기한이 지난 뒤에 금령을 따르지 않는 자는 그 가장家長을

통렬히 다스린다.

이렇게 체발을 금지하는 법을 만들었으나, 그것이 얼마나 지켜졌는지는 알 수 없다. 하지만 쓸데없는 사치로 재산을 탕진하는 것을 국가가 그냥 둘 수는 없었을 것이다. 김홍도나 신윤복이 그린 조선 후기 풍속화를 보면 일반 평민 여인들이나 기생들이 거의 모두 체발을 하고 있는 모습을 흔하게 볼 수 있다. 당시 체발이 얼마나 성행했는지를 실감 있게 보여 준다. 여인들이 멋을 추구하는 풍속은 옛날이나 지금이나 같다는 것을 알 수 있다.

임금이 탕평정치를 위해 7월에 규장각 제학 김종수를 불러 간곡하게 협조를 당부했음에도 김종수는 11월에 다시 당론을 들고 나와 이미 죽은 소론 조덕린(趙德隣; 한양조씨)의 잘못과 남인으로 우의정에 오른 채제공蔡濟恭의 죄를 거론하고 나섰다.

정조는 기회 있을 때마다 정조 원년에 채제공이 홍국영의 당여가 되어 지은 죄라고 지목하고 있는 세 가지 일이 모두 거짓이라고 변명해 왔음에도 반대파들이 줄기차게 문제삼는 것에 혐오를 느꼈다. 그래서 임금은 김종수가 쥐를 잡으려다 독을 깨는 우를 범하고 있다고 하면서 11월 29일 파직시켰다. 그러나 12월 5일에 마음을 바꾸어 판의금부사에 임명하고, 규장각 제학을 겸직하는 것도 그대로 맡겼다. 그를 끝까지 길들이고자 한 것이다.

이해 초계문신에 대한 임금의 친시는 9회에 걸쳐 시행되었으며, 12월 28일에는 김장생 후손 노론계 김희金憙와 소론계 박우원(朴祐源; 반남박씨)을 규장각 직제학으로, 노론 김조순金祖淳을 대교待敎로 각각 임명했다. 김조순은 바로 순조의 외조부로서 안동김씨 세도정치의 문을 열어 놓은 인물이다.

그러면 이해 호조의 양향청과 선혜청, 그리고 병조의 5군영에서 보유하고 있는 재물의 회계부는 어떠했는가? 이를 소개하면 다음과 같다. 괄호 안의 수치는 지난해 재물이다.

황금	325냥	[3백여 냥]
은자	41만 5,617냥	[41만 냥 남짓]
전문	129만 9,540냥	[138만 냥 남짓]
명주	82동 43필	[90동 남짓]
면포	2,661동 15필	[3천 동 남짓]
모시	63동 5필	[50동 남짓]
삼베	1,323동 28필	[1천 3백 동 남짓]
쌀	28만 6,964석	[26만 8천 석 남짓]
좁쌀	1만 1,991석	[1만 1천 석 남짓]
콩	4만 2,403석	[4만 7천 석 남짓]
겉곡식	7,736석	[-]

지난해와 금년을 비교해 보면 황금이 25냥 늘어났는데, 이는 금광 개발로 보충한 것으로 보인다. 은자는 지난해와 거의 같아 변동이 없고, 돈은 약 8만 냥이 줄었다. 가장 고급스런 옷감인 명주는 약 8동이 줄었는데, 왕실에서 비단을 사용하지 않는 대신 명주를 사용했기 때문이다. 모시는 오히려 13동 정도 늘었다. 삼베는 지난해와 거의 같고, 쌀은 약 2만 석이 늘었다. 좁쌀과 콩은 지난해와 거의 같다. 겉곡식은 지난해 수치가 기록되어 있지 않아 비교할 수 없다. 전체적으로 보면 큰 변동이 없다.

하지만 내탕內帑이나 지방에 비축된 재물은 여기서 누락되어 있으므로 전체적인 재물의 변동을 알기는 어렵다.

찾아보기

ㄱ

가순궁嘉順宮 423

강세륜姜世綸 361

강세황姜世晃 347, 388

강용휘姜龍輝 296

강제문신講製文臣 331

개유와皆有窩 285

《갱장록羹墻錄》 404

《거란국지契丹國志》 392

건륭황제乾隆皇帝 388, 391

검교檢校 334

검서관檢書官 290, 309, 334, 411

격쟁擊錚 287, 362

경덕궁慶德宮 75

경모궁景慕宮 22, 273

《경모궁의궤景慕宮儀軌》 381

경빈 박씨景嬪朴氏 54, 149, 206

《경세문답警世問答》 230, 251, 255

《경제야언經濟野言》 432

경종 독살설 267

경춘전景春殿 96, 154

경현당景賢堂 179, 198

계지술사繼志述事 287

《고금도서집성古今圖書集成》 331

《고려대사기高麗大事記》 364

고수애高秀愛 296

고암서원考巖書院 397

공명첩空名帖 362

공인貢人 378, 428

관왕묘關王廟 409

광명전光明殿 197

구명겸具明謙 418

구선복具善復 394, 418, 420

구윤명具允明 104

구윤옥具允鈺 282

구이겸具以謙 418

구익具瀷 282

구익원具翼遠 295

구택규具宅奎 102, 104

《국조명신주의國朝名臣奏議》 353

《국조보감國朝寶鑑》 357

《국조시악國朝詩樂》 409

《국조악장國朝樂章》 409

《국혼정례國婚定例》 197

《군감君鑑》 231

군사君師 24, 200

궁방전宮房田 276

《궁원의宮園儀》 396

권이강權以綱 340

권진權禛 232

규장각奎章閣 25, 284, 354, 355

《규장각지奎章閣志》 330, 380

《규장총목奎章摠目》 330, 331

《규화명선奎華名選》 339

〈균역사실均役事實〉 97

《근사록近思錄》 340, 341

〈금등金縢〉,《금등金縢》 21, 227, 228

금광 377

김계락金啓洛 361, 382

김관주金觀柱 234

김귀주金龜柱 21, 51, 205, 234, 257, 275, 280, 296, 381, 394, 413

김노진金魯鎭 282

김도성金道成 120

김두공金斗恭 394

김만균金萬均 111, 159, 210

김만기金萬基 111

김문순金文淳 351

김문식 240

김상로金尙魯 51, 117, 123, 126, 127, 146, 205, 276

김상묵金尙默 242

김상익金相翊 258

김상집金尙集 382, 404

김상철金尙喆 73, 255, 261, 273, 280, 282, 323, 382

김시묵金時默 119, 191

김양택金陽澤 141, 162, 179, 182, 273, 383

김우장金佑章 54, 189

김우진金宇鎭 74, 324, 332, 340, 382, 416, 417, 418

김원행金元行 108, 162, 232

김익金熤 340, 376, 413

김인후金麟厚 26

김일경金一鏡 120

김재로金在魯 122, 123, 127

김재찬金載瓚 338, 351

김조순金祖淳 417, 435

김종수金鍾秀 29, 279, 305, 323, 328, 332, 340, 353, 384, 394, 430, 431, 435

김창집金昌集 62, 63

김치인金致仁 398, 413, 416, 429, 430

김하재金夏材 383

김한구金漢耈 51, 164, 205

김한기金漢耆 358

김한로金漢老 358

김한록金漢祿 234

김한신金漢藎 78

김한채金漢采 149

김홍도金弘道 346, 347

김화진金華鎭 382

김희金憙 340, 435

김희조金熙朝 361

김희채金熙采 338

ㄴ

나경언羅景彦 48, 51, 205, 207

나상언羅尙彦 51, 205

낙선당樂善堂 134

난전亂廛 329

남기복南紀復 412

남유용南有容 143, 158

남태제南泰齊 113, 144

남태회南泰會 109

남한당南漢黨 275
《내각일력內閣日曆》 331
내수사內需司 412
내탕금內帑金 277, 379
《능허관만고凌虛觀漫稿》 49, 214

ㄷ

단군릉檀君陵 349
단군묘檀君墓 414, 415
단군사당 414
대교待敎 334
대노사大老祠 397
대보단大報壇 393, 429
대사례大射禮 232
《대전통편大典通編》 398
《대청일통지大淸一統志》 392
덕성합德成閤 137, 204
도고都賈 329
도산서원陶山書院 343
도총부都摠府 332
《돈효록敦孝錄》 369
《동몽선습童蒙先習》 140, 143, 158

ㅁ

《마과회통麻科會通》 412
《만주원류고滿洲源流考》 392
만천명월주인옹萬川明月主人翁 25
매향賣鄕 424, 425
《명의록明義錄》 278, 279, 292
《명의록언해明義錄諺解》 279
〈모세사목帽稅事目〉 293
목호룡睦虎龍 63
무신란戊申亂 266
《무예도보통지武藝圖譜通志》 51, 310,

400
《무예신보武藝新譜》 50, 400
《무예신식武藝新式》 50
《무예제보武藝諸譜》 400
문성국文聖國 142, 276
문소전文昭殿 114
문양해文洋海 394
《문원보불文苑黼黻》 426
문체반정文體反正 310
문효세자文孝世子 324, 357, 380, 411
문희묘文禧廟 412
민고民庫 424
민국民國 129, 276
민종열閔鍾烈 232
민항렬閔恒烈 278
민홍섭閔弘燮 295

ㅂ

경빈 박씨景嬪朴氏 149
박명원朴明源 389
박문수朴文秀 65, 121, 197
박문흥朴文興 53, 184, 189
박상돈朴尙敦 412
박성원朴聖源 90, 152, 163, 176, 177,
203, 232, 369
박세채朴世采 249
박우원朴祐源 435
박제가朴齊家 27, 290, 310
박종정朴宗正 338
박준원朴準源 422
박지문朴趾文 116
박지원朴趾源 310
박찬신朴纘新 120

박천행朴天行 340
박천형朴天衡 340
박치륭朴致隆 211, 225
박치문朴致文 110
박필간朴弼幹 68
박필수朴弼燧 184
박필수朴弼秀 54
《반계수록磻溪隨錄》 26, 344
《발해고渤海考》 310
《방서록訪書錄》 331
백골징포白骨徵布 308
벚나무 364
벽파辟派 430
《병학지남兵學指南》 399
《병학통兵學通》 399
봉모당奉謨堂 285
부민도감富民都監 424
《북새기략北塞記略》 364
《북학의北學議》 310
북한당北漢黨 275

ㅅ

사건사四件事 288
《사고전서四庫全書》 392
사은사謝恩使 389, 392
삼불필지三不必知 253
상계군 이담上溪君 李湛 (완풍군完豊君)
 234, 244, 311, 417
《상호도감의궤上號都監儀軌》 360,
 381
《상훈常訓》 230
서고西庫 285
서명西明 390, 391

서명선徐命善 255, 259, 260, 282, 291,
 316, 329, 340, 351, 360, 381,
 382, 399
서명응徐命膺 52, 113, 116, 127, 185,
 206, 298, 316, 320, 330, 340,
 348, 426
서삼릉西三陵 95, 357
서얼庶孽 429
〈서얼허통절목庶孽許通節目〉 289
서영보徐榮輔 332
서용보徐龍輔 338, 340, 404
서유린徐有隣 250, 430
서유방徐有防 365
서이수徐理修 27, 290, 310
서정수徐鼎修 324, 332, 338, 340
서종하徐宗廈 278
서지수徐志修 104, 140, 162, 175, 182
서향각書香閣 285
서형수徐瀅修 361, 382, 414
서호수徐浩修 282, 324, 328, 330, 332,
 340, 404, 426
서회수徐晦修 282
선희궁宣禧宮 44, 47, 233
《성경통지盛京統志》 392
성종인成種仁 361, 408
성천주成天柱 282
《성학집요聖學輯要》 26, 248, 287, 343
성해응成海應 27, 290
소령원昭寧園 61
《소학小學》 169
소현서원紹賢書院 343
《속명의록續明義錄》 301
송낙휴宋樂休 418

송덕상宋德相 311
송명흠宋明欽 162, 186, 232
송문재宋文載 282
송상준宋祥濬 417
송순명宋淳明 282
송시열宋時烈 249, 397
《송자대전宋子大全》 27, 248, 397
송준길宋浚吉 249
수경원綏慶園 47, 233
수빈 박씨綏嬪朴氏 325, 422
수은묘垂恩墓 223
수은묘垂恩廟 223
〈수의편垂義篇〉 275
숙빈 임씨肅嬪林氏 107
숙빈 최씨淑嬪崔氏 61
숙위소宿衛所 298
숙의 문씨淑儀文氏 79, 142, 276
숭령전崇靈殿 414
시노비寺奴婢 381
시민당時敏堂 88, 133, 204
시민市民 428
시인市人 378
시파時派 430
신경申暻 249
신광리申光履 232
신광수申光綏 44, 52, 209
신만申晚 43, 52, 107, 140, 160, 209
신병주 164
신서申漵 423
신윤복申潤福 346
신임사화辛壬士禍 64, 92
신치운申致雲 91, 120
신한평申漢枰 346

《심감心鑑》 230
《심경心經》 341
심관지沈觀之 232
심상운沈翔雲 258, 262, 278
심악沈鐸 120
《심양일기瀋陽日記》 132
심염조沈念祖 328, 332, 340, 345
심욱지沈勗之 242
심이지沈履之 176, 177, 232, 244
심정연沈鼎衍 120, 124
심종연沈宗衍 116
심진현沈晉賢 361
심환지沈煥之 22, 29, 321, 384, 430

ㅇ

아숙阿肅 390, 391
《악통樂通》 409
안집安集 282
암행어사 424
양성지梁誠之 285, 354
《양현전심록兩賢傳心錄》 248
어석윤魚錫胤 70
어유봉魚有鳳 71
《어정팔자백선御定八子百選》 342
《어제춘저록御製春邸錄》 426
어진 모사 346
어의동 본궁 191
《엄제방유곤록嚴堤防裕昆錄》 249
《여지지輿地志》 414
《역대명신주의요략歷代名臣奏議要略》
　　　353
연잉군延仍君 62
열고관閱古觀 285

엽치군獵雉軍 432

영빈 김씨寧嬪金氏 62

영빈 이씨暎嬪李氏 36, 44, 51, 61, 75, 209, 210, 233

영우원永祐園 23, 273

《예의유집禮疑類輯》 369

오익환吳翼煥 430

오재순吳載純 407, 426

오태현吳泰賢 338

《옥추경玉樞經》 50, 100, 101, 160, 214

온조릉 349

완론緩論 282

왕안석王安石 306

외규장각外奎章閣 332

《우서迂書》 69, 121

우정규禹禎圭 432

원경하元景夏 113, 121, 124

원릉元陵 264

원빈元嬪 303, 310, 315

《원행정례園幸定例》 310

《월인천강지곡月印千江之曲》 25

유경柳畊 423

유득공柳得恭 27, 290, 310, 426

유맹양柳孟養 340

유봉휘劉鳳輝 120

유수원柳壽垣 69, 121

유악주兪岳柱 384

유언호兪彦鎬 29, 232, 279, 280, 286, 323, 332, 340, 423, 429

유의양柳義養 320

유인식柳仁植 53, 184, 189

유척기兪拓基 122, 123, 146, 160

유하정流霞亭 336

유형원柳馨遠 26, 344, 414

육상궁毓祥宮 61, 233

윤광소尹光紹 73

윤광안尹光顔 423

윤광유尹光裕 206

윤광찬尹光纘 103, 112

윤급尹汲 51, 140, 171, 205

윤동도尹東度 206, 207

윤동섬尹東暹 282, 347

윤동성尹東星 124

윤동승尹東升 143

윤두수尹斗壽 74

윤득부尹得孚 383

윤득양尹得養 73, 282

윤방尹坊 242

윤봉오尹鳳五 105

윤봉조尹鳳朝 140

윤선거尹宣擧 358

윤숙尹塾 211

윤시동尹蓍東 139, 140, 404

윤약연尹若淵 278

윤양후尹養厚 258, 259, 274, 278

윤영희尹永僖 423

윤증尹拯 358

윤지尹志 120

윤취상尹就商 120

윤태연尹泰淵 258, 274, 278

윤행임尹行任 361, 399, 410

윤혜尹惠 120

율곡 343

은신군 이진恩信君 李禛 107, 119, 242, 244, 420

은언군 이인恩彦君 李䄄 107, 234,

242, 417

은전군 이찬恩全君 李襸 54, 295, 296

을해옥사乙亥獄事 120

의대병衣襨病 155

의령원懿寧園 95

의빈 성씨 324, 357

의소세손懿昭世孫 95

이가환李家煥 27, 111, 343, 404

이건명李健命 63

이겸빈李謙彬 340

이경빈李敬彬 278

이경호李景祜 282

이곤수李崑秀 361, 424

이광사李匡師 120

이광좌李光佐 64, 68, 99, 121, 124

이광현李光鉉 37

이규채李奎采 73

이노춘李魯春 338

이덕무李德懋 27, 290, 310, 426

이덕사李德師 278

이도겸李度謙 361

이돈李暾 361

이동직李東稷 338

이면긍李勉兢 361

이명식李命植 340, 430

이문원摛文院 323, 332

이미李瀰 177, 205

이민곤李敏坤 118

이병모李秉模 410, 426

이보관李普觀 232

이복원李福源 127, 282, 286, 340, 362,
        376, 413

이복휘李福徽 382, 383

이사관李思觀 261

이상건李商建 260

이상로李商輅 278

이상황李相璜 417

이서구李書九 372

이석하李錫夏 338

이선해李善海 278

이성규李聖圭 282

이성원李性源 376, 410, 430

이시수李時秀 338, 340, 352

이안각移安閣 285

이여송李如松 429

이유수李儒修 361

이유수李惟秀 102

이은李溵 323

이응원李應元 278

이의필李義弼 321

이이명李頤命 63

이이장李彝章 37, 39

이익李瀷 111

이익운李益運 338

이익운李翼運 242

이익진李翼晉 361

이인좌난李麟佐亂 266

이잠李潛 110, 111

이재간李在簡 282

이재협李在協 282, 429

이정보李鼎輔 132

이정신李正臣 127

이정운李鼎運 340, 392

이조승李祖承 338, 342

이종섭李宗燮 338

이종성李宗城 91, 98, 102, 121, 210

이종휘李種徽 338

이중호李重祜 282

이중환李重煥 111

이집두李集斗 338

이천보李天輔 91, 104, 111, 116, 117, 118, 123, 124, 159, 410

이철보李喆輔 111, 121

이태좌李台佐 210

이태중李台重 132, 134

이택수李澤遂 295

이택징李澤徵 353, 354

이하응李昰應 244

이하징李夏徵 120

이현도李顯道 361

이현묵李懸默 338

이현중李顯重 188

이형달李亨達 372

이효식李孝植 120

이후李㻱 170

이휘중李徽中 139, 282

이휘지李徽之 250, 323, 340, 351, 388

이희관李羲觀 423

인원왕후 김씨仁元王后 金氏 142

인현왕후仁顯王后 87

《일득록日得錄》 27, 366

《일성록日省錄》 27, 126, 167, 344, 346, 395

일식日食 407

《일하구문고日下舊聞考》 392

임덕제林德躋 38, 248

임도호林道浩 374

임성任晟 38

임제원林濟遠 373

ㅈ

《자성편自省篇》 71, 230, 251, 255

자운서원紫雲書院 343

《자치통감강목資治通鑑綱目》 139

《자치통감資治通鑑》 71, 133

《자휼전칙字恤典則》 368

장석윤張錫胤 417

장용위壯勇衛 396

장지항張志恒 258, 399

장헌세자莊獻世子 273, 400

저승전儲承殿 66

전경무신專經武臣 352

전경문신專經文臣 352

전계군 이광全溪君 李㼅 245, 419

전흥문田興文 294, 296

《정관정요貞觀政要》 126, 366

정동관鄭東觀 372

정동준鄭東浚 332, 338, 340

정만석鄭晩錫 417

정만순鄭晩淳 282

정만시鄭萬始 430

정명공주貞明公主 96

정민시鄭民始 255, 291, 328, 332, 340

정빈 이씨靖嬪李氏 65, 78

정상순鄭尙淳 282, 340

정석달鄭錫達 257

정성왕후貞聖王后 36, 61, 141

정순왕후貞純王后 22, 164

정술조鄭述祚 231, 232

《정시문선正始文選》 339

정약용丁若鏞 27, 412

정옥자 240, 337, 339, 366

정우량鄭羽良 73, 77

〈정유절목丁酉節目〉 289, 356, 394

정이환鄭履煥 274

정재화鄭在和 237

정존겸鄭存謙 362, 372, 375, 376, 413

정지검鄭志儉 332, 340, 365

정창성鄭昌聖 133, 282, 340, 345, 404

정창순鄭昌順 282, 426

정치달鄭致達 257

정호인鄭好仁 260, 261, 282

정홍순鄭弘淳 282

정후겸鄭厚謙 21, 165, 235, 257, 258,
　　274, 275, 278

정휘량鄭翬良 37, 53, 183, 189, 211

제1차 초계문신 338

제2차 초계문신 361

제3차 초계문신 372

제4차 초계문신 417

제5차 초계문신 423

제천례祭天禮 348

제학提學 333

조관빈趙觀彬 123, 140

조덕린趙德隣 435

조명억曺命億 232

조문명趙文命 46, 210

조영국趙榮國 125, 139, 161

조영순趙榮順 117

조영진趙榮進 211, 242

조영진趙英鎭 232

조운규趙雲逵 139

조윤대曺允大 338

조윤형曺允亨 347, 348

조재호趙載浩 46, 210

조정진趙鼎鎭 340

조제로趙濟魯 361

조준趙㻱 404

조태구趙泰耉 118, 120

조태채趙泰采 63, 117

조현명趙顯命 121

조흥진趙興鎭 338

《존현각일기尊賢閣日記》 126, 167,
　　279, 344, 345

존현각尊賢閣 258, 294, 296

존호尊號 381, 428

《주서회선朱書會選》 240

《주자어류朱子語類》 240, 366

주전鑄錢 400

주합루宙合樓 284

주형채朱炯采 395

준론탕평峻論蕩平 282, 284

중도아中都兒 329

지진 375

직각直閣 333

직제학直提學 333

진덕수眞德秀 341

《진역방疹疫方》 412

진장각珍藏閣 403

집경당集慶堂 264

집복헌集福軒 66

집현전集賢殿 330, 355

ᄎ

창의궁彰義宮 62

채제공蔡濟恭 21, 103, 109, 228, 323,
　　328, 351, 352, 415, 430, 431,
　　432, 435

《천의소감闡義昭鑑》 122, 124, 125,

279

청근현주淸瑾縣主 149

청선군주淸璿郡主 138

《청장관전서靑莊館全書》 310

〈청정절목별단聽政節目別單〉 261

《청조통전淸朝通典》 392

체발髢髮[트레머리] 432, 435

〈초계문신강제절목抄啓文臣講製節目〉 331

초계문신抄啓文臣 25, 331, 337, 352, 372

최석항崔錫恒 99, 125

최숙崔橚 399

출신청出身廳 396

《충무공이순신전서忠武公李舜臣全書》 27

칙사勅使 385, 388, 415

친경례親耕禮 232

ㅌ

〈토역교문討逆敎文〉 278

《통감집람通鑑輯覽》 392

《통고通考》 392

《통지通志》 392

ㅍ

《팔순유곤록八旬裕昆錄》 249, 250

평안도 도과 356

ㅎ

한광조韓光肇 37

한광회韓光會 282

한교韓嶠 400

한백겸韓百謙 372

한상권 288

한상신韓商新 372

한상신韓尙新 402

한유韓鍮 240, 242, 257

한익모韓翼謨 69, 90, 255, 260

한종유韓宗裕 346

《한중록閑中錄》 40, 42

한치응韓致應 372

한효순韓孝純 399

한흥유韓興裕 372

《해동명장전海東名將傳》 364

향안鄕案 425

현절사顯節祠 316

협호挾戶 327

혜경궁惠慶宮 40, 41, 42, 46

홍경래난洪景來亂 357

홍경모洪敬謨 364

홍계능洪啓能 258, 295, 321, 383

홍계희洪啓禧 51, 97, 132, 140, 168, 205

홍국영洪國榮 254, 255, 259, 260, 274, 286, 291, 311, 312, 313, 314, 315, 322

홍낙성洪樂性 351, 381

홍낙순洪樂純 254, 314, 316, 321, 322

홍낙신洪樂信 41, 236, 240, 295

홍낙윤洪樂倫 295

홍낙인洪樂仁 41, 236, 240, 295

홍낙임洪樂任 41, 236, 240, 295, 297

홍낙정洪樂貞 417

홍낙춘洪樂春 254, 303, 314

홍대섭洪大燮 295

홍문영洪文泳 341

홍복영洪福榮 394

홍봉한洪鳳漢 21, 37, 55, 146, 161,
　　　192, 226, 240, 242, 274, 275,
　　　307, 381

홍상간洪相簡 258, 278

홍상격洪相格 295

홍상길洪相吉 295

홍상범洪相範 295, 296

홍상한洪象漢 162

홍수보洪秀輔 232

홍수영洪守榮 358

홍신덕洪信德 295

홍신해洪信海 295

홍양호洪良浩 362, 364, 404

홍용한洪龍漢 240

홍의호洪義浩 372

홍의弘毅 25

홍이건洪履健 338

홍인한洪麟漢 21, 41, 118, 119, 235,
　　　240, 253, 254, 255, 256, 260,
　　　262, 275, 278, 433

홍인호洪仁浩 338

《홍재전서弘齋全書》 27

홍준해洪準海 98, 102

홍지해洪趾海 278

홍찬해洪纘海 278, 295

홍필해洪弼海 295

홍역 411

화길옹주和吉翁主 142

화령옹주和寧翁主 142

화빈和嬪 324

화순옹주和順翁主 150

화완옹주和緩翁主 21, 56, 79, 165,

172, 183, 237, 257, 297, 358

화평옹주和平翁主 76, 78

화협옹주和協翁主 78, 80, 98

환경전歡慶殿 45

환곡還穀 427

황경원黃景源 250, 279, 286, 340

황구첨정黃口添丁 308

〈회갑편록回甲編錄〉 113

효명세자孝明世子 31

효소전孝昭殿 142

효장세자孝章世子 23, 46, 64, 224, 272

효창원孝昌園 357, 411

휘경원徽慶園 423

휘령전徽寧殿 36, 142

《흠휼전칙欽恤典則》 301

《흥왕조승興王肇乘》 364

희우정喜雨亭 347